# 複合取引の法的構造

都筑 満雄
Tsuzuki Mitsuo

成文堂

## はしがき

　本書は、2001 年から 2005 年にかけて発表した三篇の論文（後掲初出一覧参照）をもとにして、2005 年に早稲田大学に提出した同名の学位論文に、その後の日本私法学会での報告などをふまえ、加筆修正を施したものである。

　現代においては複雑で高度な取引が頻繁に行われ、多くの場合こうした取引はその完遂のために複数の契約を必要とする。こうした複数の契約の結合から成る複合取引において、これら各契約はこの取引の一部でありその構成要素としての地位に置かれるため、その処遇はこの取引という文脈を離れては十全なものたりえない。そしてこのような契約の事態適合的な処理の試みは、もともとこれを想定していなかった古典的な契約法上の諸原則を動揺させずにはおかない。すなわち、複合取引は契約の結合態様に応じて構造を異にする主に二つの類型—契約の連鎖と複合契約—から成るところ、各類型はそれぞれこれら諸原則との関係でその構造に由来する法的諸問題を提起する。そしてこれら諸問題の解法を探求し、こうした事象を契約法理論へ取り込むことで、諸原則は必然的にその修正に直面することになるのである。ゆえにこの複合取引の法的考察とは、古典的契約法に種々の修正をもたらしてきた現代契約法学の展開の一側面に他ならない。本書は、この優れて現代的な取引事象である複合取引の各類型がいかなる法的問題を提起し、従来の契約法上の諸原則にどのような修正を迫っているのかを明らかにして、この複合取引の法的構造を解明することを試み、その提起する個別問題への解答からこれを規律する法理の構築に至る今後の更なる同取引の法的考察の立脚点を得ることを意図するものである。

　周知のように複合契約をはじめとする複合取引は現在広く関心を集めており、今後も少なからぬ考察がなされていくことであろう。このように進捗

著しいテーマでありながら、本書の元になった三篇の論文はいずれも数年前に執筆されたものである上に、契約の連鎖、複合契約それぞれの考察も法理構築までには至らぬ点で不十分なものである。それゆえ、あえて一書として公表する意義はあるのかという不安は今も頭を離れることはない。それでも本書を公にするに至ったのは、この広範な複合取引の構造の解明を試みることで、これからの同取引の考察にいささかなりとも裨益しうるのではとの思いからである。個別問題の考察はすでに一定の蓄積を見ているとしても、この取引を指称する名称も定まらないほどに、なお全体構造が明らかならざればこそ、本書にもささやかな意義があるのではないか。個別の法的問題の十全な回答と法理構築はまるまる将来に積み残された課題であり、ようやく考察の出発点に立った、否それすらおぼつかないことを自覚しつつ、本書をこれからの長い研究生活の里程標とさせていただきたい。

かくも拙き本書であるが、これとて多くの方々の支えなくしてはなしえなかった。

とりわけ恩師藤岡康宏先生（早稲田大学）には修士課程入学から母校を離れた今日に至るまで、終始ご指導をいただき、またご面倒をおかけしている。今日までの先生のときに厳しくも慈愛に満ちた温かいご指導なくして、本書の上梓はおろかこうして研究者の末席を汚すことすらできなかったであろう。非才の身ながら先生の学問に対する真摯な姿勢だけでも感得できればと願わずにはおれない。本書を成すにあたり、この限りない学恩に改めて心からの感謝を申し上げる。

またフランス法の手ほどきに始まり様々なことをご教示いただいたうえに、公私にわたり大変お世話になった中村紘一先生（早稲田大学）、お会いして以来今日まで様々な助言を賜った後藤巻則先生（早稲田大学）に、厚く御礼申し上げる。本書の元になった学位論文の審査の労をとってくださった先生方（藤岡、後藤両先生のほか、鎌田薫先生、近江幸治先生、堀龍兒先生（ともに早稲田大学））、2006年の日本私法学会にて司会の労をとっていただいた山田誠一先生（神戸大学）、個別にお名前を挙げることはできないが、家庭的

で落ち着いた研究環境を与えてくださった三重大学人文学部社会科学科の同僚の先生方、本書の内容につき報告させていただいた研究会にて有益なご教示を賜った先生方、論文の抜刷に対し丁寧な感想やご指摘をいただいた先生方にも、深謝申し上げたい。

　さらに早稲田大学にて研究者としての歩みを始めて以来、公私にわたり大変お世話になっている先輩・友人の方々に、この場を借りて、心よりのお礼を申し上げる。

　本書は成文堂販売部の田中勝家氏のお口添えと同出版部の本郷三好氏と石川真貴氏のご尽力によって出版にこぎつけることができた。石川氏には終始様々なご配慮をいただき、忍耐強く本書の上梓へ導いていただいた。お三方なくして本書は日の目を見ることはなかったであろう。衷心より御礼を申し上げる。また出版をご快諾いただいた阿部耕一成文堂社長、そしてお世話になった同出版部の方々にも深甚の感謝を申し上げたい。なお本書を纏めるにあたり財団法人全国銀行学術研究振興財団から研究助成を賜った。ここに記して深謝申し上げる。

　最後に私事にて恐縮であるが、他界した父および、筆者が学問の道に進むことを許し、今日まで温かく見守ってくれた母のおかげをもって筆者の今日がある。感謝の気持ちを込めて本書を父母に捧げることをお許しいただきたい。またいつも静かに支えてくれる妻にもお礼を申し添えておく。

　　2007 年 5 月
　　　　　　青い伊勢湾をのぞむ研究室にて
　　　　　　　　　　　　　　　　都　筑　満　雄

# 目　次

はしがき (i)

初出一覧 (x)

## 序 — 1
はじめに 1
　1　問題の位相 1
　2　複合取引の出現 5
一　問題の提起 8
　1　取引の類型と各取引が提起する問題 8
　2　フランスにおける議論 11
　3　近時の我が国での議論の展開 14
二　検討の順序 17

## 第一部　契約の連鎖の考察——第三者との間での契約責任の成立の是非をめぐって——

### 序章 — 21
　1　契約の連鎖の提起する問題 21
　2　本部の構成 26

### 第一章　日本における議論 — 27
　1　運送人の債務不履行に対し運送契約外の第三者が損害賠償請求をする場合 27
　　(一)　運送契約当事者間における運送人の損害賠償責任 28
　　(二)　運送契約の第三者に対する運送人の損害賠償責任 36
　2　下請人の従業員が元請人に対し安全配慮義務違反を根拠に債務不履行に基づく損害賠償を請求する場合 47
　3　欠陥製品の製造者が直接契約関係にない被害者に対して負う製造物責任 58
　4　問題提起 71

## 第二章　フランスにおける議論状況―― 77

### 1　諸前提 77
- (一)　契約責任と不法行為責任の差異と請求権非競合（non—cumul）の原則 77
- (二)　契約の相対効原則（1165条） 84
- (三)　契約フォートと不法行為フォートの分離 86

### 2　不法行為責任の拡大と契約フォートと不法行為フォートの同一視 88
- (一)　不法行為責任の拡大 89
- (二)　フォート分離原則の緩和 91

### 3　契約責任の拡大 94
- (一)　フォート同一視の不都合 94
- (二)　特定承継論の展開 96
- (三)　判例における契約群の登場 102
- (四)　Besse判決後の状況 110
- (五)　判例の小括 116

### 4　学説の展開（契約群理論の登場） 117
- (一)　G. Durry の問題提起 117
- (二)　B. Teyssié の契約群 118
- (三)　J. Néret の下位契約 122
- (四)　Besse判決後の学説の一つの傾向（G. Viney および P. Jourdain の見解） 126
- (五)　学説の小括 129

## 第三章　M. Bacache-Gibeili の契約群理論―― 131

### 1　契約群理論の有用性 131
- (一)　従来の契約群理論に対する批判 131
- (二)　フォートの同一視批判 132
- (三)　契約群に基づくアプローチ 143

### 2　契約群理論の正当性 151
- (一)　契約群と契約の相対効原則（1165条）との両立の試み 152
- (二)　契約群の中にある直接訴権に適用される制度 166

### 3　小括 174

## 終章―― 177

### 1　以上の検討のまとめ 177

2　我が国に対する示唆 *180*
　　3　今後の課題 *185*
　　4　最後に *185*

## 第二部　複合契約の考察

序章───────────────────────────── *189*
　はじめに *189*
　一　問題の全体像 *190*
　二　第二部での検討の順序 *192*
第一章　複合契約論序説
　　　　──フランスにおける契約の相互依存化の展開を参考に── *193*
　はじめに *193*
　一　1978 年の消費者保護法他 *194*
　　1　その前史 *194*
　　2　1978 年の消費者保護法 *197*
　　3　1979 年法 *200*
　　4　相互依存性の根拠 *202*
　二　1978 年法および 1979 年法成立以後の判例
　　　（その一、関連貸付の事例）*203*
　　1　関連貸付における判例の継続 *203*
　　2　不動産関連貸付における相互依存性の拡張 *204*
　　3　近年の関連貸付事例における相互依存性の承認の拡大 *206*
　三　1978 年法および 1979 年法以後の判例の展開
　　　（その二、関連貸付以外の事例）*208*
　　1　ファイナンスリースの事例 *209*
　　2　夫婦の労働契約の事例 *211*
　　3　不可分性を承認する判例の展開 *214*
　　4　二当事者間の事例 *218*
　　5　判例の小括 *221*
　四　学説の展開 *223*
　　1　コーズを根拠にする学説（B. Teyssié の論文）*224*

2　不可分性を根拠にする学説（J-B. Seube の論文）*227*
　　3　学説の小括 *234*
　おわりに *235*

第二章　抗弁の接続と複合契約論
　　　―我が国における抗弁の接続の再定位と
　　　複合契約法理の構築に関する一考察― ―――――― *238*
　はじめに *238*
　一　第三者与信型消費者信用取引における抗弁の接続に関する議論 *241*
　　1　抗弁の接続規定新設までの裁判例の展開 *242*
　　2　昭和59年の割賦販売法改正による抗弁の接続規定の新設 *252*
　　3　昭和59年の割賦販売法改正から平成2年2月20日の
　　　最高裁第三小法廷判決までの法状況 *255*
　　4　平成2年2月20日の最高裁第三小法廷判決とその後 *260*
　　5　抗弁の接続に関する学説 *275*
　　6　販売業者が経営難に陥った場合の抗弁の接続 *287*
　　7　小括 *291*
　二　他の契約の不履行に基づく契約の解除の是非に関する議論 *295*
　　1　平成8年11月12日の最高裁第三小法廷判決を中心とする裁判例 *298*
　　2　学説における議論 *306*
　　3　小括 *308*
　三　フランスにおける契約の相互依存化の展開 *312*
　　1　消滅の局面について *313*
　　2　その他の局面について *315*
　　　（一）　判例の展開 *316*
　　　（二）　学説の展開 *321*
　　　（三）　小括 *324*
　おわりに *325*
　　1　抗弁の接続の議論と他の契約の不履行を理由とする契約の解除の
　　　議論との関係 *325*
　　2　平成8年最判から複合契約論へ *327*
　　3　今後の課題 *330*

**結語** ———————— *332*
　一　考察のまとめ *332*
　　1　複合取引の提起した問題 *332*
　　2　契約の連鎖の考察 *334*
　　3　複合契約の考察 *336*
　二　複合取引の法的構造 *340*
　　1　契約の連鎖について *340*
　　2　複合契約について *341*
　　3　総括 *342*
　三　結びに代えて *342*

索引　(*344*)

## 【初出一覧】

| | |
|---|---|
| 序 | 書き下ろし |
| 第一部 | 「契約責任と第三者（1）～（7）―フランス契約群理論の検討を通じて―」早稲田大学大学院法研論集 100、101、102、103、104、105、106 号、（2001 年～2003 年） |
| 第二部 | |
| 序章 | 書き下ろし |
| 第一章 | 「フランスにおける契約の相互依存化の展開―契約の消滅の局面を中心に―」早稲田法学会誌 53 巻（2003 年） |
| 第二章 | 「抗弁の接続と複合契約論（1）～（3）―我が国における抗弁の接続の再定位と複合契約法理の構築に関する一考察―」早稲田法学 79 巻 4 号、80 巻 1 号、2 号（2004 年～2005 年） |
| 結語 | 書き下ろし |

# 序

## はじめに

### 1　問題の位相

(1)　複数の契約が合わさってはじめて達成される取引は、その現代の取引に占める割合からも、また既存の契約法に対して提起する問題の大きさからも、現代の契約法学において無視しえぬ現象である。古典的な契約法が想定していなかった事象の続発を受けて、もっぱらこの古典的契約法の修正の中で展開されてきた現代契約法学において、こうした取引はいかなる問題を提起するのか。本稿は、この取引が既存の契約法に提起する問題の解法を探求することを通じて、同取引の法的構造を解明することを試みるものである。

なお本稿が検討の対象とする取引について、あらかじめここでその呼称を明確にしておこう。本稿が対象とする複数の契約よりなる取引は、後述のようにその提起する法的問題に応じ、主に複数の契約が時系列に従い順次異なる当事者間で締結される取引と、二当事者またはそれ以上の者の間で複数の契約が締結され並存する取引とに分けられる。我が国においてこうした取引を検討する各論者の問題関心が様々であり、またこれらに関する議論が発展段階にあることもあって、これら取引の呼称は現在まで統一を見ていないが、本稿においては比較的多くの論者が採用する呼称に従い、前者の取引を契約の連鎖、後者の取引を複合契約と呼ぶ[1]。またこれまで両取引類型を対象とする包括的な研究はあまりなく[2]、こうした取引全体の呼称がはっきりしなかったわけであるが、本稿においては契約の連鎖および

複合契約を合わせた複数の契約よりなる取引類型全体を複合取引と呼称することにする。

（2）ところで一般に近代私法上の原則である私的自治の原則によれば、市民社会において各人は自由な意思に基づいて自律的に法律関係を形成することができるとされ、また意思自治の原則によれば各人が義務を負うのは自らの意思でそれを選択したときだけであるとされる。これらは契約という制度においては、各人は契約をするかしないか、誰と契約をするか、どのような内容の契約をするのかの自由、つまり契約自由の原則として現れることになる[3]。

そして自由主義的な個人主義という思想基盤に支えられた以上の近代私法上の原則のもと、理念型として契約は通常次のように行われることが想定されている[4]。すなわち、まずある者が他人との間である商品交換を意図して交渉に入る。そして交渉が進展し条件が煮詰まったところで、一方が

---

[1] まず契約の連鎖という呼称は、例えば大村敦志『消費者法（第2版）』（有斐閣2003年）149頁以下や河上正二「複合的給付、複合的契約および多数当事者の契約関係」法教172号55頁以下がこの呼称を用いている。

次に複合契約という呼称は、河上・本注48頁以下や大村・本注208頁以下、宮本健蔵「混合契約および複合契約と契約の解除」志林99巻1号3頁以下がこれを用いている。この他に契約結合（北川善太郎「約款と契約法」NBL242号83頁以下）や複合契約取引（山田誠一「「複合契約取引」についての覚書（1）」NBL485号30頁以下）などという呼称も当てられている。

なお池田真朗「「複合契約」あるいは「ハイブリッド契約」論」NBL633号7頁以下は、特に三当事者による売買契約と与信のための契約とが組み合わされた取引、具体的にはローン提携販売取引や割賦購入斡旋取引などを結合契約と呼ぶべきであって、複合契約または複合契約取引と呼ばれているもののうちの、「二当事者間で複数の契約が結ばれているもので、その複数の契約が相互にある種の関連をもつものを「複合契約」と呼ぶ」べきであるとする。

[2] この点で河上・前掲注（1）48頁以下は契約の連鎖および複合契約を含む複合取引全体を俯瞰する貴重な文献である。

[3] こうした私的自治、意思自治の原則に関する代表的な文献として、両概念の差異に関する記述を含む星野英一「現代における契約」『民法論集（3）』（有斐閣1972年）1頁以下および同「契約思想・契約法の歴史と比較法」芦部信喜ほか編『岩波講座・基本法学（4）』（岩波書店1983年）1頁以下や、意思自治の原則を歴史的に考察する北村一郎「私法上の契約と「意思自律の原理」」芦部信喜ほか編『岩波講座・基本法学（4）』（岩波書店1983年）165頁以下等が挙げられる。

[4] 以下のいわゆる古典的契約像は内田貴「現代日本社会と契約法」『契約の時代』（岩波書店2000年）15頁以下に簡潔にまとめられている。

この条件内容で契約の申込をし、他方がこれを承諾することで契約が成立する。ここで契約は申込と承諾の時点で成立し、この時点での合意内容がこれ以後のこの両者の間の契約関係を規律することになるのである。こうした当事者の自由な意思に基づいて成立した合意内容には公序良俗に反するなどの例外的な場合を除いて裁判所が介入することはなく、また民法上の契約各論におかれた各典型契約に関する規定がこうした合意を補うことはあっても合意がこれら任意規定に反することができることはいうまでもない。さらに契約は各終了事由によりすみやかに消滅する。

（3） しかし周知のように、現代においてこうした古典的ともいえる契約像はさまざまな局面において重大な修正を迫られている。すなわち現在我が国において行われている契約実践の多くは上記古典的契約像からはるか乖離し、結果現代における立法や判例を中心とした契約法の展開は契約の一般理論のレベルに及ぶ様々な修正を古典的な契約法にもたらしているのである[5]。このうち数多くの判例による契約を取り巻く様々な義務の創造はその顕著な例をなし[6]、例えば、契約成立前の交渉段階においては、厳密にはいまだ契約当事者ではない者の間に契約交渉の不当破棄の責任[7]や、説明義務や情報提供義務[8]などが認められ、また契約の成立後においても当

---

[5] このような古典的契約法から乖離した現代的契約法の展開の全体像は、内田・前掲注（4）5頁以下が簡潔に俯瞰している。
[6] こうした判例による信義則のような一般条項を通じての義務の創設全般については、内田貴「現代日本の契約法と一般条項」『契約の時代』（岩波書店 2000年）73頁以下を参照。
[7] 契約交渉の不当破棄の責任については、今日までに数多くの研究がなされているが、池田清治『契約交渉の破棄とその責任』（有斐閣 1997年）1頁以下が最も詳細かつ包括的な研究であろう。また契約の成立段階に生ずる諸々の責任については、例えば円谷峻『新・契約の成立と責任』（成文堂 2004年）がこれを論ずる。
[8] 説明義務や情報提供義務はこれまで特に医療契約や投資取引において問題となってきたが、これを一般的に論ずるものとして、例えば後藤巻則「フランス契約法における詐欺・錯誤と情報提供義務（一）～（三）」民商102巻2号58頁以下、3号78頁以下、4号54頁以下や、馬場圭太「フランス法における情報提供義務理論の生成と展開（一）（二）」早法73巻2号55頁以下、74巻1号43頁以下、潮見佳男「ドイツにおける情報提供義務論の展開（一）～（三）」論叢145巻2号1頁以下、3号1頁以下、4号1頁以下等が挙げられる。また近年、宮下修一『消費者保護と私法理論』（信山社 2006年）が出されている。

事者の合意すら認められない諸々の付随的義務が認められる[9]など、従来の契約観からはその正当化が困難な事態を生じさせるに至っている。加えて現代契約法の展開の中において枢要な位置を占めるであろう消費者契約もまた、契約の締結過程においても、契約の内容そのものについても、古典的な契約法に大きな変容をもたらしてきた[10]。そして学説は以上のような様々な局面での現代契約法の展開の古典的契約法からの乖離を受けて、この古典的契約法の部分的修正から関係的契約論[11]に代表される新たなパラダイムの構築に至るまで、こうした展開を契約法内に取り込むための様々な試みを積み重ねてきたのである[12]。

こうした現代契約法学の展開の中には特徴的な構造を持つ現代型の取引が古典的契約法に修正を迫る場合も含まれる。中でも特定の当事者間で取引が継続的に行われるいわゆる継続的取引は、特に同取引内の契約の解消の場面で、これを抑止する方向で既存の契約法に修正を迫っている。そし

---

[9] こうした付随的義務としては、いわゆる安全配慮義務が代表的である。また近時特に継続的契約関係において、契約条件を事後的に改定等するための契約調整規範、すなわち再交渉義務の存在が説かれる。同義務については、石川博康「「再交渉義務」論の構造とその理論的基礎 (1) (2)」法協 118 巻 2 号 234 頁以下、118 巻 4 号 520 頁以下がこれを論ずる。

[10] 事業者と消費者との間の消費者取引を律する規範の総体としての消費者契約法の展開は現代契約法の展開の中でも大きな部分を占めてきた。また最近でも 2000 年に消費者契約の一般法である消費者契約法が成立を見るなど、消費者契約に関わる立法判例の展開は勢いを失わず、現代契約法学の中においてその地位を確たるものにしている。

消費者契約に関わる研究業績は枚挙に暇がないが、ここでは大村敦志『契約法から消費者法へ』(東京大学出版会 1999 年)所収の各論文、同『消費者・家族と法』(東京大学出版会 1999 年)第一章所収の各論文、後藤巻則『消費者契約の法理論』(弘文堂 2002 年)所収の各論文のみを挙げておく。

また 2000 年に成立した消費者契約法については、例えば民商法雑誌 123 巻 4・5 号およびジュリスト 1200 号等において、また消費者団体訴訟制度を創設した同法の改正については、ジュリスト 1320 号や自由と正義 57 巻 12 号等において、それぞれ特集が組まれている。

[11] 関係的契約論については内田貴教授の一連の論稿による。アメリカの契約法学の研究に当てられた内田貴『契約の再生』(弘文堂 1990 年) 1 頁以下がこれを提唱し、同「現代契約法の新たな展開と契約法学」法時 66 巻 8 号 28 頁以下および同『契約の時代』(岩波書店 2000 年)所収の各論文においてこれが展開されている。

なおこの内田理論に対しては、例えば、法律時報 66 巻 8 号の特集『現代契約法理論の研究』の各論文(大島和夫、安井宏、田中教雄、吉岡祥充)がこれに応接している。

てこうした取引の提起する問題について現在までに数多くの裁判例が集積され、また少なからぬ研究が継続的取引の提起する問題の検討およびその法的構造の解明に向けられてきたのである[13]。この継続的取引と並んで複数の契約が合わさって一つの取引をなす複合取引もまた現代の取引において大きな割合を占め、現代型取引の大きな特徴をなしている。ではこの複合取引は、従来の契約法に対していかなる問題を提起し、いかなる法的構造を有しているのであろうか。

### 2 複合取引の出現

(1) ところで既述した古典的契約像はさらに以下のことをも含意しているものと考えられる。すなわち、当事者はその意思に基づいてこそ契約より生ずる義務を負うという意思自治の原則によれば、その意思を合致させていない契約外の第三者が契約上の義務を負うことはない（契約の相対効原則）[14]。また自立した存在である契約は他の契約で生じた不履行やその契約の消滅などによって影響を受けることはないのである[15]。

そしてこうした古典的契約像のもとで一般に念頭におかれてきたのは、二当事者間で締結される単一の契約であった。例えば売買や賃貸借、運送

---

[12] 内田貴教授の関係的契約論と並んで契約法全体に及びうる新しい契約法理論を提示するものとして、交渉促進規範としての契約義務の役割に注目し、契約交渉関係の法的枠組みを契約義務により確定することによって、契約をめぐるさまざまな局面での両当事者による契約交渉関係の自律的運用を促進しようとする山本顯治「契約交渉関係の法的構造についての一考察（一）〜（三）」民商100巻2号22頁以下、3号51頁以下、5号88頁以下や、公序良俗論の再構成を通じて憲法との関係を踏まえ私的自治の再構築を目指す山本敬三『公序良俗論の再構成』（有斐閣2000年）所収の各論文、契約関係における原理として契約自由に対し契約正義を強調する大村敦志『公序良俗と契約正義』（有斐閣1995年）1頁以下が挙げられるであろう。

また吉田克己『現代市民社会と民法学』（日本評論社1999年）8頁以下は、こうした現代契約法学における新たな契約法理論を俯瞰するものである。

[13] この継続的取引については中田裕康教授の一連の論稿がある。中田裕康『継続的売買の解消』（有斐閣1994年）1頁以下は特に継続的売買についての詳細な研究であり、また同『継続的取引の研究』（有斐閣2000年）所収の各論稿においては継続的取引についての包括的な検討がなされている。

また内田貴「規制緩和と契約法」『契約の時代』（岩波書店2000年）215頁以下は関係的契約論の観点から継続的取引にアプローチするものである。

など民法典や商法典がもっぱら念頭においているのはこうした契約であり、民法典や商法典が制定された当時の初期の資本主義社会において、当事者の意図する取引は概ねこうした契約一つでもって完結する比較的単純なものだったのである。したがってこの段階においては上記諸原則が深刻な修正を迫られることもなかったといえる。

(2) ところが資本主義社会の高度化にともない右状況にも大きな変化がもたらされることになる。生産および流通の劇的な進化は取引を質および量において転換し、結果従来とは比較にならないほどの複雑で高度な取引が頻繁におこなわれるようになる。すなわち現代においては、複雑な物や役務が取引の対象になり、また資金決済や物流はより迅速かつ確実にこれをおこなえるようになり、さらに取引に携わる者もますます専門特化するに至り、より複雑で高度な取引を大量におこなうことが可能になったのである。しかし他面においてこうした複雑で高度取引は多くの場合民法典や商法典がもっぱら想定する契約一つでもって完遂することができるような単純なものではない。通常ここでは取引を完成させるために複数の契約が必要とされ、各契約は取引の構成要素となり、取引を達成させる手段になっているのである。ここに至って、契約は自己完結した独立の存在であることを止め、取引の一部でありその構成要素という性格を強く持つことになる。そして現代においてこうした複合取引は日常化し、契約がこうした取引の一部、すなわちその構成要素という地位にある場合は、それのみでもって取引が完結するような地位にある場合と同程度に頻繁に生ずるに至っているのである。

以上のようにこうした複合取引が現代の取引の中でその占める割合を高

---

[14] 我が国における契約の相対効原則については、山田誠一「契約の相対効」法教 152 号 39 頁以下を、フランスにおける契約の相対性原則については、高畑順子「フランスにおける契約の相対効原則をめぐって」『フランス法における契約規範と法規範』(法律文化社 2002 年) 1 頁以下を参照した。

なおフランスにおいて同原則は民法典 1165 条に明文で規定されており、フランス民法典を継受した我が国の旧民法典の財産編 345 条にも規定されていたが、現行民法典の起草過程において、当然の原則であり規定をおく必要がないとの理由により削除された。かくして我が国の民法上契約の相対効原則は不文の原則になっているのである。

めるに従い、現代の契約法学においてこの取引に対する考察は重要性を増している。しかしこれまでの我が国の民法学、契約法学において[16]この複合取引一般の考察の試みはいくつか存在したものの、この取引に対する考察のほとんどは各個別の取引が提起するそれぞれの問題への検討に向けられ、複合取引一般の提起する問題への解答と法的構造の解明はいまだ課題として残されている[17]。ではこの複合取引という現象、すなわち契約が取引の中でその構成要素としての地位に置かれる事態は、その契約の処遇に

---

[15] 我が国において一見自明であるこの契約の相対効原則の内容は実は明らかではない。同原則は一般に契約が当事者にのみその拘束力を持つことを意味すると理解されるところから、契約の当事者ではない第三者に契約上の債務を負担させる、つまり契約の拘束力を第三者に及ぼすことが同原則に反することは明らかであるが、他の契約で生じた不履行や契約の消滅などの契約への影響を認めることがこれに反するか否かは、その内容の理解如何に関わる。この点はこれまでの複合取引に関する議論、その中でも後述の複合契約における契約間の影響関係の議論においても明確に意識されてきたわけではなかったし、本稿もこの点から契約の相対効原則自体を検討していない。債権の相対性の原則との関係を含めて、その解明は大きな課題である。ところで近時、主としてドイツ法の第三者に負担をもたらす契約の議論を参照して、契約の相対的効力の原則の今日的意義を検討する、岡本裕樹「『契約は他人を害さない』ことの今日的意義（一）〜（五・完）」名法200号107頁以下、203号173頁以下、204号135頁以下、205号119頁以下、208号335頁以下が現れた。同論文によれば契約の相対性原則とは、私的自治の原則や意思自治の原則を根拠とし、契約当事者の契約自由の範囲を契約当事者の私的自治の領域に限定し、契約による第三者の法的地位への直接的な侵害を禁止して、第三者の私的自治を保護することを目的とする原則であるとされる。そして債権の相対性の原則とは、同原則が契約の相対性原則の理論的根拠であるところの近代意思主義哲学に立脚しないあらゆる債権の通有性であるため、相違するとする。また契約の相対性原則を表す命題「契約は当事者のみを拘束する」の拘束について、契約の効力は債権・債務の発生に限定しえないため、特約や抗弁など広く契約の効力を含むものであるとしている。このように同論文は、従来あいまいであった契約の相対性（効）原則の解明を試みるのである。そして抗弁などの契約の効力にも同原則が及ぶとする同論文によれば、契約の自立性の原則の少なくとも一部は契約の相対性（効）原則に含まれることになる。なお同論文は、こうした契約の相対性原則にもかかわらず、例外的に契約の第三者効が認められる場合として、複合的取引（本稿の複合取引に対応する）において契約の第三者が自己の取引目的のためにこの契約を利用する場合を挙げている。この場合この契約は第三者の取引目的の達成のために締結された契約であるから、第三者にとって他人の契約であっても、その者の私的自治に含まれると解されるからである。こうした見解は、少なくとも複合契約については、他人の契約から第三者の契約への影響がこの第三者を含む取引の当事者の当該の取引の達成という目的に由来するものであるとする私見とも方向性を同じくするものといえよう。

おいて特に上記諸原則との関係でいかなる考察を求めるのであろうか。

## 一 問題の提起

### 1 取引の類型と各取引が提起する問題

(1) そこでまず、こうした複合取引が提起する問題を明らかにする前に、対象となる取引にはどのような形態のものがあるのかを示さなければならないであろう。これら取引は、その提起する問題に応じて、連鎖的売買や下請のように、複数の契約が時系列に従い順次異なる当事者間で締結される契約の連鎖と、マンションの売買契約とスポーツクラブの会員契約の二つの契約が合わさったリゾートマンションの取引や割賦購入斡旋等の第三者与信型消費者信用取引のように、二当事者またはそれ以上の者の間で複数の契約が締結され併存する複合契約とに分けることができる。現実には各種様々な取引が存在し、これら類型のどちらかに振り分けることが困難な取引も存在しうるが、以上は複合取引としてその提起する典型的な問題に応じた理念型としての類別である。

(2) そして各取引類型は以下のような典型的な問題を提起する。まず連鎖的売買や下請のような契約の連鎖について。これら異なる当事者間において契約が連鎖する構造をもつ契約の連鎖においては、例えば下請契約の

---

[16] こうした複合取引の重要性については、北川・前掲注 (1) 83 頁以下 (なお同『民法講要 (4) (第 2 版)』(有斐閣 1993 年) 138 頁以下にも同様の指摘がある) がこれを指摘し、星野英一「現代契約法の諸問題 (1) ―連載にあたって」NBL469 号 9 頁以下においても言及されている。

[17] 例えば、第三者与信型消費者信用取引が提起するいわゆる抗弁の接続の問題についてはこれまでに数多くの研究がなされてきたわけであるが、複合取引一般という視座からこの取引およびその提起する問題を検討するものはそれほど多くはない。これには例えば、北川・前掲注 (1) 83 頁以下や山田誠一「「複合契約取引」についての覚書 (1) (2)」NBL485 号 30 頁以下、486 号 52 頁以下、千葉恵美子「「多数当事者の取引関係」を見る視点」椿先生古稀記念『現代取引法の基礎的課題』(有斐閣 1999 年) 317 頁以下が挙げられる。しかしこれらとて複合取引のうち複合契約、特に第三者与信型消費者信用取引が提起する契約間の牽連関係の問題をもっぱら考察の対象にしており、その考察は複合取引全般に及んでいるわけではない。

下請人の履行が請負契約の注文主の債権を満足させるように、連鎖する契約それぞれの履行の蓄積が連鎖の末端にある者の債権を満足させることで取引が完遂を見ることになる。ゆえにこうした契約の連鎖においては、例えば下請人が下請契約において不履行をなした場合のように、通常下請契約において不履行が生じた場合、これに続く請負契約においても不履行が生ずることになり、その損害は最終的に連鎖の末端にある注文主が被るという構造が存在する。したがってこのような取引にあっては、たとえこれらの者相互の間に直接の契約関係がなくとも、これに準じた利害関係が生じているのであり、ここで各契約を全く別個独立のものとみ、各当事者を契約関係にない単なる第三者どうしとして扱うことは必ずしも適切な解決をもたらさないであろう。ここでは契約の連鎖の参加者ではあるが、契約当事者ではない者の間での契約当事者に準じた関係の設定如何が問われ、この意味で民法上の不文の原則である契約の相対効原則との関係が問題になっているのである。

　(3)　これに対して、第三者与信型消費者信用取引のような複合契約ではどうか。二当事者またはそれ以上の者の間で複数の契約が結ばれ併存するこの複合契約においては、これら各契約が履行されることで全体としてこの一つの取引が達成されるという構造が存在する。ここでは形式的に見れば複数の独立した契約が結ばれているのであるが、これら契約は単一の取引の達成という目的のために相互に密接に関連し、各契約がともに前提にしあう関係にある場合には相互に依存する関係にあるため、目的達成のために密接に結びつく各契約を全く別個独立に扱うのではなく、互いに単一の取引を構成しているという関係に鑑みて、様々な局面でこれらを一体的に扱うことが求められているのである。例えば、こうした取引においてある契約が消滅したことで全体としての取引の達成が不能に帰した場合、たとえ同様に取引を構成する他の契約はそれ自体として消滅させるべき理由を欠くとしても、取引を達成するための手段としてのその存在意義を失った以上、これを消滅させるという扱いを認めることが適当な解決であるといえるであろう。また同様の取引においてある契約で不履行が生じた場合、同じ取引を構成する他の契約においても履行の停止が認められてよい場合

もあるであろう。ここではこうした取引を構成する各契約がともにこの単一の取引の達成を目的としその手段になっていることを考慮して、これらを一体的に扱いその影響関係を認めることが要請されているのである。契約は他の契約の消滅やそこで生じた不履行等によって影響を受けることのない自立した存在であることが原則であるが、ここではまさに契約間の影響関係を認めることとこの契約の自立性ともいうべき原則との関係が問題になっているのである。

(4) 以上のように複合取引の一部である契約の連鎖と複合契約とは異なる法的な問題を提起するのであるが、これは次のような両取引類型の構造上の差異に由来するものである。このことを取引中のある契約に不履行があった場合を念頭において検討する。まず、契約の連鎖にしろ複合契約にしろ複数の契約が集合して一つの取引を形成しているため、そのうちの一つの契約が履行されないことによって取引全体が完結しないという点では異ならないが、契約の連鎖においては、ある契約の不履行が必然的に他の契約の不履行をもたらす場合があるのに対し、複合契約にあっては、ある契約における不履行によってそれ以外の契約の履行が必ずしも妨げられるわけではない点に違いがある[18]。次に、契約の連鎖においては、自らが当事者ではない契約に適用される法律上の規定や約定による拘束が問題となる点で契約の相対効原則との関係が、また複合契約おいては、ある契約での不履行やこれに由来する解除による契約の消滅を他の契約の当事者がそれを自らの契約において問題にしている点で契約は他の契約で生じた不履行や消滅等に影響されない自立した存在であるといういわば契約の自立性とも言うべき原則との関係が、それぞれ問題にされているわけであるが、契約の連鎖にあっては、通常問題とされる場面は、連鎖の端にいる者どうしの間、あるいはそうでなくても少なくとも直接契約関係にない者の間の問題であるのに対し、複合契約にあっては、二当事者間はもちろん三当事者間であっても、通常問題とされる場面では、不履行がありまたこれによ

---

[18] 例えば下請運送において下請運送人による目的物の滅失は運送人と荷送人との間の運送契約の不履行をもたらすのに対し、割賦購入斡旋取引において購入者と販売業者との間の売買契約の不履行が立替払契約の不履行を必然的にもたらすわけではない。

り消滅した契約とその影響の是非が論ぜられる契約において、前者で生じた事由を後者において援用する者が双方の契約の当事者である点で、契約の連鎖では問題の基点となる地位があくまで第三者であるのに対し、複合契約にあっては契約当事者である点に違いがある[19]。以上から、契約の連鎖においては、連鎖の中のある契約の不履行により連鎖の中にあって必然的に損害を被ることになる他の契約の当事者に不履行があった契約の当事者に準ずる地位が与えられるのか否かが問題となるのに対し、複合契約においては、各契約がともに単一の取引の達成を目的としていることを考慮して、他の契約で生じた不履行やこれによる契約の消滅を自らの契約において契約当事者がどのように問題にすることができるのかが問題となっているのである。以上から契約の連鎖と複合契約は同じように複数の契約によって一つの取引を実現させるものでありながら、異なる考察を要する複合取引の類型であるといわねばならないのである。

## 2 フランスにおける議論

(1) ところで以上のような契約の集団化ともいうべき現象が提起する法理論上の問題について、これまで我が国において包括的な検討がなされることは比較的少なかったわけであるが、これに対してフランスでは特に1970年代以降こうした現象の提起する問題について、立法や数多くの重要な判決が出され、また学説においても活発な議論が展開され、現在これに関する議論はフランス契約法において一つの重要なトピックスをなすに至っている。同国においてこの議論の本格的な展開は1975年に公にされたB. Teyssié のテーズ "Les groupes de contrats"[20]に始まり、これ以降、契約の連鎖 (chaînes de contrats) と我が国の複合契約に相当する契約の集合 (ensembles de contrats) という類型が、それぞれ異なる構造を有し、異なる法的問題を提起するものとして、確立され、特に近時において判例の集積に伴う学説の議

---

[19] 例えば、下請運送の事例において、不履行のあった下請運送契約にとって損害賠償を請求する荷送人は第三者であるが、割賦購入斡旋取引において、購入者は売買契約、立替払契約のいずれの契約においても契約当事者である。

[20] B. Teyssié, Les groupes de contrats, LGDJ. Bibl. dr. priv. 1975.

論の展開には注目すべきものがある。そしてこうした議論は特に契約の相対効原則および契約の自立性の原則との関係を意識して、蓄積されてきたのである。

(2) 具体的には、まず契約の連鎖について主として次の問題が論じられた。すなわち、例えば下請の事例において、下請人が下請契約上の債務を十全に履行しなかったことにより注文主が損害を被った場合に、注文主が下請人に不法行為責任を追及し、被った損害の全てを賠償させることができるのかが問題になる。たしかにここで注文主と下請人とは直接の契約関係にないわけであるが、この場合に注文主を下請人との関係で全くの第三者として扱い不法行為責任の追及を認めることは、時に注文主に過大な利益を与えることから、ここで発生した損害賠償責任を適切に調整するために契約責任の成立を認めることの是非が論じられたのである。この問題については、一時破毀院の第一民事部が契約責任の成立を積極的に認めて[21]注目を集めたが、その後破毀院の大法廷判決（通称 Besse 判決）[22]がフランス民法典第 1165 条が規定する契約の相対効原則に違反することを理由に契約責任の成立を否定して判例上の決着をつけ、現在に至っている。しかしその後も学説上は同判決に反対する見解が有力であり、またこの問題をこれまでとは異なる視角から根本的に再検討する M. Bacache-Gibeili のテーズ "La relativité des conventions et les groupes de contrats"[23]が公にされるなど、いまだフランスにおいてこの問題に関する議論は落着を見ない状況にある[24]。またこの直接契約関係にない者との間での契約責任の成立如何という問題は、契約責任に基づく損害賠償が履行の代替を意味するのであれば、契約関係にない第三者からの履行請求如何といういわゆる直接訴権

---

[21] 例えば、下請の事例において、注文主の下請人に対する損害賠償請求権が契約責任によることを認めた破毀院第一民事部 1988 年 3 月 8 日判決（Bull. civ I n69）。

[22] 破毀院大法廷 1991 年 7 月 12 日判決（Bull. civ. ass plén, n5）。

[23] M. Bacache-Gibeili, La relativité des conventions et les groupes de contrats, LGDJ. Bibl. dr. priv. 1996.

[24] 例えばフランスの損害賠償法の代表的な概説書である G. Viney, Traité de droit civil. Introduction à la responsabilité. 2éd. LGDJ. 1995, p.397 et s は、上記破毀院大法廷判決によってもここでの契約責任と不法行為責任の領域確定の問題が解決されたわけではないことを示唆する。

の問題に連なるものである。したがって広く契約の連鎖内の契約類似の関係の設定の是非の観点から、以上のフランスの議論は注目すべき様々な内容を含んでいるのである。

(3) 次に契約の集合についてもフランスにおいては以下のような注目すべき展開が見られる。すなわち、当初フランスにおいては、我が国の第三者与信型消費者信用取引に相当する売買契約と消費貸借契約とからなる関連貸付において、売買契約の消滅に伴い、同取引の達成不能により存在意義を失った消費貸借契約の消滅の是非がもっぱら論じられた[25]。この問題は 1978 年 1 月 10 日の一定の信用取引の領域における消費者の情報提供と保護とに関する法律第 22 号等により、一定の関連貸付において売買契約と消費貸借契約との間の存続や履行における牽連関係が認められたことで立法上一定の解決を見ることになったが、同法制定以降特に 1990 年代に入ると、判例は同法の適用のない関連貸付を含む様々な取引においても特に消滅における契約間の牽連関係を積極的に認める態度を示すことになる[26]。これらの判例は二当事者間のまたはそれ以上の者の間の様々な取引において消滅の局面を中心に契約間の牽連関係を認め、またその根拠として当事者がこれら契約を不可分一体のものであることを意図していたことをもっぱら挙げていたわけであるが、学説の多くはこのような判例の結論に賛成しつつも、判例の積み残した課題、すなわち牽連関係を認める理由、またその法的根拠、これが認められる取引の範囲、特に消滅についてはその法的構成等について、今日まで活発な議論を展開している[27]。そしてこうした中で近年、判例が根拠としてたびたび採用してきた不可分性 (indivisibilité)

---

[25] 当初判例はこの場合に原則として消費貸借契約の消滅を認めない姿勢をとっていた (例えば破毀院第一民事部 1974 年 11 月 20 日判決 (JCP1975 II 18109, note. J. Calais-Auloy))。

[26] 上記 1978 年法の適用対象外の関連貸付取引については例えば破毀院第一民事部 1997 年 7 月 1 日判決 (Bull civ I n224) が、また関連貸付以外の三当事者以上の間の取引については破毀院商事部 1995 年 4 月 4 日 (Bull civ IV n115 et 116) が挙げられる。

[27] 最近の多くの教科書や概説書において以上の 1978 年の法律の制定から今日に至る判例の展開までがフォローされている。ここでは代表的な概説書である J. Ghsetin, Traité de droit civil. Les effets du contrat. 3éd, LGDJ. 2001, p.554 et s のみを挙げておく。

という概念を通して契約間の影響関係の問題全般について包括的な検討をなす J-B. Seube によるテーズ "L'indivisibilité et les actes juridiques"[28]が出され、この問題については今後も更なる議論の展開が予想される状況にある。したがってフランスにおける議論の展開は、これまでもそして今後も、契約間の影響関係の問題を考察する上で有用な様々な示唆を与えてくれるであろう。

### 3　近時の我が国での議論の展開

(1)　ひるがえって、近年我が国においても複合取引のうちの契約の連鎖、複合契約の双方について、それぞれ重要な最高裁判決が出されるに及び、それぞれの取引が提起する法的な問題が学説上も意識されるようになり、特に複合契約については学説上議論が活発になされる兆しを見せている。

(2)　まず契約の連鎖について、最高裁第一小法廷平成10年4月30日判決（判時1646号162頁）が出されたことが我が国におけるこの取引の提起する問題に関する議論の進展にとって特に重要であったといえる。同判決は、荷送人と運送契約を締結した運送人が目的物を滅失し、これにより運送人と直接の契約関係にない荷受人が運送人の不法行為責任を追及した事案において、荷受人による損害賠償請求権のうち運送契約で定められた責任限度額を超える部分について、信義則違反を理由にその請求を退けたのである[29]。ここでの問題は、契約外の第三者の不法行為責任の追及に対していかに契約上の制限を及ぼすかであり、フランス同様問題は契約責任と不法行為責任との交錯の問題の延長線上にありながら、契約当事者概念の再構成、そして契約の相対効原則の再考へと及びうる。いずれにせよ同判決を契機に我が国においてもこの問題を本格的に論ずる素地が出来上がったといえるだろう[30,31]。

---

[28] J-B. Seube, L'indivisibilité et les actes juridiques, Litec, Bibliothèque de droit de l'entreprise. t40, 1999.

[29] 同判決以前にこの問題を検討した民法学者はほとんどいないが、山本豊「免責条項の第三者効」広中先生還暦記念『法と法過程』（創文社1986年）903頁以下が稀有な例外をなしている。

(3) これに対して複合契約については、我が国においても特に第三者与信型消費者信用取引におけるいわゆる抗弁の接続の是非の問題をめぐって、局所的ながらもこの点についてはフランスとは比にならないほどの活発な議論がなされてきたわけであるが[32]、この抗弁の接続の議論は、主として消費者保護の見地からいかに売買契約上の抗弁をもって与信契約における賦払を拒絶しうるかというもっぱらこの取引に限定された閉鎖的な性格を強く持っていた[33]。しかしながらその後二当事者間でリゾートマンションの売買契約とスポーツクラブの会員契約とが締結された事案において、後者の契約の不履行を理由に両契約の解除を認めた最高裁第三小法廷平成8年11月12日判決（民集50巻10号2673頁）が出され、またその後三当事者間の取引において一方の契約の消滅による他方の契約の消滅を認める複数の下級審判決が出されるに及び[34]、現在様々な二当事者間またはそれ以上の者の間の取引での特に契約の存続上の牽連関係の是非についての議論が活発になされつつある[35,36]。そこでこれら判決により抗弁の接続はいかなる影響を受けるのか[37]、またここで認められる契約間の牽連関係の問題の中に抗弁の接続の問題はいかなる位置づけを与えられるのか、さらにこう

---

[30] 同判決以後広く契約責任と第三者という観点からまとまった検討をなすものとして、例えば平野裕之「契約外の第三者と損害賠償責任」玉田先生古稀記念『現代民法学の諸問題』（信山社1998年）85頁以下が挙げられるであろう。

[31] なおドイツ法を比較法として同種の問題を論ずるものに、岡本裕樹「運送契約における免責条項の第三所有者に対する効力」一論126巻1号87頁以下がある。

[32] この抗弁の接続に関してはこれまで数多くの論稿が著されてきたが、ここではこの問題の比較的最近までの立法、判例、学説上の議論について詳細に検討する蓑輪靖博「買主と信用供与者の法的関係について（1）（2）」クレジット研究10号110頁以下、11号191頁以下および、同「判例からみた抗弁規定の課題と展望（1）（2）」クレジット研究21号214頁以下、22号149頁以下のみを挙げておく。

[33] 抗弁の接続は昭和59年の割賦販売法改正により同法30条の4の規定に明文化されたが、同法の立法担当者（例えば田中英明「割賦販売法改正と抗弁権の接続」金法1083号20頁以下）は、同規定を購入者・消費者保護のための特別の規定であると考え、また最三判平成2年2月20日判時1354号76頁をはじめ同改正以後の判例も同様の見解を採る。

[34] 例えば東京地判平成15年3月28日判時1836号89頁が挙げられる。

[35] 同判決以後上記平成8年の最高裁判決の検討を中心に、主として二当事者間の複合契約について検討をなすものとして、例えば宮本・前掲注（1）3頁以下が挙げられる。

した契約間の存続や履行の牽連関係を含む契約間の影響関係についていかなる法理論（複合契約論）が構築されるべきなのかが議論の課題として浮上することになったのである[38,39]。

（4）　以上近時我が国においても今後の活発な議論の展開が予想される状況にある契約の連鎖と複合契約の提起するそれぞれの法的問題について、以下本論においては既述のように今日まで興味深い展開を示してきたフランスの議論を参照しその解法を探求することを通じて、複合取引のそれぞれの取引類型の法的構造を明らかにすることを試み、今後の我が国の議論の枠組みを得るようその序論的な考察をおこなうものである。複数の契約によって構成される取引の日常化、すなわちこれを各個別の契約より見れば契約が取引の構成要素となる事態の常態化という現代における取引像の変容は、従来の契約像、そして契約法に対していかなる変容をもたらすのか。複合取引の提起する法的問題の解法が探求され、その法的構造が解明されることで、従来の契約法は修正を迫られることになるであろう。現代契約法学の展開がもっぱら古典的契約法の想定していなかった事態の続発を受けて、これら事象を契約法理論に係留し同契約法を修正することにあるのならば、複合取引の法的構造の解明とはまさに現代契約法学の展開の一局面に他ならないのである。

---

[36] なおこのような消滅における契約間一般の牽連関係の問題については、例えば、混合契約論を論じた曄道交藝「混合契約論ノ研究」京都法学会雑誌10巻10号23頁以下や鳩山秀夫『増訂日本債権法各論（下）』（岩波書店1924年）742頁のように古くから学説の一部によりその存在が指摘されていた。

[37] 上記平成8年の最高裁判決の抗弁の接続に関する判例への影響の可能性を指摘するものとして、例えば後藤巻則「割賦販売の基本判例（1）」獨法50号185頁以下が挙げられる。

[38] 複合契約現象を類型化し、その提起する法的問題を分析するものとして、大村・前掲注（1）208頁以下や河上・前掲注（1）48頁以下、潮見佳男『契約各論（1）』（信山社2001年）23頁以下、松本恒雄「サービス契約」別冊NBL51号、債権法改正の課題と方向231頁以下がある。

[39] なお特に消滅における契約間の牽連関係の問題について、ドイツ法を比較法としてこれを論ずるものに、中川敏宏「ドイツ法における「契約結合（Vertagsverbindungen）」問題」一橋法学1巻3号297頁以下がある。

## 二　検討の順序

　以上の問題意識のもと、本稿の本論での検討は以下の順序でおこなわれる。まず第一部「契約の連鎖の考察―第三者との間での契約責任の成立の是非をめぐって―」では契約の連鎖の提起する問題を検討する。ここでの考察はもっぱら契約の連鎖内において第三者との間に契約責任が成立しうるのか否かにあてられ、これを通じて契約の連鎖内における直接契約関係にない者との間の契約類似の関係の設定如何が問われることになるのである。次に第二部「複合契約の考察」は複合契約の提起する問題の検討に当てられる。そこではまず第一章「複合契約論序説―フランスにおける契約の相互依存化の展開を参考に―」において、近時のフランスにおける消滅の局面を中心とする契約の相互依存化の展開、すなわち同じ取引（複合契約）を構成する一方の契約の消滅による他方の契約の消滅如何に関する議論を検討する。次いで第二章「抗弁の接続と複合契約論―我が国における抗弁の接続の再定位と複合契約法理の構築に関する一考察―」は、前章での考察を受けて我が国における複合契約の一般法理の構築を目指し、同時にこれまで我が国において契約間の影響関係の議論の主戦場であった抗弁の接続をこの新しく構築されるべき複合契約論との関係でいかに位置づけうるか、その位相を検討するものである。

# 第一部　契約の連鎖の考察
―第三者との間での契約責任の成立の是非をめぐって―

序章

## 1　契約の連鎖の提起する問題

　まずここでは複合取引のうち契約の連鎖の提起する問題を検討する。複合取引のカテゴリーの一つである契約の連鎖は以下のような法的な問題を提起し、本部はこれに対応するフランスにおける議論を参照してその解法を探求するものである。

　ここでの検討の出発点となるのは以下のような状況である。すなわち、契約が連鎖的に締結され、この連鎖中のある契約において生じた不履行が他の契約に不履行をもたらすとき、これにより損害を受けた他の契約の当事者が不履行をなした契約の当事者に対して行使する不法行為に基づく損害賠償請求は、不履行が生じた契約に適用される法律上の規定や約定により制限を受けるのか否かである。この第三者（損害を受けた契約の当事者、不履行が生じた契約との関係では第三者であるので、以下第三者という）は特に債務者（不履行をなした契約の債務の債務者、以下債務者とする）の契約の約定やこれに適用される法律上の規定に服するのかという点で、どのような地位におかれるべきなのか[1]。原則的に一般第三者間の関係を規律する不法行為責任とは異なり、契約責任が支配するのは契約という特別な領域である[2]。ここでは当事者間の合意によりまたは契約に関する法律上の特別の規定により一般

---

[1] したがってここで念頭に置かれる第三者とは債務不履行の被害者としての第三者であって、債権侵害におけるような加害者としての第三者ではない。またこの第三者が不履行をなした債務者の契約相手方と契約関係にある場合を対象とするものであって、この第三者が債務者の契約相手方とも全く無関係であるか家族関係のような単なる事実上の関係しか存在しないような場合を議論の対象とするものではない。
[2] 川島武宜「契約不履行と不法行為との関係について」『民法解釈学の諸問題』（弘文堂 1949 年）129 頁参照。

第三者間とは異なる規範が成立し、この規範に従った処理がなされることにより契約当事者間には独自の均衡が形成されることになる[3]。ところでこうした契約規範による規律を受けるのは契約当事者のみであるのが原則であるが、一定の場合には契約当事者ではないがこれに比肩しうる第三者がこのような規範による規律を受けることが要請される場合も存在する。このような場合において債務者の不履行により損害を被ったこの第三者が不法行為に基づく損害賠償を請求することにより（民法709条）、契約当事者間において成立したこの均衡を、当事者間の合意によって形成された約定を免れ法律上の特別の規定を適用されないことによって破壊する[4]のは、このように形成された契約上の均衡を当てにしていた債務者の予見を侵害し、またたとえこのような契約を認容していなかったとしても、少なくとも債務者の不履行を追及するため債務者の契約を援用しつつもその拘束からは免れようとする点で、この第三者に不当な利益を与えてしまうようにも思われる。このように第三者の行使する不法行為に基づく損害賠償請求権を不履行をなした債務者の契約により如何にして制限するのかという問題が、この第三者のこの債務者の契約による拘束如何の問題の出発点となるのである[5]。

　ところで債務者の不履行が第三者との関係でこのように不法行為を構成するとき、当該不履行は通常債務者の契約の債権者との関係でも不法行為を構成する。この点で判例は伝統的に債務不履行責任と不法行為責任とがともに成立する場合、両責任の競合を認め債権者に責任の選択を許してきた[6]。ここで無制限に責任の競合を認めるならば債権者は不法行為責任の追

---

[3] 運送契約を例にとれば、運送契約の当事者は運賃をより安くする代わりに、万が一当該運送目的物が滅失・毀損した場合には、運送目的物の価格に相当する金額より安い賠償額をあらかじめ運送契約約款により設定することなどが挙げられる。

[4] 例えば運送契約の事例を挙げれば、運送人と運送契約を締結した荷送人が運送目的物の所有者ではなく所有者として荷受人が別に存在していたような場合、この運送人による運送目的物の滅失毀損は荷送人との関係で債務不履行をなすと同時にこの所有者たる荷受人との関係で所有権侵害という不法行為を構成する。しかし荷受人は運送契約との関係で純粋の第三者とはいいがたく、この運送契約の当事者にも匹敵する者がまったくの第三者と同じ不法行為責任の追及をなし、もし仮に荷送人が高価品の明告を怠っていたような場合、運送人は運送目的物の全額に相当する損害賠償を運送契約の当事者ともいえるような荷受人に追及されることになってしまう。

及を選択することにより契約当事者間の合意や当該契約に適用される法律上の規定を免れてしまうことになる。このように少なくとも純粋な請求権競合説を前提とする限り、あえて第三者に対する契約上の拘束を論ずる意味はないようにも見える[7]。ところが平成 10 年 4 月 30 日の最高裁判決[8]は少なくとも運送契約上の約款の規定は不法行為責任にも適用されることを明示し、運送契約当事者はたとえ不法行為責任を選択しても約款による拘束を免れえないとした。そしてこれによりこのような運送契約当事者と同視しうるような第三者について、この者の行使する不法行為に基づく損害賠償請求にも契約上の拘束を及ぼしうるかという問題の前提が成立したのである。

では、そもそもこのような不履行をなした契約の債務者に対して、契約当事者ではないが同じ契約の連鎖の中にいる第三者は、この債務者の不履行によって被った損害について損害賠償を請求することができるのか。契約当事者間においては契約により一般第三者間における義務よりも高度な義務が発生しうるが、こうした義務についての債務者の不履行が第三者に対する関係で即不法行為法上の義務違反、すなわち過失を構成するとすることには疑問が残る。では債務者がどのような義務に違反(すなわち債務不履行)すれば第三者に対する関係でも不法行為責任を負うことが正当化さ

---

[5] 本稿は契約の連鎖において債務者の債務不履行に対して第三者が不法行為責任を追及する場合をもっぱら念頭に置いて、契約の相対効原則を緩和して債務者の契約の拘束力を第三者に及ぼすことを試みるものである。本稿とは異なる視点から契約の連鎖において一定の場合に契約の相対効原則が緩和されるべきことを早くから主張していたのが、加藤雅信「債権関係の対第三者主張」『現代民法学の展開』(有斐閣 1993 年) 342 頁以下である。これは、第三者が物権的請求権を行使する場合を念頭において、被請求者とこの者との間に連鎖的な契約関係が存在するならば、その連鎖的な契約関係を抗弁として主張しうる(連鎖的抗弁)として、契約内容を第三者に主張することを認め、この限度で債権ないし契約の相対効原則は緩和されるべきであるとする。
[6] 例えば大判大 2 年 11 月 15 日民録 19 輯 957 頁、大判大 15 年 2 月 23 日民集 5 巻 105 頁、最二判昭 44 年 10 月 17 日判時 575 号 71 頁など。
[7] 山本豊「免責条項の第三者効」広中先生還暦記念『法と法過程』(創文社 1986 年) 907 頁は、「相手方契約当事者からの不法行為責任追及にさえ服さざるをえないのに、いわんやそれ以外の第三者からの不法行為責任追及を否定しうるいわれはないからである」とする。
[8] 最一判平 10 年 4 月 30 日判時 1646 号 162 頁。詳しくは後述。

れるのか[9]、さらに進んで債務者の不履行が第三者に対する関係で不法行為にならないと考えられる場合にこのような第三者には何らの救済もなされなくてもよいのか、なされねばならないとしたら不法行為責任を追及しえない以上他の構成は可能なのか、つまりこうした第三者に契約責任の追及を認めることはできないだろうか。かくして不法行為責任を生じさせる債務者の債務不履行とはなにかが問われることとなり、また仮に債務不履行が第三者に対する関係で不法行為責任を生じさせない場合において、この第三者に契約責任の追及を認めることができるのか、不履行を犯した債務者の契約はその拘束力を第三者に契約責任の追及を認めるという形で及ぼしうるのかが問題になってくるのである。

ではこの第三者に契約責任の追及をいかなる理論的根拠に基づいて認めるのか。実質的な観点から見れば、契約の連鎖の中にいる者はたとえ直接契約関係によって結び付けられていなくても、経済的に見れば一つの取引を成立させているという点で、そして契約それぞれが相互に強く結びついているという点で、純粋な第三者とは異なる契約当事者に準ずる地位にあるといってもよい。しかし従来の契約当事者概念よりすれば法的には契約当事者とはいいえないであろう。そこでこうした者を契約当事者概念に取り込む法理論が必要になるのである。

その際こうしてなされる契約当事者概念の再構成は、契約の拘束力に対する検討を必然的に要請する。そもそも契約の拘束力の根拠を意思に求める限り、意思の合致のない者の間においては、契約は第三者を害することも利することもないという契約の相対効原則によって、契約の拘束力は及ばないはずだからである。

そこで本部においては、こうした契約の連鎖において、この債務者の債務不履行により損害を被った契約当事者に準ずる第三者にどのような救済を与えるべきかという問題について、我が国のこれまでの議論をふまえてその問題を提起した上で、こうした第三者に契約責任の追及を認めるため

---

[9] 平野裕之「契約外の第三者と損害賠償責任」玉田先生古稀記念『現代民法学の諸問題』(信山社 1998 年) 94 頁は特に保管型契約の事例に関し第三者たる所有者の不法行為責任追及の可否についてこのような問題点を指摘する。

の理論であるフランスの契約群に関する判例・学説上の議論の展開と M. Bacache‐Gibeili の契約群に関する論文を検討して、契約責任構成の可能性を探究し、この問題に対する一つの解答のモデルを提示したいと考える。

　フランスにおけるこの議論を取り上げるのは次の理由による。すなわち、フランスにおいては、日本におけるよりも早くから契約の連鎖中で生じた不履行について直接契約関係にない者による不法行為責任の追及が問題とされ、こうした者に契約責任の追及を認め不法行為責任の追及を制限するため、契約の連鎖のような一定の契約の集合体、すなわち契約群（Les groupes de contrats）の中にいる者はこの契約群内にいる者に対して第三者ではないとする契約群理論が学説によって提唱され、これが一時的に破毀院判決にも取り入れられたという点で、議論の蓄積があるからである。また我が国とは異なり、この問題が常に契約の相対効原則との関係を意識して論じられてきたことも見逃せない。そしてその後破毀院の大法廷判決によって契約群の理論が退けられたことを契機として書かれた Bacache の論文、"合意の相対効と契約群"（La relativité des conventions et les groupes de contrats）は、それまでの多くの判例・学説がよってきた債務者の不履行が第三者に対する関係で不法行為責任を生じさせるとの前提を問題視し、その上でこの債務者の不履行に対し第三者の契約責任の追及を認める、つまり契約の拘束力の第三者への拡張を認めるのが契約群理論であるとし、そして契約群理論と契約の相対効原則との衝突を契約の拘束力の根拠を法であるとすることで回避することを試みているのである。こうした Bacache の議論は、フランスのみならず我が国においても、第三者による不法行為責任追及の制限の可否というこれまでの議論に異なった視座を提供し、この問題を異なる角度から再検討するきっかけを与えるものとして、また第三者による契約責任追及の理論的根拠やこれに適用される制度を明らかにする点で、さらに意思自治の原則が強固に定着してきたフランスにおいて契約の拘束力の根拠を意思以外に求めるという点でも、今後の我が国のこの問題のさらなる考察に有益な示唆を与えるものであろう。

## 2 本部の構成

　本部の理解を助けるために、あらかじめ本部の構成および内容を簡単に示しておく。第一章は日本の議論の検討にあてられる。そこでは、運送人の債務不履行に対し運送契約外の第三者が追及する不法行為に基づく損害賠償請求の運送人の契約規範による制限の可否を検討する。またあわせて下請人の従業員に対する元請人の責任の性質に関する議論と製造者が契約関係にない被害者に対して負う製造物責任の法的性質に関する議論についても検討する[10]。これらの議論を取り上げたのは、比較的議論の蓄積があり、また特に債務者の不履行が常に第三者に対して不法行為になるのかという問題を明らかにすることができるからである。この我が国の判例および学説の検討をふまえて提起された問題について示唆を得るべく、次章以下においてフランス法の検討を行う。第二章は、契約群理論の展開を中心としたフランスの判例・学説の検討にあてられる。そこでは契約責任と不法行為責任との関係や、契約の相対効原則、契約フォートと不法行為フォートの分離の原則を概観した上で、契約フォートと不法行為フォートの同一視より始まって、契約責任の拡大からそれに対する反動に至るまでの判例の展開を敷衍し、あわせて若干の学説上の議論の紹介を行うつもりである。第三章では Bacache の契約群理論の検討を行う。ここではそれまでのフランスの判例や学説に対して批判的な態度をとる Bacache の議論を、契約フォートと不法行為フォートの分離の原則への回帰に始まって、新しい契約群理論の提唱、そしてその正当化のための契約の拘束力の根拠の再検討という順序で検討を進めていくつもりである。そして最後に終章においては以上の検討を通じて得られた日本の議論に対する示唆を抽出して本部での結語としたい。

---

　[10] 契約責任と第三者という問題点について日本法を対象に包括的な検討をなすものに平野・前掲注（9）85 頁以下がある。

# 第一章　日本における議論

　契約の連鎖のなかのある契約の債務者が不履行をなし、これによって損害を被ったこの連鎖の中の第三者がなしうる損害賠償請求は、契約当事者ではないゆえに、不法行為に基づくそれであるのが原則であり、この請求権には債務不履行に関する規定の適用がないこともまた原則である。しかしながら一定の場合においてはその第三者の地位に鑑みて、債務者の予見を侵害しないためにまた第三者の保護のために、債務不履行に関する規定を適用することが適当と思われる場合も存在する。そこで第一章においては、こうした問題を提起するこれまで日本において比較的議論の蓄積のある三つの契約の連鎖の場面、すなわち、運送人の債務不履行によって損害を被った第三者による損害賠償責任の追及、下請人の労働者から元請人に対してなされる損害賠償責任の追及、および製造者に対する契約関係にない被害者からの製造物責任の追及に関する議論について判例および学説を検討し、最後に以上の検討を踏まえて、これら我が国の議論について問題を提起する。

## 1　運送人の債務不履行に対し運送契約外の第三者が損害賠償請求をする場合

　物品の運送はそれが最終的に荷受人のもとに届くまでに様々な者の手を経る。例えば、荷送人と運送取扱人とが運送取扱契約を締結し、運送取扱人と運送人とが運送契約を締結し、さらに運送人が下請運送人と下請運送契約を締結するといった例が挙げられる。ここでは物品の運送という一つの経済的な目的を達成するために複数の契約が連鎖的に締結され、個々の契約の履行が蓄積されることで物品の運送という目的が達成されることになる。そしてこのうちのある契約（例えば下請運送契約）に債務不履行（例え

ば物品の減失毀損）があればこれによる損害はその契約の相手方にとどまらずこの連鎖中の契約外の第三者（例えば荷送人）にも生ずることになる。ゆえにこうした物品運送は本部で考察をする契約の連鎖の典型といえよう。

ところで運送人が運送中の物品を減失毀損した場合、運送契約当事者ではない物品の荷受人[11]や運送取扱人を介した荷送人から不法行為に基づく損害賠償請求がなされることがある。この場合この者達は運送契約の当事者ではないため商法をはじめ運送契約について規律する法令の規定や運送契約約款等の運送契約上の合意の拘束をうけないのであるが、しかしこうした運送契約の当事者ではなくても同様にこれに関わっている者をまったくの第三者として扱い契約当事者に適用される法令の規定や約定の適用を免れさせるのは妥当ではない。これらの規定や約定の適用あることを前提に契約を結んだ運送人の予見を害する反面、運送契約を念頭においていたであろうこれら第三者に過大な利益を享受させることになる点で許容しがたく、また運送企業の保護と運送契約両当事者の利益の均衡を目的とした商法上の規定の趣旨を没却するおそれがあるからである。そこでこのような第三者にも運送契約に関する特に運送人の責任を減免する法令の規定や約定を及ぼすべきであると考えられるが、それにはまず運送契約当事者間において純粋の請求権競合説をとらないことが前提になるのは前述したとおりである。そこで以下においては、まず（一）で運送契約当事者間における運送人の損害賠償責任について検討した上で、次に（二）で第三者に対する運送人の損害賠償責任を検討する[12]。

### （一）　運送契約当事者間における運送人の損害賠償責任

運送人が運送品を減失毀損した場合、運送契約の相手方に対して運送契約に基づく契約責任と、その過失により運送品に損害を生じさせたこと（相手方が運送品の所有者ならば所有権侵害）から不法行為責任とを負うことが考

---

[11] ところで荷受人は運送品の到達地への到達前の段階では運送人に対して契約上何らの権利義務も有さず荷送人だけが運送契約上の権利義務を有する（商法582条1項）。しかし運送品が到達地に到達すると荷受人は運送契約によって生じた荷送人の権利を取得し義務を負う（商法583条1項）。したがって問題となるのは運送品が到達地に到達する前の段階である。佐藤幸夫「荷受人の地位」ジュリ、法律学の争点、商法の争点（2）252頁参照。

えられる[13]。ではこの場合に運送人の契約責任に関する法令の規定や運送契約上の合意は、運送契約の相手方の不法行為に基づく損害賠償請求権にも適用されることになるのか。純粋な両責任の競合を認め、これらが契約責任にのみ適用され不法行為責任には及ばないとする以上、不法行為責任の追及によりこうした規定や合意が無意味になってしまう恐れがある。そこで以下においてはこの不法行為に基づく損害賠償請求権の制限如何の問題について、(1) で判例を、(2) で学説をそれぞれ検討する。

(1) 判例　　以下運送人の損害賠償責任の短期消滅時効に関する規定、高価品の明告に関する規定、および責任減免約款のそれぞれに関する判例を概観する。

( i ) **運送人の損害賠償責任の短期消滅時効（商法 589 条、566 条）**

運送人に有利な規定として、運送人の損害賠償責任の時効期間を一年間とする商法 589 条、566 条の規定がある。これに関する判例として最三判昭和 38 年 11 月 5 日民集 17 巻 11 号 1510 頁は、債務不履行による損害賠償請求権が時効消滅している場合において、「請求権の競合が認められるため

---

[12] なお国際海上物品運送法が平成 4 年に改正され、同法の適用領域ではこの問題は一応一定の立法上の解決をみたことを付言しておく。同法 20 条の 2 第 1 項によれば運送品に関する運送人の荷送人、荷受人、船荷証券所持人に対する不法行為に基づく損害賠償責任については以下の規定が準用される。すなわち同法の 3 条 2 項（航海過失および船舶火災の免責）、同法の 11 条 4 項（危険物の陸揚げ、破壊または無害化の免責）、同法の 12 条の 2 （損害賠償の額）、同法の 13 条（責任制限）、同法の 14 条（責任消滅の除斥期間）、そして商法 578 条（高価品の明告）である。山田泰彦「商法・海商法における運送人の契約責任と不法行為責任」駒論 51 号 95 頁以下および、戸田修三ほか編『注解国際海上物品運送法』〔山田泰彦〕（青林書院 1997 年）417 頁以下参照。

[13] この点、不法行為法は契約関係にない一般市民間の関係を規律するものであるから、不法行為責任は一般普通人のなすべき注意義務に違反する場合であるとの命題が導かれるが、そうすると運送人は一般普通人ならば他人の物を保管する義務を負わないがゆえに不法行為責任は成立しないとも考えられる。しかし不法行為責任が追及される場合にはその者の職業・地位に鑑み高められた注意義務が課されると解すれば、契約関係にある場合一般普通人とは異なる義務が不法行為法上も課せられると考えられ、こうした場合運送人が契約責任とは別個に不法行為責任を負うことが認められるとの説明がなされる。半田吉信「契約責任と不法行為責任の交錯」奥田先生還暦記念『民事法理論の諸問題（上）』（成文堂 1993 年）390 頁以下、奥田昌道「請求権競合問題について」法教 159 号 25 頁以下参照。

には…運送人の側に過失あるをもって足り、必ずしも故意または重過失の存することを要するものではない。」としてなお不法行為責任が成立すると判示した。なお同判決は「…運送品の取扱上通常予想される事態ではなく、かつ契約本来の目的範囲を著しく逸脱するものであるから」不法行為に基づく損害賠償請求権も発生するとの判示をも含むものであったため、この点で判例が従来の純粋な請求権競合説を修正したとの印象を与えることにもなったが[14]、後の最二判昭和 44 年 10 月 17 日判時 575 号 71 頁は、この昭和 38 年最判について、「…両請求権が当然競合することを肯定しているのであって…不法行為責任の成立するのを、運送品の取扱上通常予想される事態ではなく、契約本来の目的範囲を著しく逸脱する場合にだけ限定したものではない」とし、判例があくまでも純粋な請求権競合説に立つことを明言している[15]。

　（ii）　**高価品の明告（商法 578 条）**　　運送人に有利な規定として最も判例上頻繁に登場するのが高価品の明告のない場合に運送人が損害賠償の責に任じない旨規定する商法 578 条である。これについても判例は純粋な請求権競合説を前提に、この規定が運送人の契約責任にのみ適用があり、不法行為責任には適用がないとしていた[16]。これに対し、原告が不法行為責任を追及してきたとしても、こうした不法行為責任にも商法 578 条が準用されるまたはこれを抗弁となしうるとする裁判例も存在する[17]。高価品は滅失毀損の恐れが大きく、それについて生じうる損害額も多額に上るこ

---

[14] 村田治美「判批」判評 98 号 31 頁。なおこれをうけて東京地判昭和 41 年 6 月 21 日判時 453 号 71 頁（後掲昭和 44 年最判の原審判決）は、海上物品運送の事案について、上記短期消滅時効期間が経過している場合において、運送人の責任を限定しようとする規定の趣旨が没却されること等を理由に、「運送品の取扱上通常予想される事態で、契約本来の目的範囲をいちじるしく逸脱しない態様において、運送品の滅失・損傷が生じた場合には、契約責任のみが成立する」と判示している。
[15] 債務不履行と不法行為はそれぞれその制度目的を異にしているとして、同様の判断をなすものに、東京地判昭和 39 年 1 月 21 日判時 362 号 13 頁がある。
[16] 大判大正 15 年 2 月 23 日大審院民事判例集 5 巻 105 頁。これと同様の判断をなす裁判例に以下のものがある。東京地判昭和 59 年 1 月 31 日判時 1114 号 19 頁、東京高判昭和 54 年 9 月 25 日判時 944 号 106 頁、神戸地判平 2 年 7 月 24 日判夕 790 号 84 頁。なおこうした構成を採用する場合、高価品の明告を怠ったことを理由に過失相殺をなすことによって実質的にバランスをとっていることが多い。

とから、運送人にあらかじめその種類および価格に応じた特別の配慮をなさしめ、損害が生じた場合の最高限度額を告知額に限定し、その限度額を運送人に予見させて、運送人の営業を保護しようとする同条の趣旨を没却してしまうからである[18]。

　(iii)　**責任減免約款**　次に法律上の規定ではないが損害賠償責任の成立および範囲を決定する上で大きなウェイトを占めるものに運送人の損害賠償責任減免約款がある。通常運送契約が締結される場合にはこうした約款がおかれ運送人の責任は一定限度内に制限されていることが多い。そこで、この約款が契約責任にのみ及び不法行為責任には及ばないのかが問題となるのである。この点で注目されるのが最一判平10年4月30日であり、同判決は運送人の契約関係にない荷受人に対する不法行為責任の制限の可否を判ずる前提として、運送人の運送契約関係にある荷送人に対する不法行為責任について次のように判示している。すなわち、運送契約約款の運送人の損害賠償責任の限度額の定めについて、大量の小口の荷物を迅速に配送する宅配便の運賃を低い額にとどめるために合理性のあることを認めた上で、請求権競合説を前提としながらも、当事者の合理的な意思、損害賠償の範囲を責任限度額の範囲に限った趣旨が没却されること、ならびにそのように解しても約款の規定によれば運送人の故意又は重過失によって荷物が滅失毀損した場合には運送人はそれによって生じた一切の損害を賠償しなければならず荷送人に不当な不利益をもたらさないことを理由に、

---

[17] そもそも不法行為責任は成立しないとするものに東京地判昭和41年5月31日判時456号74頁がある。これに対し、不法行為責任は成立するが、この不法行為責任にも578条の規定は準用されるとする東京地判昭和57年5月25日判時1043号34頁や、不法行為責任を追及されても578条による保護は及ぶとする東京地判昭和50年11月25日判時819号87頁（前掲注(16) 東京高判昭和54年9月25日の原審)、またはこれを抗弁としうるとする東京地判平2年3月28日判夕733号221頁などがある。ところでこれらは不法行為責任の成立を認めた上で、不法行為責任についても同条の規定を及ぼそうとするものであって、一定の場合に不法行為責任の成立を否定するわけではない点で前述した昭和44年最判に対立するものではないことに注意する必要がある。この点で学説上の分類としてはいわゆる作用的請求権競合説に近い。

[18] 同条の趣旨については、戸田修三「高価品に関する運送人の責任」ジュリ、法律学の争点、商法の争点（2）246頁を参照。

責任限度額の定めを運送契約当事者の不法行為に基づく損害賠償請求権にも適用すると解したのである[19]。この判決には、従来純粋な請求権競合説に立ってきたとされる判例が変更されたとの評価すら可能なのであり[20]、その射程範囲がどこまで及ぶにせよ契約法規範が不法行為責任にも適用されることを明示した貴重な先例であることは言うまでもない[21]。

　以上のように、従前最高裁においては純粋な請求権競合説が採用され、運送契約規範による制限のない不法行為に基づく損害賠償請求が認められてきたが[22]、これに並行して下級審裁判例の中には運送人に故意または重過失がないかぎり不法行為責任の成立を認めない、あるいは不法行為責任に上記運送契約規範の適用を認める裁判例も少なからず存在していた。こ

---

[19] なおその原審判決東京高判平5年12月24日判時1491号135頁は、請求権の競合を認め、商法の規定や約款は契約上の責任にのみ適用されるとしつつも、運送契約当事者である荷送人が不法行為に基づく損害賠償責任を追及してこうした運送人の責任を制限する規定や約款を回避するのは不合理であるから、運送人に故意・重過失がある場合はともかく、不法行為に基づく損害賠償責任の追及は許されず契約責任の追及のみが許されるとしている。これに対しては、前提としての請求権競合説との関係が明確ではないとの指摘がなされている（石原全「判批」判評430号62頁）。これに比して上告審はあくまで請求権競合を前提としつつも、約款の規定を不法行為責任にも適用すること（この点でいわゆる作用的請求権競合説と分類されようか）を明示している点でより明快である。
[20] 行澤一人「判批」民商121巻1号107頁。ただ本判決は宅配便に関する事例であり、このような解決は特に宅配便サービスという取引類型にのみ適用されるものなのか、それともおよそ約款による運送取引全般にあてはまるものなのかは今後の展開にかかっているとしている。これについて、根本伸一「判批」法学63巻3号160頁以下は本判決の射程を宅配便の事例に限定する。
　なお奥田昌道「判批」判評481号34頁は、大審院および最高裁の判例において問題になってきた事例はいずれも運送人の契約相手方が所有者でないか、あるいはそうであったとしても被告が運送人の履行補助者であったという点で、荷送人と運送人との間に不法行為責任と契約責任が同時に成立していた事案は存在しなかったとして、純粋請求権競合説を認める立場だったといっても抽象的一般的にそういえるだけのことであることを指摘する。山田愩子「倉庫業者の損害賠償責任と約款の適用範囲・射程範囲」損保54巻3号261頁も請求権の競合を論ずること自体結論に影響するものではなかったことを指摘する。
[21] これに対し榊素寛「判批」ジュリ1204号279頁によれば、本件判旨が約款の合理性と当事者の合理的意思を強調していることから、当事者の合意での不法行為責任の制限は可能であることを前提に、その合意が先例の事案では認定できなかったが、本件では約款という形で認定できたことが先例と本判決との違いの理由になるとも考えられるとしている。

のような中で平成10年の最高裁判決が登場し、契約法規範が不法行為責任にも適用されるという最高裁レベルの先例が生まれ、契約法規範による不法行為責任の制限の可能性が判例上大いに高まったのである。

(2) **学説** 以上のような判例に対し、学説にはどのような見解が存在するのか。学説の多数は何らの制限も受けない不法行為責任の追及を否定しているが、問題となるのはその構成である。なお以下本文においては特に運送契約に関して主張された学説のみを扱う[23]。

(ⅰ) **純粋な請求権競合説** まず判例と同じように純粋な請求権競合説を支持する考え方がある。この説を主張する論者は次のような理由を挙げる。すなわち、債権債務関係を近代的な個別的需要に見合った合理的なものにするという債務不履行責任の趣旨と被害者の保護を充実するという不法行為責任の趣旨とは異なるものであるから、法条競合説のように両者を同一平面で並べ、債務不履行でもってすべての要請を充足することは困難である[24]。また特に高価品の明告の規定との関係で、債務不履行責任のみを成立させる法条競合説や運送人に故意・重過失ある場合にのみ不法行

---

[22] 以上に挙げた事例のうち次のものは純粋な運送契約当事者間の事例ではなく、運送契約外の者が運送人の不法行為責任を追及する事例、または運送契約当事者が運送人の履行補助者の不法行為責任を追及する事例に関するものであり、運送契約当事者間の請求権競合の問題は、原告の主張する不法行為責任に運送契約規範を及ぼすか否かの判断にあたってのいわば前提作業として位置付けられている。すでに挙げた判決のうち、前者の事例には、大判大正2年11月15日や東京地判昭和57年5月25日、最一判平成10年4月30日が含まれ、後者の事例には、大判大正15年2月23日や東京地判昭和41年6月21日、最二判昭和44年10月17日、東京地判昭和50年11月25日が含まれる。

[23] 請求権競合に関する学説については以下の文献を参照した。大久保邦彦「請求権競合」『新・現代損害賠償講座(1)』(日本評論社1997年) 199頁以下、奥田昌道「債務不履行と不法行為」星野英一編集代表『民法講座(4)』(有斐閣1985年) 565頁以下、奥田・前掲注(13) 15頁以下、半田吉信「責任競合論」北川先生還暦記念『契約責任の現代的諸相(上)』(東京布井出版1996年) 171頁以下、浜田稔「請求権競合」ジュリ、法律学の争点、民法の争点(2) 39頁以下、能登真規子「契約責任と不法行為責任の競合問題(一)」名法175号133頁以下、特に運送契約に関するものとして平野裕之「契約責任と不法行為責任の競合論について」法論68巻3=4=5号302頁以下、平野充好「海上運送取引における港湾荷役業者の責任」新報79巻11号128頁以下。

[24] 長谷川雄一「高価品についての運送人の責任」ジュリ、法律学の争点、続学説展望117頁。

為責任を認める見解は運送人が通常の過失を犯した際には損害賠償を請求する道を閉ざすこととなる。この点で過失相殺により事案に即した柔軟な解決をなしうる点で判例は優れているという[25]。

(ii) **法条競合説**　しかしこのように純粋に二つの請求権の並存を認めることは契約法の規定や当事者間の合意が作り上げたリスク配分を無意味にしてしまうことから、債務不履行責任と不法行為責任とは特別法と一般法の関係にあり、前者が後者に優先して成立するとする法条競合説が主張されるようになった[26]。そして同説は、特に運送契約との関係で、流通経済の動脈の役目を果たしている運送企業に対して公共的見地から厳しい規制があり運賃や料金なども同じ見地から抑制されていることに鑑み、厳重で被害者の保護に厚い不法行為責任が運送企業に過大な負担をかけることになって適当でないことをもっぱら契約責任が優先する理由に挙げている[27]。

このように学説上有力になった法条競合説であったが、契約責任への一本化という一義的な解決が問題の最も事態にかなった解決に適しないことが多いことや、請求権選択に関し原告に訴訟上のリスクを負担させることなど、批判がなされてきた[28]。しかし判例のように純粋な請求権競合説を選択することもまた適当でないことから、以上の両説を折衷した見解も学説上主張されてきたのである。これが折衷説および作用的請求権競合説である。

(iii) **折衷説**　まず前者の折衷説について、この説は原則として両責任の要件が充足されれば両責任が成立するが、一定の場合には契約責任

---

[25] 行澤一人「運送人の契約責任と不法行為責任」法教 178 号 36 頁。なお一般に請求権競合説を支持する理由として、両請求権が別個独立の要件効果をもち請求原因を異にすること、被害者の保護に資することなどが挙げられる。
[26] 川島・前掲注 (2) 1 頁以下。商法学者でこの説を主張するのは、石井照久『商行為法・海商法・保険法・有価証券法』(勁草書房 1959 年) 66 頁、大隅健一郎『商行為法』(青林書院 1958 年) 142 頁以下、大野實雄『商法講義 (下)』(成文堂 1967 年) 560 頁以下、西原寛一『商行為法 (第二版)』(有斐閣 1980 年) 305 頁以下、浜田稔「判批」判評 98 号 32 頁である。
[27] 大野・前掲注 (26) 561 頁。
[28] 半田・前掲注 (23) 179 頁以下。

のみが成立し不法行為責任は成立しないとする。つまり不法行為の成立には違法性が必要なのであって、契約の存在は多くの場合違法性を阻却するから、契約に想定された程度を逸脱する行為、すなわち故意[29]または重過失[30]があればともかく、単なる過失があるに過ぎない場合には不法行為責任は成立しないと考えるのである。しかしこの説に対しては、契約の存在により他人の物を運送することが違法でなくなるとしても、滅失・毀損した場合にまで違法性がなくなるという説明は可能なのかといった批判がある[31]。

　（ⅳ）**作用的請求権競合説**　　次に挙げられるのが作用的請求権競合説である。この説は以下のように主張する。すなわち、まず前提として両請求権の競合を認めるが、「債務不履行責任を定める個々の具体的規定において、当該の法律関係に関する債務者の責任としては、特にその責任を軽減する目的で、それ以上の賠償責任を負担させない趣旨が、明白に現れている場合には、当該の具体的規定の趣旨が同時に発生する不法行為責任を排除することにあると解すべきであるから、その条文に定めると同一内容の不法行為責任は、条文の定める範囲に限定されると解するのが正当」[32]であるとする[33]。そしてこの説にも各条文の趣旨の解釈によって、具体的に不法行為責任に影響を及ぼす規定について相違が存する。これには特に限定を付さないものや[34]、高価品の明告（578条）および損害賠償の額（580条）に関する規定に限定するもの[35]、578条のみとするもの[36]などである。しか

---

[29] 小町谷操三『商行為法論』（有斐閣 1943年）376頁以下は、578条の場合について運送人は故意の場合にのみ不法行為責任を負うとする。
[30] 重過失ある場合にもこれを認めるものに、松本烝治『商行為法』（中央大学 1917年）203頁以下、戸田・前掲注（18）247頁がある。
[31] 平野・前掲注（23）313頁。
[32] 田中誠二『新版商行為法（再全訂版）』（千倉書房 1970年）207頁。
[33] なおドイツにおける物品運送契約に関する請求権競合問題の判例学説を扱う奥田昌道「物品運送契約における債務不履行責任と不法行為責任」論叢90巻4＝5＝6号201頁以下によれば、この問題は、結局契約規範を合理的なものと評価するか、立法者の利益衡量なり決定そのものを疑い否定的に評価するか、という解釈者（裁判官）の態度決定に帰するとしている。
[34] 鈴木竹雄『新版商行為法・保険法・海商法（全訂第一版）』（弘文堂 1994年）42頁以下。

しこの説に対しても次のような批判が存在する。すなわち両請求権の競合を前提に、二個の請求権間の作用をどこまでも認めていけば、同一内容の請求権が二個成立することになり、無意味ではないかということと、契約法規範が不法行為責任に影響を及ぼすという点が理論的に明らかでないことである[37]。

以上学説[38]について検討したところを踏まえれば、学説の多くは、運送契約当事者の運送人への不法行為責任の追及による運送契約規範の回避を、その理論構成および範囲に差があるとはいえ、おおむね阻止しようとしていることがわかる。この点は先に掲げた平成10年最判と方向性を同じくするものであるといえよう。中でも契約法規範の不法行為責任への影響を認める作用的請求権競合説は運送人の損害賠償責任減免約款の不法行為責任への適用を認めた同最高裁判決の理論構成に近似しており、注目される。

(二) 運送契約の第三者に対する運送人の損害賠償責任

運送契約当事者間における処理がより運送契約規範を尊重する方向へ向かっているとすると、次に問題になるのがこうした処理を運送契約当事者と同視できるような第三者にも及ぼしうるのかという点である。つまり運送契約規範はこうした運送契約当事者にも等しい第三者の行使する不法行為に基づく損害賠償請求にも及びうるのか[39]。以下においては (1) でこの問題に関する判例を検討し、次に (2) で学説の検討をした上で、以上の

---

[35] 竹田省『商行為法』(弘文堂書房1931年) 178頁以下、田中誠二「商法における請求権競合の問題」『商事法研究 (2)』(千倉書房1971年) 249頁以下、山田・前掲注 (12) 123頁以下。

[36] 園尾隆司「高価品を滅失した運送人とその履行補助者の不法行為責任」判タ345号77頁。

[37] 平野充好・前掲注 (23) 132頁。

[38] なお民法上請求権競合問題に関しては上記以外に以下のような学説が唱えられている。すなわち契約責任および不法行為責任の要件および効果を統一し、実体上一つの請求権しか成立しないとする請求権規範競合説である。この中でも効果の統合のみを主張するのが、奥田昌道「請求権と訴訟物」同『請求権概念の生成と展開』(創文社1979年) 313頁以下であり、要件をも含めた全規範の統合を目指すのが、四宮和夫『請求権競合論』(一粒社1978年) 1頁以下である。また藤岡康宏「契約と不法行為の協働」『損害賠償法の構造』(成文堂2002年) 304頁以下は、契約責任と不法行為責任の競合やその優先関係ではなく両者の協働を志向すべきとする。

検討を踏まえた考察を (3) でおこなう。

**(1) 判例**　運送契約規範の対第三者効如何を扱った判例には以下がある。まず大判大正 2 年 11 月 15 日は、運送人が運送目的物を滅失し、運送品の所有者が運送人の不法行為責任を追及したが、原告たる所有者が運送取扱人に運送契約の取次ぎを依頼したにとどまり運送契約当事者ではなかった事案において、運送契約当事者間の次元においてすら不法行為責任に契約責任の規定（本件では高価品の明告の規定が問題となっていた）の適用がないことを理由に、運送契約規範を第三者に及ぼすことを否定した。

これに対し東京地判昭和 57 年 5 月 25 日は、所有者 $X_1$ から寄託を受けた物を A が M に運送委託し、また所有者 $X_2$ が M に物を直接運送委託し、これらの運送を M（荷送人）が Y（運送人）に依頼したが、Y の運送中に運送目的物が窃取されたため、$X_1$ および $X_2$ が Y の不法行為責任を追及した事案において（ただし高価品の明告は実際の損害額の一部しかなされていなかった）、請求権競合説に立つことを前提に、商法 578 条の規定の趣旨を没却させないため同規定は不法行為責任にも準用されるとした上で、契約関係にない所有者の不法行為に基づく損害賠償請求権に同規定の制限が当然及ぶと結論付けることはできないものの、たまたま荷送人が所有者でなかったからといって結果に差異を生ぜしめることは妥当でなく、両者一体の者とみなせる場合には契約当事者間における請求権競合の場合と同様に扱うことが

---

[39] 損害賠償責任が問題となっていない点で本部の問題からは外れるが、元請契約の注文主・請負人間において出来形部分の所有権の帰属につきなされた約定の効力が第三者である下請人にも及ぶとした最三判平成 5 年 10 月 19 日民集 47 巻 8 号 5061 頁が、契約の連鎖における契約の拘束力の第三者への拡張という点で興味深い。本判決は、材料を提供し、ゆえに出来形部分の所有権が帰属するはずであった下請人が、その元請人の履行補助者的立場から、注文主に対して元請人と異なる権利関係を主張しえず、よって注文主・元請人間の出来形部分の所有権の帰属に関する特約に拘束されると判示したのである。

　なお本判決の評釈は多数あるが、主として以下のものを参照した。坂本武憲「判批」法協 112 巻 4 号 113 頁以下、丸山絵美子「判批」法学 59 巻 3 号 123 頁以下、奥田昌道「判批」リマークス 1995（上）38 頁以下、滝沢聿代「判批」判評 426 号 31 頁以下、湯浅道男「判批」平成 5 年重判解 88 頁以下、鎌田薫「判批」NBL 549 号 69 頁以下、大橋弘「判解」曹時 47 巻 9 号 271 頁以下。

できると判断し、明告がなされた限度においてXらの権利を認めたのである。これに対し本件の控訴審判決である東京高判昭和58年6月29日判時1084号21頁は、運送人の所有者に対する不法行為に基づく損害賠償責任について、運送人が所有者に対する関係において何ら契約上の義務を負わないことから、その保管上善良な管理者としての注意義務を負うものではなく、一般普通人のなすべき注意義務をもって保管すれば足りるとして、運送人の所有者に対する不法行為責任の成立自体を否定している。

次に東京高判平成5年12月24日は、Xを荷受人とする貴金属を荷送人Mが宅配便業者たる運送人Yに運送を依頼したが、運送目的物が滅失したためXがYに対しもっぱら所有者としての資格で（Xは運送目的物の所有者ではなく、所有者Aから加工のために預かっていた目的物をMに下請にだし、このMが加工した目的物をYに運送させたところ目的物が滅失し、Xが所有者に対して損害賠償を余儀なくされたことから、所有者のYに対する損害賠償請求権を取得していた）不法行為に基づく損害賠償を請求した事案において（ただし本件運送契約においては責任限度額の定めがなされていた）、運送人に故意または重過失がない以上、荷送人（M）が運送人の不法行為責任を追及しえず契約責任の追及のみが許されることを前提に、荷受人（X）による不法行為に基づく損害賠償請求について、荷受人（X）が荷送人（M）と実質的に同視できる者、すなわち運送人との間に生じる法律関係を契約法理によって律することを承認していると見られる者である場合には、直接契約関係にある荷送人と同様に契約法理の趣旨を類推してこれを律すべきであるとして、運送契約約款の定める運送人の損害賠償責任の限度額以上の荷受人（X）による不法行為に基づく損害賠償請求を許さなかった。

そしてこの判決の上告審たる前掲最一判平成10年4月30日は、結論は原審に同じであるが、その理論構成は次のように異なる。すなわち、同判決は、責任限度額の定めが荷送人の不法行為に基づく損害賠償請求権にも適用されることを前提に、宅配便の特質や責任限度額の趣旨、約款において荷物が滅失毀損したときの運送人の損害賠償責任の額につき荷受人に生じた事情をも考慮していることに照らせば、荷受人が少なくとも宅配便により荷物が運送されることについて容認していたなどの事情が存する場合

には、運送人に対し責任限度額を超える損害の賠償を請求することは信義則に反すると判示したのである[40]。

以上に挙げた判決は、大判大正2年11月15日を除き、おおむね、前提として請求権競合説を採用しつつも、運送人に過失があるだけである場合には契約責任の追及のみを認め、または運送人に対する不法行為に基づく損害賠償請求に対して運送契約規範の適用を肯定し、そのうえで一定の運送契約外の第三者に対しても運送契約規範を及ぼすことを肯定している。これらはいずれもその結論において同一であるが、端的に、このような第三者が運送契約当事者と一体とみなせる（東京地判昭和57年5月25日）、または実質的に同視しうる（東京高判平成5年12月24日）として、こうした第三者の不法行為に基づく損害賠償請求に契約規範を適用して契約当事者と同様に扱おうとする方法と、運送契約規範による制限を容認していたことを理由にこの制限を越える不法行為に基づく損害賠償請求の部分を信義則違反として退けようとする（最一判平成10年4月30日[41]）方法とで違いがあ

---

[40] 本判決について、奥田・前掲注（20）35頁は次のような指摘をしている。すなわちXの損害賠償請求権を、XがAに賠償をなしたことから民法422条の代位によって取得したものと見れば、これはAからXへの損害賠償請求権という債権の法律上当然の移転であり、AY間はまったくの第三者であってYはAに対し運送契約上の抗弁を対抗できないとすれば、Aの債権の移転をうけたXに対しても主張できないということになり、信義則による制限を論理的に説明することは困難になる。これに対しXが422条によらず独自に被った損害（XがAに賠償せざるをえなかったことにより被った損害）の賠償を求めているならば信義則による制限も可能であるが、Xの請求の根拠次第で全く取扱が変わるのは疑問であると。落合誠一「判批」平成11年重判解109頁も判旨の結論に賛成しつつも同様の疑問を提起する。なお榊・前掲注（21）281頁は、最高裁がXの選択する請求の根拠によって差を生ぜしめないために債権の性質に注目した構成ではなく、属人的な信義則という構成を選択することで結論を導いた点を積極的に評価できるとする。

なお本判決の評釈として以上のほかに能登真規子「判批」名法180号453頁以下、塩崎勤「判批」判タ1005号186頁以下、根本・前掲注（20）154頁以下、半田吉信「判批」リマークス1999（下）56頁以下、行澤・前掲注（20）103頁以下を参照した。

[41] ただし根本・前掲注（20）160頁以下は、本判決が宅配便という取引類型についてのみ当事者の合理的意思に基づいて運送人の荷送人に対する不法行為責任を免責約款により制限することを認め、さらに一定の要件を満たした上でこの権利制限を荷受人との関係で認めたものにすぎず、その射程はきわめて狭く、したがって一般的に免責約款の第三者効を肯定したものとはいえないとする。

る。なお東京高判昭和 58 年 6 月 29 日のみはそもそも運送人の所有者に対する不法行為責任を認めないが、この点については後に再度触れる。

ではこうした第三者に運送契約規範を及ぼすための基準は何であったのだろうか。東京地判昭和 57 年 5 月 25 日は、所有者 X らが M（荷送人）に対して運送委託をしていたと認定し、その上でこれら両人を運送人に対する関係で一体とみなしていた。また東京高判平成 5 年 12 月 24 日は、運送契約当事者と実質的に同視しうる荷受人を「運送人との間に生じる法律関係を契約法理によって律することを承認していると見られる者」としていた。さらに最一判平成 10 年 4 月 30 日は、荷受人 X が宅配便による運送を容認していたことを挙げていた。以上から判例は、第三者に運送契約規範を及ぼす基準を最大公約数こうした第三者によるこの契約の容認に求めているものと考えられる。したがって運送契約規範に服する第三者の範囲もこの契約を容認していた者に限られることになろう。

(2) **学説**　このような第三者に対して運送契約規範を及ぼすことに学説はおおむね賛成しているが、こうした第三者にこの規範を及ぼす根拠と基準をめぐって見解が分かれている。そしてこれらの学説の見解の相違は、第三者の利益と運送人の利益とのバランスをどう見るかという点に帰着するのである[42]。

（ⅰ）**山本説**　まずそもそもこのような運送契約規範の契約当事者以外の者に対する対抗に慎重な見解がある。山本説[43]は、運送契約の履行補助者が運送目的物を滅失毀損したとき、これによって損害を被った運送契約当事者が運送契約規範による賠償額の制限を免れようとしてこうした運送契約外の運送人の履行補助者に対し不法行為責任を追及する場合において、この履行補助者が運送契約を抗弁として援用し得るかという問題[44]と対比して、運送契約規範の契約当事者以外の者に対する対抗の問題については契約の相対性の原則（契約の効力は契約当事者にのみ及ぶとする原則）の緩和につきより慎重な態度が要請されるとしている（なおいずれの場合につい

---

[42] 運送契約の責任制限に合理性があるという事情と契約外の者が自らの関知しない事由によって請求を制限される事情とである。

[43] 山本・前掲注（7）931 頁以下。

ても契約当事者間において無制限な請求権競合説をとらないことが前提であるとする)。というのも前者においては契約上の制限を援用される者は、当該制限に「同意」与えているのに対して、後者においては援用される者の側においてそうした「同意」がなく、両者の間には大きなへだたりがあるからだとする[45]。

しかしこの見解を除き、学説は概ねこうした第三者に対して運送契約規範を及ぼすことを認めつつも、もっぱら第三者の範囲および対第三者効の根拠についてその見解を異にする。

　(ⅱ) 原茂説　こうした学説の中には、まずこのような第三者が運送契約を承認していたことを、運送契約規範を及ぼす根拠にしようとする考え方がある[46]。これによれば、このような第三者は運送契約当事者と一体のものとみなされ、運送契約規範がこの者に及ぶことが正当化されると

---

[44] これはいわゆるヒマラヤ問題として国際海法上古くから議論のあった問題であり、近年国際海上物品運送法が改正されて運送人の履行補助者に対する不法行為責任にも運送人に関する契約上の規定が適用されることが明文化されたため、同法の及ぶ範囲内においては立法上の解決を見たが(この点については山田・前掲注(12)434頁以下参照)、依然それ以外の陸上運送や国内の海上運送では争いのある問題である。これについて判例は、運送契約当事者ではない第三者たる履行補助者には運送契約規範は及ばないとして、おおむねこの点を否定的に解する方向にある。例えば、前掲大判大正15年2月23日、前掲最二判昭和44年10月17日、東京地判昭和44年6月30日判時575号47頁、東京地判昭和46年3月13日金法625号34頁、前掲東京地判昭和50年11月25日、その控訴審判決である前掲東京高判昭和54年9月25日がある。これに対しこれを肯定するものに前掲東京地判昭和41年6月21日がある。しかし学説上はむしろ履行補助者による運送人の契約上の抗弁の援用を認めるのが一般的であるといってよい。例えば、奥田・前掲注(13)26頁以下、川又良也「判批」ジュリ、商法(保険・海商)判例百選(第2版)180頁以下、園尾・前掲注(36)74頁以下、平出慶道『商行為法(第二版)』(青林書院1989年)491頁以下、平野充好・前掲注(23)129頁以下、村田・前掲注(14)30頁以下、山本・前掲注(7)903頁以下がこれを認める。なおこの問題に関する日本の学説および判例に関しては、平野・前掲注(9)199頁以下を参照した。

[45] しかしその後の前掲最三判平成10年4月30日を素材にこの問題を検討する山本豊「免責条項は第三者の不利益に援用できるか」民研555号9頁以下は、同判決の結論に賛成し、同判決の考え方を、「XがYによる運送を容認し、かつ問題の責任制限条項をXとしても知っており、あるいは予期して然るべきであった場合には、Yによる条項援用を認め、Xは限度額を超える損害賠償請求権をYに対して有していないと定式化してよい」としている。

[46] 原茂太一「判批」金商662号57頁以下。

する。第三者が運送取扱人に運送委託をしていたような場合、この「運送委託の意思をとおして自らが運送契約秩序に組み込まれることを承諾していた[47]」と解することができ、運送契約当事者と同視することができるからである。したがってこのような第三者が明示的・黙示的に運送を委託したといえない場合やその可能性すら認識していなかった場合、所有者の意思に反して行われた場合、運送契約秩序に組み入れる理由がなく、この第三者に運送契約規範を及ぼすことはできないとする。

　**(iii)　山下説**　同様な見解を述べるのが山下説[48]である。これによれば、意思による契約関係の創出という事情が存在しないため、「この第三者の不法行為法上の請求権は運送法ないし運送約款の制限を受けないのが原則である」が、「運送法上の責任制限が不法行為法上の請求権にも及ぶのは、不法行為法上の請求権を有する者が厳格な意味で運送契約の当事者でなければならないというものではな」く、具体的には実質的に運送契約という契約関係に入ったこと、すなわち、「私的自治による法益の処分」があったか否かがその基準とされるべきであり[49]、この基準を満たす以上、この第三者の不法行為に基づく損害賠償請求権に運送契約上の責任制限が及ぶとするのである。

　**(iv)　半田説**　また商品を委託した者が予定していなかった運送方法を委託された者が選択した場合であっても、第三者を広い意味での運送契約の当事者とすることの妨げとはならないとする見解もある[50]。これによれば、たとえ運送方法についてこの者の明示あるいは黙示の承諾が欠けていたとしても、このような事情を運送人が一般に知りえない以上、運送人に合理的な運賃計算の枠を越える重い責任を認めるべきではなく、また所有者は本来自分の契約相手方に対して損害賠償の請求をなすべきであるとし、このような第三者に運送契約の拘束を及ぼすべきであるとする。

　**(v)　山田（㚑子）説**　さらにはこうした第三者を端的に準契約当事

---

[47] 原茂・前掲注 (46) 57 頁。
[48] 山下友信「判批」判評 290 号 49 頁以下。
[49] 山下・前掲注 (48) 51 頁以下。
[50] 半田・前掲注 (40) 59 頁。

者であるとする見解もある[51]。これによれば、「契約法に特有の規定は、契約の目的達成または不達成にともなう法律関係を契約の特性に応じて、契約当事者の合理的な利益配分を予定している以上、自己にとって有利な果実だけを、取得できることにはならない」から、「法形式上は契約当事者ではなくとも、契約上の利益を享受する関係にある者は、契約に特有の法律関係に取り込まれると解すべきであ」り、このような者は「契約の当事者に準ずる地位に立っている、あるいは事実上の当事者の地位にある」とされる。そしてこうした準当事者は、合意に根ざす権利・義務の負担はないが、契約に特有の規定の適用があり、この意味で準当事者というとされる。そしてこの準契約当事者の不法行為に基づく損害賠償請求権が運送契約上の制限を受けることを認めるのである[52]。

　以上から、学説も判例同様運送契約規範の対第三者効に、これに慎重な見解があるものの、おおむね好意的であることが明らかになった。しかしその根拠については、第三者が運送契約当事者に準ずる地位にあったことに求める見解や第三者が運送契約の締結を承認していたことあるいは私的自治による法益の処分があったことに求める見解など、様々な見解が提唱され、さらに運送人の対価計算を保護する観点から、第三者が当該の運送方法を容認していない場合にも運送契約の拘束を及ぼす見解もあった。

　**(3)　考察**　　以上の判例・学説[53]は、いずれも運送人の第三者に対する不法行為責任の成立を認めつつも、一定範囲の第三者にはこの者のなす不法行為責任の追及に運送契約規範を及ぼすことでほぼ一致していた。そして個々の事件における判例の結論の妥当性についても異論はないであろう。しかし第三者の不法行為に基づく損害賠償請求に対し運

---

[51] 山田・前掲注（20）250頁以下。
[52] 以上に加えて、国際海上物品運送法20条の2第1項が、陸上運送および海上物品運送にも類推適用され、また物品の所有者に対する関係も同条の中に含まれるとして、運送人の第三者に対する不法行為責任に運送契約規範を及ぼすことを主張する見解もある（山田・前掲注（12）121頁以下参照）。これに対し、榊・前掲注（21）281頁は、海上運送が通常大規模な企業間取引であることに加え、海上保険を手配することが容易であり、現実にその手配がなされているのに対し、陸上運送が企業間取引に限られず、損害保険を手配することができるとは限らないことを指摘して、両者を区別することを不当であるとはしない。

送契約規範を及ぼすための法的根拠や第三者の範囲に関して定立されるべき基準は、なお明らかにされたとはいいがたい。第三者の実質的当事者性を根拠とするにしろ、第三者の意思を根拠とするにしろ、これらは法的根拠としてあいまいであり、運送契約規範の及ぶ第三者の範囲を画する基準も明確ではなかった。なにより形式的には契約当事者ではない者に対して契約法規範の拘束を及ぼすには契約の相対効原則との対峙が不可避であろう。また最一判平成10年4月30日の原告である荷受人は、所有者の不法行為に基づく損害賠償請求権を行使することで荷受人としての立場ではなく所有者としての立場に立っていたことから、いずれの立場に立つにせよ結論に差異を生じさせずかつ拘束力が及ぶ範囲を明確にする基準を提示する理論構成が求められていた。さらに広く運送契約以外においての第三者への契約法規範の適用の可否も積み残された問題である。

以上の問題点については、後にフランス法の検討を通じて第三者に契約法規範を及ぼすための一般理論を探求し、その解法を模索したいと考える。ところで上記判例および学説は運送契約規範の対第三者効を論ずるにあたり、前提として運送人の債務不履行が第三者に対する不法行為を構成することを異論なく認めていたのであるが、この点については一考を要しないであろうか。つまりこの議論の前提としてそもそもこうした契約当事者ではない契約外の第三者に対しても運送人は運送契約に基づいてしか生じえないような義務を負うのかという点が明らかにされなければならないであろう。

ではそもそも運送人は運送契約に基づいていかなる義務を負うのか。物品運送契約において運送人は物品の目的地までの運送という役務、すなわちなす債務を負い、これが給付義務にあたることに異論はないわけであるが、運送人は同時に預った物品を滅失毀損から保護する義務をも負ってい

---

[53] 他にこの問題に関する判例および学説について平野・前掲注(9) 241頁以下参照。なお岡本裕樹「運送契約における免責条項の第三所有者に対する効力」一論126巻1号87頁以下は、運送法改正以前のドイツの判例・学説上の議論を検討して、「自身が契約を締結していたとしても同様の契約内容で締結していた者」は、いかなる法的根拠に基づくものであれ運送契約によるリスク配分に従った請求しかできず、その根拠は契約当事者的立場と運送契約法秩序の合理性に求められる」とする。

る。本問において運送人の債務不履行はすべて後者の義務違反を意味し、これにより物品の滅失毀損による損害が物品の所有者などの第三者に生じている。ゆえにここでは物品という財物を滅失毀損という完全性利益侵害から保護するという保護義務が問題になっているのである。そして本問の物品の運送契約のように役務の提供を目的とする契約において、こうした保護義務は、後述の安全配慮義務などとは異なり、主たる給付義務と一体となって、当事者の合意に基礎を置く主たる給付義務（少なくとも従たる給付義務）をなしていることが指摘されている[54]。加えてここでの保護義務は、消極的に自己の行為により物品を毀滅しないよう配慮することにとどまらず、積極的に第三者の盗難などから物品を保護すべくこれを相応に管理し保管することまで運送人に義務づけるものなのである。

　それでは運送人はこのような義務を運送契約外の第三者に対する関係でも負っているのか。言い換えれば運送人のこの債務の不履行は第三者に対する関係で不作為不法行為の過失たる作為義務違反を構成するのか。もちろんこの保護義務にも程度の高低はあり、運送人が故意にまたは一般的な注意義務に反して物品を滅失毀損した場合には第三者に対して不法行為責任が成立することに異論はないであろう。ただこの保護義務は給付義務として運送契約があってはじめて生ずるような高度な義務をも課すものである。そしてこの運送契約を前提としてはじめて生ずる高度な義務の違反が契約を離れて第三者に対する関係で即不作為不法行為責任を生じさせる作為義務になるか否かについては一考を要するように思われる[55]。この点で契約当事者間においては契約の存在により一般普通人間において課せられ

---

[54] このような指摘をなす者として、例えば、北川善太郎「債務不履行の構造とシステム」下森定編『安全配慮義務法理の形成と展開』（日本評論社 1988 年）275 頁以下や、下森定「国の安全配慮義務」下森定編『安全配慮義務法理の形成と展開』（日本評論社 1988 年）240 頁などがある。また例えば、潮見佳男『契約規範の構造と展開』（有斐閣 1991 年）146 頁以下は後述のように、主たる給付結果実現を目指す履行過程において給付との関係で完全性利益の保護を目指す保護義務を段階的に把握する中で、この保護義務を、「合意を基礎として実現されるべきものとされた給付結果は完全性利益の保護それ自体を対象としていないけれども、給付結果を契約目的に適って保持・利用するためには完全性利益が保護されていることが必要であるという場合」にあたり、契約目的達成のための従たる給付義務と位置づけている。

[55] 平野・前掲注（9）89 頁および 94 頁以下同旨。

る義務とは次元の異なる義務が不法行為法上も課せられるとしても、この契約という前提の欠ける第三者との関係において同様の高められた不法行為法上の作為義務が認められるのであろうか[56]。学説や判例の多くが運送人の上記債務の不履行が第三者に対する関係で不法行為法上の作為義務違反となることを当然の前提とする中で、東京高判昭和58年6月29日が運送人は契約外の所有者に対する関係において一般普通人のなすべき注意をもって保管すれば足りるとしているように、運送人の運送契約上のあらゆるこの債務の不履行が即第三者に対する関係で不法行為法上の作為義務違反となり不作為不法行為責任が発生するとすることはできないのではないか。いずれにせよこの保護義務は契約固有の義務と一定の第三者に対する関係でも課せられる義務との境界線上に位置しているように思われる。

　ではいかなる債務不履行が第三者との関係で不法行為を構成するのか、どのような義務であればその債務者は第三者との関係でも負うものなのであろうか。そこでこの点をより明確にするため、以下では第三者に対する関係での債務不履行責任が問題になったが、もっぱらこの運送契約における義務とは異なる義務に対する違反が問題になった下請人の従業員に対する元請人の安全配慮義務に関する議論と欠陥製品の製造者に対し契約関係にない被害者が追及する製造物責任の法的性質に関する議論について検討する。なおこれらにおいては本問と同様に契約外の第三者による損害賠償責任の追及が不法行為責任という構成によってなされる不都合が問題となったが、債務不履行責任構成が提唱されたのは、本問とは反対に被害者にとってより都合のよい責任規範を適用するためであった。

---

[56] これに対し、塚原朋一「運送契約責任に対する法的規律の不法行為責任への影響」好美先生古稀記念『現代契約法の展開』(経済法令研究会2000年) 369頁以下は、契約によってのみ発生する注意義務の違反と契約関係にない者が負う不法行為法上の注意義務違反とが別であることを是認しつつも、問題となる契約が運送契約である場合、たとえ運送人が所有者との間で契約関係になくても、ひとたび業務に着手した以上、「所有者との関係でも、もはや通行人といった一般人としての関係ではなくなり、管理者という特別な関係に入ったということができる」から、この場合運送人は所有者との関係でも契約関係にあるのと同様の義務を負うとする。しかし例えば荷送人が運送の委託にあたって一般的でない特定の方法によることを指示したが、運送人がこれを履行せず荷送人が損害を被ったような場合には、運送人は荷送人に対して債務不履行責任を負うが、所有者に対して不法行為責任を負うことはないとする。

## 2 下請人の従業員が元請人に対し安全配慮義務違反を根拠に債務不履行に基づく損害賠償を請求する場合

次に、契約が連鎖的に締結され、この契約の連鎖中の直接契約関係にない者の間において契約責任・債務不履行責任の成立そのものが問題となったのが、元請人の下請人の従業員に対する安全配慮義務の存否の問題である。例えば、建物の建築工事を請負った者がこれを下請に出したが、その際この元請人が実際は設備を提供し、現場において指揮をとっていたという場合に、設備の瑕疵等によって損害を被った下請人の従業員は元請人に対していかなる責任規範の下に損害賠償を求めることができるのか。この場合、この従業員はまず直接労働契約を結んでいる下請人に対して不法行為責任または安全配慮義務違反に基づく債務不履行責任を追及し、加えてこの者の実質的な使用者ともいえる元請人に対して不法行為責任を追及することが考えられる。ところでもともと債務不履行責任を生じさせる安全配慮義務なる概念が登場したのは、債務不履行責任が不法行為責任に比して特に時効期間や故意または過失の立証責任の点で被害者たる労働者に有利であったからである。本問の場合において、下請人の従業員は、もっぱら下請人が中小企業であってこの者から十分な賠償をえることが難しいという事情から、この元請人に対し直接損害賠償を求めるわけであるが、ここで元請人は下請人の従業員にとり労働契約の直接の相手方に実質上等しく、ここにもかつて安全配慮義務なる概念を登場させたと同じ要請が働くことになる。したがってこの関係に安全配慮義務を認めることは、下請人の従業員にその事実上の使用者に等しい元請人に対して有利な債務不履行に基づく損害賠償請求を認めるという意味を持っていたのである[57]。しかしこの安全配慮義務の人的拡張において問題となるのは、両者が直接の契約関係になく、それゆえ下請人の従業員による元請人の債務不履行責任の追及はできないのではないのかという点である[58]。以下に検討する判例・学説はともにこれを肯定することで一致しているが、この点についての理論構成に争いを見せる。そこで以下にまず（1）において判例を、続いて

---

[57] 竹中康之「判批」法教 135 号 78 頁。

(2)で学説を検討した上で、(3)においてここで問題となる義務の性質についての考察をおこなう。

**(1) 判例** 上記の問題が判例において争われて以来今日に至るまで元請人の下請人の従業員に対する安全配慮義務を認めることで判例は一致している。以下においては、元請人が契約関係にない下請人の従業員に対して安全配慮義務を負う根拠について、またこうした安全配慮義務が認められる関係の範囲についての判例を検討する。

**（i）安全配慮義務の根拠** こうした安全配慮義務の根拠として、かつては両者の間に直接の契約関係がある[59]、あるいは請負契約が第三者のための契約として下請人の従業員に対する安全配慮義務を含んでいる[60]ことなどが挙げられていた。しかしその後最高裁としてはじめて安全配慮義務を認めた最三判昭和50年2月25日民集29巻2号143頁において、安全配慮義務は、「ある法律関係に基づいて特別な社会的接触の関係に入った当事者間において、当該法律関係の付随義務として…信義則上負う義務」とされ、ここから当事者間の契約関係が同義務の必ずしも不可欠の前提ではないことが示唆され、これにより契約当事者でない者の間の安全配慮義務の認定はその義務の性質から演繹的になされることが可能になった[61]。そしてその後の判例は、おおよそ以下に見るように、元請人が下請人の従業員に対し設備を提供し指揮監督をなしている場合には、両者の間に使用従属関係ないし特別な社会的接触の関係が成立し、信義則上元請人が安全配慮義務を負うことを認めてきたのである。

まず建築の元請人の下請人の従業員に対する安全配慮義務の存在を認め

---

[58] ところで、そそも不法行為責任が成立する前提として、なぜ契約関係にない元請人が下請人の従業員の安全に積極的に配慮しなければならないのかという疑問が生ずる。これについて浦川道太郎「判批」リマークス1992（下）47頁は「社会的な接触があるならば、その接触から他人に過剰な危険が生じないように注意する法的な義務が措定されることは当然の事理」であると説明している。なお平野・前掲注（9）258頁同旨。
[59] 福島地判昭和49年3月25日判時744号105頁。
[60] 福岡地裁小倉支判昭和49年3月14日判時749号109頁。
[61] この点について、浦川・前掲注（58）46頁は安全配慮義務のこのような人的拡大を認めた後掲の最一判平成3年4月11日を「安全配慮義務」判例法の当然の帰結であると評価する。下森定「判批」セレクト91年25頁も同旨。

た東京地判昭和 50 年 8 月 26 日判時 809 号 64 頁は次のように述べる。すなわち「使用者は、被用者に対し、雇用契約上の義務として、…危険から保護すべき義務を負うものというべきであり」、両者の間には雇用契約は存在しないが、下請人の従業員が元請人の施設内でその指揮監督のもとに労務を提供する場合には、両者の間には「使用従属の関係にある労働関係が生じているものというべく…元請人は、下請人の従業員に対し、右労働関係に付随する義務として、…その安全を保証するべき義務を信義則上負う」とした。

次に同様の事案に関し元請人の下請人の従業員に対する安全配慮義務を認めたものに札幌地判昭和 53 年 3 月 30 日判時 923 号 104 頁がある。これによれば、雇主は雇用契約において被用者に対し信義則上雇用契約の付随義務として安全配慮義務を負うものであるが、元請人が下請人の従業員に対してその指揮監督のもとに労務に服させていた場合には、下請人の従業員に下請人との「雇用契約を前提として、支配が及んでいたといえるから、その関係は、雇主と被用者との関係と同視でき、同様の安全配慮義務を負っていた」とされている。

さらに同様に元請人の下請人の従業員に対する安全配慮義務を認めた東京地判昭和 59 年 10 月 22 日判時 1161 号 134 頁は、元請人は下請人の従業員に対して「雇主と同視できる程度のその労務管理について指揮監督をなしうる関係を有していたということができ、信義則上、雇主…と同様の安全配慮義務を負っていたというべきである」としている。

以上の判決は、下請人の従業員が元請人の施設においてその指揮監督のもとに労務に服している場合には、両者の間に指揮監督関係または雇主と被用者と同様の関係が成立し、元請人に信義則上安全配慮義務が生ずるとしている[62]。そして安全配慮義務による保護の範囲に入る第三者はこのよ

---

[62] 同様の下級審判決に以下のものがある。山口地裁下関支判昭和 50 年 5 月 26 日判時 806 号 76 頁（ただし使用従属の関係なしとして安全配慮義務の成立を否定）、神戸地裁尼崎支判昭和 54 年 2 月 16 日判時 941 号 84 頁、大阪地判昭和 56 年 5 月 25 日判夕 449 号 153 頁、千葉地判平成 5 年 8 月 9 日判夕 826 号 125 頁（この判決に関しては安原清蔵「判批」判夕 852 号 60 頁以下を参照した）、福岡地裁飯塚支判平成 7 年 7 月 20 日判時 1543 号 3 頁。

うな使用従属の関係にある者である。これに対しこのような使用従属の関係ではなく、より広い「特別な社会的接触の関係」を根拠に安全配慮義務を認める考え方も登場する。

その最も重要な判決が、最高裁として始めて元請人の下請人の従業員に対する安全配慮義務を認めた最一判平成3年4月11日判時1391号3頁である[63]。これによれば、下請人の従業員が元請人の施設においてその指揮監督のもとに労務を提供する場合には、元請人は「下請企業の労働者との間に特別な社会的接触の関係に入ったもので、信義則上、右労働者に対し安全配慮義務を負うものであるとした原審[64]の判断は、正当として是認することができる」とされている。このように安全配慮義務の根拠が「特別な社会的接触の関係」に求められることにより、安全配慮義務の保護範囲に入る第三者は必ずしも使用従属の関係にある者に限られなくなる可能性が生ずることになったのである[65]。

そして神戸地判平成6年7月12日判時1518号41頁もまた同様に、下請人の従業員が元請人の提供する施設においてその指揮監督のもと労務に服していた場合には、両者は特別な社会的接触の関係に入ったとして、信義則上元請人は下請人の従業員に対し安全配慮義務を負うと解している[66]。

(ii) **元請人と下請人の従業員以外の者との関係**　ところでこうした法律構成は元請人と下請人の従業員との間の関係に限定されているわけではない。元請人と下請人の従業員との関係のように、施設の提供と指揮監督関係の存在から導かれる使用従属の関係や社会的接触の関係が存在するな

---

[63] なおこの問題点が上告理由になっていなかったため積極的な説示はないが、安全配慮義務を認めた原審の判断を前提にした最高裁判決として、最一判昭和55年12月18日民集34巻7号888頁がある。なおこの最判に関しては吉田邦彦「判批」法協100巻2号244頁以下および藤岡康宏「安全配慮義務における規範の創造」『損害賠償法の構造』(成文堂2002年)306頁以下参照。

[64] 大阪高判昭和63年11月28日労判532号49頁。この最判はこの原審と同様の見解を採用したのである。

[65] この点に関し、宮本健朗「下請人労働者に生じた労働災害と元請人の賠償責任」明学60号240頁以下は、「特別な社会的接触の関係」を極めて漠然とした観念であって、この関係が認められる第三者とそうでない者とを区別することが困難であることを指摘している。

[66] 同様の判決として浦和地判平成5年5月28日判時1510号137頁がある。

らば、元請人と孫請人の従業員との関係や下請人と孫請人の従業員との関係[67]、注文主と請負人の従業員との関係[68]においても安全配慮義務の成立が認められている。また親会社と子会社の従業員との関係にも、実質上使用者と被用者のような関係が認められれば、安全配慮義務が認められている[69]。

  **(iii) 請負契約以外の事例** 以上は請負契約に関する判例を扱ってきたが、請負契約以外の事案において契約関係にない者に対する関係で安全配慮義務の存在を認め、その違反に対し債務不履行責任を認めた判決として最一判平成2年11月8日判時1370号52頁が挙げられる。この判決では、運行委託契約により船舶の運航を受託した者（A）に、この者と契約関係にないが委託者（B）と雇用契約を締結していた船長（C）に対する関係で、受託者（A）と船長（C）との間に指揮監督をなし実質的に労務の提供を受ける関係がある場合には、安全配慮義務が成立すると判示されたのである。

**(2) 学説** 以上のように判例は、元請人と下請人の従業員との関係またはこれに類似した関係において、使用従属関係や特別な社会的接触の関係が認められる場合に、信義則に基づいて安全配慮義務が成立することをおおむね一致して認めてきた。他方で学説も安全配慮義務を認める点でほぼ一致しており、かつては契約関係がない以上不法行為責任の成立のみを認める見解[70]や両者の間に直接の契約関係を擬制する見解[71]もあったが、上記の判例が確立して以降は安全配慮義務の根拠として主と

---

[67] こうした例として東京地判昭和56年2月10日労判358号28頁、東京地判昭和57年3月29日判夕475号103頁、福岡地裁小倉支判昭和57年9月14日判時1066号126頁や長崎地判平成10年11月25日判時1697号3頁がある。
[68] 神戸地裁尼崎支判昭和60年2月8日労判448号31頁。
[69] 前橋地判昭和60年11月12日労判463号6頁、長野地裁上田支判昭和61年3月7日労判476号51頁、長野地判昭和61年6月27日判時1198号3頁。ただし親子関係は元請と下請の関係に比べて生産工程の相対的独立性が前提とされ、両者の間に指揮監督関係がないのが通常である。したがって親会社と子会社の従業員との間に使用者・被用者の関係を認めるためには、親会社と子会社とがあらゆる面で密接な関係にあり実質的に一個の会社とみなしうることが前提になることに注意すべきである。
[70] 後藤勇「注文者・元請人の不法行為責任（下）」判夕391号15頁以下。

して次のような見解が提唱されている。

**（ⅰ）第三者のための保護効を伴う契約説**　まずいわゆる第三者のための保護効を伴う契約の理論をこの関係にも適用しようとする見解がある[72]。第三者のための保護効を伴う契約とは、契約関係にない一定の第三者（例えば契約当事者の家族や被用者など）にも契約的保護すなわち債務不履行に基づく損害賠償請求権を認めようとするものであり、ここでは第三者に対する給付の履行義務が問題となっているのではなく、第三者の生命・身体・財産を保護する義務、すなわち保護義務が問題になっている。この法理はもともとドイツにおいて展開されてきたものであるが、これを元請人と下請人の従業員との間の関係にも適用しようというのである。これによれば元請人と下請人との間の契約は下請人の従業員のための保護効を伴い、この契約から下請人の従業員に対する安全配慮義務が生ずることになる[73]。ただ元請人が下請人に対して負う保護義務と元請人が下請人の従業員に対して負う安全配慮義務の内容の相違に鑑みれば、前者の義務の延長線上に後者の義務は存在しておらず、この法理が適用できる関係ではないこともまた指摘されている[74]。

**（ⅱ）信義則説**　これに対し判例と同様の構成を採用する学説も多い。これによれば、安全配慮義務は使用者の労務指揮権や労務に対する指揮支配権に付随する義務であり、労働者が使用者の指揮監督のもとに労務に服する法律関係や使用者が労働者の労務を支配管理する法律関係の介在が認められれば、労働契約が存在しなくても信義則上安全配慮義務は発生するものとされる[75]。また安全配慮義務が指揮命令権に当然随伴するものであるとするならば、下請人の従業員に対する元請人の安全配慮義務は認めら

---

[71] 小林良明「元請会社の下請労働者に対する債務不履行責任」労旬 913 号 39 頁以下。
[72] 第三者の保護効を伴う契約については、奥田昌道「契約法と不法行為法の接点」於保先生還暦記念『民法学の基礎的課題（中）』（有斐閣 1974 年）233 頁以下や田上富信「契約の第三者に対する効力」遠藤浩他監修『現代契約法大系（1）』（有斐閣 1983 年）103 頁以下、船越隆司「第三者の保護効をともなう契約」奥田昌道ほか編『民法学（5）《契約の重要問題》』（有斐閣 1976 年）45 頁以下等を参照した。
[73] こうした見解を採用するものに、宮本・前掲注（65）235 頁以下、奥田昌道編『注釈民法（10）』〔北川善太郎〕（有斐閣 1987 年）368 頁がある。
[74] 浦川・前掲注（58）46 頁。

れるべきである。というのも両者の間には雇用契約は成立していないが、これと同視しうるような労務指揮権の行使に関する法律関係が成立しており、かかる法律関係における信義則から安全配慮義務が生ずるからであるとも主張される[76]。

(3) 安全配慮義務の性質　以上ように、判例および学説[77]の多くは、使用従属関係や特別な社会的接触の関係がある場合において、直接の契約関係の存在しない元請人と下請人の従業員との間にも安全配慮義務が信義則に基づいて成立することを認めてきた。特に判例についていえば、安全配慮義務のリーディングケースである最三判昭和50年2月25日がこれをある法律関係に基づいて特別な社会的接触の関係に入った当事者間において認められる義務として、必ずしも契約関係になくとも同義務が認められる余地を示し、その当然の帰結として同義務の違反による債務不履行責任がこの直接の契約関係にない者の間にも認められてきたのであった。このようにこの安全配慮義務は契約関係を必ずしもその前提にせず、また特に第三者のための保護効を伴う契約の理論の適用を提唱する見解によれば、同義務は給付の履行義務ではなく生命・身体・財産を保護する義務、すなわち保護義務であるとされている。さらにここでは安全配慮義務が認められる以前においてこのような義務の違反を理由に不法行為に基づく損害賠償責任が成立することが認められ[78]、例えば東京地裁八王子支判昭和56年12月2日労判1039号82頁のように安全配慮義務が認められる場合であっても、時効期間が満了していなければ不法行為に基づく損害賠償責任の成立を認める判決も存在していることから、この安全配慮義務が不法行為法上の義務に近似するものであることが推察される。

---

[75] 星野雅紀「安全配慮義務の適用範囲」『裁判実務体系(8)』(青林書院1985年)477頁以下。
[76] 和田肇「雇傭と安全配慮義務」ジュリ828号123頁以下。他にこのような見解を採用するのは、國井和郎「「安全配慮義務」についての覚書(下)」判夕364号63頁以下や西村健一郎「判批」判評396号24頁以下などである。
[77] 判例・学説をまとめたものとして、平野・前掲注(9)257頁以下、宮本・前掲注(65)235頁以下参照。
[78] 宮本・前掲注(65)225頁以下参照。

ではこの安全配慮義務はどのような性質を有する義務であり、また不法行為法上の義務とはいかなる関係を有するのか。以下これらの点に関する代表的な判例および学説を検討する。

　（i）**判例**　　最高裁として始めて安全配慮義務なる法的概念を承認した前掲の最三判昭和 50 年 2 月 25 日は、「国は、公務員に対し、国が公務遂行のために設置すべき場所、施設もしくは器具等の設置管理又は公務員が国もしくは上司の指示のもとに遂行する公務の管理にあたって、公務員の生命及び健康等を危険から保護するよう配慮すべき義務（以下「安全配慮義務」という。）を負っているものと解すべきであ」り、そして「右のような安全配慮義務は、ある法律関係に基づいて特別な社会的接触の関係に入った当事者間において、当該法律関係の付随義務として当事者の一方又は双方が相手方に対して信義則上負う義務として一般的に認められるべきもの」であるとする。そして同判決の安全配慮義務の捉え方について、奥田教授はその調査官解説[79]を検討した上で次のようにいう[80]。すなわち「（一）　安全配慮義務の概念（定義と内容）はドイツ民法 618 条 1 項に由来する。…（三）　ドイツの判例上承認されてきたいわゆる保護義務の実定法上の根拠は信義則であり、ドイツ民法 618 条の安全配慮義務の根底にある法思想も信義則であるとすれば、両者は同性質のもの同一のもの、とみることができる。（四）　いわゆる保護義務の成立する法律関係は広範なものであり、雇用・労働関係がそれに含まれるのはもちろんのこと、公法上の法律関係も含まれうる。雇用・労働関係上の安全配慮義務は、いわゆる保護義務と同質、いな同一のものである。」と[81]。したがってこれによれば同判決において安全配慮義務はいわゆる保護義務、つまり相手方の生命、身体、財産という完全性利益への侵害がないように配慮すべき義務であって給付義務と

---

[79] 柴田保幸「判解」下森定編『安全配慮義務法理の形成と展開』（日本評論社 1988 年）307 頁以下。
[80] 奥田昌道「安全配慮義務」石田・西原・高木先生還暦記念『損害賠償法の課題と展望』（日本評論社 1990 年）5 頁以下。
[81] なお潮見佳男『債権総論（1）（第 2 版）』（信山社 2003 年）117 頁は、この最高裁が用いた安全配慮義務に関する一般的定義は、まさに保護義務に関する定義として理解されるべきものであるとする。

は別に信義則に基づいて補充的に成立する義務とされる。また同判決の事案は自動車事故に関するものであり、時効の問題がなければ不法行為法規範による処理がなされていた、つまり不法行為責任の成立が問題なく認められたはずだったのである。

　（ⅱ）　**学説**　この安全配慮義務の法的性質について学説の見解は多岐に分かれるが、その代表的な見解として以下のものが挙げられる[82]。

　まず学説の多数を構成しているのが、上記判例と同様に安全配慮義務を保護義務と解し、同義務の違反により債務不履行責任が成立するとの見解である[83]。そして安全配慮義務を保護義務と解するならば同義務違反により同時に不法行為に基づく損害賠償責任も成立することになる[84]。

　次に安全配慮義務の中には保護義務にとどまらず給付義務に相当するものもあるとして、安全配慮義務に二つの類型を認める見解が挙げられる[85]。これは、労働者がその生命や健康に対する危険が現存する場合に労務給付を拒絶し危険の除去を請求することができるために給付義務としての安全確保義務が認められなければならず[86]、これと並行して使用者はある法律関係に基づいて特別な社会的接触の関係に入った当事者でもあるから他の契約類型にも共通して認められる付随義務としての安全配慮義務（保護義務）をも負い、またこの義務は契約責任と不法行為責任の中間領域に属するとするのである[87]。そしてこの見解は給付義務としての安全確保義務違反の場合にしろ、保護義務としての安全配慮義務違反の場合にしろ、同時

---

[82] 安全配慮義務の法的性質に関する学説については、高橋眞「安全配慮義務の性質論について」奥田先生還暦記念『民事法理論の諸問題（下）』（成文堂 1995 年）277 頁以下、新美育文「安全配慮義務」山田卓生編『新・現代損害賠償法講座（1）』（日本評論社 1997 年）228 頁以下等を参照した。

[83] 例えば北川・前掲注（73）368 頁以下。

[84] 奥田・前掲注（80）23 頁以下は、保護義務と安全配慮義務との関係について触れる中で、保護義務違反が不法行為規範のもとでの不可侵義務と異なるところはないとしている。

[85] 宮本健蔵「安全配慮義務」森泉先生還暦記念『現代判例民法学の課題』（法学書院 1988 年）542 頁以下。また、下森・前掲注（54）239 頁以下も同様の見解を採用する。

[86] 宮本・前掲注（85）542 頁以下。

[87] 宮本・前掲注（85）536 頁および 544 頁。

に不法行為責任が成立することを認める[88]。

また完全性利益の保護を目的とした義務を保護義務として把握し、この意味の保護義務を債務の履行過程との関連で、①主たる給付義務としての保護義務、②契約目的達成のための従たる給付義務としての保護義務、③取引的接触に際して発生しうる完全性利益侵害に対する保護義務、④特別の事実的接触において生じうる完全性利益侵害に対する保護義務という4つの段階に分類したうえで[89]、このうち③の保護義務について、給付結果ないし契約目的達成へと向けられたものではないが履行過程への関連性から契約責任としてその規律に服し、完全性利益保護のための従たる給付義務としての地位を得、従来判例において議論されてきた安全配慮義務はこの保護義務の問題にあたるとして[90]、保護義務の段階構造の中に安全配慮義務の理論的位置づけを行なう見解も提唱されている。またこの見解によれば安全配慮義務を従たる給付義務と構成することで同義務の履行請求権、すなわち安全配慮措置請求権が帰結されるとする。そして同見解もこの完全性利益保護のための従たる給付義務が認められれば、この義務は、特別の関係にある当事者間の作為義務となり、その違反は不作為不法行為責任を根拠付けるとし[91]、安全配慮義務違反が同時に不法行為責任を成立させることを認めるのである[92]。

以上の見解はいずれも安全配慮義務を部分的にしろ保護義務であると解し、また同義務の違反により同時に不法行為責任も成立することを認めることで一致していた。これに対し安全配慮義務を不法行為法上の義務であ

---

[88] 下森・前掲注（54）239頁。
[89] 潮見・前掲注（54）148頁以下。
[90] 潮見・前掲注（81）159頁以下。
[91] 潮見・前掲注（81）154頁。
[92] なお奥田・前掲注（80）23頁以下は、保護義務と安全配慮義務との関係について、「労務給付の受領においては、労働者は長時間にわたり継続的に使用者の指揮・命令・監督に服しつつ労務を提供する。それ故、使用者には、単に自己の行為によって労働者の人身を侵害しないように振舞う（不法行為規範のもとでの不可侵義務）のみならず、労働者の健康管理の面で積極的にさまざまの措置をとることが義務付けられる。これは一般的な保護義務の内容あるいは限度を超えたものといわざるをえないであろう。」として、安全配慮義務には義務の内容において保護義務に解消されない部分があることを指摘している。

るとして契約上の義務であることを否定する次の見解がある。これは、契約責任は私的自治の原則のもとに私人が自由に創造した利益（給付利益）の保護を目的とするのに対し、不法行為責任は公の秩序として一般的利益（給付外利益）の保護を目的とし、両責任が区別されるべきことを前提に[93]、安全配慮義務で問題になっているのは契約利益とは異質の完全性利益であって、同義務違反により生ずるのは不法行為責任のみであり、また同責任によることで不備が生ずるならその改善を試みるべきだとする[94]。

(iii) **考察** 以上安全配慮義務の法的性質に関する判例および学説の代表的な見解を概観してきたが、これによれば安全配慮義務は、これを不法行為責任であるとする見解を除き、また給付義務としての同義務も認めるか否かは別にして、いわゆる保護義務と同一であるとすることでおおむね一致していた[95]。また安全配慮義務の違反が同時に不法行為責任を生じさせるかという点については、同義務を保護義務と解する見解においても不法行為責任を生じさせるとすることで一致していたのである。つまり「保護義務は、…相手方（債権者）の人身および財産上の利益の保護へと向けられたものであるとするならば、この目的方向性、その保護対象の点で著しく、一般不法行為法上の義務と近似することになる」のである[96]。ただ安全配慮義務を保護義務と解するとしても、不法行為法規範はどちらかといえば消極的な義務を課すものであり、労働者の健康管理や安全教育をなすべき義務、第三者の違法な侵害に対する防止措置の義務などは一般不法行為法規範からは導き出しにくく、このような場面では安全配慮義務の概念の積極的な存在意義が認められるとして、同義務違反により不法行為

---

[93] 平野裕之「契約責任の本質と限界」法論 58 巻 4・5 号 608 頁以下。
[94] 平野裕之「安全配慮義務の観念は、これからどの方向に進むべきか」椿先生還暦記念『講座・現代契約と現代債権の展望（2）』（日本評論社 1991 年）33 頁以下。また新美育文「『安全配慮義務』の存在意義」ジュリ 823 号 99 頁以下は、債務不履行責任を根拠付けるものとしての安全配慮義務の存在意義に疑問を提起する。
[95] 潮見・前掲注（81）127 頁は、「安全配慮義務という表現は、特別の問題領域における保護義務を当該問題領域（雇用関係とか学校事故といったように）に注目して「内容面」で特徴づけるために用いられるべきものであって、「構造面」で保護義務論から独立した分野を形成しているものではない。」とする。
[96] 奥田・前掲注（72）260 頁。

責任が生じない場面もあるとの指摘もなされている[97]。しかしこの点については、「不法行為法上の一般的注意義務といえども、濃淡様々の関係にある者の間における注意義務を想定するものであり、そこには安全配慮義務が認められるような『特別の社会的接触』が存在する場合も含まれ、その濃淡に応じた内容・程度の注意義務が社会通念によって設定される」として、このような場合になお同義務違反が不法行為責任を生じさせることを認める見解があり[98]、またこれを支持する見解が多数である[99]。

以上から判例および学説の多数の見解によれば、安全配慮義務の法的性質は保護義務と同一であり、その違反は同時に不法行為責任を生じさせ、したがって同義務は不法行為法上の義務に近似するものであることが明らかになった。そして本問の元請人の下請人の従業員に対する損害賠償責任についていえば、元請人は下請人の従業員に対して両者が労働契約関係にあるのと同様の社会的接触の関係にあったことからもともと安全配慮義務と同レベルの不法行為法上の注意義務を負っていたのであるが、主として時効期間等の契約責任・債務不履行責任規範によることの労災被害者たる下請人の従業員にとっての便宜という要請に応えて安全配慮義務違反による債務不履行責任をこの関係にも認めることができたのは、以上のように安全配慮義務が不法行為法上の義務に近似する当事者の合意に由来しない信義則上の保護義務であって、それゆえ直接の契約関係になくとも「ある法律関係に基づいて特別な社会的接触の関係に入った当事者間」において認められるというこの義務の法的性質によるものなのである。

### 3 欠陥製品の製造者が直接契約関係にない被害者に対して負う製造物責任

我が国において契約の連鎖における契約責任の契約当事者を超えた拡大の肯否が問題になった第三の例が、欠陥商品の被害者が直接契約関係にない製造者に対して追求する損害賠償責任、すなわち製造物責任の法的性質

---

[97] 奥田・前掲注（13）27頁以下。また奥田・前掲注（80）39頁以下も参照。
[98] 新美育文「宿直勤務における安全配慮義務」下森定編『安全配慮義務法理の形成と展開』（日本評論社 1988年）358頁以下。
[99] 例えば、潮見・前掲注（81）126頁や高橋・前掲注（82）309頁以下、平野・前掲注（94）40頁以下。

に関する議論である。高度に分業化した現代において製品が製造から流通を経て最終的に消費に至るまでに多くの者がこの過程に加わることになり、必然各々の参加者の間には契約（主として売買契約）が介在し、典型的には製造者と卸売商人、卸売商人と小売商人、小売商人と消費者のそれぞれの間に売買契約が連鎖することになる。そして製造者が危険な欠陥のある商品を製造し、この商品が流通業者の手を経て消費者の手に渡り、この危険が発現して消費者がその生命、身体、財産に損害を被るという状況は、欠陥ある商品を引き渡すという製造業者流通業者間の売買契約の債務不履行からこの契約の第三者である消費者が損害を被ったものと評価することができる。その意味で製造から消費に至るこの過程は本部で問題とする契約の連鎖の典型をなすものである。

このように製造物の欠陥により直接契約関係にない被害者が損害を被った場合において、この製造者の損害賠償責任の法的性質について、主としてこれを契約責任と構成するか不法行為責任と構成するかをめぐってかつて議論がなされた。ここでは、こうした被害者が製造者に損害賠償を求めるに際して特に民法709条の不法行為責任によったのではかつての狭隘な過失概念を前提とする限り被害者が製造者の過失の立証の困難に直面するとの理由から、当初ここに契約責任の成立を認める見解が有力に主張されたが、こうした見解はそれ自体の難点に加えて、その後の製造物責任訴訟の裁判例による過失概念の柔軟化によりその利点をも失い、結局裁判例による採用を見ることなく、また学説も不法行為責任構成一色となった[100]。その後平成6年には我が国においても製品の欠陥を責任要件とする製造物責任法が制定され、立法的解決がなされるに至り、契約責任説さらには法的性質に関する議論は過去のものになったのである[101]。しかしながらこの

---

[100] 我が国における製造物責任法の成立までの責任の法的性質に関する議論については、安田総合研究所編『製造物責任』〔朝見行弘〕（有斐閣1989年）334頁以下、北川善太郎・植木哲「製造物責任の諸問題（1）責任の性質」唄孝一ほか編『現代損害賠償法講座（4）』（日本評論社1974年）279頁以下、長尾治助「製造物責任」星野英一編集代表編『民法講座（6）』（有斐閣1985年）649頁以下、小林秀之編『新製造物責任法大系Ⅱ〔日本篇〕』〔平野裕之〕（弘文堂1998年）54頁以下、平野裕之『製造物責任の理論と法解釈』（信山社1990年）273頁等を参照した。

製造物責任の法的性質に関する議論は、特に製造者の欠陥製品の引渡しという債務不履行が第三者に対し不法行為をなすかという義務の性質の観点から、加えて製造物責任法の成立によっても積み残された製品の瑕疵それ自体の損害について直接の契約関係にない製造者に損害賠償を請求しうるかという問題の観点から、契約の連鎖における第三者との間での契約責任の成立如何という本部での考察の好個の素材をなし、その議論の過程を検討しておくことにはなお意義あるものと考えられる[102]。

**(1) 契約責任構成** 　製品が消費されるまでには通常流通業者が介在するため製造物責任が問題となる事案においては製品の欠陥により損害を被った被害者（主として消費者）と製造者との間に直接の契約関係がない場合がほとんどである。それでも初期の有力な学説は、契約関係にない者の間に契約責任の成立を如何にして認めるかという共通の課題に答えるため、様々なロジックを用いてその成立を認めようとしてきた。ここに契約責任の成立を認めることに次のようなメリットがあったからである[103]。まずなによりも要件として過失の立証責任の転換が挙げられる。すなわち契約責任説が提唱された当時の709条の過失概念は実質的に無過失責任を認めるほどには柔軟ではなく、またその途上にあったため、709条による救済には不安があったからである。次に効果として欠陥製品によって発生した被害者の生命、身体、財産に対する侵害、すなわち瑕疵惹起損害の賠償だけでなく、瑕疵それ自体の損害の賠償、さらには製品の修補や取替、減額という契約により確保されるべき利益の実現のための契約法上の手法との組合せが可能になることが挙げられる。これらは契約の存在を前提とするものであって、本来一般第三者間の関係を念頭に置く不

---

[101] 製造物責任法の制定に至るまでの沿革については、小林秀之編『新製造物責任法大系Ⅱ〔日本篇〕』〔小林秀之〕（弘文堂1998年）1頁以下、升田純「製造物責任法の制定まで」加藤雅信編『新・現代損害賠償法講座（3）』（日本評論社1997年）25頁以下等を参照した。

[102] 製造物責任の法的性質の議論に関する以下の叙述は平野『製造物責任の理論と法解釈』前掲注（100）273頁以下に負うところが大きい。

[103] 契約責任構成を採用することの共通の利点については、北川・植木・前掲注（100）313頁以下や平野『製造物責任の理論と法解釈』前掲注（100）305頁以下を参照した。

法行為責任の守備範囲ではないからである。また他にも時効期間が 3 年（724 条）から 10 年（167 条）に伸張されることが挙げられる。そして具体的には以下のような見解が主張されていた[104]。

(ⅰ) 瑕疵担保責任説　契約責任の成立を主張することの眼目が何よりも被害者に製造者の過失の立証を免れさせることにあるならば、被害者に無過失責任の追及を認めること、具体的には民法 570 条の瑕疵担保責任の追及を認めることが直截である。しかしそのためには、契約関係にない者の間にいかに契約責任の成立を認めるかという契約責任説に共通の課題に加えて、瑕疵担保責任は製造物責任の対象となる瑕疵惹起損害を対象とすることができるのかという課題をも克服しなければならない。信頼利益にしろ履行利益にしろこうした損害を対象にしないと考えられるからである。そこでこうした障害を意識しつつ、瑕疵担保責任の規定を根拠に後述のフランス法の特定承継論に示唆をえて、次のように主張する見解がある[105]。これによれば、民法 570 条の瑕疵担保責任は確かにそれ自体瑕疵惹起損害をカバーしないが、職業的売主の契約上の保護義務が瑕疵惹起損害の担保を要求するときは 570 条を準用してこれをカバーするものとしての法定の瑕疵担保責任を職業的売主に認め、その上で連鎖的売買の場合には買主の瑕疵担保責任は売買の目的物の従物として目的物とともに移転するとして、結局被害者の製造者に対する瑕疵惹起損害についての直接の瑕疵担保責任の追及を認めるのである[106]。なおこの見解によれば、製造物の欠陥のうち指示・警告上の欠陥は手段債務である契約上の保安債務（保護義務）の問題として、原則として被害者である買主が売主の債務不履行と過失の立証責

---

[104] 様々な見解が契約責任構成を提唱しているが、これら学説の整理については、朝見・前掲注 (100) 339 頁以下や北川・植木・前掲注 (100) 313 頁以下、平野『製造物責任の理論と法解釈』前掲注 (100) 277 頁以下を参照した。
[105] 以下に紹介する浜上説の他にも瑕疵担保責任の成立を認める見解として、篠塚昭次「製造物責任の性格」『論争民法学 (4)』(成文堂 1974 年) 79 頁以下や来栖三郎『契約法』(有斐閣 1974 年) 117 頁以下がある。ただしこれらは瑕疵惹起損害が瑕疵担保責任の対象となることは認めるが、瑕疵担保責任の行使にあたって被害者と製造者との間に直接の契約関係があることを念頭においているようである。
[106] 浜上則雄「製造物責任における証明問題 (七)」判夕 320 号 10 頁以下、同「製造物責任における証明問題 (八)」322 号 30 頁以下。同「製造物責任の性質と責任分配」乾昭三ほか『企業責任（第 3 版）』(有斐閣 1981 年) 163 頁以下も参照。

任を負うとされる[107]。

　(ⅱ)　**保証責任説**　次に契約責任説が直面する契約関係にない者の間での契約責任の成立という共通の課題に対して、製造者と最終買主との間に直接の契約関係を認めることによってこれに答えようとするのが保証責任説である。これによれば製造者はしばしば品質保証書を発行して消費者に対し明示に品質を保証することがあるが、このような保証は通常製品の瑕疵による人身損害のような瑕疵惹起損害に及んでいないし、また製品自体の瑕疵による損害についても明示に保証していない場合もある。しかし製品の製造者はその消費者利用者に対して明示の品質保証をしない場合にも自己の製品を売り出すことによってその品質性能について一般的な黙示の保証をしていると考えられ、製品に瑕疵がある場合には品質保証に反したことによる債務不履行責任を負うとされる[108]。

　(ⅲ)　**信義則違反説**　さらに製造者が最終消費者に対して品質保証書を交付する場合を念頭に次のような見解を唱えるのが信義則違反説である[109]。すなわち通常品質保証書による保証の範囲は修繕・部品の交換に限定されていることから、履行担保の特約とみるべきであり、その違反に伴う損害賠償責任は瑕疵惹起損害を対象とするとは考えられない[110]。しかしながら品質保証書を介してその発行者は最終消費者に対して履行の追完を約束しているのであるから、そのような責任に伴うものとして消費者の生命、身体、財産の安全に配慮すべき注意義務が信義則上発行者に発生すると解する余地があるとするのである。そしてこの信義則上の付随義務は仮に品質保証書が発行されていない場合であっても発生しうるとされる。

---

[107] 浜上「製造物責任における証明問題（八）」前掲注（106）39頁以下。
[108] 加藤一郎編『注釈民法（19）』〔加藤一郎〕（有斐閣1965年）132頁以下。なお高森八四郎「瑕疵担保責任と製造物責任」遠藤浩ほか監修『現代契約法大系（2）』（有斐閣1984年）168頁以下は、この加藤説に賛意を表しつつ、製造物責任は製造者の最終的製品使用者に対する合理的にみて買主によって期待されて妨げない品質・性能の担保引受の約束であるとされる。
[109] 北川・植木・前掲注（100）316頁以下。また北川善太郎「品質保証書と売買法の後退」『現代契約法（2）』（商事法務研究会1976年）210頁以下も参照。
[110] 品質保証の法的性質については、浜上則雄「品質保証の法的性質」ジュリ494号14頁以下を参照した。

なおこの信義則違反説が、製品の欠陥による瑕疵惹起損害について製品の欠陥自体による損害とは別の責任原因として完全性利益の保護に向けられた信義則上の付随義務を観念し、その義務の保護範囲に最終消費者を含めたことは、既述のように後に元請人の下請人の従業員に対する安全配慮義務が最高裁において認められたことに鑑み、注目される。

**(iv) 契約責任構成に対する批判**　以上の各見解は、主として被害者の製造者の過失の主張立証責任を免除するとの実益的観点から提唱され、あるいは瑕疵担保責任の移転により（瑕疵担保責任説）、あるいは意思の擬制により（保証責任説）、またあるいは保護義務の第三者への垂直的拡大により（信義則違反説）、契約関係にない者の間に契約責任をいかに認めるかという共通の課題に答えようとしてきたのである。しかしながら以上の各説は結局判例の採用をみることなく、その役割を終えることになった。裁判例が709条の過失を柔軟化し契約責任構成の実益が失われたことに加えて、契約責任構成自体も次のような様々な難点を抱えていたからでもある[111]。契約責任構成に共通する批判として、連鎖的売買の当事者ではない第三者（例えば最終消費者の家族）を契約責任による保護の範囲に含ませることができず、これらの者を含めた統一的な解決を根拠付けることができないこと や[112]、契約責任である以上免責条項を容認せざるをえないこと、契約責任拡大の説明が技巧的であること等が挙げられる。次に上記それぞれの見解に固有の批判としては以下のようなものがある。まず瑕疵担保責任説に対しては、瑕疵惹起損害を含ませることが困難なことや、566条により1年という短期の時効期間に服すること、指示上の欠陥の場合に対処しえないこと等が指摘されている。次に保証責任説に対しては、製造者の製品の品質・性能の黙示の保証に瑕疵惹起損害までも含ませるのは無理があること

---

[111] 以下の契約責任構成に対する批判については、朝見・前掲注（100）340頁以下、北川・植木・前掲注（100）315頁以下、平野『製造物責任の理論と法解釈』前掲注（100）277頁以下を参照した。

[112] なおこの点について、例えば浜上「製造物責任における証明問題（八）」前掲注（106）35頁は、第三者のための保護効を伴う契約の理論に基づき、売主が当然予期できる買主の保護範囲に属する者としてこのような者にも瑕疵担保に基づく製造物責任法上の権利を認めるべきであるとされる。

が指摘される。最後に信義則違反説に対しては、製造者と消費者との間に黙示の保証責任が生じるという構成すらフィクショナルなのに、これにさらに付随して別種の義務が生じると解するのは困難である、また保護義務違反と構成される以上その義務の存在および違反の事実は被害者がこれを立証しなければならず、過失を注意義務違反とするならば結局過失の立証責任の転換という目的がほとんど達せられないなどの批判がなされている。

### (2) 不法行為責任構成

以上に鑑みれば、直接の契約関係にない者の間で発生した瑕疵惹起損害の賠償請求を709条の不法行為責任と構成することが素直であるといえる。かつては学説のなかに無過失責任たる製造物責任を実現すべく、法の欠欤を理由に解釈上の無過失責任を承認する見解[113]や工作物責任の規定である717条の製造物責任への適用を認める見解[114]のように709条以外の不法行為責任構成を試みる見解も存在したが、判例は製造物責任法の適用が可能になるまで直接の契約関係にない者の間の製造物責任について一貫して709条による解決を行なってきたのである。ところで同条を根拠にする場合には、被害者は特に製造者の過失や因果関係の立証に際し多大な困難に直面することになり、特に過失についてこれを緩和することに上記諸見解の眼目があったわけであるが、以下に見るように判例は同条の枠内にとどまり過失の要件の充足を要求しながら、この過失概念自体を柔軟化していく[115]。

---

[113] 加藤・前掲注(108)134頁以下。なお既述の保証責任説との関係は不明である。
[114] 有泉亨「生産物責任論」唄孝一ほか編『現代損害賠償法講座(4)』(日本評論社1974年)274頁以下。なおその後この717条説を積極的に主張したのが、平野『製造物責任の理論と法解釈』前掲注(100)461頁以下である。製造物責任の本質が不法行為責任であることを前提に、判例が709条を根拠とすることで固まっている状況においては、訴訟戦略的法解釈としては709条を根拠に用いる他ないとしながらも、判例による採用を度外視して判例先導的法解釈としては717条による構成を積極的に主張している。
[115] 製造物責任法成立以前の判例の推移については、淡路剛久「製造物責任の内容(2)—責任要件」『消費者法講座(2)』(日本評論社1985年)225頁以下、長尾・前掲注(100)660頁以下、平野『新製造物責任法大系Ⅱ〔日本篇〕』前掲注(100)58頁以下、平野『製造物責任の理論と法解釈』前掲注(100)358頁以下を参照した。また安田総合研究所編『製造物責任』(有斐閣1989年)403頁以下には1949年から1988年までの132件の我が国における製造物責任裁判例の一覧が掲載されている。

裁判例は当初から製造者の過失について特別な扱いを行なっていたわけではない。例えば東京地判昭和 30 年 7 月 14 日下民集 6 巻 7 号 1440 頁 (点眼薬事件) は、欠陥ある点眼薬の使用者が傷を負った事案について、点眼薬として製造販売するにあたりその性質を一層究明するとか幾多の実験を重ねる等の措置にでたならば、製造販売を延期する等して被害の発生を防止しえたものと認められるとしながらも、当時の文献には被害の発生が記述されていないことや、被害を受けたとして申し出た者が少なかったこと等により、製造者の過失を認めるとしても極めて軽度のものと認められるべきであるとしている。

　しかしその後昭和 40 年代における公害裁判例の成果が、我が国における製造物責任事例がこれと被害の特質を同じくする欠陥ある医薬品や食品添加物などの合成化学物質によるもの、すなわち薬害、食品公害事例を中心としていたこともあいまって、特に昭和 50 年代におけるスモン訴訟やカネミ訴訟を中心に流用され、過失概念が以下のように拡大されたのである。

　過失は心理状態ではなく義務違反、すなわち予見可能性を前提とした結果回避義務違反であるとの過失概念の客観化を前提とすれば、注意義務の操作、つまり義務の高度化を通じて過失概念は拡大されることになる。例えば食品公害事例であるカネミ油症事件の福岡地判昭和 52 年 10 月 25 日判時 866 号 21 頁は、食品は人間の生命・健康にとって絶対に安全なものでなければならず、これを商品化して工業的に大量に製造販売する者はその安全性を確保すべく高度かつ厳格な注意義務を負うとし、そして食品への有毒物質の混入が予見可能である以上、考えられるあらゆる手段を用いて混入防止の措置を講ずべき義務 (結果回避義務) があるとしている。また予見可能性については、製造者の調査・研究義務である予見義務に裏付けられた予見可能性を問題とし、例えば薬品公害事例であるスモン訴訟東京地判昭和 53 年 8 月 3 日判時 899 号 48 頁は、薬品の製造者にその薬品の調査・研究義務、すなわち予見義務を課し、それが尽くされたならばあったであろう知識等を基準にして予見可能性が存在したことを認めている。

　さらに以上のような過失概念の柔軟化に加えて、製造者の過失を推定し

て過失の立証責任の転換を行なった次のような判決もある。例えばスモン訴訟福岡地判昭和54年11月14日判時910号33頁は、医薬品製造者の製造した欠陥医薬品の服用によって消費者の生命、身体に副作用被害を及ぼしたことだけで製造者の過失が事実上強く推定され、右副作用の発現が高度かつ厳格な注意義務を尽くしても全く予見しえなかったことを製造者において主張立証しない限り右推定は覆らないとしている。

　ところで我が国の製造物責任に関する裁判例は上記のような食品・薬品型と機械製品型とに大別しうるが、従来製造物責任法理の展開は前者を中心になされ、また後者に比して一歩進んでいた観もあったわけであるが、後者の事例に属するテレビの発火事故についての大阪地判平成6年3月29日判タ842号69頁は、製造者が製品の安全性を確保すべき高度の注意義務（安全確保義務）を負うことを認めるとともに、製品に欠陥があったことが立証された場合には製造者に注意義務違反、すなわち過失のあったことが推認されるとの注目すべき判断をなしている。

　以上のように当初製造物責任事例においても狭い過失概念によっていた裁判例は、製造者に極めて高度な注意義務を課することや、予見義務を課すること、さらには過失を推定することを通じて、次第に過失概念を拡大し柔軟化することで製造物責任において実質的には無過失責任を実現したと評せられるに至ったのである[116]。その後過失に代えて欠陥を責任要件とする製造物責任法が制定されることになるわけであるが、すでに過失概念は著しく拡大され、実質的には欠陥概念に等しくなっていた。つまり製造物責任における過失を製品の安全性に配慮すべき義務の違反であり、欠陥をこの義務違反が客観化されたものと考えれば、過失とは予見可能性を要件とする欠陥にすぎず、この予見可能性すら骨抜きになるならば、過失から欠陥へという責任要件の転換もそれほどドラスティックなものではなかったといえよう[117]。かくして旧来の狭い過失概念を念頭に主として製造物責任の被害者の過失の主張立証責任を免ずることを第一に意図して提唱された前記契約責任構成その他の見解はその意義の過半を失うに至り、またそ

---

[116] 例えば平野『新製造物責任法大系 II〔日本篇〕』前掲注（100）57頁。

れ自体の構成上の難点もあいまって、製造物責任史初期の過渡的な構成としてその存在意義を失うに至ったのである。

(3) **製造者の負う義務**　以上のように製造物責任の法的構成は結局 709 条の不法行為責任構成に収斂するに至ったわけであるが、ただ被害者が小売商人を訴える場合のように原被告間に直接の契約関係がある場合には裁判例においても契約責任による解決も認められてきた。

ところで製造物責任においてもっぱら問題となるのは瑕疵惹起損害、拡大損害であるが、当事者間に直接の契約関係がある場合において、この損害をいかなる法的構成のもとに処理するのかという問題が生ずる。すなわちここでは 2 において問題となった安全配慮義務同様当事者の合意内容になっておらずしたがって給付義務の対象とならない完全性利益の侵害が問題となっているものの、前者においては主たる給付義務とは独立した保護義務、安全配慮義務を観念することができたのに対し、ここでは欠陥ある製品の引渡しという社会的に見て一個の行為から給付義務への侵害と完全性利益への侵害とがもたらされている。これはいわゆる積極的債権侵害論ないし不完全履行論のもとで論じられてきた問題であるが、具体的には、こうした瑕疵惹起損害、拡大損害を主たる給付義務違反から生じた損害としてとらえ、民法 416 条の賠償範囲の問題として構成するのか、それとも主たる給付義務とは別個の保護義務違反として構成するのかが論じられてきたのである[118]。この問題についてかつての支配的見解は給付義務違反から生じた完全性利益侵害を独立の侵害、すなわち義務違反とは構成せず、民法 416 条の問題として処理する前説の立場に立っていた[119]。しかし現在では、社会的に見て一個の現象であっても法的に見れば給付利益の侵害と完全性利益の侵害という二個の侵害が生じており、したがってそれぞれの

---

[117] 平野『新製造物責任法大系 II〔日本篇〕』前掲注 (100) 57 頁以下および 72 頁以下参照。また内田貴「管見「製造物責任」(1)〜(4)」NBL 494 号 62 頁以下、495 号 38 頁以下、496 号 142 頁以下、497 号 31 頁以下は、医薬品、食品に関するものを除外した我が国の製造物責任裁判例を検討して、すでに立法以前の段階で我が国の裁判例において過失をめぐる争いが欠陥要件をめぐる争いに違いがなかったことを論証している。

法益の保護を目的とする規範、義務を観念すべきであるとの理解のもと、給付義務から独立した保護義務の違反としてとらえる立場が強くなっている[120]。

そして当事者間に契約関係がある製造物責任訴訟事件において契約責任の成立を認める裁判例には後者の保護義務違反構成またはこれに近い構成を採用しているものが少なくない。その先駆けとなったのが卵豆腐事件として著名な岐阜地裁大垣支判昭和48年12月27日判時723号19頁である。サルモネラ菌に汚染された卵豆腐を食した買主およびその家族が食中毒に罹りうち2名が死亡した事案において、卵豆腐を売った小売商人の損害賠償責任について、同判決は、「売買契約の売主は、買主に対し、単に売買の目的物を交付するという基本的な給付義務を負っているだけでなく、信義則上、これに付随して、買主の生命・身体・財産上の法益を害しないよう配慮すべき注意義務を負っており、瑕疵ある目的物を買主に交付し、その瑕疵によって買主のそのような法益を害して損害を与えた場合、瑕疵ある目的物を交付し損害を与えたことについて、売主に右のような注意義務違反がなかったことが主張立証されない限り、積極的債権侵害ないし不完全履行となり、民法415条により買主に対して損害賠償義務がある」とし、拡大損害の責任根拠として主たる給付義務とは別個の保護義務の違反を挙げたのである[121]。その後も本判決と同様の構成によった判決として、

---

[118] 積極的債権侵害論ないし不完全履行論の学説史の分析をおこなったものとして、五十嵐清「不完全履行・積極的債権侵害」法セ320号37頁以下や中井美雄「履行の契約不適合性」遠藤浩ほか監修『現代契約法大系（2）』（有斐閣1984年）125頁以下、早川眞一郎「不完全履行、積極的債権侵害」星野英一編集代表『民法講座（4）』（有斐閣1985年）49頁以下を参照した。なお安全配慮義務などを第一次的完全性利益侵害、この拡大損害を第二次的完全性利益侵害とし、両者の関係を念頭におきながら主として後者の法的構成を明らかにするとの関心のもとに学説史を分析するものとして、潮見・前掲注（54）282頁以下、同・前掲注（81）109頁以下を参照した。

[119] 例えば我妻栄『新訂債権総論』（岩波書店1964年）156頁以下は、こうした拡大損害を、「一般にこれを特別の事情による損害（416条2項）となし、相当因果関係の適用にあたって注意すれば足りる」としている。

[120] この拡大損害を保護義務違反として処理する立場として、例えば奥田昌道『債権総論（増補版）』（悠々社1992年）163頁以下や北川・前掲注（54）276頁以下、『鈴木禄弥『債権法講義（四訂版）』（創文社2001年）305頁以下、潮見・前掲注（54）302頁以下等がある。

主たる給付義務とは別個の買主の完全性利益を侵害しないよう配慮すべき義務の違反を根拠として売主に損害賠償責任を認めた神戸地判昭和53年8月30日判タ371号128頁や横浜地判平成3年3月26日判時1390号121頁が現れている[122]。また必ずしも明確に以上のような給付義務とは別の義務の違反を認めるものではないが、売主の安全な製品を引き渡すべき債務の不履行に基づく損害賠償責任を認めた判決として、高松地判昭和55年11月28日判時1015号109頁や大阪地判昭和61年2月14日判時1196号132頁、鹿児島地判平成3年6月28日判時1402号104頁がある[123]。

　以上のように製造物責任において当事者間に契約関係がある場合、製品の欠陥に由来する完全性利益侵害について、給付義務から区別される保護義務違反に基づく契約責任の成立が少なからぬ学説および裁判例によって認められてきたのである。これに対し当事者間に契約関係がない場合、製造物責任は709条の不法行為責任により処理されてきたことは既に見たとおりである。したがって以上から2における安全配慮義務同様ここにも契約相手方の生命、身体、財産の安全に配慮すべき保護義務の存在が認められ、その違反は第三者との関係では不法行為法上の義務違反すなわち過失を構成し、それゆえこの義務は性質上不法行為法上の義務に近似するものであることが理解できる。ただ2においては、直接の契約関係にない元請人と下請人の従業員との間にも信義則に基づいて安全配慮義務違反による

---

[121] 本判決はこの売主の契約責任は買主だけでなく信義則上その目的物の使用、消費が合理的に予想される買主の家族や同居者に対してもあるとし、いわゆる第三者の保護効を伴う契約の理論を採用した点、また売主である小売商の無資力を理由に被害者が債権者代位権によって小売商に代位して卸売商の責任を追及することを認めた点においても注目される判決である。

[122] これら両判決においても、先の卵豆腐事件判決同様第三者の保護効を伴う契約の理論が採用され、買主以外の者に対する売主の契約責任が認められている。

[123] これに対し福岡地裁久留米支判昭和45年3月16日判タ612号76頁は有害物質の混入した飼料を購入し鶏に与えたところ、廃鶏が多くなり産卵数が減少して買主が損害を被った事案において、買主からの瑕疵担保責任の主張を認め、この拡大損害の賠償を認めている。瑕疵惹起損害の賠償を瑕疵担保責任によって認めた点に疑問があるが、拡大損害を賠償範囲の問題として処理するかつての通説的見解によったものといえる。

債務不履行責任の成立が判例により認められていたのに対して、ここでは判例は契約関係にない者の間では709条の不法行為責任によることで一貫していた。これは2において契約責任によることが被害者救済のための時効期間の伸張という要請に支えられていたのに対し、製造物責任において契約責任構成が過失の立証責任の転換という最大の実益を喪失してしまったことにも由来しているのであろう。いずれにしてもこのことはこれら保護義務違反がともにその性質上契約関係にない者の間において不法行為責任を成立させるものであるが、主として完全性利益を侵害された被害者の救済に資するという実益的観点からこれに適する契約責任規範を適用するために、契約責任構成が試みられたことを示しているのではないだろうか[124]。

ところで製品の欠陥に由来する損害は以上のような人的物的な拡大損害だけではなく物自体の損害（いわゆる品質の瑕疵）も含まれる。つまり当該商品の瑕疵、欠陥に基づく商品価値の減少それ自体の損害である。通常製造物責任事件においては製品の欠陥により物自体の損害に比してはるかに高額な人身損害を中心とする拡大損害が生じており、それゆえ製造物責任法理はこうした人的物的損害の被害者の救済法理として展開されてきたため、従来こうした物自体の損害は製造物責任の議論の中であまり論じられることはなかったといえ、製造物責任法9条も少なくとも物自体の損害のみが発生した場合を適用対象外としている。いうまでもなく売主との間に直接の契約関係がある場合には買主は売主に対して債務不履行責任や瑕疵担保責任を追及してこの損害の賠償を求めることはできるが、契約関係にない例えば消費者が製造者に対して拡大損害同様に不法行為責任を追及してこの損害の賠償を求めることができるだろうか。この問題は製品が高額で直接の売主の資力が乏しい場合に意味を持ってくる。これについて判示した数少ない裁判例である東京高判昭和50年6月30日判タ330号287頁は、分譲マンションの買主が瑕疵修補費用を直接契約関係にない請負人に対し

---

[124] このうち製造物責任について、平野『製造物責任の理論と法解釈』前掲注（100）305頁以下は、製造物責任の本質を不法行為責任であるとしたうえで、契約責任構成とは不法行為責任を契約責任に仮託させたものであり、同構成はすでにその支柱である実益を喪失したとし、これを製造物責任論黎明期の仮託的構成であったと評している。

て不法行為たる製造物責任によって請求した事案について、「製造物責任によって保護される損害は、原則としてその商品の瑕疵・欠陥によって消費者その他の第三者の被った人的・物的損害、即ち、講学上のいわゆる「積極的債権侵害」でなければならない。商品の瑕疵・欠陥に基づく商品価値の減少それ自体の損害…は、…製造物責任の対象である損害に含まれないと解するのが相当である」としてこれを否定している。ここで（少なくとも不特定物の売買において）問題になっているのは瑕疵のない契約に適合する物を引き渡す義務、すなわち給付義務であり、これによって実現される利益は契約を介して初めて実現される契約の中心的な利益である。製造物責任の法的性質を不法行為責任とする以上、契約関係にない第三者が本質的にこのような利益を保護の対象にしていない不法行為責任に基づいてこれを得ることはできず、仮に第三者にこうした利益の取得を認めるとしても製造物責任とは別異の法理によらなければならないであろう[125]。そして少なくともこの点については、物自体の損害をも含めた統一的な構成を可能にする契約責任構成の不法行為責任構成に還元しえない利点であったといえ、物自体の損害についての第三者による損害賠償請求の肯否はなお残された問題なのである。

### 4 問題提起

以上では日本法上第三者に対する損害賠償責任の法的性質が問題になった三つの契約の連鎖の事例に関する議論を検討してきた。これらは、とも

---

[125] この点について、例えば北川・植木・前掲注（100）298頁は、物自体の損害を契約により確保されるべき第一義的な履行利益であり、不法行為としての製造物責任に修理費用の賠償請求権等の契約法上の賠償法理をそのまま持ち込むのは無理であるとする。また内田「管見「製造物責任」（3）」前掲注（117）20頁は、欠陥製品に由来する経済的損失について触れる文脈においてであるが、これを契約責任（品質の瑕疵）として構成するべきであって、製造物責任とは性質の異なる紛争であるとし、その上で直接の契約関係にない者の間において一種の契約関係を肯定するという特別の法理を模索するべきであるとする。そして平野『製造物責任の理論と法解釈』前掲注（100）434頁は、契約責任構成を批判する文脈の中で物それ自体の損害と瑕疵惹起損害とは責任原因を異にし、瑕疵惹起損害は契約責任によっては保護されないとしたうえで、物それ自体の損害についてはたとえ当事者間に直接の契約関係がなくとも連鎖的売買の特殊性に即した法的対応を考える必要を認める。

に同一の経済的な目的の実現のために複数の契約が連鎖状に連なり、その一つの契約の当事者が不履行をなしたことによりこの者と直接契約関係にない他の契約の当事者が損害を被る場合に、その動機は異なるものの契約関係にない者の間で行使される損害賠償請求権に契約法規範を適用しようとする点で共通していた。すなわち、1においては運送契約外の第三者の運送人に対する不法行為に基づく損害賠償請求について、これを制限するために運送契約規範の適用がなされ、2、3においてはそれぞれ下請人の従業員と欠陥製品の被害者の損害賠償請求に、これらの者により有利な契約法規範を適用するために、前者においては債務不履行責任の成立が認められ、後者においてはかつて学説上契約責任構成が試みられていた。

しかし以上の事例において問題となった当該債務不履行の前提となる義務には以下のような相違が存在していたのである。まず1においては、運送人は運送契約に基づいて物品を滅失毀損という完全性利益侵害から保護するといういわゆる保護義務を負っていたのであるが、この保護義務は当事者の合意に基礎を置く給付義務（少なくとも従たる給付義務）であり、契約固有の義務と一定の第三者に対しても負う義務との境界にあった。そのためこの義務の違反がすべて運送契約外の第三者に対する関係で即作為義務違反、すなわち不作為不法行為を構成するとすることには疑問が残った。契約当事者間においては不法行為法上も高められた注意義務が課せられるとしても、第三者との関係ではその前提となる契約関係が存在しないからである。これに対して、2において問題になったのは安全配慮義務である。同義務は、相手方の生命、身体、財産という完全性利益への侵害がないよう配慮すべき保護義務で、給付義務とは異なる信義則に基づく補充的な義務とされ、一般の不法行為法上の注意義務に近似する。そして同義務の違反は、必ずしも契約関係にない「特別な社会的接触の関係に入った当事者間」において債務不履行責任を成立させ、同時にこうした特別の関係にある第三者に対しては不作為不法行為責任を成立させることが認められていたのである。また3においては、欠陥製品の引渡しという社会的に見て一個の行為から製品の欠陥に基づく商品価値の減少という給付利益の侵害と購入者の生命、身体、財産という完全性利益の侵害、すなわち拡大損害が

生じ、後者は給付義務から独立した相手方の生命、身体、財産を侵害しないよう配慮すべき保護義務の違反を構成することが認められていた。そして2同様に同義務の違反は、契約相手方に対する関係で債務不履行を構成すると同時に、第三者たる購入者との関係では不法行為法上の過失を構成し、ゆえにこの義務は性質上不法行為法上の義務に近似するものであったのである。

　以上から、2、3では契約関係にない第三者との間でも成立する不法行為法上の義務に近似する給付義務とは異なる信義則に基づく保護義務が課せられていた。そしてこれらにおいては同保護義務の違反が第三者に対する関係において不法行為法上の過失を構成することが当然に認められ、これを前提に完全性利益を侵害された被害者の救済に資するという実益的観点からこれに都合のよい契約責任規範を適用するために、契約責任構成が試みられたのである。これに対し1で問題となった運送人の義務は給付義務であって、第三者に対する関係でも当然に課せられるとは言い難いより契約的な義務であり、それゆえこの運送人の運送契約上の債務の不履行がすべてこうした第三者に対する関係で即不法行為法上の過失を構成するものとは考え難かった。このように契約当事者間では契約上の義務違反になるとされる行為は、常に第三者との関係で不法行為法上の過失になるわけではなく、問題となっている義務の性質によって区別されるべきであろう。そして仮に違反された当該運送人の義務が契約固有の高度な義務であると判断されるならば、この者と直接契約関係にない第三者はたとえ損害を被っていても不履行をなした運送人に対して不法行為責任を追及できないといえそうである。ところで3において欠陥製品の引渡しにより惹起されたもう一つの損害である物自体の損害は、少なくとも不特定物の売買において瑕疵のない契約に適合する物を引き渡す義務という給付義務の違反に由来し、これにより実現される利益は契約の中心的な利益であるため、本質的にこのような利益を保護の対象にしない不法行為責任によっては第三者は損害を回復されなかった。しかしながら債務者の不履行を原因として損害を被っているこうした第三者に何らの救済も与えられないというのも問題があろう[126]。ある契約の不履行が直接第三者に対する不法行為法上の過失

にはならないとしても、契約の連鎖は、諸契約の履行の蓄積が連鎖の末端にある者の債権を満足させ、ある契約における不履行が他の契約の不履行を帰結する構造にあるため、こうした第三者の債権の満足はこの債務者の債務の履行にかかっており、両者間には直接の契約関係がなくてもそれに準じた利害関係が生じているからである。そしてこの救済の欠飢は不法行為責任以外の手段によってカバーされなければならない。

　以上の日本法の考察から次のような問題を提起することができるであろう。すなわち、まず契約の連鎖において債務者のいかなる債務不履行が第三者に対し不法行為を構成するのか、またいかなる債務不履行が不法行為を構成しないのか。次に契約当事者間にのみ及ぶ義務の不履行によって損害を被った契約の第三者には、どのような救済がいかなる法的根拠で与えられるべきか[127]。またここにいう救済されるべき第三者とはどの範囲の者をいい、またそうでない者との間のメルクマールは何であるのか。そこで第二章以下においてはこれらの問題に答えるためにフランスおいて展開されてきた契約群理論（Les groupes de contrats）を検討し、解答の参考に供したいと思う。

　ところで以下の考察をなすにあたっては日本における法状況とフランスにおける法状況との相違も考慮に入れておかなければならないであろう。この点でフランスにおいてはまず契約責任と不法行為責任との競合に際し契約責任のみが成立するという請求権非競合説、我が国でいうところの法

---

[126] もちろん塚原・前掲注（56）369頁以下が指摘するように、たとえ契約関係になくとも、運送契約のような保管型の契約類型に関しては、他人の物の保管を開始した以上、保管契約上の通常の注意義務を負うものであると考えることも可能であろう。こう考えれば第三者からの不法行為責任の追及は決して不可能なわけではない。しかしこの選択をすると債務者の契約の拘束を理論的に説明するのは困難になり、また不法行為責任の際限のない拡大を招くことになる。したがって本部は、もう一つの選択、すなわち契約責任の拡張の可能性を探ることを目指すものである。

[127] 奥田・前掲注（20）34頁は、信義則によって第三者の不法行為責任の追及を制限した前掲の最高裁平成10年4月30日の判決について、荷受人ではなく所有者が損害賠償請求をしてきたとしても、荷送人と運送人との間の契約上の規律による制約を受けることを正面から認める法理を構築するほかないとして、契約の連鎖の中にいる者のいずれに対しても請求を受ける債務者の契約の規律を及ぼす理論の必要性を指摘する。

条競合説による解決が定着しているのに対し、日本においては修正されているにせよ請求権競合説による解決が定着しているといってよい。またフランスにおいては日本と異なり、運送契約について他人のための約定が荷受人のために荷送人によってなされるとする判例が確立しており、また労働災害については制定法[128]による解決がなされている。したがってすでに検討した日本法との正確な対比は難しい。

　しかしながら以下のような共通点も存在している。すなわち、まず同国の民法典は我が国と同様に不法行為の統一的規定（1382条）を有し、不法行為責任が様々な場面で用いられる可能性を持つものであったことから[129]、ともに第三者による不法行為責任の追及に対して、追及を受ける債務者の契約による制限が問題の出発点となっている。また両国ともに契約の拘束力の根拠を意思に求める意思自治を原則にしている。さらに両国の相違点についても必ずしもそれらが決定的であるわけではない。すなわち、まず請求権競合について両国の立場の相違は、我が国の判例上純粋な請求権競合説が修正されることによって、今後判例上もこの点は決定的な差異ではなくなると考えられる。次に、フランスにおいて、運送契約については判例上他人のための約定によって、また労働災害については制定法によって解決がなされている点については、本部においてフランスの議論を紹介することの目的が、個々の契約の特殊性に焦点を当てた比較ではなく、契約類型の差異を越えた契約における新たな一般理論の可能性の模索にあることから、この点の両国における議論の題材となる契約類型の差異は決定的ではないと考えられる。

　以上から日本法にとってフランス法は、この問題についての比較を困難にするほどに相違しているわけではなく、むしろ同一の問題意識から出発

---

[128] 労働者がその仕事中に被った事故の責任に関する1898年4月9日の法律。
[129] これは「第三者の保護効を伴う契約」の理論が、ドイツ民法典に日仏におけるような不法行為の統一的規定が存在せず、使用者責任について規定する831条が明文上使用者の免責の可能性を広く認めていたことから、被害者保護のために契約責任の拡張が必要だったドイツ固有の事情の下で展開されてきたこととは対照的である。奥田・前掲注（72）231頁以下参照。なお野澤正充「契約の相対的効力と特定承継人の地位（一）」民商100巻1号111頁同旨。

しつつも異なる観点を提供する点で、日本法の検討にあたって参考になるものであると考える。そこで以下ではまず第二章においてフランスにおける契約群の理論に関する判例および学説を検討し、これらをふまえた上で第三章にて Bacache の理論の紹介を行う。

# 第二章　フランスにおける議論状況

　以上の問題提起を踏まえて以下にフランスにおける議論状況を素描してみる。その際まず１で本部の問題の検討をなす上で必要と思われる限りの前提について簡単にまとめ、次に２で債務者の不履行によって損害を被った第三者によるこの債務者に対する損害賠償を広く認めるために、判例により債務者の契約フォートが第三者に対する関係で不法行為フォートを構成することが認められたこと、３でこれによって拡大された不法行為責任への歯止めとしてこうした債務者に第三者に対する関係で契約責任を認めようとする動きが判例において生じ、結果破毀院内部において見解の対立を生じさせたことについて判例の展開をまとめ、最後に４でこの点に関する学説の展開を特に第三者に対する契約責任という構成を志向する契約群理論を中心にまとめることにする。

## １　諸前提

　以下においては、まず（一）で契約責任と不法行為責任の差異とフランスにおいて採用されている両責任の要件が満たされる場合であっても契約責任のみが成立するとの請求権非競合（non—cumul）の原則について概観する。次に（二）で契約の相対効の原則を簡単に確認し、最後に（三）でかつて判例上の原則であった契約フォートと不法行為フォートの分離の原則に触れる。

### （一）　契約責任と不法行為責任の差異と請求権非競合（non—cumul）の原則

　フランスにおいて契約責任と不法行為責任にはどのような差異が存すると考えられているのか。ここでは両責任の性質上の次いで制度上の差異を概観したうえで、請求権非競合（non—cumul）の原則について触れる。

## (1) 性質上の差異

フランスにおいて伝統的には契約責任と不法行為責任の差異はその本質に根ざしたものであると考えられていた。すなわち、不法行為責任とは一般的な法秩序に反する行為より生ずる賠償義務であり、これに対し契約責任とは契約より生じた法的地位への違反により生ずる履行義務であって、これは現実履行ができなくなったことから損害賠償に形を変えたもの、つまり履行の代替である[130]。そして契約責任は契約当事者の内部で機能し、それゆえに契約を前提とし、契約において内容とされた義務の不履行に由来する特別の責任である[131]。これに対し不法行為責任は契約関係を前提としない一般人間において成立する一般的な責任である[132]。

この両責任の性質上の差異については永年にわたり議論がなされてきた。そしてこれはまず19世紀の終わりにおいて古典的二元説[133]と一元説[134]との間の論争という形でなされた。両責任の本質的差異を強調し契約責任と不法行為責任の関係を契約と法の関係と同視する古典的二元説に対して、不法行為フォートも契約フォートもその本質においてともに先行義務に対する違反であって責任はすべて不法行為責任とする一元説が主張されたのである。その後一世紀の間に学説により両責任の間の接近が図られ、現在の支配的な見解は、かつての一元説ほどではなくとも両責任を近しいもの、つまり民事責任の両翼としてともにフォートに由来する損害の賠償をなさ

---

[130] B. Starck=H. Roland=L. Boyer, Droit civl. Les obligations. tome2. Contrat. 6éd. Litec. 1996, p.706.
[131] 一般に契約責任の成立には以下の要件が必要とされる。すなわち①有効な契約の存在②その不履行により損害が発生した契約上の債務の存在③加害者と被害者の間の契約関係である。P. Jourdain, Les principes de la responsabilité civile. Dalloz. 1996, p.33.
[132] J. Carbonnier, Droit civil. tome4. Les obligations. 21éd. PUF. 1998, p.485.
[133] 古典的二元説の代表的な論者が Sainctelette である。Sainctelette は、契約責任に代えて保証という言葉を用い、責任(不法行為責任)は公的意思である法律の尊重を確保するものであり、保証(契約責任)は個人の意思である契約の尊重を確保するものである。したがって責任に関する事項は法律に従って解決され、保証に関する事項は個人の意思に従って解決されるとした。
[134] 一元説の代表的論者が J. Grandmoulin と M. Planiol である。このうち Grandmoulin によれば、契約から生じた一次的債務は債務者のフォートにより給付が不可能になったことで消滅し、債務者は最初の債権債務関係から離脱して1382条に基づいて新しい債務を負うことになるとされる。

しめる制度と考えている。とはいえ不法行為責任とは異なり契約責任においてはフォートの認定に当たって契約内容を無視することはできず、また以下に見るように両責任の制度上の差異はなお存在する。ゆえに現在においても両責任は性質上同一のものであるとは考えられていないのである[135,136]。

では両責任は制度上どのような差異を有するのか[137]。我が国同様様々な差異があるが、特にいずれの責任が成立するかという問題を生じさせた重要な制度上の差異として以下が挙げられる。

**(2) 制度上の差異**

まず両責任の差異を際立たせ、それゆえ問題を生じさせてきたのが立証責任である。かつて契約責任においてフォートは不履行の単なる事実から推定されたのに対し（民法典1147条[138]、なお以下特に断らない限り条文はすべて民法典の条文である）、不法行為責任においては被害者の側での立証が必要とされていたのである。しかし今日までに次のような修正がなされてきた。まず契約が手段債務を目的とする場合、被害者たる原告には不法行為と同様にフォートの証明が課されることになったことである。次にこれとは反対に、不法行為責任の一部は、立証責任に関して被害者を結果債務の債権者に匹敵するような地位におくフォートまたは責任の推定を含んでいる。例えば、1384条1項[139]により、物の管理者には物の介在により損害が生じた場合にそのフォートが推定され免責事由を立証しなければならないという無生物責任が課せられている[140]。

次に時効期間も重要な差異である。これは契約責任については一般法上30年の長期の期間が定められているが（2262条）、少なからぬ場合に（例え

---

**135** 以上古典的二元説と一元説の対立に関しては、平野・前掲注（93）578頁以下、同「十九世紀後半におけるフランス契約責任論の胎動」法論60巻3＝4号615頁以下、同「二十世紀におけるフランス契約責任論の展開」法論60巻6号45頁以下、高畑順子「契約上の債務と損害賠償との関係」北九州23巻1＝2号163頁以下を参照した。

なおフランス契約責任論の判例・学説上の今日に至るまでの生成と展開の過程および最近の学説による契約責任論の再構成の試みについて詳細な検討をなすものとして、今野正規「フランス契約責任論の形成（1）〜（3）」北法54巻4号314頁以下、5号280頁以下、6号402頁以下を参照した。

ば瑕疵担保責任の1648条1項[141]や建造者の契約責任の2270条[142])、より短い期間が定められている。これに対し不法行為責任の時効期間は10年とされる(2270条の1)。

また契約においては損害賠償責任の減免責条項を定めることができるので、これがある場合には両責任に大きな差異が生じ、問題を生じさせることになる。

以上の他にも、契約責任を課すためには遅滞に付することが必要である

[136] ところで現在このような学説状況に大きな変化が生じつつある。もともとこうした通説的な見解に対し例えばPh. le Tourneauのように契約責任とは等価物による契約の履行に他ならないのであるから責任という呼称は不適であるとする見解は、少数説ながら存在していたが(その最新の見解としてPh. le Tourneau, Droit de la responsabilité et des contrats, Dalloz action 2004-2005, p.806 ets また Denis Tallon, L'inexécution du contrat : pour une autre présentation, RTD civ 1994, p.223 ets も)、その後 Ph. Remy, La responsabilité contractuelle histoire d'un faux concept, RTD civ 1997, p.323 et s が現れるに及び、こうした見解は一躍学説上の有力な見解となる(なお同論文の翻訳として、平野裕之「フィリップ・レミィ「契約責任」、誤った観念の歴史」法論74巻2・3号271頁以下を参照した)。Ph. Remyは、契約上の債務の不履行に基づく損害賠償義務がこの不履行によって新たに発生した義務ではなく、契約上の債務の延長であり、それゆえこの損害賠償義務は損害の填補ではなく契約利益の同等物による履行の強制であるとし、安全義務のような契約外の利益の保護という機能を契約責任から排除し、もともと民法典が想定していたその本来の姿に回帰することを主張して、ついには契約責任の観念そのものを否定するのである。そしてこうした見解の具体的帰結として、まず要件について、債権者は債務の不履行がある以上特にフォートの立証を求められず、また約束された給付の不在が損害であることから、特に損害の立証を求められることはない。次に効果について、契約から生じた債務の履行のみが対象となり、単に契約の際に被ったにすぎない損害の賠償は不法行為責任の管轄となる。ゆえに安全義務のような契約利益とは関係のない義務は不法行為法上の義務となるのである。しかしこうした契約責任を契約利益の同等物による履行に純化する考え方に対しては、例えばG. Viney, La responsabilité contracutuelle en question, in Le contrat au debut du XXIe siècle, Études offertes à J. Ghestin, LGDJ, 2001, p.921 et s や P. Jourdain, Réflexion sur la notion de responsabilité contractuelle, in Les métamorphoses de la responsabilité, 6 journ. R. Savatier, PUF, 1998, p.65 ets、Chr. Larroumet, Pour la responsabilité contractuelle, in Le droit privé français à la fin du XXe siècle, Études offertes à P. Catala, Litec, 2001, p.543 ets のような有力な反対もなお根強いことに留意しなければならないであろう。以上について、J. Flour=J. L. Aubert=Y. Flour=É. Savaux, Droit civil Les obligations, 3, Le rapport d'obligation 3éd, Armand colin, 2004, p.115 ets ; Chr. Larroumet, Droit civil. tome 3. Les obligations. Le contrat, 5éd, Economica, 2003, p.622 ets ; Ph. Malaurie=L. Aynés, Droit civil Les obligations, Defrénois, 2004, p.459 ets ; M. Fabre-Magnan, Les obligations, PUF, 2004, p.596 ets を参照した。また邦語文献として今野「フランス契約

ことや、他人の行為についての責任は不法行為責任において 1384 条で限定列挙されているのに対し、契約責任においては一般的であることなどが挙げられる[143]。

(3) **両責任の接近と特別法による解決**[144]　確かに両責任は以上のような性質上および制度上の差異を有しているが、特に安全義務や無生物責任が現れ、結果債務と手段債務が区別されるようになり[145]、またこれらに加えて損害発生に数人の者が加わった場合に契約

---

責任論の形成（3）」前掲注（135）381 頁以下を参照した。
[137] Ph. Malaurie et L. Aynès, Droit civil. tome 6. Les obligations. 10éd. Cujas. 1999, p.511 ; J. Carbonnier, op. cit (132), p.484 et s ; B. Starck＝H. Roland＝L. Boyer, op. cit (130), p.707 et s. 邦語文献として高畑順子「責任論から見た契約（関係）における契約規範と法規範（一）」北九州 22 巻 1 号 10 頁以下を参照。
[138] 1147 条：債務者は、必要がある場合には、その者の側に何らの悪意が存しない場合であっても、不履行がその者の責めに帰することができない外在的事由から生じたことを証明しないときはすべて、あるいは債務の不履行を理由として、あるいは履行の遅滞を理由として損害賠償の支払いを命じられる。なお以下のフランス民法典の条文の訳は法務大臣官房司法法制調査部編『フランス民法典─物権債権関係─』(法曹会 1982 年）に依拠している。
[139] 1384 条 1 項：自己の行為によって生じさせる損害だけでなく、自己が責任を負うべき者の行為または自己が保管する物から生じる損害についても、責任を負う。
[140] フランスにおけるこの無生物責任法理の沿革とその内容については、今野「フランス契約責任論の形成（2）」前掲注（135）266 頁以下および山口俊夫『概説フランス法（下）』（東京大学出版会 2004 年）188 頁以下を参照。
[141] 1648 条 1 項：解除の原因となるべき瑕疵に基づく訴えは、取得者によって、瑕疵の発見から 2 年以内に提起されなければならない。
[142] 2270 条：…1792 条から 1792 条の 2 が適用される場合には、目的物が受領されてから起算して 10 年、1792 条の 3 が適用される場合には、この条文に定められている期間において満了する。
[143] J. Carbonnier, op. cit (132), p.485 は、両者にはそれぞれ被害者にとって有利な点とそうでない点とがあるが、一般的には不法行為責任の方がより被害者にとって有利であるとしている。
[144] 以下については、B. Starck＝H. Roland＝L. Boyer, op. cit (130), p.706 ; J. Carbonnier, op. cit (132), p.484 et s ; Ph. Malaurie et L. Aynès, op. cit (137), p.510 et s 参照。また邦語文献として、能登真規子「契約責任と不法行為責任の競合問題（一）」名法 175 号 122 頁以下を参照した。
[145] この安全義務の登場および結果債務と手段債務の区別の出現については、今野「フランス契約責任論の形成（2）」前掲注（135）250 頁以下、278 頁以下および山口・前掲注（140）135 頁以下を参照した。
[146] 1150 条：債務者は、債務が履行されないことが何らその者の故意によるのでない

責任においても全部義務が課されるようになったことや、1150条[146]に反して契約責任の領域において完全賠償の原則が認められたことなどによって、契約責任制度が不法行為責任制度に関連づけられ、契約責任が不法行為責任に併合されるという事態も生じている。これらは、両責任を絶対的に分離しそれぞれの間に制度上大きな差異を設けることが時として不合理をもたらすという認識に基づいて判例によりなされてきた両制度の接近である。

また立法によっても両責任の接近が図られてきた。後述のnon—cumulの原則が実定法上確立した原則となり、判例および学説はもはやこの原則それ自体を問題にしない。その上で上述のような判例による両制度の接近にもかかわらずなお存在する不合理を、特定の分野に関し両責任を区別しないとする立法を制定することで、解決しようというのである。例えば、航空・海上・国際鉄道の各運送については損害賠償の問題を訴権の種類にこだわらず単一的に扱う制度が作り出されており、また交通事故に関する1985年7月5日の法律1条は契約責任と不法行為責任を区別していない。さらに瑕疵ある製造物を製造した者の責任についても、1998年に成立したフランス製造物責任法はその1386条の1において契約責任と不法行為責任とを区別しない[147]。

しかしながら以上のような判例による両責任の接近も両制度の全体に関わるものではなく、両責任の本質的な差異を消滅させてしまうほどのものとは考えられていない[148]。また特別法の制定による解決も、ある特定の分野に限定されたものであり、一般的な解決方法を与えるものではないため、新しく生ずる問題点には対応していないという限界を有していたのである[149]。

---

ときは、契約のときに予見し、または予見することができた損害についてでなければ、義務を負わない。

[147] 後藤巻則「フランス製造物責任法の成立とその影響」日仏22号248頁。同法については、後藤巻則「フランスにおける製造物責任法の成立」ジュリ1138号72頁以下および鎌田薫「フランスの製造物責任法」別冊NBL53号、製造物責任の現在198頁以下を参照。

[148] B. Starck=H. Roland=L. Boyer, op. cit (130), p.706.

[149] 能登・前掲注（144）123頁。

**(4) 請求権非競合（non—cumul）の原則**[150]

上述したように、フランスにおいて契約責任とは契約当事者間においてそこで成立した債務の不履行に由来する特別の責任であり、不法行為責任とはそれ以外の一般第三者間においてまたは契約当事者間でも債務の不履行に由来しない損害について成立する一般的な責任であると一応いいうる。しかし安全義務違反のように、ある侵害が契約責任の要件を満たすとともに不法行為責任の要件をも満たしてしまう場合もありうる。この場合、時として債権者が契約当事者としてではなく第三者として責任を追及するのが有利である場合（付遅滞または予見可能性について（1150条））や契約責任を追及することができない場合（免責約款）があるが、このとき1382条[151]以下に基づく不法行為責任訴権を選択すること（option）ができるのか。さらにそれぞれの責任制度のうちより有利な点をとって両責任を混合した制度を作り出すこと（cumul）ができるのかが問題となる。

一般に契約から生じた債務の履行についてフォートが犯された場合には、1382条の適用はないというのが多くの判例の認めるところである。したがって判例は一般的に選択（option）やcumulを認めていない（non—cumul（広義）の原則）。

ただし少なくともcumulを除いては判例上認められた次のような例外がある。まず運送事故の被害者の近親者が被る間接損害について、この近親者が運送人の契約責任を追及することを可能にする黙示の第三者のための約定（stipulation pour autrui）の法理を用いることが判例上認められているが[152]、この場合に近親者はこの権利を放棄して直接運送人に不法行為責任を追及することもできる[153]。また加害者が故意であった場合被害者に不法行為責

---

[150] 以下については、もっぱらJ. Carbonnier, op. cit（132）, p.487；F. Terré＝Ph. Simler＝Y. Lequette, Droit civil. Les obligations. 6éd. Dalloz 1997, p.680 et s；B. Starck＝H. Roland＝L. Boyer, op. cit（130）, p.738 et s；Ph. Malaurie et L. Aynès, op. cit（137）, p.518 et sを参照した。また邦語文献として、川島・前掲注（2）82頁以下、能登・前掲注（144）112頁以下を、またその成立を含めた展開に関して松浦聖子「フランス民法におけるnon—cumul法理について」慶大法学政治学論究24号95頁以下を参照した。

[151] 1382条：他人に損害を生じさせる人の行為はいかなるものであってもすべて、過失によってそれをもたらした者に、それを賠償する義務を負わせる。

任の追及を認めるのが判例である。さらに民事上の訴権が公訴に付帯して刑事裁判所において訴えられるとき（付帯私訴[154]）、刑事裁判所はフォートの契約的性質を考慮することを拒否するので不法行為責任の諸原則に従った判断がなされる。刑事裁判所において民事上の損害賠償請求権に根拠を与えるのは不法行為上のフォートだけであると考えられているからである。最後に建築の瑕疵による損害を第三者に対して賠償する責任を負う所有者は、建築家や請負人に対して1792条[155]の工作物建築者の責任（時効は瑕疵の重さに応じて2年または10年（2270条））や一般法上の契約責任（時効は30年（2262条））、被害者の権利に代位することにより不法行為責任（時効は10年（2270条の1））を選択的に行使することができるとされている。

## （二） 契約の相対効原則（1165条）[156]

ところで、私法上の契約の効力は合意をした当事者間にのみ及び、第三者には及びえない。これが契約の相対効の原則であり、1165条は次のように規定している。「合意は契約当事者の間でなければ効果を有しない。合意は第三者を何ら害さない。合意は1121条[157]によって定められる場合でなければ第三者の利益にはならない。」。同条はローマの法格言 "Res inter alios acta, aliis nec prodesse, nec nocere potest"（他人間でなされたことは、それ以外

---

[152] 例えば破毀院民事部1932年12月6日判決（D1933 I 137）。これについては、G. Viney, Traité de droit civil. Introduction à la responsabilité. 2éd. LGDJ. 1995, p.389 et s を、また邦語文献として高畑・前掲注（137）21頁以下を参照した。

[153] これにより、直接の被害者が請求権非競合により契約責任しか追及し得ないのに対し、その近親者が不法行為責任を追及して契約上の責任免除あるいは責任制限条項を回避しうるという点で不均衡を生ずることとなり、この点は結局立法による解決が部分的ながらも決着をつけることとなった。空事・海事の運送についてはそれぞれ1957年3月2日の法律第2条と1966年6月18日の法律第42条により、国内国際運送を問わず、被害者の近親者は被害者と同様にこれらの法律によって認められた特別の制度に従わなければならなくなったのである。なお陸上運送についても国際鉄道運送に関して、1961年2月25日の旅客運送および物品運送に関する国際条約に付加された条款第12条が同様の取扱を定めている。

[154] 付帯私訴については、山口俊夫『フランス債権法』（東京大学出版会1986年）163頁以下を参照。

[155] 1792条1項：工作物の建築者はすべて、工作物の注文者または取得者に対して、工作物の耐久性を損ない、またはその構成要素の一つ若しくはその設備要素の一つにかかわってその用途に適しなくする損害について、それが土地の瑕疵から生ずるものであっても、法律上当然に責任を負う。

の者に対し損害も利益も与えることはない[158]）に由来するとされ、19世紀初頭の民法典制定期においては、あまりに自明の理であることから条文化の必要なしとする考え方も存在したほどであった。ところでこの1165条の文言の「合意は第三者を何ら害さない。…第三者の利益にはならない。」とは、契約は第三者を債務者とすることも債権者とすることもできないことを意味すると理解されてきた。そしてこの原則は意思自治の原則によって基礎付けられた。すなわち、自由に表明された意思が債権債務関係を創設する力を有し契約の拘束力は当事者の意思に由来するというこの意思自治の原則によれば、拘束力が意思に由来するため意思を合致させた者だけが契約に拘束されることになる。したがって契約の相対効の原則は意思自治の論理的なコロラリーであると考えられてきたのである。そしてここで予定される第三者とは契約の成立時において互いにその意思を合致させた者以外の者である。

しかしその後産業革命を経て、経済生活が変化し、各人の行動半径が広がりを見せ、諸関係が多様化するようになるに従って、しばしば契約当事者間の合意が第三者に対しても影響を及ぼすようになった[159]。もともと民法典が1165条の契約の相対効原則について予定していた例外は1121条に規定されている第三者のためにする約定だけであったが、こうした社会の変化にともない様々な例外が創出され、その重要性を増していったのである。とはいえ1165条の契約の相対効の原則はなお民法上の原則であり、したがってなお契約の当事者とは、多くの場合契約の成立時においてその

---

[156] 以下については、A. Weill et F. Terré, Droit civil. Les obligations. 4éd. Dalloz. 1986, p.526 et s；J. Ghestin, Traité de droit civil, Les effets du contrat. 3éd, LGDJ. 2001, p.714 et s を、また邦語文献として高畑順子「フランスにおける契約の相対性原則をめぐって」法と政治38巻2号112頁以下、谷口知平ほか編『新版注釈民法（13）』〔野澤正充〕（有斐閣1996年）441頁以下を参照した。

[157] 1121条：それが自己のために行う約定または他の者に対して行う贈与の条件であるときは、同様に第三者のために約定することができる。この約定を行った者は、第三者がその利益を受けようとする旨を申述した場合には、それを撤回することができない。

[158] 翻訳は、中村紘一ほか監訳『フランス法律用語辞典（第2版）』（三省堂2002年）260頁によっている。

[159] 高畑・前掲注（156）112頁。

意思を合致させた者である。そうすると契約責任についていえば、これを追及しうる者というのは原則として契約成立時においてその意思を合致させた契約当事者であるということになり、それ以外の者は不法行為責任を追及することになる。したがって契約は当事者に対してだけ責任の性質を変更する効果を与えることになるのである[160]。

### (三) 契約フォートと不法行為フォートの分離[161]

以上から契約責任とは契約により生じた義務を債務者が履行しなかったことで債権者が損害を被ることにより発生する責任であり、契約の履行に代わりうるものであるのに対し、不法行為責任とは契約により発生した義務ではない一般的な義務に違反したために契約当事者に限られない誰かが損害を被ったことにより発生する責任であり、両責任は修正を受けつつもそれぞれに特有の異なる制度に服し、両責任の要件が満たされる場合には一般に契約責任が優先することが明らかになった。

ところである契約の債務者がなした不履行によって契約外の者に損害が発生した場合、この者はどのような責任を債務者に対して追及できるのか。契約の履行について当事者の一方によりフォートが犯された場合、non—cumul の原則からその責任訴権は 1382 条以下の不法行為責任によりえないが、契約外の第三者により訴権が行使される場合にはそうではない。この第三者は契約の相対効原則から契約責任を追及することはできないが不法行為責任を追及する道はある。しかしそのためにはこの債務者による不履行が第三者に対する関係で不法行為責任を発生させるものでなければならず、その要件である損害の発生、不法行為フォート、因果関係が必要となる。特に、責任が不法行為責任であるならば、そのフォートも不法行為のそれでなければならない。したがって債務者の不履行により第三者が損害を被ったとしても、即この不履行がこの者に対する関係で不法行為フォー

---

[160] H. Mazeaud et A. Tunc, Traité théorique et pratique de la responsabilité civile. tome1. 6éd. Montchrestien. 1965, p.168.
[161] 以下について、G. Viney, op. cit（152）, p.394 et s；M. Bacache—Gibeili, La relativité des conventions et les groupes de contrats, LGDJ. Bibl. dr. priv. 1996, p.17 et s；J-P. Tosi, Le manquement contractuel dérelativisé, in Ruptures, mouvements et continuité du droit, Autour de M. Gobert, Economica, 2004, p.480 et s を参照した。

トをなすわけではない。債務者の不履行が同時に第三者に対し不法行為フォートを構成するのかという独立した評価が必要になるのである。

この点は破毀院判例も認めていたところであり、判決中にしばしば見られる「あらゆる契約的観点を離れて不法行為フォートはそれ自体について検討される」というフレーズはこのことを示している。これは例えば次のような判決の中で繰り返されている。建築家と請負人がなした双方のまたはどちらかの建築上の瑕疵により注文主や隣人が損害を被ったため、建築家または請負人がこれらの者にその全額または自らの負担部分を越えて賠償をなし、その求償を不法行為に基づいて直接契約関係にない請負人または建築家に求める事例[162]や、鉄道会社の運送が遅れて従業員が時間どおりに到着しなかったことにより損害を被った従業員の雇主が鉄道会社を訴えた事例[163]、公証人が依頼された登記をしなかったために公証人の依頼者でない者が損害を被った事例[164]、さらに建築物を注文主から取得した者がその引渡しを受けてから10年の後に発生した瑕疵を理由に請負人を訴えた事例[165]、車の修理業者が依頼されたガラスの飛び散らないフロントガラスをつけなかったため車の事故に際し通行人が死亡した事例[166]などである。

---

[162] まず注文主に損害が生じた事例として、破毀院第一民事部1958年10月14日判決（Bull civ I p.343, n. 427）や破毀院第一民事部1962年11月7日判決（JCP.1963. II. 12987）、破毀院第一民事部1964年11月15日判決（Bull civ I p.438, n. 565）がある。隣人に損害が生じた事例としては、破毀院第二民事部1965年10月21日判決（Bull civ II p.539, n. 766）がある。以上の判決のいずれにおいても破毀院は、建築家または請負人のフォートがそれ自体においてあらゆる契約的観点を離れて検討された不法行為フォートでなければならないとしている。

[163] パリ控訴院1928年5月5日判決（RTD civ. 1928, p.790, note. R. Demogue）。運送の遅れは運送契約の相手方である従業員に対する関係では契約フォートであっても、雇主との関係では不法行為フォートをなさないとする。

[164] パリ控訴院1936年3月28日判決（RTD civ. 1936, p.687, note. R. Demogue）。なお受任者の責任に関し受任者は委任契約の不履行により生ずる責任を委任者に対してのみ負うとするのは古くからの判例の一貫した立場であった。例えば破毀院民事部1869年7月27日判決（D. 1869. I, p.350）や破毀院民事部1895年11月18日判決（D. 1896. I, p.16）など。

[165] 破毀院第一民事部1954年11月24日判決（Bull civ I p.282, n. 335）。本件では、後述する特定承継論により発生する訴権の時効期間が経過してしまっており、不法行為責任訴権のみ行使の可能性が問題となる事案であった。

[166] パリ控訴院1974年3月8日判決（RTD civ. 1974, p.815, obs. G. Durry）。

これらのいずれにおいても不法行為フォートが契約から独立してそれ自体において検討されることが求められている[167]。というのも、契約責任の本質を契約より生じた法的地位への違反により生ずるものであって、現実履行ができなくなったことから損害賠償に形を変えたもの、すなわち履行の代替であると考えるならば、契約外の第三者に不履行を犯した債務者に対する不法行為責任の追及を認めることは、契約の履行の請求をこの者に認めることになり、契約の相対効原則に違反することになるからである。したがって契約フォートと不法行為フォートの分離は契約責任と不法行為責任の二元論および契約の相対効原則から導き出される一つの原則なのである。

## 2　不法行為責任の拡大と契約フォートと不法行為フォートの同一視[168]

以上に概観した前提によれば、ある契約の不履行によって契約外の第三者が損害を被るとき、この者が債務者に対しその不履行を理由として責任の追及をなすことを許すのは、契約当事者の地位にない者に間接的に契約の履行を求めることを許すことになり、契約の相対効原則に反することになる。しかしながら例えば連鎖的売買におけるように目的物の瑕疵により最終的に損害を被る者が契約外の者である場合、契約の相対効原則を理由に瑕疵を作り出した者に対して責任追及をなしえないのは不当であると考えられる場合がある。そしてこのことは第三者に損害を与えるリスクをもつ契約一般にいえそうである。そこで判例は黙示の第三者のための約定や目的物の転得者のために製造者や直接契約関係にない売主に対する瑕疵担保責任の直接訴権を作り出す（特定承継論）ことで契約の相対効原則との衝突を回避しつつこの不都合を補おうとしてきた。しかしこうした方法には

---

[167] もちろん不法行為フォートの存在を認める事例もある。例えば、破毀院民事部1931年7月22日判決（DH. 1931, p.506)や破毀院審理部1940年10月7日判決（DH. 1940, p.180)（以上は製品の瑕疵により売買契約外の第三者が損害を被った事例）、破毀院審理部1936年3月9日判決（DH. 1936, p.233)。

[168] 以下については、主に G. Viney, op. cit (152), p.386 et s ; M. Bacache, op. cit (161), p.21 et s ; J-P. Tosi, op. cit (161), p.481 et s ; Ph. le Tourneau, Droit de la responsabilité et des contrats, Dalloz action 2006-2007, p.306 ets を参照した。

限界もあったし、また他人のための約定を認めることは意思の擬制を伴うものであったため批判も多かった[169]。そこでこうした第三者に対してより包括的な保護を与える道具として利用されたのが不法行為責任であった。そしてこの方法は1960年代以降破毀院を支配することになる[170]。しかし契約義務の不履行それ自体が第三者に対する関係で不法行為フォートを構成すると判断されることが多くなってくると、契約フォートと不法行為フォートの分離の原則との関係で大きな問題を生じさせる。そこで以下においては、（一）で不動産建築や製造物の売買、下位契約、注文主と建築家および請負人との関係においての不法行為責任の拡大を概観し、（二）でこれらの類型およびこれらと近似する類型において見られるフォート分離原則の緩和を検討する[171]。

## (一) 不法行為責任の拡大[172]

### (1) 物の瑕疵の被害者たる第三者[173]

まず建物の建築にあたって、これに携わった者の責めに帰すべき建物の瑕疵によりこの者とは直接契約関係にない者に損害が生じた場合が挙げられる[174]。例えば判例により不法行為責任によることが認められた次の

---

[169] G. Viney, op. cit（152）, p.387 et s.
[170] G. Viney, op. cit（152）, p.388.
[171] なお以下に挙げる類型は必ずしも契約の連鎖に限定されるわけではない。フォート分離原則の緩和は、他の契約の集合類型や契約が集合しているわけではない状況においても生じているからである。
[172] 以下で検討する類型の他にいわゆる間接被害者（Les victimes par ricochet）の類型がある。これは特に先に挙げた旅客運送事故の事例において被害者の家族のもつ損害賠償請求権について展開された議論である。
[173] なお製造者が製造した製品が買主により転売された場合において製品の瑕疵が明らかになった場合、後述する特定承継論により、目的物の転得者は製造者に対して解除訴権や損害賠償訴権（契約責任）を有することが判例上古くから認められてきた。また注文主から建物を取得した者の建築士および請負人に対する関係でも同様である。したがってこの類型における不法行為責任の拡大とは基本的にこれら以外のものをいう。請求権非競合を前提にすれば契約責任が成立する以上不法行為責任は排除されるからである。なおフランスの判例は最近までいわゆる製造物責任の法的処理として売主の瑕疵担保責任に基づく処理をおこなってきた。したがってこれら取得者は1641条以下の担保責任訴権（契約責任）を直接行使しえたのである。
[174] 以下に挙げる事例のうち被害者が通行人と隣人である前二者の事例は契約の連鎖に関するものではない。

例がある。建物の石材や構成部分の落下により負傷した通行人[175]、建物の瑕疵によって自らの建物や土地に損害を被った隣人[176]、建物の瑕疵により賃借目的物の使用を妨げられた賃借人がそれである[177]。

次に、製造物の瑕疵により損害を被った購入者以外の者が瑕疵ある物の供給者に対し不法行為責任を追及すること[178]や、建築物に組み込まれた製造物の瑕疵により損害を被った注文主がその製造者や直接契約関係にない売主に対して不法行為責任を追及することが認められていた[179]。ただし後述のように最近の判例においては、後者の場合について注文主が1641条以下の瑕疵担保責任の直接訴権を特定承継論によって取得していることを理由に、注文主の不法行為責任の追及は認められていない。

(2) 下位契約について

下位契約（sous-contrat）とは主たる（principal）契約と呼ばれる他の契約に結合された契約をいい、両者は堅密な依存関係によって結ばれ、前者は後者を前提にしないと存在しえない関係にある。これには不動産、船舶などの転貸借契約や下請契約等が主な類型として存在し、ここでは両契約の双方の当事者である中間者が直接契約関係にない者どうしの橋渡し役になっているのが通常である[180]。そして以上のような関係において、最終的に給付をなす者（転貸借

---

[175] 破毀院第三民事部1968年6月5日判決（Bull civ. III, p.256, n. 395）。
[176] 破毀院第三民事部1970年10月15日判決（Bull civ. III, p.375, n. 515）。
[177] 破毀院第一民事部1962年10月9日判決（Bull civ. I, p.349, n. 405；JCP.1962. II. 12910）、破毀院第三民事部1969年1月3日判決（JCP.1969. II. 15863）、破毀院第三民事部1978年1月31日判決（Bull civ. III, p.44, n. 56）。
[178] 破毀院社会部1972年3月21日判決（Bull civ. V, p.220, n. 241）、破毀院第一民事部1978年6月27日判決（D. 1978. I, p.409）（購入した物の瑕疵により購入者以外の者が身体的損害を被った事案）、破毀院第一民事部1973年11月7日判決（Bull civ. I, p.265, n. 298）（賃借した車のタイヤに不具合があったため賃借人の家族が負傷した事案）。
[179] 破毀院第三民事部1972年4月18日判決（Bull civ. III, p.167, n. 233）、破毀院第三民事部1972年12月5日判決（D. 1973, p.401）、破毀院商事部1978年6月26日判決（Bull civ. IV, p.150, n. 177）、破毀院第一民事部1978年5月23日判決（Bull civ. I, p.161, n. 201）。
[180] 野澤正充「枠組契約と実施契約」日仏22号176頁。なお下位契約については、この他に Ph. Malaurie et L. Aynès, Droit civil. tome 6. Les obligations. 9éd. Cujas. 1997, p.403 et s 等を参照した。

なら賃貸人、下請なら下請人）の不履行によって損害を被るのは、この者と契約関係にない者（転貸借なら転借人、下請なら注文主）である。こうした場合判例はこの履行されなかった契約の第三者に不履行によって生じた損害につき不法行為責任の追及を認めているのである[181]。

さらに下位契約ではないが役務の給付を目的とする契約に運送契約がある。ここでも債務者たる運送人の不履行によって運送人と直接契約関係にない者が被った損害について、この者が運送人に対し不法行為責任を追及し、これが認容される場合が見られる[182]。

(3) 注文主と建築家および請負人との関係[183]

ある一つの目的を達成するために一人の者が複数の者と契約を締結し、前者が後者それぞれと契約関係にあるが、後者それぞれの間に契約関係がない場合がある。これにあたるのが注文主が建築家と請負人に建物の建築を依頼する場合である。そして建築家のフォートに由来する損害を注文主が被り、フォートを犯していない請負人が建築家とともに連帯して損害を賠償し、この請負人が建築家に対する求償を不法行為に基づく損害賠償によっておこなう場合に、破毀院は、建築家のフォートが契約的観点を超えてそれ自体として不法行為フォートになることを理由に、請負人の不法行為責任を認めるに至っているのである[184]。

(二) フォート分離原則の緩和

以上のようにある契約の債務者の不履行に由来する契約外の者による不法行為責任の追及を認めることは、先述した契約フォートと不法行為フォー

---

[181] 例えば破毀院商事部1968年12月18日判決（Bull civ. IV, p.328, n. 366）（建物を建築した下請人の不手際について注文主がこの下請人に対し不法行為責任を追及した事案）や破毀院商事部1973年1月16日判決（Bull civ. IV, p.22, n. 28）（船舶の転借人が契約関係にない船主に対し、船舶管理の瑕疵によって貨物に損害が生じたことを理由に、不法行為責任を追及した事案）などがある。
[182] 例えば船舶艤装者が契約の相手方たる傭船者からの支払いがないことを理由に商品の積み下ろしを拒否したため船舶艤装者と契約関係にない荷物の荷受人が損害を被り不法行為責任を追及した事案について、破毀院商事部1983年5月10日判決（JCP. IV, p.227）は、積み下ろしの拒否を正当化する事由を契約関係にない荷受人に対抗しえないことを理由に、荷受人の不法行為責任の追及を認めた。
[183] この類型は契約の連鎖ではなく、複合契約の類型に近い。
[184] 破毀院第三民事部1969年1月31日判決（JCP.1969. II . 15937）。

トの分離原則、すなわち、債務者の不履行それ自体に対して第三者が不法行為責任を追及できるわけではなく、契約を離れてそれ自体が一般的義務に違反するものでなければ不法行為責任を追及しえないという原則の必然的な変容をもたらした。確かに判例は、「あらゆる契約的観点から独立して不法行為フォートそれ自体が検討されねばならない」として、なお契約上の不履行から独立した不法行為フォートの存在を要求しているが、それは形式的なものになってしまった。そして最終的には判旨の中にはこの表現すら使われなくなってしまうのである[185]。こうしてあらゆる契約不履行は第三者との関係で不法行為フォートを構成することになった[186]。これは不法行為フォートの観念のあいまいさに由来するものであり、不法行為フォートの要件の存在は事実上第三者が契約上の不履行について不満を述べることで満たされてしまったのである。そしてこれにより以下のようなことが生じる。すなわち同じ不履行が当事者によって援用されれば契約フォートになり、第三者によって援用されれば不法行為フォートになり、契約当事者間では契約責任を、第三者との関係では不法行為責任を生じさせる。Vineyによれば、「不法行為責任は契約上の不履行に対する一般なサンクションになっ」てしまったのである[187]。この結果不法行為責任の成立のための二つの要件、すなわち不法行為フォートと第三者の地位のうち前者は不要になり、被害者が第三者であれば不法行為フォートの要件は認められることになった。以下においては上述の類型に沿って判例によるフォートの同一視を概観する。

### (1) 物の瑕疵によって損害を被った第三者

まず建物の建築に瑕疵があり第三者が損害を被った事例について、厳密には建築でないものの建物の修理が不完全であったために損害を被った賃借人が、修理を行った契約関係にない建築家に対して行

---

[185] 例えば先に挙げた破毀院商事部 1973 年 1 月 16 日判決（前掲注（181））や破毀院第一民事部 1973 年 11 月 7 日判決（前掲注（178））、破毀院第三民事部 1978 年 1 月 31 日判決（前掲注（177））、破毀院商事部 1978 年 6 月 26 日判決（前掲注（179））、破毀院第一民事部 1978 年 6 月 27 日判決（前掲注（178））など。

[186] G. Durry, RTD. civ. 1974, p.815.

[187] G. Viney, op. cit（152）, p.396.

使した不法行為責任訴権を認容した、先の破毀院第一民事部 1962 年 10 月 9 日判決（前掲注 (177)) は、修理の対象が人の出入りの多い映画館であったことに着目して、建築家は第三者の安全を脅かさないようにする一般的な注意義務を負うとすることで、契約から生じた債務の不履行から不法行為フォートを認めたのである。建築家の不履行は同時に第三者に対する関係で一般的な義務違反をなすものであったのか。この点に破毀院の困惑があったとされる[188]。

次に瑕疵ある製造物の供給について、先にも引用した破毀院第三民事部 1972 年 12 月 5 日判決（前掲注 (179)) において、破毀院は、請負人が製造者から瑕疵ある製品を供給されたことにより、損害を被った注文主によるこの製造者に対する不法行為責任の追及を認めた。つまり予定された使用に適さない物の引渡しは第三者から見て不法行為フォートを構成すると判断されたのである。また破毀院第一民事部 1978 年 5 月 23 日判決（前掲注 (179)) は、同様の事案において、使用の目的に合致しない物を供給することは契約とは独立した不法行為フォートを構成すると判示したのであった[189]。以上二つの判決によれば物の製造者はすべての契約外の第三者との関係で瑕疵のない物を供給する義務を負うことになり、また瑕疵ある物を売る行為は第三者との関係で製造者の不法行為責任を構成するフォートをなすことになるのである。

(2) 下位契約について　　下請契約に関する事例を一つ。先に引用した破毀院商事部 1968 年 12 月 18 日判決（前掲注 (181)) は、建物の建築を注文主から請負った請負人が下請し、その下請人の不履行によって損害を被った注文主が不法行為責任を下請人に対して追及した事案について、注文主の訴えを認めるために、下請人は専門家としての義務に違反していることからその不履行は同時に不法行為フォートにあたることを認めたのであった。そしてこうした技巧は破毀院の逡巡を示すものに他ならないとされる[190]。

---

[188] M. Bacache, op. cit (161), p.23.
[189] 先に引用した破毀院商事部 1978 年 6 月 26 日判決（前掲注 (179)) も同様。
[190] M. Bacache, op. cit (161), p.25.

### (3) 注文主と建築家および請負人との関係

これにあたるのが先に述べた破毀院第三民事部 1969 年 1 月 31 日判決（前掲注（184））である。さらに同種事例に破毀院第三民事部 1969 年 5 月 30 日判決（JCP.1969. Ⅱ. 16443）がある。同判決において破毀院は、建築家の行為が同時に注文主との間で契約上の債務不履行を構成する場合にも、請負人が建築家に対し不法行為責任を追及することができるとし、フォートそれ自体を契約的観点から離れて検討し明らかな建築家の怠慢が請負人から見て不法行為フォートをなすかを検証しなかった控訴院の判決を破毀しているのである。

### 3 契約責任の拡大

以上に概観してきたフォートの同一視は確かに債務者の不履行によって損害を被った第三者に救済を与える点で実際上一定の価値をもつものであったし、債務者の不履行がそれ自体であらゆる契約的観点から独立して不法行為フォートを構成するという定式を満たす以上少なくとも形式的には問題のないものでもあった。またある契約の不履行それ自体が不法行為の要件を備えている場合、契約が存在することでこれが満たされなくなってしまうわけではないから、契約の不履行が第三者との関係で同時に不法行為になる場合もあるとする判例の考え方それ自体は肯定されねばならないのである[191]。

### (一) フォート同一視の不都合

しかし判例が不法行為フォートの要件の検討をやめ、あらゆる契約上の不履行が第三者にとって不法行為フォートになると考えること、つまり契約関係にはないが実際上契約の履行を求めているに過ぎない者にこれを許すこと[192]は、次のような不都合を生じさせることが学説において指摘されるようになった[193]。すなわち、まず契約の第三者は債務者の不履行を自分にとって不法行為フォートをなすものとして援用することにより、自分が

---

[191] G. Durry, RTD civ. 1973, p.130.
[192] G. Durry, op. cit（191）, p.130.
[193] G. Viney, op. cit（152）, p.398.

当事者ではない契約を利用するにもかかわらず、不法行為責任の制度によりかかることで自分にとって不都合な契約責任の制度を排除することが可能になったことである[194]。具体的には契約において定められた責任制限条項や免責条項、消滅時効の点で、第三者は契約責任制度によった場合に比して有利な地位を得ることになる。その結果、まず、自らが作り出しまた法に規定されている契約責任制度を前提に予見を構築している債務者が、特に責任制限条項や免責条項を無にされることにより、その予見を著しく害されることになる。次に、この第三者が債務者との関係で債権者よりも有利な地位および権利を手に入れるという事態も生じうる。これは当事者間においては請求権非競合の原則により、契約責任だけが成立することによる。例えば時効について、債権者が契約責任によることで短期消滅時効に服する場合（瑕疵担保責任の1648条や建造者の契約責任の2270条など）には、第三者は不法行為責任に基づくことで10年の時効期間を与えられる。

そして以上の不都合を回避するには二つの方法がありうる。一つは債務者の不履行によって損害を被った第三者に対して、債務者に対する不法行為責任追及の余地もましてや契約責任追及の余地もあたえないことである[195]。この場合第三者は自らの債務者に対してだけ責任を追及できることになる。しかし以下に見るように判例（特に破毀院の第一民事部）や学説が選択したのは二つ目の方法、つまりこうした第三者に対し契約責任を付与することである。以下においては契約責任の拡大に関する判例[196]を、（二）で特定承継論について、（三）で契約群理論の登場について、（四）でこの契約群理論を否定したとされる破毀院判決（通称 Besse 判決）後の状況につ

---

[194] G. Viney, op cit（152）, p.398 ; P. Jourdain, La nature de la responsabilité civile dans les chaînes de contrats après l'arrêt d'Assemblée plénière du 12 juillet 1991, D. 1992. chr, p.150 ; M. Bacache, op. cit（161）, p.29 et s.

[195] 海上運送に際し、荷物の所有者と運送人との間に運送契約が、運送人と荷役業者との間に荷物の取扱契約がそれぞれ結ばれ、荷役業者のフォートにより荷物に損害が生じた場合、荷物の所有者は運送契約上の責任制限を回避するために契約関係にない荷役業者に対して不法行為責任を追及することが考えられる。こうした事態を避けるために荷受人の荷役業者に対するあらゆる責任追及手段を奪ったのが海事運送に関する1966年6月18日の法律の52条である。これにより荷役業者に作業を要請していた者だけがその責任を追及できることになった。なお同法については、佐藤幸夫「フランス港湾荷役業者の責任」神戸17巻1＝2号151頁以下参照。

いて検討する。
## (二) 特定承継論の展開

　特定承継論とは前主から特定の財産を譲り受けた特定承継人がその財産に関する権利ないし義務をも承継するという理論をいう[197]。これはある財産の所有者にしか利益にならない債権について、その財産の特定承継人にこの者と契約関係にない前主の契約相手方に対するその債権の行使を認めようというものである。契約関係にない特定承継人に債権の行使を認めることは、1165条に定める契約の相対効原則との間で大きな問題を生じさせる。そこで当初19世紀の判例は黙示の他人のための約定がなされた、前主と特定承継人との間で黙示の債権譲渡が行われた等とすることで、特定承継人による前主の相手方に対する債権の行使の正当化を試みたのであった[198]。しかしその後20世紀初頭にAubry et Rauの見解が登場し、これが後の判例・学説上の支配的な見解に引き継がれていくことになる。同説は、特定承継人が前主が物のために取得したすべての権利と訴権を享受するとし、そして1122条[199]にいう承継人が特定承継人も含むとすることで同条

---

[196] 以下のBesse判決までの判例の展開について、G. Viney, op. cit (152), p.338 et s, p.399 et s；M. Bacache, op. cit (161), p.3 et s；A. Sériaux, Droit des obligations. 2éd. PUF. 1998, p.215 et s；Ph. Malaurie et L. Aynès, op. cit (137), p.512 et s；F. Terré=Ph. Similer=Y. Lequette, op. cit (150), p.678 et s；B. Starck=H. Roland=L. Boyer, op. cit (130), p.732 et sを、邦語文献として、高畑・前掲注（137）39頁以下、野澤・前掲注（180）172頁以下、古軸隆介「フランス法における1978年法による改正後の「建造者の契約責任」」日仏18号37頁以下、野澤正充「契約の相対的効力と特定承継人の地位（三）」民商100巻4号116頁以下、松浦聖子「契約締結者と第三者の関係における責任の性質に関する一考察」慶大政治学法学論究36号209頁以下、同「フランスにおける契約当事者と第三者の関係および契約複合理論」法研70巻12号572頁以下を参照した。

[197] 以下の特定承継論の叙述については、特に野澤「契約の相対的効力と特定承継人の地位（一）」前掲注（129）108頁以下、同「契約の相対的効力と特定承継人の地位（二）」民商100巻2号105頁以下、同「契約の相対的効力と特定承継人の地位（三）」前掲注（196）100頁以下に多くを負っている。また平野『製造物責任の理論と法解釈』前掲注（100）43頁以下、山田希「フランス直接訴権論からみたわが国の債権者代位制度（二）」名法180号254頁以下、森田宏樹「瑕疵担保責任に関する基礎的考察（三）」法協108巻5号145頁以下も参照。

[198] 野澤「契約の相対的効力と特定承継人の地位（二）」前掲注（197）123頁以下参照。

を根拠にしていたのであるが、移転する権利および訴権はその物の従物（accesoire）[200]であるという基準を採用していたことから、1122条ではなく「従物は主物に従う」とする原則を直接の根拠にする後の判例・通説の下地をなすことになったのである[201]。そしてその後の従物概念の拡大（独立性のない物に独立性のある物が加わった）により従物に権利も含まれることになり、こうして判例・通説において特定承継人は譲り受けた財産の従物である権利や訴権をも承継するという特定承継論が定着するのである[202]。

(1) 近時の瑕疵担保責任領域における判例の動揺（連鎖的売買について[203]）　例えばAの製造した物品をBが買い取りこれをCに転売した場合において、Cが物品を購入した後にその瑕疵が明らかになったとする。CがBのみならずAに対しても1641条[204]に基づく瑕疵担保責任を問いうることは破毀院民事部1884年11月12日判決（D.P.1885. I, p.357）において認められて以来確立した判例となっていた[205]。

---

[199] 1122条：約定は、自己、その相続人及び承継人のために行われたものとみなす。ただし反対〔の趣旨〕が表明され、または合意の性質から生じる場合には、その限りでない。

[200] フランス民法における従物（accesoire）とはもともと主物と一体化した独立性を有しない物であったが、後に従物概念の拡大により独立した物も含む概念となった。この点独立の物でなければならないとする日本法にいう従物とは異なる概念である。野澤「契約の相対的効力と特定承継人の地位（二）」前掲注（197）129頁参照。

[201] 野澤「契約の相対的効力と特定承継人の地位（二）」前掲注（197）126頁以下参照。

[202] なお当初こうした第三者たる特定承継人に不法行為責任訴権が認められておらず、特定承継論はもともと債権者代位権の例外として訴権を有しないこれらの者を救済する意義を有していた。この特定承継論の沿革については、C. Jamin, Une restauration de l'effet relatif du contrat, D1991. doctr, p.259 et s も参照。しかしその後既述のフォートの同一視を伴う不法行為責任の拡大により特定承継論は請求権非競合原則を介して契約責任を認めることで債務者の予見を保護することにその意義を変質させることになるのである。

[203] 同じく古くから判例上特定承継論により担保責任が認められてきたのが、注文主から建物を取得した者による建築士または請負人に対する関係である（例えば破毀院第一民事部1967年11月28日判決（D. 1968, p.163）。その後この類型の直接訴権は、1967年1月3日および7月11日の法律によって新設された1641条の1第3項と1978年1月4日の法律によって改正された新しい1792条により規定されることになった。以上、野澤「契約の相対的効力と特定承継人の地位（三）」前掲注（196）111頁以下、特に1978年1月4日の法律については、古軸・前掲注（196）1頁以下、P. Jordain, op. cit（194）, p.151 参照。

しかしながら1973年に破毀院商事部が下した判決はこの確立した判例に真っ向から対立するものであった。連鎖的売買の事例において転得者から製造者に対する隠れた瑕疵を理由とする解除訴権を、1165条に規定されている契約の相対効原則に反するものであるとして否定したのである[206]。こうして破毀院において契約の相対効原則がより尊重されることになったわけであるが[207]、この瑕疵担保責任（契約責任であるとされている）が後退したことによって生じた隙間は不法行為責任によって埋められた。すなわち破毀院第一民事部1975年11月12日判決（JCP.1976. I . 18479, note. G. Viney）は、物の瑕疵によって負傷した転得者による製造者に対する不法行為責任の追及を認めたのである。しかしこうした破毀院の態度は明らかに19世紀以来培われ確立した判例法理に反するものであり、特に1973年の商事部判決は学説の集中砲火を浴びることになった。

ところが破毀院は、破毀院第一民事部1979年10月9日判決（Bull civ. I, p.192, n. 241 ; RTD. Civ. 1980, p.354 et s, obs. G. Durry）（ランボルギーニ判決）によって、再び以前の判例法理に回帰する。ここで破毀院は、瑕疵担保責任に基づく転得者からのその相手方である売主以外の売主や製造者に対する直接訴権が必然的に契約上のものであり、原審は本件において原告が主張した訴権が1648条に規定されている時効にかかっていないかどうかを調べるべきであったとして、原判決を破毀したのである。なお本件は損害賠償請求に関する事案であったが、解除訴権についても破毀院商事部1982年5月17日判決（Bull civ. Ⅳ, p.162, n. 182）が同様の判断をなしている。こうして破毀院における動揺は従来の判例法理に回帰するという形で決着がつくことになった。上記1973年および1975年の両判決による従来から契約責任の領域と判断された領域への不法行為責任の拡大は、復活した契約責任に

---

[204] 1641条：売主は、売却物が予定した使用に不適当となるような、または買主がそれを知っていた場合には取得しなかったか、より低い価格しか与えなかったであろうほどにその使用〔価値〕を減少させるような隠れた欠陥を理由として、担保責任の義務を負う。
[205] Ph. Malaurie et L. Aynès, op. cit（137）, p.513.
[206] 破毀院商事部1973年2月27日判決（JCP.1973. Ⅱ . 17445, note. R. Savatier）。
[207] B. Starck＝H. Roland＝L. Boyer, op. cit（130）, p.733.

よって排除されることになったのである[208]。

そしてさらに破毀院は、破毀院第一民事部1983年3月9日判決（Bull civ. I, n.92）[209]で、連鎖的売買類型において、瑕疵担保責任に基づく訴権（1648条に服し短期消滅時効にかかる）のみならず適合物給付義務違反による一般法上の契約責任訴権（2262条により30年の時効に服する）も売買目的物の最終的取得者に移転することを認めている[210]。

(2) 特定承継論の領域拡大
（売買と請負の例）

以上のような連鎖的売買の事例や請負と売買の事例においては、特定承継論により目的物を取得した者はその瑕疵についてまたは目的物の安全性の欠如により生じた損害について瑕疵担保責任に基づく訴権（1641条以下）または適合物給付義務違反構成により一般法上の契約責任訴権を承継することが判例および制定法により認められてきた。これに対し請負人が製造者または売主から購入した瑕疵ある材料をもとに建てた不動産に瑕疵が生じたという事例については、特定承継論の適用が認められていなかった[211]。そのため注文主は請負人に対して契約責任を追及するか、製造者の不履行が同時に不法行為フォートにあたることを理由に不法行為責任を追及することにな

---

[208] G. Viney, op. cit（152）, p.339.
[209] なお本判決は売主の買主に対する契約フォートはそれ自体であらゆる他の状況を除いて不法行為フォートになるわけではないことを強調している点で注意を要する。
[210] 適合物給付義務違反とは契約の定めに合致しない物を引き渡すことにより（non—conformité）、引渡債務の不履行を生ぜしめる義務違反である。あくまで引渡債務の不履行であって瑕疵担保責任にはならないため一般法上の契約責任についての時効期間（2262条）に服する（なおこの引渡しの理解に関して森田「瑕疵担保責任に関する基礎的考察（三）」前掲注（197）118頁以下参照）。
[211] なお1978年1月4日の法律による民法典の改正により新設された1792条の4により、瑕疵ある製品の製造者はこれを用いて工事をした請負人が負担する担保責任を連帯して負担することになった。ところでこの製造者の責任（これを éléments pouvant entraîner la responsabilité solidaire du fabricant avec l'entrepreneur、すなわち EPERS という）とそうでない普通法の契約責任（non—EPERS）とは建設部品ないし材料が何であるかによって区別される。具体的には1792条の4第1項にあるように工作物、工作物の一部が EPERS であり、それ以外の構成要素が non—EPERS である。したがって以下では EPERS が対象としていない領域（non—EPERS）において発展した注文主の製造者に対する普通法の契約責任に基づく訴権をその検討対象にする。以上に関し、古軸・前掲注（196）28頁以下、野澤「契約の相対的効力と特定承継人の地位（三）」前掲注（196）112頁以下、P. Jourdain, op. cit（194）, p.152を参照した。

る[212]。その後前述の契約フォートと不法行為フォートの分離原則が緩和されるに従い、注文主による製造者への不法行為責任追及の道が広げられることになった。他方既述のように連鎖的売買の類型においては特定承継論が復活することになったが、これに対してこの注文主の製造者または売主に対する関係に特定承継論が適用されることにはならなかったのである。

例えば破毀院第一民事部 1981 年 1 月 27 日判決 (Bull civ. I, p.26, n. 30) は、注文主の製造者に対する訴権が不法行為責任に基づくものであり、原告の訴権の行使は 1648 条の時効によって制限されないとし、控訴院の判決を破毀している。結局判例は制定法が規定する領域外については、同質の契約が連鎖するか（売買と売買）、異質の契約が連鎖するか、を訴権の性質を決する基準にしていたようである。確かに上記 1981 年判決において破毀院が不法行為責任に固執したのは 1648 条の適用を回避するためであり、さもなければ注文主は少なくとも製造者との関係で何らの訴権も有しないことになってしまったであろう。しかしながら問題は連鎖的売買の類型との差を設ける根拠である。そもそも特定承継論は物の移転に伴ってその物の従物たる権利・訴権も移転するという理論であった。したがって売買によるにしろ請負によるにしろ物の移転には代わりはないはずである[213]。この点で 1648 条に規定する時効期間がすでに経過している場合には、その差異が特に際立つことになる[214]。

そして破毀院第一民事部は 1984 年 5 月 29 日の判決[215]において、瑕疵ある目的物の売主に対する注文主の直接訴権が必然的に契約上のものであることを認めるに至る[216]。すなわち、注文主の損害賠償請求を不法行為責任に基づいて認容した控訴院判決を第一民事部は注文主の製造者に対する訴権が瑕疵担保責任に基づく契約上のものであることを理由に破毀したのである。しかしこれに対し、破毀院第三民事部は同年 6 月 19 日の判決[217]

---

[212] 野澤「契約の相対的効力と特定承継人の地位（三）」前掲注（196）109 頁以下。
[213] 高畑・前掲注（137）46 頁、G. Durry, RTD civ. 1981, p.636。
[214] G. Durry, RTD. Civ. 1980, p.356 は両類型の間でこうした差異をもうける理由がないという。
[215] 破毀院第一民事部 1984 年 5 月 29 日判決（D. 1985, p.213, note. A. Bénabent）。
[216] G. Viney, op. cit（152）, p.340 によれば、華々しい方向転換とされる。

において、ほとんど同様の事案について、契約外の（不法行為法上の）フォートおよびその損害との因果関係を特徴付けることによってたとえ直接の因果関係がなくとも製造者の責任を引き出すことが可能であると判示して、第一民事部と正反対の立場を表明した。こうして対立は第一民事部と第三民事部との破毀院内部へと移行することになったのである。

この破毀院内部の対立は破毀院大法廷 1986 年 2 月 7 日の二つの判決 (Bull. civ. ass plén, n2 ; JCP.1986. Ⅱ. 20616, note. Ph. Malinvaud ; D. 1986, p.293 et s, note. A. Bénabent ; RTD. civ. 1986, p.551 et s, obs. J. Huet) によって解消された。一つは建物の隔壁の組み立てに利用されるレンガに瑕疵があったため、もう一つは水道管の腐食によって水漏れが生じたため、ともにこれが請負人によって不動産に組み込まれて注文主に損害が生じたことから、前者においては注文主が後者においては保険会社が注文主に代位して製造者を訴えた。しかしながら両事案ともに瑕疵担保責任の時効期間（1648 条）を経過しており、仮に特定承継論が適用されて注文主に担保責任に基づく訴権が与えられることになれば、注文主は製造者に対する訴権の行使を時効によってはばまれてしまう。そこで大法廷は、瑕疵ある製品を引き渡した行為を適合物給付義務違反と構成して一般の契約責任の時効期間（2262 条により 30 年）に服させ、かつこの訴権が注文主への製品の移転に付従して移転するとしたのであった。結局判例は同質の契約が連鎖するのではない類型にも特定承継論の適用を認めることで「新しくかつ重要な直接訴権の拡大をなした」[218]のである。これにより、所有権の移転を伴うか否かによって区別する基準が採用され、この基準を満たす以上、その他の契約類型（例えば贈与や交換、代物弁済）にも同じ解決がなされうることになる[219]。しかしなお次のような問題点も残されていた。まず適合物給付義務違反という構成は瑕疵担保責任の規定を無意味にする可能性を持つものであること[220]、そしてなによりも物の移転の有無によって訴権の性質を変えることの妥当性である[221]。だが判例はここにとどまるわけではなかったのである。

---

[217] 破毀院第三民事部 1984 年 6 月 19 日判決（D. 1985, p.213, note. A. Bénabent）。
[218] G. Viney, op. cit（152），p.340.
[219] A. Bénabent, D. 1986, p.294.

## (三) 判例における契約群の登場

### (1) 破毀院第一民事部1988年3月8日判決について

第一民事部はまず下位契約（下請）の事案において契約責任を拡大する。すなわち、写真の引き伸ばしを注文主から依頼された写真屋がこれを下請に出したところ、この下請会社がスライドを紛失してしまったという事案において、控訴院が注文主の下請会社に対する損害賠償の訴えを1382条の不法行為責任に基づいて認容したのに対して、破毀院第一民事部1988年3月8日判決（Bull. civ I n69 ; JCP.1988. II 21070, note. P. Jourdain ; RTD. civ. 1988, p.551, obs. P. Rémy）は、「契約上の義務を負った債務者がその履行を他の者にゆだねた場合において債権者はこの債務をゆだねられた者に対し必然的に契約上の性質を有する訴権を行使しうるのであり、そしてこれはこの債権者の権利とこの債務をゆだねられた者が負う義務の範囲内においてである」として、本件に契約責任についての損害賠償の規定である1147条を適用せずに不法行為責任の規定である1382条を適用した控訴院判決が1382条および1147条に違反し破毀を免れないと判示したのである。

本判決を評釈したJourdainは本判決の意義について、次のように述べている[222]。すなわち、本件で問題となっている下請には注文主への所有権の移転を観念しえないため、判例は従来からの契約責任拡大の流れに従って、今回は下位契約の類型に契約責任を拡大し、1165条の契約の相対効原則に

---

[220] Ph. Malinvaud, JCP.1986. II. 20616によれば、特に1648条に定める短期の時効期間が経過している場合のように適合性を欠くとした方が都合がよい場合には瑕疵担保責任が排除されることになる。

結局、1960年代以降の二当事者間の関係を含めた瑕疵担保責任と一般法の契約責任との関係についての破毀院の判断は、特に訴権行使を1648条の短期間に制限するかという妥当性の考慮をどちらの責任によるかという技巧的な法性決定に仮託しておこなわれてきたという見方ができる。なおこの点に関する判例の展開および両責任の区別に関する学説の展開について森田「瑕疵担保責任に関する基礎的考察（三）」前掲注（197）118頁以下参照。また特に法的根拠を中心に我が国の瑕疵担保責任の起草課程とフランスの瑕疵担保責任の史的展開について検討する同「瑕疵担保責任に関する基礎的考察（一）（二）」法協107巻2号1頁以下、107巻6号1頁以下も参照。

[221] 今日まで判例により維持されているこの特定承継論に対する批判については後述する。

新たな例外を設けた。そして判旨は下請契約に限定しない一般的な表現を用いていることから、この判旨の射程は下位契約全体に及ぶものである[223]。また判例が契約上の義務の不履行によって第三者が損害を被った場合の責任を契約責任とするのは、債務者の予見の尊重を確保する点で、また損害が直接の契約当事者に発生したのか第三者に発生したのかで異なる制度を適用するのを避ける点で有益である。そしてさらにこの点の理論化は契約の集合体の中にいることで被害者と債務者とが第三者どうしではなくなる契約群理論（Les groupes de contrats）[224]によるべきであるとするのである。

しかしJourdainは、同時に次のような問題点についても言及している。すなわち、債務者の予見の尊重の観点から、またこの債務者の責任は自ら結んだ契約に違反したことにより生じている点で、この者自身の契約内容を被害者に対抗しうるとするのはいいとしても、なぜ被害者の結んだ契約の内容まで対抗しうるのか。この点についてJourdainは、下位契約（例え

---

[222] P. Jourdain, JCP.1988. II 21070.
[223] なおP. Rémy, RTD. civ. 1988, p.552は、本判決の判旨の射程について、下位契約の中でも本件の下請のように下位契約が主契約の実現の手段になっている類型にのみ及び、転貸借のように主契約が下位契約の手段になっている類型には及ばないとする。
[224] 契約群理論について学説上の定説は存在せず、これを認める者の間でもその内容をめぐって争いのあるところである（学説については後述）。一般的にはその創始者たるB. Teyssiéが定義するそれを指す。Teyssiéの見解については後掲の学説の検討の個所に譲るが、契約群理論とは、損害賠償に関していえば、ある一群の契約が契約群を構成するとされた場合に、被害者と加害者とがたとえ直接契約関係になくても契約群に属していれば契約規範が規律するという理論である。

契約群の一般的説明については、B. Starck＝H. Roland＝L. Boyer, op. cit（130）, p.732 et s；Ph. Malaurie＝L. Aynès, op. cit（137）, p.512；G. Ghestin, op. cit（156）, p.1183 et s；P. Reigne, La résolution pour l'inexécution des contrats in La cessation des relations contractuelles d'affaires, Colloque de l'Institut de droit des affaires d'Aix-en-Provence, 30-31 mai 1996, PUAM1997, p.151 et s；F. Terré＝Ph. Simler＝Y. Lequette, Droit civil. Les obligations. 7éd, Dalloz. 1999, p.81 et s、その全体像については、D. Mazeaud, Les groupes de contrats, Petites affiches. 5mai2000, n90, p.64 et s、邦語文献として、高畑・前掲注（137）40頁以下、松浦「フランスにおける契約当事者と第三者の関係および契約複合理論」前掲注（196）568頁以下、中田裕康『継続的売買の解消』（有斐閣1994年）405頁以下、山田「フランス直接訴権論からみたわが国の債権者代位制度（二）」前掲注（197）258頁以下、武川幸嗣「マルセル・フォンテーヌ　ジャック・ゲスタン編著『第三者に対する契約の効力』」法研68巻6号127頁以下などを参照した。

ば下請契約)は本契約(例えば請負契約)に完全に依存し、本契約は下位契約に非常に広い範囲で自らの制度を押し付けるものであるから、下位契約者(下請人)は本契約者(請負人)よりも重い責任を負うべきではないからと説明している。しかしこうした理由づけは下位契約に固有のものであり、下位契約以外についてなお問題は解決されないままである。なお本判決は契約群を明示的にその根拠にしていたわけではない。

(2) 破毀院第一民事部1988年6月21日判決について　次にこの契約群を明示的に根拠にしたのが、破毀院第一民事部1988年6月21日判決 (Bull. civ I n202; D. 1989, p.5, note. Chr. Larroumet; RTD. civ. 1988, p.76, obs. P. Jourdain; JCP. 1988. II. 21125, note. P. Jourdain) である。事案は次のようであった。空港で航空機が滑走路まで牽引される際に牽引車に取り付けられた棒が外れて牽引車と機体が衝突した。そこで航空機会社はこの損害の原因となった部品を作った会社、これを牽引車に取り付けた会社、そして空港に損害賠償を請求した。この事件について控訴院は、まず被害者と空港との間の援助契約 (la convention d'assistance) に不訴求条項が存在したことを理由として空港に対する損害賠償請求を退けたが、他の二社との関係では契約関係が存しないことから不法行為責任に基づいて損害賠償請求を認容した。これに対し破毀院第一民事部は他の二社との関係についての控訴院の判決を次のような理由によって破毀した。すなわち「契約群においてその契約と関係をもったがゆえに損害を被った者のすべての賠償請求は必然的に契約責任が支配する。実際この場合債務者はこの件に関して適用される契約規範に従って自らの不履行の結果を予見しなければならなかったのであるから、被害者が行使しうる訴権は契約上のものでしかな」く、「債権者たる原告の権利と不履行をなした債務者の債務という二重の制限のもとで」のみ責任を追及しうると。したがって航空機会社は直接の契約相手方たる空港に損害賠償を請求しえないことから他の二者に対してもこの制限に服することになったのである。

本判決を評釈したJourdainは本判決の意義について次のように述べる[225]。

---

[225] P. Jourdain, RTD. civ. 1988, p.762 et s ; P. Jourdain, JCP. 1988. II. 21125.

まず本判決により契約責任に基づく直接訴権の拡大は下位契約に限られないことが明らかになり、契約責任の領域があらゆる契約の連鎖へと著しく拡大されることになった。次に本判決の結論は、先の判決同様、当事者特に債務者の予見を尊重し、契約当事者間の均衡を重視して、契約当事者とこれに匹敵しうる第三者との間で損害賠償制度に関し区別が設けられるのを回避するという利点を持っていた。さらに判決はおそらく損害が契約上の債務不履行に由来する以上契約責任に基づくのが自然なことであると考えたが、契約責任の拡大を契約群の存在に基づかせた学説の見解に従うことで、その拡大を契約群の領域に限定したことが推測されると。

しかしこの判決は Viney によれば次のような問題点を有していた[226]。すなわちまずこの判決が根拠としていた契約群という観念はそれ自体あいまいであり、特に本判決の事案のように損害を被った者と不履行を犯した債務者との関係が契約の相対効原則の例外として正当化されるにはあまりにも弱い場合まで含んでしまう[227]。次に被害者が自らの権利と不履行をなした債務者の義務の二重の制限のもとでのみこの直接訴権を行使しうるとすることは、被害者とって不利益である。こうした解決は、本来債権者に利益を与えるものであるはずの直接訴権の精神および被害者保護という民事責任全体の潮流にも反してしまうのである。また合意が当事者間において法になるのは当事者がそう望んだからであるという意思自治の原則によれば、契約による拘束を受けるのは合意を交わした当事者のみであり、これを超えた当事者概念を想定する契約群は、意思を基準にしない点で意思自治の原則に反するものであるとの批判も存在する[228,229]。

### (3) 破毀院第三民事部の反発

このような第一民事部の判断に対して、第三民事部は正反対の、つまりいずれも

---

[226] G. Viney, JCP.1991 II 21743；G. Viney, op. cit (152), p.341. なお B. Starck＝H. Roland＝L. Boyer, op. cit. (130), p.733 et s；P. Jourdain, op. cit (194), p.154 も同旨。
[227] 本件においても確かに契約は連鎖しているといえるが、各契約の種類は異なり、問題となっている債務の種類も異なる。この点で先に挙げた破毀院第一民事部 1988 年 3 月 8 日判決とは異なる。こうして契約群を構成するに足る契約の連鎖の範囲が問題として浮上することになる。
[228] B. Starck＝H. Roland＝L. Boyer, op. cit (130), p.737.

下請の事例について注文主と下請人との間においては不法行為責任のみが成立すると判示した。まず破毀院第三民事部 1988 年 6 月 22 日判決（D. 1988. IR, p.200；JCP. 1988. Ⅱ. 21125, note. P. Jourdain）は、注文主から下請人に対して瑕疵のない仕事を履行する結果債務の不履行が問われた事案について、「瑕疵のない仕事を履行する結果債務は下請人が元請人に対して負うものであり、その間に存在する契約的かつ人的な関係のみをその根拠とする。注文主はこの債務を援用し得ない。下請契約の当事者ではないからである。」と判示する。さらに第三民事部は、破毀院第三民事部 1989 年 12 月 13 日判決（D. 1991, p.25, note. J. Kullmann）および破毀院第三民事部 1990 年 3 月 28 日判決（D. 1991, p.25, note. J. Kullmann）の両判決においても同様の判断を示している。前者においては元請人から孫請人に対する関係で、後者においては注文主から下請人に対する関係で、いずれについても、1165 条の契約の相対効原則を強調して両者の間に契約関係がないことを理由に、元請人からの担保責任の追及および注文主からの結果債務の不履行を理由とする損害賠償請求を退けたのである[230]。こうして再び大法廷による判例の統一が要請されることになったのである。

**(4) Besse 判決**　　かくして登場したのが破毀院大法廷 1991 年 7 月 12 日判決（Bull. civ. ass plén, n5；JCP.1991 Ⅱ 21743, note. G. Viney；JCP.1991 Ⅰ 3531, note. Chr. Larroumet；RTD. civ. 1991, p.750 et s, obs. P. Jourdain）（通称 Besse 判決）である。本件事案は次のとおり。注文主から請負人へ建築が依頼され、請負人はさらに配管工事を下請人に依頼した。その後建物を注文主が受領した後 10 年以上を経過してその下請人の工事の瑕疵が明らかになった。この注文主からの損害賠償請求について、控訴院は直接の契約関係にある元請人に対してと同様に下請人に対する関係でも 2270

---

[229] 上記 1988 年の破毀院第一民事部の二判決の難点については、P. Ancel, Les arrêts de 1988 sur l'action en responsabilité contractuelle dans les groupes de contrats, quinze ans après, La cour de cassation, l'université et le droit, mélenges A. Ponsard, Litec, 2003, p.8 ets も参照。論者は特に第三者の訴権に加えられる二重の制限の不都合を指摘している。

[230] この時期の一連の第三民事部の判決については、P. Jourdain, RTD. civ. 1990, p.287 et s を参照した。

条（これによれば請負人は建物を注文主が受領してから10年後に担保責任を負わなくなる）によって時効により訴権が消滅していると判示した。つまり控訴院は下位契約において直接訴権を行使する者は自らの権利と不履行をなした債務者の債務という二重の制限のもとに契約上の責任のみを追及することができるという1988年3月8日の第一民事部の判決の判旨にのっとった判断をなしたのである。これに対し大法廷は下請人と注文主が契約関係にないため1165条に反することを理由に、控訴院の判決を破毀したのであった。

では契約責任の拡大というこれまでの判例に従った控訴院判決が破毀されたのはなぜか。1988年6月21日の第一民事部判決に対する批判がここではそのまま根拠として妥当することに加え、責任訴権の契約性が認められるということはその訴権の根拠が契約不履行であるということを意味し、論理的には契約の不履行に関する制度全体、つまり強制履行や不履行に基づく解除、同時履行の抗弁権等の適用（ここでは注文主と下請人との間に）が問題になってしまうことが指摘される[231]。

では次に判旨の射程はどこまで及ぶのか。本判決の評釈者 Viney は次のようにまとめている[232]。まず本判決の控訴院は1988年3月8日の第一民事部判決の理由をそのまま使っており、大法廷はこの判決を1165条違反を理由に破毀していることから、この第一民事部の判旨を否定したのは明らかである。したがって本件のような不動産建築の下請の事案だけに限定されるわけではない。次に1986年2月7日の大法廷判決には矛盾しない。同判決は特定承継論によって説明可能だからである。さらに契約責任に基づく直接訴権の否定は不法行為責任訴権によってカバーされることになる。もともと判例は第一民事部による一連の「契約化」以前、長い間下位契約において直接契約関係にない債務者の不履行により損害を被った者とこの債務者との関係に不法行為責任を持ち込むことに好意的だったからである[233]。

そしてこの判決後の数年間の破毀院判決は、破毀院が1986年大法廷判

---

[231] G. Viney, op. cit（226）.
[232] G. Viney, op. cit（226）; P. Jourdain, op. cit（194）, p.154 et s 同旨。

決において確立された判例法理に回帰し、契約上の直接訴権が特定承継論を根拠とするものか条文上の根拠を有するもの（例えば1792条の取得者の請負人に対する訴権）に限定されることを示している[234]。こうして破毀院第一民事部によって契約責任を拡大するために使用された契約群は、判例法理から排除されることになったのである[235]。

　ではこの判決によって確立された判例法理にはどのような問題があるのか。

　まず下位契約における直接訴権について再び不法行為責任が認められてしまうことが挙げられる。すでに指摘したように債務者の契約不履行を理由に不法行為に基づく損害賠償請求を許すことは、訴権を行使する者が債務者の契約を口実としながらもその契約の制度を免れることを許し（特に短期時効や責任制限条項）、これによって契約により形成された当事者間の均衡が破壊され債務者の予見が侵害されるという不都合な面をもっている。本判決は特に被害者の生命・身体・財産に対する侵害ではなく契約を離れて独立したフォートを評価しえない純粋な契約上の債務の不履行について第三者に対する関係で不法行為フォートを認定することで、上述の不都合とフォートの変容をもたらす恐れがあるのである[236]。しかし不法行為フォー

---

[233] Chr. Larroumet, JCP.1991 I 3531 も同旨。

[234] Besse 判決は非常に簡単な表現をとっていたため、その正確な射程を決定することはこの判決が出された時点では困難だったが、その後に出された多くの破毀院判決により、評釈者たちが予想したように同判決が再考したのは、第一民事部が1988年に出した二つの判決が契約責任を認めた類型、すなわち下位契約、特に下請契約であって、それ以外の1986年判決までに認められていた契約上の直接訴権には手が加えられなかったことが明らかになった。

　具体的には、まず注文主から下請人に対する訴権について、破毀院第一民事部1992年7月7日判決（Bull. civ I n221, p.147）や破毀院第三民事部1992年11月18日判決（Bull. civ III n299, p.184）は、両者が契約関係にないことから注文主が行使しうるのは不法行為責任に基づく訴権のみであるとしている。

　次に転得者の製造者に対する訴権については、破毀院第一民事部1993年1月27日判決（Bull. civ I n44, p.29）や同日の破毀院第一民事部1993年1月27日判決（Bull. civ I n45, p.31）が、さらに注文主の製造者に対する訴権については、破毀院第三民事部1991年10月3日判決（Bull. civ III n220, p.129）が従来の判例に沿う判示をしている。

[235] Besse 判決後の状況に関する邦語文献として、松浦「契約締結者と第三者の関係における責任の性質に関する一考察」前掲注（196）211頁参照。

トの認定に契約不履行とは独立した要件を課すことにより、第三者の生命・身体・財産の安全性に対する侵害に不法行為責任の成立を限定することにもまた次のような問題がある。すなわち、純粋な契約上の債務の不履行の被害者たる第三者は不履行をなした者に対する訴権を有しないことから、直接の契約相手方の破産によるリスクを負担しなければならなくなり、またたとえこの不履行債務者に対して債権者代位権（action oblique）を行使しても、他の一般債権者と同じ扱いしか受けられない。このような不都合は、乙契約の債権者が履行を受けることがひとえにこの契約関係にない甲契約の債務者にかかっているという契約群理論が想定する状況においては不当であるといえる[237]。

次に判例がとる特定承継論についても以下のような難点が指摘されている[238]。第一に特定承継論が物の移転に際して従物をその物の運命に従わせるのはその従物がその物の使用に必要だからであるが、物の取得者は契約責任訴権を与えられなくても通常その物を十全に使用することができるから、責任訴権が従物であるとは考えにくい。第二に売買と請負の連鎖においては請負人が製造物を不動産に組み込んだことによって添付が生じ、注文主は負担や権利の付随しない新しい製造物の所有権を原始取得するはずである[239]。第三に特定承継論によれば契約上の直接訴権が物とともに移転することになるから、譲渡後の譲渡人はもはやこの訴権を有しないはずであるが、判例は譲渡人に利益ある限り、譲渡人がこの訴権を保持することをしばしば認めている[240]。第四に売買と請負といった異質の契約からなり、債務を異にする連鎖において、契約上の直接訴権を認め、反対に下位契約のような両契約が同じ債務に関わっている契約の連鎖の類型において、下位契約の債務者と主契約の債権者との間に契約関係を認めず、両者の関係

---

[236] P. Jourdain, RTD. civ. 1991, p.750 et s は本判決によるこの不都合を強調している。
[237] G. Viney, op. cit.（226）.
[238] G. Viney, op. cit.（152）, p.345 et s.
[239] P. Jourdain, op. cit（194）, p.152.
[240] 例えば連鎖的売買の事例について破毀院第一民事部 1988 年 1 月 19 日判決（Bull. civ. Ⅰ. n20, p.14）、売買と請負の事例について、破毀院第三民事部 1995 年 5 月 31 日判決（JCP.1995. Ⅳ. 1811）。

を明らかに不適当な不法行為の制度に服させる判例の態度は一貫性を欠く。これらに加えて下請人が瑕疵ある材料を製造者から購入した場合、この製造者に対しては特定承継論により注文主から契約責任の追及がなされるといった事態が生じてしまうことも指摘されている[241,242]。

### (四) Besse 判決後の状況

**(1) Besse 判決前**　Besse 判決により、1986 年の大法廷判決までに認められた契約上の直接訴権および条文に明記されている直接訴権以外（例えば下位契約）では再び不法行為責任が認められることになったが、このことは先述のように 1970 年代から 1980 年代にかけてより明らかとなったフォートの同一視、つまり契約不履行はこれによって損害を被った第三者に対して即不法行為フォートを構成することへの回帰を示すのであろうか。しかし判例は 1980 年代の半ばから再び厳格な不法行為フォートの認定、すなわち単なる契約責任とは別の独立した不法行為フォートが要件とされるという考え方への回帰を一部において示している[243]。例えば 1983 年 4 月 26 日の破毀院第三民事部判決は、瑕疵ある製品が製造者から売主の手を経て請負人にわたりこれが建物に組み込まれたことによって注文主が損害を被った事案において、売主の注文主に対する不法行為責任は売却目的物に瑕疵があったという事実だけから推定されえず、売主が瑕疵を知り、または引渡前にその管理をなすべきであったことが証明されていないことを理由に不法行為責任の成立を否定している[244]（判決当時この類型の連鎖にはまだ特定承継論の適用がなかった）。

**(2) Besse 判決後**　こうした傾向を有する破毀院判決は Besse 判決後にも散見される。まず破毀院第三民事部は、注文主が下請人でありかつ製造者であった者に対して損害賠償を請求した事案

---

[241] Chr. Larroumet, op. cit.（233）.
[242] Besse 判決から帰結される判例法理の難点については、他に C. Jamin, op. cit（202）, p.260 et s や P. Ancel, op. cit（229）, p.13 ets を参照した。後者は上記に加えて、特定承継論について第三者は二重の制限を受けないにしてもなお自らが合意していない債務者の契約上の抗弁（例えば物の瑕疵についての中間売主の認識）を対抗されてしまうことを、また物の移転を伴う下請のような限界事例について、物の所有権の移転を基準にする判例では適切な解決をなしえないことなどを指摘している。
[243] G. Viney, op. cit.（152）, p.401 et s.

において、注文主は下請人と契約関係にないことからフォートを証明して不法行為責任だけを追及できるとし、その上で不法行為フォートの証明があったか否かについて検討をしなかった控訴院判決を破毀したのである[245]。次に破毀院第一民事部は、委任契約の受任者の不履行により損害を被った第三者がこの受任者に対する損害賠償を請求した事案について、受任者の委任契約上の「債務とは切り離しうる不法行為フォート」を認定して不法行為責任を認めている[246]。

**(3) 以上に反する判例の傾向**

しかしながら以上が判例の一般的傾向であるわけではない。例えば次のように契約上の債務不履行がそれ自体として第三者との関係で不法行為フォートを構成することを認める破毀院判決も多い[247]。第一に、建物の建築のために作業現場の取仕切りを注文主から依頼された者が作業調整の義務を怠ったことにより、他の請負人に損害が発生した事案において、この者の契約不履行が請負人との関係で不法行為フォートを構成することを、それが契約から切り離しうるフォートか否かについて明確にすることなく認めた控訴院判決を認容した破毀院第三民事部判決[248]がある。第二に、ショッピングセンターと店舗の賃貸借契約を締結した商人がその際に課せられたセンター

---

[244] 破毀院第三民事部 1983 年 4 月 26 日判決（Gaz. Pal. 1984. I . 180, note. A. Planqueel）。なお同種の事案に関し同様の判断をなすものに、破毀院第三民事部 1985 年 5 月 14 日判決（Bull. civ III n79, p.62）がある。また建築家および請負人と契約した注文主が建物の瑕疵によって損害を被ったことを理由に請負人に損害賠償請求をし、これが認容されたことから、請負人が建築家に対して不法行為責任を追及することで求償を求めた事案に関し、建築家が注文主に対して犯した不履行が請負人に対して不法行為フォートを構成しうる場合にのみ請負人は建築家に対して不法行為責任を追及できるとした破毀院第三民事部 1984 年 9 月 27 日判決（Bull. civ. III. 153, p.119）がある。

[245] 破毀院第三民事部 1992 年 11 月 18 日判決（Bull. civ. III. n299, p.184）。

[246] 破毀院第一民事部 1995 年 4 月 11 日判決（D. 1995. somm. com, p.231, obs. Ph. Delebecque）。この判決を評釈した Delebecque は、判決で用いられている「契約から切り離しうるフォート（faute détachable au contrat）」という観念は、以前から認められてきた「契約外のフォート（faute extérieure au contrat）」と同じものであるとする。

[247] G. Viney, op. cit. (152), p.402. P. Jourdain, RTD. civ. 1992, p.567 et s は判例のこの矛盾する二つの傾向を認めている。

[248] 破毀院第三民事部 1992 年 2 月 5 日判決（RTD. civ. 1992, p.567, obs. P. Jourdain）。

の他の商人と競合しないという義務に違反したために、他の商人が損害を被ったという事案について、契約上の義務違反が第三者に対する関係で不法行為フォートになるとした控訴院の判断を認容した破毀院商事部判決[249]がある。第三に銀行が証明のない小切手の支払いに応じたために、同じ振出人が振り出した小切手が当該銀行によって支払いを拒絶されることになり、その支払いの受取人が損害を被ったという事案について、証明のない小切手の支払いに応じた銀行の行為は第三者に対する関係で不法行為フォートを構成するとした控訴院判決を認容した破毀院商事部判決がある[250]。第四に、不動産の用益権者からその不動産の管理を委託された専門業者が用益権者を所有権者であるとして虚有権者の承諾なく賃借人と商事賃貸借契約を締結し、これにより損害を被った虚有権者がこの専門業者に損害賠償を請求した事案について、専門家たる受任者は委任者の地位を確かめる義務を負っており、その事務を遂行するにあたり自発的なまたは委任者の指示に基づく不法行為フォートによって損害を被った第三者に対し直接責任を負うと判示した破毀院第一民事部判決[251]がある。第五に、不動産仲介業者の専門家としてのフォート[252]（情報提供義務[253]違反）により、この業者に助言を依頼した不動産の売主とこの不動産の買主との間の契約が買主の錯誤によって無効になり、これによって売主、買主およびこの買主に購入資金を貸し付けた者が損害を被った事案について、不動産仲介業者の責任は売主との関係では契約責任に基づいて、これ以外の者との関係では不法行

---

[249] 破毀院商事部 1991 年 3 月 12 日判決（RTD. civ. 1992, p.567, obs. P. Jourdain）。
[250] 破毀院商事部 1991 年 6 月 4 日判決（Bull. civ IV n197, p.141）。
[251] 破毀院第一民事部 1992 年 10 月 13 日判決（Bull. civ I n250, p.165）。
[252] P. Jourdain, RTD. civ. 1993, p.363 は、破毀院がここで債務者の専門家としての地位にも着目し、業務の執行が単に依頼者に対するものにとどまらない義務を生じさせることが理解できるとしている。
[253] P. Jourdain, op. cit. (252), p.363 は、情報提供義務はある職業と結びつき、依頼人のみならずあらゆる者の利益のために課せられる性質を有することから、契約外の義務としてとらえた方が適当であるとする。なおフランスにおける情報提供義務については、後藤巻則「フランス契約法における詐欺・錯誤と情報提供義務（一）～（三）」民商 102 巻 2 号 58 頁以下、3 号 78 頁以下、4 号 54 頁以下および馬場圭太「フランス法における情報提供義務理論の生成と展開（一）（二）」早法 73 巻 2 号 55 頁以下、74 巻 1 号 43 頁以下等を参照した。

為責任に基づいて課せられると判示した破毀院第一民事部判決[254]がある。第六に事案の仔細は不明であるが、ガスレンジの取付に瑕疵がありこれによって爆発が生じた事案について、この取付人に不法行為責任を認めた破毀院第二民事部判決がある[255]。第七に、建築を請負った元請人が下請人に対して負っている監督・情報提供・補助の義務違反が下請人のフォートとあいまって隣家に損害を生じさせた事案について、元請人の契約不履行は同時に第三者たる隣家との関係で不法行為フォートを構成するとした破毀院第三民事部判決がある[256]。

(4) 判例の分析　　こうした判例上の矛盾はいかにして説明しうるのであろうか。学説においては例えば次のような説明が試みられている。まず二つの立場を反映したものであるという説明がなされる[257]。すなわち第一に原則としてあらゆる契約フォートは第三者に対する関係で不法行為フォートをなすとする考え方がある[258]。これによれば、契約責任は契約当事者間においてその契約により生じた義務の不履行によって損害が生じた場合を規律し、これ以外のあらゆる状況は不法行為責任が

---

[254] 破毀院第一民事部 1992 年 12 月 6 日判決（Bull. civ I n316, p.207；RTD. civ. 1993, p.363, note. P. Jourdain）。
[255] 破毀院第二民事部 1992 年 1 月 20 日判決（JCP.1993. III. 734）。
[256] 破毀院第三民事部 1993 年 1 月 24 日判決（RTD. civ. 1993, p.364, obs. P. Jourdain）。
[257] P. Jourdain, op. cit.（247）, p.568.
[258] こうした考え方を唱える者に、G. Durry, RTD. civ. 1973, p.129；1974, p.815；J. Flour＝J. L. Aubert, Les obligations. 3, Le rapport d'obligation, Dalloz. 1999, p.115；J-p. Tosi, op. cit（161）, p.489 et s がある。
　例えば、J. Flour＝J. L. Aubert, p.115 は、第三者が自らの利益のために自らが当事者ではない不履行がなされた契約を援用することは契約の相対効原則に反しないかという問題について、契約の相対効を定める 1165 条が禁ずるのは当事者の意思だけでこの第三者を契約関係に組み入れてしまうことであるが、この場合第三者は契約関係に自分が入っていることを主張しているわけではなくただ不履行を自らの損害賠償請求権を基礎づける事実として援用しているだけで、ここで作用するのは第三者は自らに損害を及ぼした事実として契約およびその不履行を援用しうるという契約の対抗力の原則だとしている。また J-P. Tosi, p.489 et s は、契約当事者は契約の相手方に対して契約上の義務を負っている（obligationnel）が、これが示す契約規範には第三者に対する関係でも拘束されている（obligatoire）として、契約違反が同時に不法行為フォートをなすとしている。ただし契約違反が善良な家父の注意義務に違反するものであることを要するとする。

規律することになる[259]。第二に契約の相対効原則を厳格に適用し、第三者が不法行為フォートを証明するかわりに契約上の義務違反を援用することを許さない考え方がある[260]。これによれば契約上の義務違反は契約外の義務、特にあらゆる者に課せられる注意義務違反となるわけではないことになる。これは、契約フォートの相対性を重視し、不法行為フォートはあらゆる契約的観点から独立して評価されねばならないというかつての判例が採用していた契約フォートと不法行為フォートの分離の原則に結びつくものである。

次にこういった立場の相違に加えて、問題となっている義務の相違によって説明をするということも試みられている[261]。これは上記の立場のうち後者を採用する者による判例の説明として試みられるものであるが、これに

---

[259] J. Flour＝J. L. Aubert, op. cit.（258）, p.116.
[260] P. Jourdain, op. cit.（252）, p.362；M. Bacache, op. cit（161）, p.54 et s；G. Viney, op. cit.（152）, p.402 et s.
[261] そもそも契約上の義務と不法行為法上の注意義務とはその目的および対象の点で異なるされる。まず契約の目的とは契約当事者の利益を調整することにあるのであって、道徳や社会の要請に答えることを目指すものではない。次に前者は契約当事者のみをその対象にし、後者は特定の状況にある者すべてを対象とする。また債務者の行為を評価する余地を与えない結果債務の場合、不法行為フォートとの違いはいっそうはっきりとする。しかしながらもともと契約外の領域において不法行為責任により規律されてきた行為規範を契約に挿入するという試みが20世紀初頭から活発に行われるようになり、こうして生み出されてきたのがいわゆる付随的義務であり、これには安全義務や情報提供義務、警告義務（obligation de mise en garde）、助言義務、忠実義務（obligation de fidélité）などがある。これらの義務はもともと不法行為の領域にあったものであり、実際には契約当事者間における一般的な行為規範を示し、契約外の第三者との関係では不法行為責任によって規律される。したがってこれらの契約上の義務の不履行は不法行為フォートに近似する。さらに不履行を評価するにあたって債務者の行為を評価する手段債務という性質決定は特に上述した付随的義務についてなされ、このことは付随的義務違反を不法行為フォートへさらに近づける要因になっている。結局契約の不履行は問題となっている義務に応じて二分され、契約とは切り離せない純粋に契約上の義務に対するものと、契約に結び付けられてはいるがこれから切離しえ、契約外においては不法行為フォートと評価されうるものとが存在するのである。以上 G. Viney, op. cit.（152）, p.282 et s 参照。なお付随的義務の安全義務および情報提供義務を通じての拡大について H、L、J Mazeaud＝F. Chabas, Leçon de droit civil. tome 2, Obligations. Théorie générale. 8éd, Montchrestien. 1991, p.378 et s；F. Terré＝Ph. Simler＝Y. Lequette, Droit civil, Les obligations. 5éd, Dalloz. 1993, p.330 et s, p.408 et s；B. Starck＝H. Roland＝L. Boyer, op. cit.（130）, p.727 et s；J. Carbonnier, op. cit（132）, p.489 et s 参照。

よれば契約上の義務はその射程によって二つに分けられることになる。例えば安全義務のような契約上の義務は他人に対して損害を生じさせないように行動する義務をいい、これは契約当事者にのみ課せられるものではない。したがってこうした一般的な射程を持った義務に対する違反は同時に不法行為フォートをも構成することになる。これに対し、より本質的な契約上の債務が存在する。これは、契約当事者が予定した経済的な取引の実現に直接結びつき、その射程は契約当事者にのみ及び、当事者が契約責任に基づいてこの債務の不履行を主張しうるだけである。そして契約上の義務違反が前者にあたる場合、この義務違反を証明すれば第三者との関係で不法行為フォートが存在していることを証明しうるが、これが後者にあたる場合、この不履行を不法行為責任訴権の根拠として援用する第三者は当該事案においてこれが不法行為フォートにもあたることを証明しなければならない[262]。

しかし判例がこのような義務の性質による区別に対応しているか疑問視される場合もある。例えば先に不履行それ自体が不法行為フォートを構成する例として二番目に挙げた破毀院商事部1991年3月12日判決において問題となった競業避止義務の射程は、その違反が不法行為フォートを構成する契約外の義務とも見うるほどには十分一般的なものとは考えにくいものであり、契約当事者間においてのみ効力をもつ本質的に契約上の義務で

---

[262] こうした見解を主張する者が、あるカテゴリーの義務違反が第三者に対する関係で常に不法行為フォートになると考えている訳ではない。G. Viney, JCP.1998. I. 144, chronique de responsabilité civil, p.1094 et s は次のような指摘をしている。例えば破毀院商事部1997年6月17日判決（Bull. civ IV n187, p.164）や破毀院第一民事部1997年12月16日判決（resp. civ et assur. 1998. n98）、破毀院第一民事部1997年12月25日判決（Bull. civ. I. n231）、破毀院第三民事部1998年3月25日判決（Bull. civ. III n72, p.47）の四つの判決は、すべて情報提供義務が問題となる事案であったが、前二者については債務者の情報提供義務の不履行が第三者に対して不法行為フォートを構成しないとされ、契約に対する関係で不法行為フォートの独立性が尊重されたのに対し、後二者については不法行為フォートを構成すると判断されたのである。このことについて、後二者において債務者の情報提供義務は一定の第三者の利益を含むものであったのに対し、前二者において第三者に対する関係で危険を生じさせるものではなかったことが指摘できる。このように債務が一定の第三者の利益をも含むものであるか否かも当該不履行が不法行為フォートをなすか否かの判断にあたって判断要素の一つをなすのである。

あって、不履行即不法行為とは考えにくいことが指摘されている[263]。次に同様の例として七番目に挙げた破毀院第三民事部1993年3月24日判決において問題となった元請人の下請人に対する監督・情報提供・補助の義務はもっぱら下請人の利益のために契約上生じた義務であって決して隣人のためのものではない。したがってここではその違反が性質上第三者に対する関係で不法行為フォートを生じさせるものではない純粋に契約上の義務が問題となっているのであって、その射程は当事者間にのみ及ぶはずである[264]。

### (五) 判例の小括

　以上に見た判例の展開を簡単にまとめておく。もともとフランスにおいて契約責任はその本質において現実履行が損害賠償に形を変えた履行の代替であると考えられ、そのため第三者に不履行債務者に対する不法行為責任の追及を認めることは第三者に対し契約の履行を認めることとなり、契約の相対効の原則に違反することになる。ここから契約フォートと不法行為フォートの分離の原則が帰結されたのである。しかしながら1960年代から1970年代にかけて判例において、例えば物の瑕疵により第三者が損害を被った場合や、下位契約、注文主と建築家および請負人との関係等において債務者の不履行により第三者が損害を被った場合に、しばしばこうした債務者の契約上の債務の不履行それ自体が第三者に対する関係で不法行為フォートを構成すると判断されるようになり、これにより契約フォートと不法行為フォートの分離の原則は緩和され、あらゆる契約不履行は第三者との関係で不法行為フォートを構成し、不法行為責任が拡大されることになったのである。この結果これに由来する不都合、すなわち債務者の予見への侵害や第三者が債権者に比してより有利な権利や地位を手に入れてしまうことなどが意識され、破毀院は1980年代において、第三者に対し不法行為責任が成立することを前提に、特に契約の連鎖の参加者であって契約の履行に利害関係を有する第三者を契約法規範に服させるべく、たとえこの者の行使する訴権が債務者の契約とこの者の契約との二重の制限

---

[263] P. Jourdain, op. cit. (247), p.569.
[264] P. Jourdain, op. cit. (252), p.364.

に服することになるとしても、この者との関係でも契約責任を認め、契約責任を拡大する方向に向かった。具体的には、これまで連鎖的売買において認められてきた特定承継論を売買契約と請負契約の連鎖にも拡張し、さらに破毀院第一民事部は下請その他の契約の連鎖においても契約責任の成立を認めるに至ったのである。しかしその後破毀院は契約の相対効の原則を堅持するとの考え方のもと1991年の大法廷判決により一連の第一民事部判決を否定し、明文の規定のない第三者との間での契約責任を特定承継論が適用される領域に限定している。しかし契約責任の拡大を阻止したこの大法廷判決によりフォートの同一視による不都合という問題が残されることになった。同判決の前後において判例の中には、債務者の不履行が同時に不法行為フォートを構成するのかという独立した評価を求め、フォートの分離原則を維持した判決も散見されたが、反対に同原則を放棄したと見られる判決がなお優勢であった[265]。

### 4　学説の展開（契約群理論の登場）

以上のような判例の流れの中で学説はどのような展開を示してきたのであろうか。上記諸判決中の特に破毀院第一民事部1988年6月21日判決は特定承継論の領域を越えて契約責任を拡大するにあたって契約群という概念に言及しているが、この概念は1960年代後半から1970年代の後半にかけて展開された学説上の議論にその起源を有するものである。そこで以下においてはまずこの契約群という概念を作り出した学説上の議論を概観する。

### （一）　G. Durry の問題提起

まず Durry は運送契約について荷送人と運送人および運送人と荷役業者

---

[265] なおその後破毀院においては、契約上の債務の不履行によって損害を被った第三者が不法行為責任を追及するにはこの不履行の他に証拠を必要としないとまで判示する破毀院第一民事部2000年7月18日判決（Bull civ I n221）や破毀院第一民事部2001年2月13日判決（Bull civ I n35）が現れるに至り、他方フォート分離原則を堅持したと見られる判決は数例を数えるのみであり、もはや判例においてフォート分離原則は廃棄されてしまったとの評価すらされている。J-P. Tosi, op. cit（161）, p.485 et s；Ph. Le Tourneau, op. cit（168）, p.307.

を結びつける二つの契約の存在から、荷送人を荷役業者との関係で荷役作業中に荷物の落下によって負傷した通行人と同じような第三者として扱いうるかを問題にした[266]。そしてここで荷送人を荷役業者との関係で単なる第三者として扱うこと、例えば荷役業者が商品に損害を与えた場合に荷送人が不法行為責任を追及しうるとすることは、荷役業者の予見を侵害し荷送人に運送人を訴える場合よりも大きな利益を与えることになると指摘し、荷役業者の責任をその予見のもとに制限すべきであることを提唱した[267]。そしてこのことは請負や連鎖的売買などの事例にも拡大でき、結局契約の周りには当事者でも代理人でもなくかといって完全な第三者とは考えられない者がいることを認める[268]。Durryはこういった第三者を完全な第三者とどういう理屈でどう区別するのかについて言及していないが、フォート分離原則が緩和されあらゆる契約上の債務不履行が第三者との関係で不法行為であるとする判例を前提に、一定範囲の者を完全な第三者と扱うことに疑問を提起したのである。

### (二) B. Teyssié の契約群

複数の契約が集合し一定の集団 (groupe) を形成している場合、その集団内におけるある一つの契約は他の契約との関係で完全に独立したものとはいえず、この集団に属しているという事実は何らかの特別な取扱、特に集団内におけるある契約の当事者は集団内の他の契約との関係で全くの第三者と区別して扱われるということを提唱し、契約の集団、すなわち契約群 (Les groupes de contrats) という概念を提唱したのが Teyssié のテーズ "Les groupes de contrats" である[269]。

Teyssié は概要以下のように主張する。現代においては、人（会社、国など）や物（営業、資産など）と同様、契約においても集団化が見られ、取引の

---

[266] G. Durry, RTD. civ. 1969, p.774. なお運送人が荷物を毀損し、運送契約の第三者たる荷受人が損害を被った場合、荷受人のために運送契約において他人のための約定が運送人によってなされたとする解決が判例において定着している。判例として、例えば、破毀院商事部 1955 年 2 月 1 日判決（JCP. II. 8772, note. J. Hémard）や破毀院商事部 1992 年 5 月 26 日判決（JCP. IV. 2152）がある。

[267] G. Durry, op. cit. (266), p.774.

[268] G. Durry, op. cit. (266), p.776.

複雑化、取引に携わる者の専門化、財物の流通の加速により合意の連鎖や合意の集合といった事象が生じ、こうした同一のまたは異なる当事者間の二つまたはそれ以上の契約が構成する集団の存在は特別な考察に値すると、問題を提起する[270]。

Teyssié によれば以上のような契約群には大きく分けて二つの形態が存在する。その一つが契約の連鎖（chaînes de contrats）とよばれるものであり、これは複数の同質の契約が時系列に従って順次出現し、それぞれの契約は同一の目的物（objet）関わっている。これはさらにある契約に他の契約が追加されることによって生ずる連鎖と、元の契約が分裂することによって生ずる連鎖とに分けられる。前者では、連鎖的売買の例や賃貸借の黙示の更新による継続の例が挙げられ、後者では、下請や転貸借、複委任の例が挙げられる[271]。

これに対しもう一つの契約群の形態に契約の集合（ensemble de contrats）がある。これはある経済的な共通の目的（but commun）を達成するために同時並行的に複数の同質のまたは異質の契約が中心的な人物のイニシアチブによって締結される場合であり、これらの契約は取引の参加者の共通の目的としてのコーズの少なくとも部分的な同一性により結びつけられている[272]。

---

[269] B. Teyssié, Les groupes de contrats, LGDJ. Bib dr priv 1975. この Teyssié の見解について言及する文献として M. Bacache, op. cit. (161), p.36 et s；J. Ghestin, op. cit (156), p.1208 et s；P. Reigne, op. cit (224), p.152 et s、邦語の文献として、中田・前掲注（224）402頁以下、野澤正充「有償契約における代金額の決定（二）」立教51号31頁以下、同・前掲注（180）172頁以下、松浦「フランスにおける契約当事者と第三者の関係および契約複合理論」前掲注（196）561頁以下、山田「フランス直接訴権論からみたわが国の債権者代位制度（二）」前掲注（197）293頁以下を参照。

なお Teyssié の見解の好意的なのは、Carbonnier である。その教科書の Droit civil. tome4, Les obligations. 22éd, PUF. 2000, p.215 et s では、契約の集合の検討に一節が設けられている。

[270] B. Teyssié, op. cit. (269), p.1 et s.

[271] B. Teyssié, op. cit. (269), p.41 et s.

[272] ここにいうコーズは、通常いうところの債務を負担する原因としての債務のコーズではなく、より広く主観的な契約のコーズとでもいうべきものであって、取引の参加者すべてが共有する共通の目的とされる。

コーズ概念については、山口・前掲注（154）45頁以下、野村豊弘「体系フランス民法〔債務法〕6」判夕649号24頁以下、小粥太郎「フランス契約法におけるコーズの理論」早法70巻3号1頁以下参照。

これはさらに各契約間に主従関係が存在する場合と、各契約間に主従関係のない場合に分けられる。前者では、金銭消費貸借契約と保証契約の例や売買契約と消費貸借契約とから成る関連貸付の例が挙げられ、後者では、荷送人が各運送人と契約を結ぶ相次運送の例や共同保険契約の例が挙げられる[273]。

そして Teyssié は、以上のような契約群が実務上その存在を認められてきたこと、さらにそれが与える影響を裁判官や立法者が認定してきたことによって、彼らが暗黙のうちにこの概念を認めてきたと主張する[274]。

以上のような契約群が与える影響について二つの側面を挙げる。すなわち契約関係の変容（transposition）と契約関係の創出（création）である。前者では、さらに契約関係の複雑化（complexification）という方向と統一化（uniformisation）という方向が挙げられる。まず複雑化とは、その成立については契約群に属するある契約の有効性が同一集団の構成要素たる他の契約の有効性やその集団全体の目標によって影響を受けることであり、例えば集団内のある契約が無効・解除・解約等によって消滅した場合に同じ集団内の他の契約が影響を受けることである[275]。次に統一化とは集団内における契約が同じ法的取扱を受けることがあることを意味する[276]。

次に契約関係の創出について、契約群はその集団内において直接契約関係に立たない者どうしの間に契約関係を作り出す。これによりまず条文に規定のない直接訴権が生ずる。これには担保責任の直接訴権（actions directes en garantie）と弁済の直接訴権（actions directes en paiement）とがある[277]。次に集団内のある契約について不履行があった場合、この契約の第三者ではあるが集団の構成員である者に生ずる責任訴権は契約責任であるとされる[278]。Teyssié は不法行為責任訴権を採用することに利点はなく、同一の集団に属

---

[273] B. Teyssié, op. cit. (269), p.96 et s. 以上のように Teyssié の提唱する契約群（Les groupes de contrats）は、非常に広範なカテゴリーであって、契約の連鎖はその一部にすぎない。
[274] B. Teyssié, op. cit. (269), p.133.
[275] B. Teyssié, op. cit. (269), p.143 et s.
[276] B. Teyssié, op. cit. (269), p.213 et s.
[277] B. Teyssié, op. cit. (269), p.239 et s.

する者すべての間に存する契約関係によって契約上の訴権が正当化されるとする[279]。

　以上がTeyssiéの主張の概要であるが、本部との関係で特に重要なのは、Teyssiéのいう契約群の中の契約の連鎖に関して、その効果について契約関係にない者の間に契約関係を創出する点、特にある契約の不履行の際に契約責任訴権をその契約の第三者に認める点である。この点についてTeyssiéは次のように主張する。まず従来からいわれてきた不法行為責任の契約責任に対する優位はもはや取るに足らないものである。例えば契約責任に基づく場合、免責または責任制限の対抗を受けるという点は、債務者の故意または重大なフォートが問題になれば、多くの場合判例によってこうした条項は排除されてしまう。さらに不法行為責任にあっては附遅滞が不要である点についても、契約責任についてこれが必要であるのは例外である。むしろ契約責任は被害者たる原告のフォートの立証を不要とする点等において有利である。次にこの場合の契約責任訴権の許容性について、契約責任によることは責任制限条項や短期消滅時効、管轄の規定など債務者が契約相手方に対抗しえたものを主張できるようにする点で公平であり、また契約群内で契約当事者であるか否かを問わず構成員全体の間に契約関係が存在し、担保責任の直接訴権や弁済の直接訴権が認められるとしたら、同

---

[278] 直接訴権について、集団を構成する契約のうちのある契約から発生した既存の権利に基づくものか（訴権の根拠たる契約の制度が訴権を規律する）、または既存の権利からは区別される新しい権利に基づいていると考えるのか（訴権は既存のどの契約にも由来しないため準拠する制度が問題となる）、という直接訴権の準拠制度に関しての二つの選択肢が存在する。ところでこの点についてTeyssiéはどちらの立場に立っているのか不明であることが指摘されている（M. Bacache, op. cit. (161), p.316）。Teyssiéは一方において契約群の存在により集団の両極にいる二人の契約当事者を結びつけ、集団を構成する契約それぞれから生じた契約関係とは別の新しい契約関係を生じさせて、後者の選択肢に向かう口ぶりを示すのに対し（B. Teyssié, op. cit. (269), p.263）、他方で債務者の立場を悪化させないという関心から、直接訴権を行使する者は債務者の抗弁を対抗されると主張することで（B. Teyssié, op. cit. (269), p.252）、前者の選択肢に向かうようにも思われるからである。

[279] B. Teyssié, op. cit. (269), p.281 et s. なおTeyssiéは、契約群内において契約責任の成立を直接契約関係にない者の間にも認めることの前提として、契約群内のある契約（甲契約）の債務者の不履行が他の契約（乙契約）の債権者に対し不法行為フォートになるというフォートの同一視を認めているものと思われる。

じ集団の中で責任訴権を契約上のものとすることがより論理的であると主張する[280]。

### (三) J. Néret の下位契約

契約群という広い領域とは対照的に下位契約（sous—contrat）というより狭い領域の中での特別な取扱を提唱したのが Néret である[281]。Néret はそのテーゼ"Le sous-contrat"において概要以下のように主張する。

まず下位契約とは主契約（contrat principal）をその構造上前提とするものである。すなわち主契約は下位契約を生み出すものであり、またその存続の前提をなすものである。また主契約の存在を前提とするものであるために時間的に下位契約が主契約に先行することはありえない。次に下位契約はその目的を主契約に負っている。つまり二つの契約は主たる債務の目的という意味で理解される同一の目的をもたねばならないのであり、かつ給付の目的という意味で理解される同一の目的すなわち同一の目的物に関わっていることが必要なのである。さらに下位契約は主契約と同じ目的を有しかつその存続を条件とするものであるため、主契約が存続する間にその全部または一部を代行するものでなければならない。したがって下位契約はなす債務を主たる債務とする役務提供型の契約や貸借型の契約がその適格を有し、またその期間および範囲は主契約を超えるものであってはならないのである。このように下位契約は、その構造上下位契約が主契約に支配されるという形で、主契約と固く結びついているのである[282]。

次に Néret は下位契約をその果たす機能から次のように二種類に分ける。この分類は下位契約の作出にイニシアチブを取る中間者（両契約の当事者）の追及する目的を基準にするのである。すなわちまず下位契約によること

---

[280] B. Teyssié, op. cit. (269), p.281 et s.
[281] J. Néret, Le sous—contrat, LGDJ. Bibl. Dr. priv. 1979. 同論文について、M. Bacache, op. cit. (161), p.40 et s ; Ph. Malaurie＝L. Aynès, op. cit (137), p.403 et s、邦語文献として野澤・前掲注（180）176 頁を参照。

Néret の下位契約に好意的なのは Malaurie＝Aynès, op. cit (137), p.403 et s である。そこでは、下位契約に一節が割かれ詳細な叙述がなされている。

[282] J. Néret, op. cit. (281), p.9 et s. このように下位契約というカテゴリーはなす債務を主たる債務とし、また様々な条件に服することから、契約の連鎖というカテゴリーの中の一部に過ぎない。

を主契約を実現する手段にする場合がある。この場合中間者の相手方である主契約の契約当事者が給付の受益者となり、中間者のもう一方の相手方である下位契約の契約当事者が給付を実際になす者になる。これにあたるのが下請である。次にこれとは反対に主契約が下位契約の手段になることもある。この場合には先と反対の結果が給付の受益者と給付の実行者について生ずることになる。これにあたるのが不動産や船舶などの転貸借である[283]。

　ところで1165条によれば以上の受益者と履行者との間には直接の契約関係がないため、ともにそれぞれに対して直接の訴権を持たないことになる。しかしNéretはこのような個人主義的なアプローチを廃し、以下のようなよりグローバルなアプローチを提唱する。すなわちこれら契約の集団は中間者が考案した同一の経済的な作用を営み、この中間者が意図するところに従い主契約下位契約におけるそれぞれの契約相手方は履行者にも受益者にもなり、中間者と給付の現実の履行者とを結ぶ契約は受益者の満足を目指す。ここでは相互に直接契約関係にない集団の両極にある者どうしを結びつけるという点で、また第三者に働きかけるという形で役務を提供する点で、中間者は中心的な役割を担うことになる。こうして両契約は同一の経済的な目的のために協力 (collaboration) することになるのである。

　そしてNéretは、こうした経済的なアプローチから集団の両極にある者どうしは直接契約関係にはなくとも一方が現実の給付をなしもう一方が現にこれを享受するという点で、お互いにもはや単なる第三者どうしではなくなり、二つの直接訴権が創設されると主張する。その一つが役務の受益者に属する給付の履行に対する契約上の履行の直接訴権であり、これは等価物の形をとることによって契約責任訴権の形態をもとりうることになる。給付の受益者は第一の利害関係人であり、彼がその履行を求めることは何らおかしいことではない。次に履行者の給付の受益者に対する契約上の弁済の直接訴権がある。経済的な観点より見れば、中間者が履行者に支払う額は中間者が受益者より受領する額に含まれているのであるから、結局は

---

[283] J. Néret, op. cit. (281), p.157 et s.

受益者が履行者に支払うのと変わらないことになるからである。そしてこれらの訴権の直接性という性格はこのような契約の集団に属しているということによって正当化される。またこれらの訴権は1165条の合意の相対効原則に反しない。なぜなら上述のような集団の構成員はその相互関係において第三者とは考えられないからである。つまり1165条にいう第三者とは、完全な第三者、すなわちこのような集団の外にある者を指すのである。

ところでNéretによれば、これらの訴権は履行や弁済が円満に行われている時には出現しない。これらは、履行の直接訴権についてはその履行がなされないか不完全になされた場合、弁済の直接訴権については履行の対価としての金額が支払われなかった場合など支障が生ずることで、発生するのである。また主契約と下位契約はそれぞれにおいて独自の均衡を実現するものであるから、たとえ直接的な関係が集団の両極にある者どうしを結びつけるとしても、それぞれと中間者との関係を消してしまうものであってはならない。ゆえに以上の直接訴権はこれを行使する者が中間者に対して有する債権の限度と、行使される者が中間者に対して負う債務の限度という二重の制限に服する[284]のである[285]。

以上がNéretの論文の概要であるが、特に本部との関係で重要な損害賠償に関するNéretの見解をまとめておく。Néretは下位契約において給付の受益者が直接契約関係にない代行者に対して有する訴権の存在の正当性および性質について以下のように論ずる。

この正当性についてNéretは次のようにいう。まず「何人も自己のフォートに由来する責任を免れるべきではない」という原則を挙げる。下位契約

---

[284] 直接訴権が根拠にする権利についてNéretは次の見解をとっている。すなわち直接訴権の行使者は行使を受ける者の契約に予定された債務の履行のみならず自らの契約に予定された債務の履行をも求めるのであるから、この直接訴権は既存の二つの権利の混成である。そしてこの直接訴権の行使者は行使される者の契約との関係において当事者でも第三者でもない「集団の当事者」(J. Néret, op. cit. (281), p.286) という第三のカテゴリーに属し、行使に際しては両契約の制度に服することになる。つまり集団の当事者は集団を構成する二つの契約より発生する権利の混成である直接訴権をこれら二つの契約の限度でのみ行使するのである。

[285] J. Néret, op. cit. (281), p.195 et s.

において受益者に損害を生ぜしめたフォートすなわち不履行を犯した代行者は、その責任を免れるべきではないということである。またここには因果関係の存在も認められる。次に判例上物の最終的な受益者である買主が製造者を訴求しうるのと同じように役務の最終的な受益者も履行者すなわち代行者に訴求できなければならないとする。加えて物の給付とは異なり役務の給付は履行者から受益者に対して直接なされるものであることについても付言する。そして現実履行が理想であるが、これができない場合には現実履行に限りなく等しい効果が損害賠償によって与えられるが、これも中間者の手を経ることなく受益者の手に渡ると主張する。

　次にこの性質について Néret は次のようにいう。まず債務者は彼が履行しなければならない給付の内容を正確に知っているべきであり、不履行の際に負担する責任の範囲を予測できなければならない。そして不履行の際彼が第三者に対して負うべきフォートは、たとえそれが判例によって不法行為責任訴権の根拠と認められても、契約不履行に他ならない。したがって債務者は彼が予見した条件とは異なる条件のもとで責任を負うこと（不法行為責任）によりその予見を害され、責任を増大させられるべきではないのである（特に時効期間や責任制限条項）。このように Néret は不法行為責任によることが、当事者間の関係を規律する合意によって形成された規範の通常の働きを妨げることを指摘し、契約の集団（下位契約）の存在によりその内部で生ずる責任訴権の契約化と不法行為責任訴権の行使の禁止が正当化されるとする。つまり、先述したように下位契約において直接契約関係にない履行者と受益者は相互に 1165 条にいう第三者ではないから、両者の間の責任訴権は契約のそれであり、たとえフォート同一視の判例により不法行為責任が成立しても、請求権非競合の原則によって不法行為責任訴権の行使が禁じられることになる[286]。以上のように Néret は下位契約において契約責任の直接訴権が成立することを主張するのである。

---

[286] したがって Néret は判例によるフォートの同一視それ自体を否定しているのではない。請求権非競合の原則により、契約責任のみが成立することになると考えているのである。
[287] J. Néret, op. cit. (281), p.262 et s.

以上が Néret の下位契約内における受益者から履行者に対する直接訴権に関するその根拠と性質の主張の概観である[287]。

## (四) Besse 判決後の学説の一つの傾向（G. Viney および P. Jourdain の見解）

以上で概観したのが Besse 判決以前のこの問題に関する主要な学説である[288]。これら学説により提唱された契約群はいずれも判例によって拡大された不法行為責任に対する契約責任の反作用としての性格をもち、ある者の契約上の債務の不履行が一定の第三者との関係で不法行為フォートをなすことを前提にしつつもこれと契約責任を並行させることで請求権非競合の原則により不法行為責任制度の適用を排除しようとするコンセプトに立脚するものであった。この学説の創造した契約群は 1988 年の第一民事部判決に結実することになるが、1991 年の Besse 判決によりくつがえされてしまった。そしてこれによりフォートの同一視による不都合をどう回避するかという問題が再び現れることになったのであり、Besse 判決後の学説の一部はこの点を意識しつつ展開されるのである。また契約群に関する議論自体も Teyssié のように契約の連鎖と契約の集合を一緒に論ずるのではなく[289]、契約の連鎖は第三者による契約責任訴権の行使の問題として、契約の集合はもっぱらある契約の無効、解除等の他の契約への影響の問題と

---

[288] Teyssié の見解に対しては、J. Ghestin, op. cit (156), p.1208 et s において詳細な批判がなされているので、以下これを要約して挙げておく。まず契約の連鎖について、Teyssié は契約の目的物の同一性を理由に連鎖の両端にある者の間に契約関係を認めるが、これでは目的物が性質を変える売買と請負の連鎖に関する判例を説明することはできず、またそもそも目的物の同一性では契約当事者の地位を法的に与えるに不十分である。次に契約の集合について、Teyssié が根拠とするコーズの同一性にいうコーズは、取引の参加者すべてが共有する共通の目的とされるが、特に三当事者以上の間の取引においては、この取引を主導する者を除いて参加者すべてがこの目的を共有しているとは言いがたい。さらに Besse 判決が示すように、判例の堅持する 1165 条の契約の相対効原則にこの契約群理論は反する。最後に例えば ABC 間の契約の連鎖において、A が C を訴える際に、A の訴権がよるべき制度について困難が生ずる。以上を理由に契約群を不要な概念であるとする。Teyssié に対する批判として後述の Bacache の論文も参照。B. Starck=H. Roland=L. Boyer, op. cit (130), p.732 は意思自治の原則および契約の相対効原則を強調して、契約群のような考え方に反対する。Néret の見解に対する批判については後述。また主に Teyssié と Néret の見解を念頭において契約群理論の難点を指摘する C. Jamin, op. cit (202), p.262 et s も参照。

して、分けて論ずるのが現在までの一般的な傾向である[290]。

**(1) G. Viney の見解** こうした学説のうち、例えば、Viney は Besse 判決までの判例の展開を受けて以下のような見解を示している。すなわち、契約上の義務は前述[291]したように二つのカテゴリーに分けられることを前提に、Besse 判決によって確立された判例法理の不都合を既述[292]のように指摘する。その上で、この領域における秩序の回復が契約責任の完全な放棄によるにしろ、契約的性質を有する訴権の再定義（これが発生する領域として下位契約が含まれることを示唆する）によるにしろ、より重要なのは契約の当事者ではないが、契約の連鎖の参加者であってその給付の名宛人である者をその特別な地位を考慮に入れた制度に服させることである。そしてこの特別な地位は当事者でないことからその内容を知りえなかった契約から権利を引き出してくるということによって特徴付けられる。したがってたとえこの地位が不法行為の制度に服することになっても、これによって契約の約定が無視されてしまうことや、この第三者の地位とこの契約の当事者の地位との間に著しい違いが生ずることがないようにこの不法行為の制度は調整されるべきであり、また逆に契約上の制度が適用される場合であっても、特にこの第三者が彼にとって明らかに不利でこれを避けるすべを有していなかった条項について、この者の合意なく対抗されることを回避するためにその第三者としての地位をも考慮に入れることが必要であるとしている[293]。

---

[289] Teyssié の見解への賛否はともかくとして、この契約の集団化現象のカテゴリーの存在自体は学説一般に受容されているようである。

[290] 代表的教科書のうちこのような構成をとるものとして、F. Terré＝Ph. Simler＝Y. Lequette, Droit civil. Les obligations. 6éd, Dalloz. 1997；J. Carbonnier, Droit civil. tome4. Les obligations. 22éd, PUF. 2000；Chr. Larroumet, Droit civil. tome 3. Les obligations. Le contrat. 5éd, Economica. 2003；H, L et J Mazeaud et F. Chabas, Leçon de droit civil. tome 2. vol1. Obligations. Théorie générale. 9éd, Montchrestien. 1998；J. Ghestin, Traité de droit civil, Les effets du contrat. 3éd, LGDJ. 2001 がある。

なお契約の集合については、大部のテーズ、J-B. Seube, L'indivisibilité et les actes juridiques, Litec, Bibliothèque de droit de l'entreprise. t40, 1999 が、不可分性（indivisibilité）という概念での説明を試みている。同テーズについては本稿第二部参照。

[291] 第二章．3．（四）．（4）参照。
[292] 第二章．3．（三）．（4）参照。

### (2) P. Jourdain の見解

また例えば Jourdain は Besse 判決を受けてそれでもなお契約群という観念が有用であることを主張する[294]。すなわち、契約群の構成員間において契約責任の成立を認めることは、契約の不履行の被害者について、たまたまその不履行のあった契約の当事者であったり第三者であったりする被害者の地位に拘泥することなく、責任を統一するという利点を有している。そして契約群に属するということは次のことを意味している。つまり第三者たる被害者の損害が当事者ではない契約（甲契約）における不履行により生じたものだとしても、同時にこの第三者自身が債権者である契約（乙契約）の債務の不履行を生じさせたならば、甲契約の債務と乙契約の債務とは緊密な相関関係を示す[295]。そしてこの必然的な相関関係 (coincidence nécessaire) こそが契約責任に好意的な選択を正当化する[296]。またこの契約群による契約責任の領域は合理的な制限を受けねばならない。つまり債権者が期待したところの給付の不在である特別に契約的な債務 (obligations spécifiquement contractuelles) の不履行に由来する損害について、契約規範がより重要であり契約責任が支配するのに対し、純粋に契約上のものではない一般的な射程を持った債務（例えば安全義務）の不履行に由来する損害については、契約当事者と第三者

---

[293] G. Viney, op. cit（152）, p.402 et s.
　なお Besse 判決が出される以前、Viney はその論文 G. Viney, L'action en responsabilité entre participants à une chaîne de contrats, in mélanges dédiés à D. Holleaux, Litec 1990, p.417 において、1165 条の解釈において契約群の概念は考慮に入れられねばならず、特に契約の連鎖の中にある者は絶対的な第三者とは区別して扱われるべきであると主張していた。また J. Ghestin も同様に契約の連鎖における第三者の債務者に対する直接訴権を契約群によって根拠付けていた（この Ghestin の見解については、平野裕之「ジャック・ゲスタン教授の瑕疵担保責任論（2）」法論 64 巻 2 号 140 頁以下参照）。

[294] 以下 Jourdain の見解については、P. Jourdain, op. cit（131）, p.38 et s ; P. Jourdain, op. cit（194）, p.149 et s を参照した。

[295] この点で Jourdain の言う契約群とは、まさしく契約の連鎖のことをいうものと考えられる。ある契約の不履行が必然的に他の契約の不履行を招来するのは、契約が時系列上順次に締結され各々の契約の債務相互に堅密な関係が成立している場合だからである。この点で Jourdain の契約群は後述の Bacache の契約群に近い。

[296] なお C. Jamin, op. cit（202）, p.263 et s は契約群ではなく直接訴権を承認するための基準として、被害者から債務者への価値の移転とともに、こうした債務間の密接な関連性を挙げる。

との間の関係は不法行為責任が支配する。さらにこうした解決は合意の相対効原則について規定する1165条に違反しない。なぜなら現代法は契約に経済的取引や正義の道具としての社会的な役割を与えており、もはや意思自治の原則が契約の効果の唯一の基準であり根拠であるということはなくなったからであると。

### (五) 学説の小括

あらゆる契約フォートはこれによって損害を被った第三者に対して不法行為フォートを構成するという判例の契約フォートと不法行為フォートの同一視に対して、不履行のあった契約について契約当事者に準ずる地位にあるが形式上第三者であるに過ぎない者を完全な第三者と扱ってよいのかというDurryの問題提起に始まり、学説は一定の状況にある第三者を契約当事者に取り込むべく契約当事者概念の再構築に向かうことになった。こうしてTeyssiéにより契約群が、Néretにより下位契約が、契約当事者に準じた関係を構築するユニットとして提唱され、これらによれば、この参加者間に直接の契約関係がなくても、特にある契約の債務者の契約不履行によりその契約の第三者である参加者が損害を被った場合には、フォートの同一視により不法行為責任が発生することを前提に、この第三者に契約責任訴権が発生し、その結果この第三者の損害賠償請求は債務者の契約規範に（Néretによればさらに第三者自身の契約規範にも）服することになった。これらは一時破毀院第一民事部による採用を見、破毀院内部に対立を生じさせた点で判例に大きな影響を与えたのであるが、その後の大法廷判決によって否定され、結局特定承継論のように判例上の法理となるには至らなかった。しかしこの大法廷判決によってフォートの同一視により生ずる問題が再び前面に押し出されることになり、大法廷判決後の学説の一部はこの点を意識しつつ展開されてきた。例えばVineyは契約フォートと不法行為フォートの適切な分離を前提として、契約の連鎖の中にある者にはその地位に鑑みた特別な考慮が必要であると主張し、またJourdainは同じようにフォートの分離を前提として、債務どうしが必然的な相関関係にある契約の連鎖内においては契約責任が支配する主張したのである[297]。

以上のように展開されてきた学説についてその課題を次のようにまとめ

ることができるであろう。第一に、あらゆる契約フォートは損害を被った第三者との関係で不法行為フォートになるのか。そうでなければどのような基準でもって分けるのか。第二に、損害を被った第三者に契約当事者として契約責任の追及を認める契約群の理論またはその他を採用するのか。採用するとして Teyssié のように広くとらえるのか、Néret のようにこれを下位契約に限定するのか、それとも Jourdain のように契約群を契約の連鎖であるとするのか。第三に、契約の相対効の原則との関係である。契約当事者概念はどのように再構築されるべきなのか。そしてその際契約の拘束力の根拠を意思であるとする意思自治の原則との関係はどうなるのか。第四に、損害を被った契約の第三者ではあるが契約群の当事者である者は、訴権を行使する際、責任を追及される債務者の契約と自身の契約の両方の制度に服することになるのか、またはその一方か。以上の問題点に対して一つの解答を与える Bacache の論文を次に検討する。

---

[297] 判例において特定承継論の適用領域が拡張されそれに続き破毀院第一民事部で二つの判決が下された時期において、契約の連鎖における第三者の追及する責任訴権の性質決定に関する学説の議論は絶頂にあったが、これに冷や水を浴びせることになった Besse 判決の後は、後掲の Bacache のテーズなどいくつかの注目すべき研究を除いて、学説上の議論はいくぶん沈静化している。ただ現在においても確立されたかに見える判例法理の以下のような再考の試みも現れている。例えば、C. Lisanti-Kalczynski, L'action direct dans les chaînes de contrats? Plus de dix ans après l'arrêt Besse, JCP. 2003. I. 102 は、判例の特定承継論による契約責任訴権について、これに適用される制度が不明確であること、いくつかの破毀院判決によってその適用領域が脅かされていること、さらには同訴権の根拠の不都合を指摘して、同訴権の存在意義を疑問視する。これに対し、P. Ancel, op. cit (229), p.25 ets は、後掲の Bacache などと同様、特に約束された給付がなされなかった場合（後掲の Bacache によれば厳密に契約的な債務の不履行）におけるフォートの同一視を批判して、不法行為責任の一般化による解決を退けたうえで、他人のための約定を再評価し、これを根拠に間接被害者を含む広範な第三者に二重の制限のない契約責任訴権を付与することを試みている。

# 第三章　M. Bacache-Gibeili の契約群理論

　大法廷判決後の学説の一部は、契約フォートと不法行為フォートの適切な分離を主張し、さらにその一部は契約群理論を再び提唱した。こうした大法廷判決後の学説の代表的な存在が Bacache のテーズ "La relativité des conventions et les groupes de contrats" である。Bacache はフォートの分離を前提として、契約群に新しい位置付けを与え、その範囲を契約の連鎖であるとする。そしてその正当性について、契約の拘束力は意思によって与えられるから意思を合致させた者が契約に拘束されるとの意思自治の原則を退け、新たに契約の拘束力の根拠を法であるとし、契約の拘束力の範囲を意思を合致させた者に限定しないことによって契約の相対効原則との調和を図っている。この第三章においては、これまでの検討から出てきた問題点に対し一つの答えを与えるこの Bacahe の論文[298]の検討を行う。

## 1　契約群理論の有用性

### (一)　従来の契約群理論に対する批判

　まず Bacache は特に Teyssié と Néret によって提唱された従来の契約群理論の不都合を次のように指摘する。まず従来の契約群理論が目的にした債務者の予見の保護という観点から見ても、その目的の達成が、契約群の構成員が訴権を行使した場合に限られ、これ以外の第三者による不法行為責任訴権の行使に対応しうるものではないことから依然不完全である。次に契約とは当事者それぞれにとっての予見の道具であって、契約群が成立する場面では同一の契約の当事者でない者どうしが自らの予見していた制度によるという利益をめぐって対立することから、特に直接訴権に二重の

---

[298] M. Bacache, op. cit（161）．

制限を認める見解について債務者の予見の保護を口実に被害者たる原告の保護と予見の要請を過小評価していることを指摘し、同時に被害者保護は民事責任一般の近時における趨勢であるとする[299]。

その上でこうした不都合は、契約上の不履行即第三者に対する関係での不法行為フォートというフォートの同一視による不法行為責任拡大の対抗策として、すなわち契約群構成員間において不法行為責任を契約責任に代替させるために契約群理論が登場した[300]という、契約群理論登場の要請に由来するものであるとする。そしてこの不当なフォートの同一視こそがまず再考されねばならず、契約群理論は新たなる要請の元に再構築されるべきであり、これによって不履行をなした債務者と被害者との間の利益の対立の妥当な調整がなされ、契約群はただ不履行をなした債務者のためだけのものではなくなるとする[301]。

(二) フォートの同一視批判

(1) 当事者間におけるフォート

Bacacheは判例や従来の契約群理論が立脚してきたフォートの同一視の価値を検討する上でまず契約当事者間における契約フォートの概念それ自体を検討することが適当であるとする。そしてその上で契約フォートとは契約から生じた債務の不履行であり、この債務はその内容に応じて厳密に契約的な債務と付随的な債務とに分けられるとする。

( i ) **厳密に契約的な債務**(L'obligation strictement contractuelle)

厳密に契約的な債務に関してBacacheは次のようにいう。まずそもそも厳密に契約的な債務とは、契約がなければ存在せずかつ第三者との関係で課せられる一般的義務以上のもの、すなわち「より契約的な」(plus contractuel)[302]債務である。これは債権者に特権として与えられ、債権者はこの約束された給付がないときに損害を被るのである。契約責任とはこの契約上の債務

---

[299] M. Bacache, op. cit (161), p.47 et s.
[300] つまり契約群構成員間において行使される損害賠償責任訴権が契約責任のそれであるとされれば、たとえフォートの同一視によって不法行為責任が成立するとしても、請求権非競合により契約責任のみを行使しうることになる。
[301] M. Bacache, op. cit (161), p.49 et s.
[302] M. Bacache, op. cit (161), p.55.

の不履行に由来する契約的損害を回復させるものである。この契約的損害とは契約において約束された給付の不存在によって定義され、契約がこうした債務を含んでいる場合にのみ存在しうる。そしてその不履行が契約フォートである[303]とするならば、以下のことが帰結される。すなわち給付の不在としての契約的損害と契約により生じた債務の不履行としての契約フォートとはともに不履行という同じ観念を反映し、厳密に契約的な債務の消極的な側面でしかない[304]。Bacache はこの損害を具体的不履行（inexécution matérielle）、このフォートを法的不履行（inexécution juridique）と呼んでいる。したがって契約的損害は契約フォートの構成要素であり両者は常に重なり

---

[303] フランスにおいて一般に契約責任が成立するためには契約フォートが要件とされる。ところで通説によれば、契約に基づいて発生する債務には、債務者が結果を実現しないならば不可抗力を証明しない限り責任が生ずる場合、つまり結果債務（1147条）と、善良なる家父の注意義務を尽くさなかったことの証明が必要である場合、つまり手段債務（例、保管契約についての 1137 条 1 項）とがあるとされるが、フォートを我が国でいうところの過失と同視するならば、前者にはフォートはないが後者にはあるということになってしまう。しかしながら、手段債務においては債権者に一定の結果を実現すべく注意を尽くすことだけが義務付けられているため、結果の実現がなくとも債務者の行為態様の評価を経て初めて不履行すなわちフォートありとされるのに対し、結果債務においては債務者がその結果を約したことにより結果の実現という強い義務が債務者に課せられるため、結果の実現がなければ債務者の行為態様を考慮することなく即不履行すなわちフォートありとされる。したがって結果債務にしろ手段債務にしろ債務の強度は別にして、課せられている債務の不履行は常に契約フォートを構成する。すなわち債務の不履行が契約フォートなのである。以上について野田良之「フランス民法における faute の概念」我妻先生還暦記念『損害賠償責任の研究（上）』（有斐閣昭和 32 年）129 頁以下、森田宏樹「結果債務・手段債務の区別の意義について」鈴木先生古稀記念『民事法学の新展開』（有斐閣 1993 年）132 頁以下参照。

なお近時有力な契約責任という概念に否定的な見解をとる論者は契約フォートの概念に対しても否定的である。例えば、D. Tallon, Pourquoi parler de faute contractuelle?, in Droit civil, procédure, linguistique juridique Écrits en hommage à G. Cornu, PUF, 1994, p.429 et s は、契約フォートは通常約束された給付がなされないこと、つまり契約の不履行に一致し、結果債務であれ手段債務であれ不可抗力によらない以上債務者はこの不履行の責任を負うとする。また Ph. Remy, op. cit（136）, p.353 et s も同旨を述べる。

[304] 不法行為責任をモデルにして学説は契約責任を契約フォートである不履行により債権者に生じた損害を回復させるための債務者の義務であると考え、不法行為の要素であるフォート（責任を生じさせる事実）、損害、因果関係を契約責任に持ち込んだ。しかし契約責任において、フォートと契約的損害とは不法行為には存在しない特徴をもつ、すなわち不履行という同じ状況に対して表裏をなしていることである。M. Bacache, op. cit（161）, p.56.

合うことが帰結される。ただこの点について結果債務と手段債務[305]とで若干の相違がある。契約フォートは、結果債務においては単にこの損害が生ずることで足りるが、手段債務においてはさらに債務者が行為における過誤という意味でのフォートを犯していることを証明する必要がある。このように契約フォートと契約的損害とは相互に重なり合うものでありながらも、手段債務にあっては法的不履行の付加的な構成要素としての行為における過誤が存在することにより、両者は完全には重なり合うということはないのである。そしてこうして生じた給付の不在としての契約的損害を回復させるのが契約責任であるとするならば、契約責任とは厳密に契約的な債務の等価物による履行であることになり、契約による特別な拘束の裏面以外ではありえないことがわかる[306]。

以上についてBacacheは売買契約を例に挙げてこれを説明している。まず民法上売主には物の引渡義務と担保責任が課せられている。前者は契約で合意されたところの物を引き渡す義務であって、買主が被る契約的損害は合意に合致しない物の引渡しを受けることであり、後者は物本来の使用目的を不可能にするような瑕疵のない物を引き渡す義務であって、買主が被る契約的損害はその物本来の使用目的に合致しない物を受け取ることである。これらはともに売買契約の目的たる物について生じた損害であり、また契約抜きには考えられず、すべての第三者に対する関係で課せられる義務ではないことから、厳密に契約的な債務であるといいうる[307]。

ところでBacacheによれば、契約責任の役割は厳密に契約的な債務の等価物による履行に限定されるわけではなく、債権者が契約の際に被る他の

---

[305] 結果債務と手段債務については、織田博子「フランスにおける手段債務・結果債務理論の意義と機能について」早大法研論集20号55頁以下、伊藤浩「手段債務としての安全債務と結果債務としての安全債務（一）（二）」立教28号50頁以下、31号81頁以下、森田・前掲注（303）109頁以下、野田・前掲注（303）129頁以下、H, L et J. Mazeaud＝F. Chabas, op. cit（261), p.351 et s ; P. Jourdain, op. cit（131), p.50 et s 参照。

[306] ここで契約上の債務の等価物による履行とは債権者に対する契約不履行に基づく損害賠償請求権の付与によって行われ、またここでいう損害賠償とはいわゆる塡補賠償を想定している。

[307] M. Bacache, op. cit（161）p54 et s.

種類の損害の回復をも保証するものでもある。そしてそこで問題となる債務は、約束された給付の不在とは同視されない他人の身体・財産に対する侵害をしないという債務、すなわち付随的な債務なのである[308]。

**(ii) 付随的な契約上の債務** (L'obligation contractuelle par accesoire)[309] 付随的な契約上の債務について Bacache は以下の検討を行っている。契約の債権者は約束された給付の不在とは異なる侵害を被る可能性があり、これは身体や財産の安全に対する侵害をなす。こうした侵害には二つの形態が考えられる。すなわち、まず合意が新しい法状況を作り出しこの侵害の原因となる機会を与える場合、次に厳密に契約的な債務

---

[308] これに対し、契約責任を契約利益の等価物の履行に純化し、契約責任という観念を否定する近時の有力な見解においては、例えば Ph. Remy, op. cit (136), p.323 et s のように、他人の身体・財産の安全といった契約外の利益の保護の機能は契約責任から排除され、安全義務は不法行為法上の義務でしかないことになる。またこのように契約責任を契約利益の等価物による履行に限定し、人身損害の賠償をその対象から排除する発想はすでに Carbonnier にみることができる。これによれば、契約責任とは限定されたものとして理解されなければならず、それは契約に期待された利益の等価物を債権者にもたらす債務であり、この中に腕の切断や人の死をいれるのは人工的であるとされる（その教科書の最新版 J. Carbonnier, Droit civil. tome4. Les obligations. 22éd, PUF. 2000, p.520 によっている）。なお我が国において同様の見解を提唱したのが平野「契約責任の本質と限界」前掲注 (93) 575 頁以下、同「完全性利益の侵害と契約責任論」法論 60 巻 1 号 43 頁以下、同「利益保証の二つの体系と契約責任論」法論 60 巻 2・3 号 519 頁以下である。これに対し Bacache の見解は、契約利益の等価物による履行の強制と契約に際しての身体や財産の安全に対する侵害により被った損害の賠償という異なる二種の機能を契約責任に認めている点で、契約責任に契約より生じた債務の等価物による強制履行という弁済の機能と契約上の債務の不履行によって生じた債権者の損害の賠償の機能を認める J. Huet, Résponsabilité contractuelle et responsabilité délictuelle-Essai de délimitation entre les deux ordres de responsabilité, th. Paris Ⅱ, 1978 の見解に近い。

[309] 契約上の債務の中でも、もともと不法行為責任が適用されていた付随的な債務という完全性利益の保護に向けられた特別なカテゴリーを認めるのが一般的である。G. Viney, op. cit (152), p.282 et s ; H, L et J. Mazeaud=F. Chabas, op. cit (261), p.373 et s ; F. Terré=Ph. Simler=Y. Lequette, op. cit (261), p.408 et s ; P. Jourdain, op. cit (131), p.34 et s.

なお、我が国において契約の履行過程における諸義務は、給付義務、付随義務、完全性利益保護義務に分類されてきたが、ここにおける付随的な債務とはこのうちの完全性利益保護義務を指す。履行過程のこれら諸義務の観点からする構造の分析については、北川善太郎『契約責任の研究』（有斐閣 1963 年）349 頁以下および潮見・前掲注 (54) 1 頁以下などを参照。

の不履行そのものに由来する場合である。ではこうした損害についてどのような性質の責任が与えられるべきなのか。Bacache は次のように分析する。すなわち、まず前者について、このような損害は厳密に契約的なフォートが損害の原因となっておらず、また損害は不法行為的である。次に後者について、フォートは契約的性質を有するが、損害は不法行為上のものである。そして契約訴権は契約的損害への損害の変形を必要とするため、契約にこの損害の不在を目的とする義務、すなわち契約的安全義務（l'obligation contractuelle de sécurité）を組み入れることが試みられたのである[310]。こうして契約の内容は厳密に契約的な債務を超えて拡大することになった。そしてこの新しい債務は契約の際に被った非契約的な損害や厳密に契約的なフォートから被った給付の不在とは異なる損害の回復を契約の領域に移すことを目的としており、同時に不法行為責任を生じさせる事実を契約フォートに変えることを目指すものである[311]。こうして契約に関する付随的な義務違反としての新しい契約フォートが出現したのである。結局不法行為フォートが付随的な契約フォートの性質を装うことによって、不法行為的損害が、それが契約の機会に作られたことを理由に、付随的な契約的損害のカテゴリーに移行することになったと Bacache は指摘している。

　ところでこれらの付随的な債務は先ほど見たように厳密に契約的な債務に付随するか否かによって二分され、契約との関係では付随するが厳密に

---

[310] なお十九世紀後半から二十世紀にかけてのフランスにおける契約上の債務としての安全義務の展開に関する邦語の文献として、平野「契約責任の本質と限界」前掲注（93）578 頁以下、同「十九世紀後半におけるフランス契約責任論の胎動」前掲注（135）615 頁以下、同「二十世紀におけるフランス契約責任論の展開」前掲注（135）45 頁以下、伊藤「手段債務としての安全債務と結果債務としての安全債務（一）」前掲注（305）65 頁以下、今野「フランス契約責任論の形成（2）」前掲注（135）279 頁以下参照。

[311] 特に旅客運送契約において損害を被った旅客が運送人のフォートの証明を免れるために、判例において、運送人の旅客を安全に目的地まで送りとどける義務が契約上の債務と認められ、これは結果債務と位置付けられた。しかし現在ではこうした安全義務を手段債務とするのが破毀院の一般的な傾向であるとされ、これにより被害者は 1384 条の無生物責任というより有利な規定の援用を奪われるという不利益を逆に被ることになっている。P. Jourdain, op. cit (131), p.35 ; H, L et J. Mazeaud=F. Chabas, op. cit (261), p.380 ets ; F. Terré=Ph. Simler=Y. Lequette, op. cit (261), p.331.

契約的な債務からは独立しているものの例として、ホテルのオーナーの客に対する関係で課せられる安全義務を[312]、これに対し厳密に契約的な債務にも付随するもの[313]の例として、かつての売買契約に組み入れられた安全義務[314]を Bacache は挙げている[315,316]。

こうした契約の領域の拡大[317]により、契約責任は厳密に契約的な債務の等価物による履行と契約の機会に生じた損害の賠償という二つの役割を担うことになった。そして後者において損害賠償は約束された給付の不在とは異なる損害の回復を目指すのであり、契約当事者は債権者というよりはむしろ被害者としての顔を持つことになった。こうして契約責任は契約上の債務の等価物による履行という側面では先存する契約上の義務の延長をなすことから不法行為責任とは異なる性質をもっているのであるが、契約の機会に生じた損害の賠償という役割においては契約当事者間に新しい法律関係を生じさせ、不法行為責任と同じ性質を示すのである。

(2) 契約フォートと契約外の第三者　1165 条によって契約上の債務は相対的であり、このことから契約フォートも相対的となる。したがって契約フォートを契約責任を生ぜしめるものとして援用しえない第三者には不法行為責任の道のみが開かれるこ

---

[312] こうした契約フォートが不法行為フォートに非常に近いものであることを例証する判決に破毀院第一民事部 1991 年 5 月 22 日判決（RTD civ 1991, obs. P. Jourdain）がある。同判決は、ホテルでけがをした客から契約上の安全義務違反を理由に契約責任を追及されたホテルのオーナーが、この民事裁判以前の刑事裁判によって過失致傷を構成する過失がないと判断された以上、刑事裁判の既判力によってその行為につきフォートがあるとすることはできないと判断したのである。民事上のフォートと刑事上の過失の統一の原則による帰結であろうが、これが安全義務違反に由来する契約フォートにも拡張されたことは、この契約フォートと不法行為フォートが様々な点で近似するものであることを示している。
[313] 契約の目的そのものと堅密な関係を有していることを理由に、この類型についてのみ契約上の安全義務を認めようとする見解として P. Jourdain, op. cit（131）, p.36 がある。
[314] なおこの身体や財産に対し危険を生じさせないような物を引き渡す安全義務が不法行為法上の義務に近似することを示す例として、破毀院第一民事部 1995 年 1 月 17 日判決（D1995, p.350, note. P. Jourdain）がある。これによれば、幼稚園が購入した玩具の瑕疵によって園児が負傷した事案において、売主は購入者のみならず第三者（園児）に対してもその安全義務違反について責任を負うことが明示されている。

とになる。では第三者は契約当事者間において契約的なフォートを自分との関係で不法行為フォートであると主張することができるのか。Bacacheはこのフォートの同一視について以下の検討を行っている。

（ⅰ）**同一視の有用性**　　同一視の有用性について Bacache は以下のようにいう。

まず厳密に契約的な損害を前にした契約フォートと不法行為フォートの同一視について。最初にこの損害の被害者たる第三者が損害賠償を債務者に請求するためにこの同一視をなしうるのかが問題となる。しかしこの厳密に契約的な損害は厳密に契約的な債務の消極面に他ならないゆえに不法

---

[315] 物の瑕疵により買主の身体や財産に損害が生じた場合において、この買主の身体財産に損害を生ぜしめないようにする安全義務の違反は、当初瑕疵担保責任の規定（1641条以下）によって処理されていた。ところで瑕疵担保責任の規定は、1646条が善意の売主に代金の返還および費用の償還のみを課するのに対し、1645条が悪意の売主にすべての損害賠償の義務を課している。そこで判例は、買主にこの損害の賠償を得させるために、事業者であることから重過失を帰結し、重過失イコール悪意という定式によって1645条を適用した。このように当初この安全義務は瑕疵担保責任の想定していた厳密に契約的な債務に結び付けられていたのである（この点に関し邦語の文献として、浜上則雄「フランスにおける製造物責任の理論（一）〜（三）」民商63巻6号3頁以下、64巻2号55頁以下、64巻4号3頁以下や平野『製造物責任の理論と法解釈』前掲注（100）15頁以下、同「ジャック・ゲスタン教授の瑕疵担保責任論（1）」法論64巻1号251頁以下を参照）。

しかしその後、破毀院第一民事部1991年6月22日判決（RTD civ 1992, p.114, obs. P. Jourdain）において破毀院は、車の瑕疵によりこれを購入した夫婦が死亡した事案について、売主の安全義務違反に対する契約上の損害賠償請求権が1648条の短期消滅時効に服さないことを明示し、この売主の安全義務を瑕疵担保責任の領域から独立させて、一般法上の契約責任に移したのである。これにより瑕疵担保責任と安全義務違反に基づく一般法上の契約責任とがはっきりと区別されることになり、安全義務はこうして厳密に契約的な債務から独立することになったのである。この点に関する邦語の文献として、後藤・前掲注（147）245頁以下参照した。また以上について M. Bacache, op. cit（161), p.67 et s を参照した。

なおその後1998年にフランスにおいて製造物責任法が成立し、この領域は同製造物責任法の領域に置かれることになった。ただし同法の1386条の18によれば、被害者が同法による権利と従来の一般法による権利のいずれをも選択的に行使できることに注意する必要がある。

[316] M. Bacache, op. cit（161), p65 et s.

[317] なおこうした安全義務のような身体の完全性に関する義務は、不法行為責任の拡大によってその領域をむしろ削減される傾向にあることが指摘されている。F. Terré＝Ph. Simler＝Y. Lequette, op. cit（261), p.332.

第三章 M. Bacache-Gibeili の契約群理論  *139*

行為フォートをその原因にしえず契約フォートのみをその原因としうる。つまり一般的な射程を持つ義務に対する違反とは結びつきえないのである。またこのフォートは厳密に契約的な債務の不履行であるため 1165 条によって第三者から援用されえない。以上の意味で二重に相対的なのである。したがってこの債務の不履行の被害者たる第三者は契約責任に基づこうとも不法行為責任に基づこうともこの債務を履行しなかった債務者の責任を問いえないことになる。そこでこうした被害者に対する責任訴権の不在を埋めるべくこのような不法行為フォートに重なりえない契約フォートを第三者に対する関係で不法行為フォートをなすという形でのフォートの同一視がなされることになった[318]。判例は不法行為フォートの存在を非常に形式的に認定したのである。したがって Bacache によれば、判例は第三者に対する契約責任を認めなかったという点で契約の相対効原則（1165 条）には忠実だったけれども結果としてフォートの分離の原則を破壊することになったのである。このように Bacache は、厳密に契約的な損害に関する判例によるフォートの同一視について否定的な評価を下している。

次に非契約的な損害を前にした契約フォートと不法行為フォートの同一視について。この損害は約束された給付の不存在とは同一視されない、契約に際してまたは契約上の債務の不履行によって他人の身体財産に及ぼされた侵害である。そしてこの損害の原因たる事実はもともと契約を前提にしない一般第三者間でも生ずる義務に違反することであるがゆえに不法行為責任を生ずる事実と重なるものであり、したがって第三者はこうした債務者の契約不履行を自らに対する関係で不法行為責任を構成する不法行為フォートとして援用することができるのである。このようにこのフォートは第三者から債務者に対し契約責任を構成するものとして援用しえないという意味で相対的であるだけなのである。そして Bacache によれば、この場合のこうした契約当事者間における契約フォートを第三者との関係で不法行為フォートと同視することの有用性は第三者からするフォートの立証の負担の軽減にあるとされる。すなわちこれが契約当事者間の契約上の債

---

[318] 例えば、下請人の行った仕事の不具合に関して注文主がこの下請人に対して不法行為に基づく損害賠償請求をなす場合などである。

務とされることによって契約との関係で義務が明確になり、この明確にされた義務に対する違反の証明がより容易になるのである[319]。このようにBacache は、非契約的な損害に関する判例によるフォートの同一視を可能かつ有用なものと見ている[320]。

以上のように被害者が被った損害の性質によって犯された契約フォートが不法行為責任と重なり得ない場合と重なりうる場合とが存在し、この区別に応じてフォートの同一視はあるいは第三者に責任訴権を与え、あるいは訴権を生じさせる事実の証明を易しくするのである。

**（ii） 合意の相対効原則と契約の対抗力の原則から見た契約フォートと不法行為フォートの同一視**　　Bacache は、フォートの同一視を相対効と対抗力との関係で以下のように論じている[321]。すなわち、契約とは権利や義務を作り出す法律行為であると同時に、第三者を害したり利したりする新しい関係を生じさせる社会的な事実でもある。そもそも合意の効果は第三者に及びえず契約の当事者間にのみ契約の拘束力は存在するものであるから、当事者および第三者は相互に契約の履行を請求することができないのは当然である。しかしながら契約の効果はこれに尽きるものではなく、当事者および第三者は相互にこの契約の社会的事実としての側面を対抗しあうことができる。これが契約の対抗力である。Bacache が問題にするのはこの契約の対抗力の延長線上にあるとされる契約から生ずる権利の対抗力である。

まず契約当事者は第三者に対し契約から生ずる権利を対抗することができ、そしてこのことは当事者が第三者に自らの権利を尊重するよう求めることを意味するだけであり、これが契約の相対効原則（1165 条）に反することはない。第三者による債権侵害に対し契約の債権者が不法行為責任を追及することができるのはこのためである。これに対し第三者が債務者の

---

[319] そしてこうした同一視の例として瑕疵ある車によって損害を被った通行人がその車の売主に損害賠償を請求する場合などが挙げられる。
[320] M. Bacache, op. cit (161), p.75 et s.
[321] なおフランスにおける契約の拘束力と対抗力との関係について、J. Ghestin, op. cit (156), p.721 et s、高畑・前掲注 (156) 30 頁以下および吉田邦彦『債権侵害論再考』（有斐閣 1991 年）429 頁以下を参照した。

不履行を自らが被った損害の賠償のための不法行為責任の根拠としてこれを援用する場合問題が生ずる。一見契約当事者に第三者に対する権利の対抗を認めることとのバランスからこれも認めるべきであるように思われるが、このことはBacacheによれば契約の相対効原則に対する深刻な侵害をもたらすことになる。なぜならそこには第三者が不法行為フォートに基づく不法行為責任の追及に仮託して債務者に対し契約責任を追及すること、つまり債務の履行を求めることが行われうるからである。したがってBacacheによれば第三者が契約的な損害の賠償、すなわち契約上の債務の等価物による履行をうることを主張しているのか、債務者の不履行に由来する不法行為的な損害の回復を主張しているのかの区別が不可欠になる。

そして厳密に契約的な債務の不履行についての契約責任は契約上の債務の等価物による履行に等しく、この債務の不履行を第三者に対する不法行為フォートであるとみなすことは第三者に履行請求を認めることになり、このことが1165条に違反するのは明白である。したがってここで第三者が不法行為責任の根拠として不履行の生じた契約の債権者の権利を援用することは1165条を侵害するゆえに認められるべきではないのである。ここにおいて契約の相対効原則は第三者に対する関係での訴権の不存在をもたらすことになる。

これに対し第三者が付随的な契約上の債務の不履行により損害を被った場合、この契約フォートは不法行為フォートと重なりうるため、第三者による不法行為責任の追及を認めても契約の相対効原則に反することにはならない。この場合第三者が不法行為責任を追及するために債務者の不履行が自らに対する関係で不法行為フォートをなすものとして援用をしても(契約から生ずる権利の対抗)、第三者がもともと主張しえない責任訴権を認めることにはならず相対効原則に反しないし、むしろ契約内容に準拠することによって責任の立証を容易にするのである[322]。

結局Bacacheによれば、厳密に契約的な損害が問題となっている場合、第三者はたとえ契約の対抗力によったとしても契約から生じた権利を援用

---

[322] M. Bacache, op. cit (161), p.83 et s.

することはできず、社会的事実としての契約のみを援用しうるだけであるのに対し、債務者のフォートが同時に不法行為法上の義務違反すなわち一般的義務違反を示す場合、第三者は契約から生じた権利を援用することができるのである。以上のように第三者はその被った損害の性質に応じてフォートの同一視を享受することができるのである。

　**(iii) Bacache の問題提起**　　以上の検討を通じてえられた結論に対しBacache は次のような問題を提起する。まず厳密に契約的な債務の債務者のフォートにより第三者が現実に損害を被ったにもかかわらず、この第三者に何らの訴権も与えられず債務者があらゆる訴権から免れてしまうのは不当である。しかし判例が行ってきたこの場合のフォートの同一視もまた、契約の相対効原則から見ても、不法行為の制度によることで債務者の予見が侵害されるという事実に鑑みても適当ではない。では債務者の予見という利益と現実に損害を被っている第三者への訴権の付与という利益との調和は、第三者に対する契約上の訴権の付与という方法によりなされえないか[323,324]。

---

[323] M. Bacache, op. cit（161）, p.93 et s.
[324] 契約の連鎖中の第三者に対する契約責任の直接訴権の付与を契約群という理論構成に拠らしめる Bacache は、判例の採用する特定承継論について、物の所有権の移転を伴う連鎖にのみ適用されるというその適用領域の狭さから、これ以外の連鎖において判例によるフォートの同一視に基づく不法行為責任訴権の拡大を招き、その結果訴権を有しない真の被害者である第三者を救済するという当初の意義を契約責任訴権を成立させることで不法行為責任訴権を排除し債務者の予見を尊重することに変質させたとして、その適用領域の狭さを批判する。M. Bacache, op. cit（161）, p.195 et s.

　なおこれまで債権譲渡や他人のための約定といった構成も唱えられてきたが、いずれも意思の擬制を伴うなど批判を受け、契約責任訴権を基礎づける一般理論になったわけではなかった。M. Bacache, op. cit（161）, p.190 et s. 特定承継論を含めた各構成の長短については、Chr. Larroumet, L'action de nature nécessairement contractuelle et la responsabilité civile dans les ensembles contractuels, JCP. 1988. I 3357 や J. Ghestin, op. cit（156）, p.1188 et s、平野「ジャック・ゲスタン教授の瑕疵担保責任論（2）」前掲注（293）135頁以下を参照。

## (三) 契約群に基づくアプローチ

### (1) 契約群の観念

**(ⅰ) 契約群の統一的な定義**　では誰が保護に値する第三者か。Bacache は以下のようにいう。まずここで検討される第三者とは債務者の不履行に由来する損害を被りうる者である。そしてこの者には次の要件、すなわち①契約的損害について訴えを起こす者であること②契約相手方でない者が厳密に契約的なフォートを犯したこと③損害が契約の不履行に由来すること、が必要である。そしてこれらの要件の中でも特に確認が必要とされるのが③の因果関係の問題であるとして、Bacache は以下のような検討を行っている。

すなわち、フォートと損害は契約の内において不履行という同一の事実の表裏をなすに過ぎないゆえに、契約責任における因果関係は強い関係をなしている。つまり契約的損害とは具体的な不履行であり、契約フォートとは法的な不履行であり、結果債務において両者は完全に重なり、手段債務において前者が後者の必要条件になるのである。したがってこの契約責任の因果関係は当事者を結ぶ契約上の債務に由来することになる。ところで厳密に契約的な損害を被る第三者は彼が関係しない他の契約の不履行によって彼自身の契約が不履行になるという形で損害を被るのが通常であり、この場合不履行債務者の契約（甲契約）と被害者自身の契約（乙契約）とが甲契約の債権者であり乙契約の債務者でもある同一人物を媒介にして存在することが多い。そしてこの場合フォートと損害は一つの債務の不履行を示すものではないゆえに両者の間の因果関係の存在が明らかでなくなり、この契約関係にない両者の間の因果関係の確認が必要になる。つまりいかにして甲という契約の法的不履行が乙という契約の具体的不履行を生じさせるのかが問題となるのである。

これについて Bacache は以下のように答えている。すなわち、厳密に契約的なフォートは厳密に契約的な損害しか生じさせず、また契約責任の因果関係は厳格なものであるがゆえに、第三者の被った契約的損害が債務者の相手方の被った契約的損害と異なるものである場合債務者の契約フォー

トとの間の因果関係はなくなってしまう。つまりAという債務の法的不履行aはその債務の具体的不履行であるa'という損害しか生じさせず、他のBという債務の法的不履行bが生じさせるところのb'という損害を生じさせないのが通常である。したがってもしaによってb'が生ずる場合a'＝b'でなければならないことになる。そしてこの場合A＝Bが前提になることがわかる。なぜならこれら同一の債務の不履行によって二つの同一の契約上の損害が引き起こされるからである。したがってBacacheによれば、これら二つの契約は債務の同一性によって結び付けられるのであり、因果関係はこうした場合に存在することになる。

ではこの因果関係の確立に必要な債務の同一性とはどのようなものであるのか。Bacacheは次のようにいう。すなわち、債務の内容は、まず与える債務か為す債務かといった債務の性質上の目的（objet de l'obligation）によって、次いで給付の目的（objet de la prestation）によって決定される。そして給付の目的の同一性とは与える債務であれば譲渡される財産や財産に関する物権、債権、知的財産権であり、為す債務であればサービスに関わる財産である[325]。したがってBacacheによれば、ここでは債務の性質およびその給付の目的の同一性によって結び付けられた二つ以上の債務について共通性を有する契約の集合体が問題になっているのである。

そしてBacacheによれば、この契約の集合体の構造は連鎖的売買や下請といったような契約が連続していく連鎖状のものに限られる。なぜなら、こうした不履行をなした債務者の契約の相手方たる債権者が同時に損害を被りうる第三者の契約の債務者である連鎖上の構造においてこそ第三者は債務者が負う債務と同一の債務の債権者となるからである。したがって不履行をなした債務者の相手方である債権者が同時に別の契約の債権者でもある三角型の構造は除外されることになる。例えば注文主が別々に契約した請負人と建築家の双方のフォートにより被った損害について請負人がそ

---

[325] 為す債務について、Bacacheは給付の目的をサービスそのものではなくそのサービスが関わる財産であるとする。なぜなら運送する、労働する、建築するというサービスそのものは為す債務の下位的なカテゴリーにすぎず、債務の目的の観念に属するからであるという。M. Bacache, op. cit（161）, p.106.

の全部の賠償を為した場合に、この請負人から建築家に不法行為責任に仮託した求償が判例上認められているが、こうした三角型の構造においては第三者（ここでは請負人）が債務者（ここでは建築家）が負う債務（ここでは建物の建築を為す債務）と同一の債務の債権者となりえないため、まずもって契約責任訴権は排除されねばならず、さらに債務者が第三者に対する関係において一般的注意義務に違反しているわけでもないので不法行為責任も問題になりえないのである[326,327]。

したがってこれから問題になる契約群とは同じ財産に関係し同一の目的を有する債務という共通点を有する複数の契約の連鎖状の集合体なのである、というのが Bacache の見解である。

**（ⅱ）契約群の多様性** 以上のように Bacache の見解によれば、契約群成立のためには債務者が不履行をなした債務と第三者が履行されず損害を被った債務とが同一のものでなければならないことになったが、この債務の同一性は契約の同一性を帰結しない。したがってたとえ異なる契約が連鎖していたとしてもこの集合体を契約群とすることは妨げられないのである。そこで Bacache は契約群を以下のように類型化してそれぞれが契約群として成立可能であるとしている。

まず Bacache は、同じ契約が連鎖する契約群類型、すなわち同質的契約群（les groupes homogènes de contrats）について次のようにいう。すなわち、同じ給付目的に関連し同じ性質を有する二つの契約は常に契約群を構成する。これら二つの契約は同一の債務を有しているからであり、そしてこれらの契約において共通する債務はその契約の目的と同一視される目的を有する債務、つまり性質決定的債務（l'obligation caractéristique du contrat）である。したがって第一の契約から生じた債務の債権者は第二の契約から生じた同一の債務の不履行によって生じた損害を被りうるという結果になり、フォートと損害との間に因果関係が認められることになる。さらにこれらの契約は同一のものであるゆえに主たる債務の他に従たる債務においても同一性

---

[326] こうした第三者には事務管理たる準契約から生ずる訴権が与えられるのみであるとする。M. Bacache, op. cit（161），p.110.
[327] M. Bacache, op. cit（161），p.99 et s.

を有し、その不履行によっても第三者に損害を引き起こしうるのである。こうした連鎖の例として売買や賃貸借、請負、運送の各契約の連鎖が挙げられる[328]。

以上に対して通常契約の性質決定が異なれば、それぞれの契約の性質決定的債務も異なるものであるが、例外的に同一の性質決定的債務をもつにもかかわらず異なる性質決定を受ける契約からなる契約群もある。Bacache によれば、これが偶然に異質の契約からなる連鎖（chaînes hétérogènes par accident）と呼ばれるものであり、同じ性質決定的債務を有するが各々の契約の原因構造が異なるために異なる性質決定を受けている場合（売買と贈与の連鎖）と当事者の関係によって異なる性質決定がそれぞれの契約に与えられている場合（請負と労働契約の連鎖）とがある。

これ以外に Bacache は次のような類型を指摘している。契約の性質決定が異なれば通常性質決定的債務も異なるが、債務の同一性は債務の地位に影響されないものである。すなわち、たとえ契約構造の中で従たる地位を占める債務の不履行であっても厳密に契約的な損害を生じさせる以上、性質決定が異なる契約の連鎖も契約群に含まれることになる。そしてこうした連鎖はさらに二つの種類に分けることができる。まず同一の債務が性質決定の異なるそれぞれの契約の中において従たる地位を占める場合があり、この場合同一である債務は客観的に従たる地位にある債務であって、常に契約の中において従たる地位を占めることになる。Bacache によれば、対称で異質の契約からなる契約群である（les groupes de contrats hétérogènes symétriques）。次に一方の性質決定的債務が他方の従たる地位にある債務と同一である場合があり、この場合前者が単純契約（contrat simple）であり後者が混合契約（contrat mixte）である。そして Bacache はこれを非対称の異質の契約からなる契約群（les groupes de contrats hétérogènes asymétriques）と呼ぶ。

まず対称で異質の契約からなる契約群について、Bacache は次のようにいう。すなわち、この契約群は各々の契約において従たる地位にある債務

---

[328] 例えば連鎖的売買の例について、売主が契約によって課せられている約定に適合し使用目的にかなう物を引き渡すという義務に違反した場合、同じ債務を享受する転得者は自らの債務が履行されないことによって損害を被るのである。

の同一性によって結び付けられるものであるが、こうした契約群の検討はまず各々の契約に存する従たる債務の抽出より出発しなければならない。そこで Bacache は次のように売買と賃貸借のそれぞれの契約において従たる地位にある債務の抽出を試みる。まず売買について売主は所有権の移転という主たる債務の他に契約条項に合致する物を引き渡すことにある引渡債務や使用の目的に適する物を引き渡すことにある担保責任などを負っている。次に賃貸借について賃貸人は同様の引渡債務や担保責任を負う[329]。したがってこれらの契約類型からは使用目的に合致する物を引き渡す債務が共通の債務として引き出されてくるのであり、これらの契約の組み合わせは契約群を構成しうるのである。

次に非対称の異質の契約からなる契約群について、Bacache は次のようにいう。すなわち、これは、ある契約の当事者が混合契約を締結するときに生ずる契約群であり、一方の債務が契約の中において従たる地位にあったとしてもその地位が何ら債務の内容や目的に関わらない以上契約群の成立は妨げられないのである。こうした契約群として Bacache は次のような例を挙げている。まず物の所有権の移転を伴わない非移転的連鎖について、これは為す債務である従たる債務の債務者がその履行を第三者に委ねるときに生じ、この例として海事運送業者が荷物の積み下ろしを荷役業者に委ねる場合が挙げられる[330]。次に物の所有権の移転を伴う移転的連鎖について、これは混合契約における与える債務である従たる債務の債務者が他の単純契約によって同一の性質決定的債務の債権者になるときに生じ、この例として注文主から建物の建築を請負った請負人がそれに必要な資材を購入するために製造者と売買契約を締結する場合が挙げられる[331,332]。

結局債務者の厳密に契約的なフォートが第三者に損害を与えるとき、こ

---

[329] これら従たる債務の同一性によって売買契約と賃貸借契約とが結び付けられることになり、こうした例としてファイナンスリースを挙げる。M. Bacache, op. cit（161）, p.131. なおリースについて、B. Teyssié, op. cit（269）, p.129 et s はこれを契約の連鎖に含めず契約の集合であるとする。また例えば J-B. Seube, op. cit（290）, p.112 et s 等もこれに従う。

[330] この場合、荷物の差出人は自らの契約により契約の相手方たる運送人に課せられる荷物の積み下ろしという従たる債務を享受するゆえに、荷役業者のフォートは不履行契約の第三者たるこの差出人に損害を生じさせるのである。

の二つの契約の間に債務の目的および給付の目的の同一性が存在し契約群が成立する。そしてこの契約群はその債務が占める地位に従って同質的な連鎖にも対称のまたは非対称の異質な連鎖にもなるのである[333]。また債務の同一性が存在する以上契約群を構成するのは二つ以上の契約であってもよい。したがって不履行をなした債務者と損害を被った債権者との間に一人以上の人物の介在は契約群の成立を妨げないのである。

(2) **契約群の役割** 以上のようにその概念が明らかになった契約群は実定法上どのような役割を演じることができるのか。Bacache は以下のようにこれが果たす役割を契約責任との関係で明らかにしている。

厳密に契約的なフォートを前にした契約群について[334]。Bacache によれば、厳密に契約的な損害の被害者たる第三者は契約フォートと不法行為フォートの同一視が退けられる限り不法行為責任訴権を行使しえないことから、この第三者に債務者の厳密に契約的なフォートを援用することが認められ、直接の契約責任訴権を行使することができることが必要とされたのであった。ところでこの第三者にも直接の契約相手方があり、この者に対して責任を追及しうることはいうまでもない。それでもなおこの契約責任の直接訴権を与えるのはなぜか。Bacache によれば、それは第一にこの第三者の直接の相手方が破産した場合に補完的な賠償の可能性を与えるためである。これによって第三者は直接の相手方から賠償を受けられないリ

---

[331] この場合注文主は瑕疵ある製品が建物に組み込まれたことによって厳密に契約的な損害を被ることが考えられる。

[332] M. Bacache, op. cit (161), p.115 et s.

[333] M. Bacache, op. cit (161), p.143 et s. Bacache の契約群は Néret の為す債務を主たる債務とする契約の同質的連鎖である下位契約よりも広範であるが、Teyssié の契約群よりは狭い。ただし Teyssié の契約群のカテゴリーとしての契約の連鎖は同質的連鎖のみをカバーし、例えばファイナンスリースなど異質な契約から成る連鎖の一部はもう一つのカテゴリーである経済的な共通の目的としてのコーズにより結び付けられる契約の集合に含まれている。

Bacache のように契約群の範囲を異質な契約から成る連鎖をも含む契約の連鎖とし、契約責任の直接訴権を認める見解に、G. Viney, op. cit (152), p.418 et s や P. Jourdain, op. cit (194), p.149 et s 等がある。

[334] M. Bacache, op. cit (161), p.152 et s.

スクを回避することができる。第二に直接の契約責任訴権によって第三者がこの債務者から直接履行されたのに等しい地位を与える必要があるためである。この第三者がこの債務者のフォートによって損害を被るのは裏を返せばこの債務者による履行が直接に第三者の利益を保証していることを意味するからであり、そして契約責任は債務の等価物による履行にすぎない。第三に契約群は特に責任を追及される不履行をなした債務者との関係でよりよくこの債務者の予見を尊重するものである。というのもこの契約群によって第三者に契約責任訴権が認められ、債務者は自らの予見に合致した制度の適用を受けることでその予見を侵害されないからである。またこうした考え方はあくまでフォートの同一視を排除しているので、債務者の犯したフォートが厳密に契約的なものである限り契約群の構成員以外の第三者はたとえ不法行為責任によったとしてもこの債務者の責任を問いえないのである。したがってこの点でも債務者の予見は尊重されることになる。

　このように厳密に契約的な損害を前にした契約群は第三者に訴権を与えつつも債務者の予見を侵害しないという点で両者の利害を適切に調和させるものであることから有用なのであるとBacacheは主張する。

　次に付随的な契約上のフォートを前にした契約群について、Bacaheは次のようにいう[335]。すなわち、このフォートは不法行為フォートと重なり非契約的な損害を生じさせるものであり、これを被った第三者は不法行為責任を追及し、逆に契約相手方は請求権非競合の原則から契約責任を追及することになる。では契約群の構成員はどうなのか。仮に契約群の構成員が債務者の相手方と全く同視されるとしたら、請求権非競合の原則により彼の不法行為責任訴権が契約責任訴権に変化し、契約群の役割は訴権の不在を埋めることにとどまらなくなる。しかしこのことは以下のように適当ではないとBacacheはいう。すなわち、まずこのような不法行為フォートと重なりうる契約フォートについても契約群を認めることは確かに債務者の予見の保護に資するといえるが、契約群の構成員以外の者からの不法行為

---

[335] M. Bacache, op. cit (161), p.157 et s.

責任訴権の行使には対処しえないという点で債務者の予見の保護はなお部分的なものでしかない。次にこのフォートはもともと不法行為フォートと重なり、債務者は契約当事者以外の者からの不法行為責任の追及を予見しているから、契約群によるこのもともと存在する不法行為フォートの性質の変更は不必要なものである。さらにこの不法行為フォートの性質の変更は逆に被害者の予見に侵害を加えることになる。なぜなら不法行為フォートによって侵害を被った第三者は不法行為の制度の適用を予見しているからである。

以上のように第三者との関係で不法行為フォートをなす付随的な契約フォートの性質を契約群の構成員との関係でわざわざ契約フォートに変更する必要はないと Bacache はいう。

結局 Bacache のいう契約群の役割はその構成員を不履行契約の当事者に完全に同化することではないことになる。不法行為フォートを前にした契約群の構成員は第三者と同視されねばならず、厳密に契約的なフォートを前にしてのみ債務者の責任は契約群の構成員との関係で契約的性質を有するのである。つまり契約群の構成員は第三者と契約当事者の中間にあり、フォートによって前者にも後者にもなりうるのである[336]。

ところで厳密に契約的なフォートによって生ずる契約責任は等価物による債務の履行に他ならないので、契約群は第三者に契約の間接的な履行を与えることになる。そこで Bacache によればここから次のことが帰結される。すなわち、まず契約群の構成員に対し責任のみならず履行の直接訴権[337]をも与えるべきであり、これにより契約群の構成員は参加していない契約に当事者として現れることになる。次にこれとは反対に債務者が契約群の構成員に対して彼が履行し第三者が直接の受益者である給付の代価を

---

[336] M. Bacache, op. cit (161), p.165 et s.
[337] この直接訴権は、1142 条（行い、行わない債務はすべて、債務者の側の不履行の場合には、損害賠償に変わる）がこれを許容する場合や不履行が最終的に完成していない場合、つまり履行が可能であるときに認められる。M. Bacache, op. cit (161), p.167. なお 1142 条の範囲は今日学説および判例上債務者自身の行為を義務づけるために身体的拘束を加えることを禁ずる意味に限定されている。山口・前掲注（154）209 頁以下参照。

請求することを認めるのが妥当である。この弁済の直接訴権によって債務者が給付の履行をなす場合その代価を請求することが可能になるのである[338,339]。

## 2　契約群理論の正当性

以上から、債務者が犯した厳密に契約的なフォート、第三者が被った契約的損害、そして因果関係が認められる場合、契約群という理論によってこの第三者に契約責任の直接訴権が認められる必要があり、またこのことが両者の利益の調整および契約の対抗力からも妥当であり、したがって契約群は有用な概念であり、法的概念の地位を手に入れるべきであるとBacache は主張するのであるが、以上の検討だけでは、この契約責任の直接訴権を認めるために必要な損害を被った第三者の契約当事者としての地位が欠けており、ここでは 1165 条は契約群理論を認める上での障害になってしまう[340]。そこで Bacache は以下のように、この有用性を認められた契

---

[338] この場合この対価たる金銭債権より見れば、連鎖する金銭債権は反対給付たる債務の同一性、すなわちコーズの同一性によって結ばれている。したがってコーズの同一性が存在することが債務者が弁済の直接訴権を行使するために必要になる。そして対称の異質な契約からなる契約群は客観的に従たる債務の同一性によって結び付けられており、これは通常の契約において主たる債務たりえず対価を考慮しえない債務であるため、ここでの金銭債権はコーズの同一性によって結ばれず、したがってこのカテゴリーの契約群において債務者は弁済の直接訴権を行使しえない。M. Bacache, op. cit（161）, p.168 et s.

[339] 民法典において認められている弁済の直接訴権として、賃貸人の転借人に対する 1753 条や請負人の労働者の注文主に対する 1798 条がある。また 1994 条の 2（委任者の受任者の代行者に対する責任の追及）を根拠にして代行者による委任者に対する弁済の直接訴権が判例上認められている。他にも下請人の注文主に対する直接訴権を認める 1975 年 12 月 31 日の法律のように特別法上の直接訴権も数多く存在する。

　なおフランス法における様々な直接訴権をその内容・要件・行使方法・効果にわたって紹介する文献として、工藤祐巌「フランス法における直接訴権（action directe）の根拠について（一）（二）」南山 20 巻 2 号 23 頁以下、20 巻 3―4 号 277 頁以下、山田希「フランス直接訴権論からみたわが国の債権者代位制度（一）（二）」名法 179 号 181 頁以下、180 号 253 頁以下を、また我が国の民法 613 条を直接訴権の現れであるとして同条の意義を直接訴権の観点から明らかにしようとする加賀山茂「民法 613 条の直接訴権《action directe》について（一）（二）」阪法 102 号 65 頁以下、103 号 87 頁以下を参照。613 条の解釈として賃貸人に対する転借人の直接訴権を認めるべきであるとする。

約群理論が 1165 条の契約の相対効原則との関係で正当性を認められるのか、つまり 1165 条を契約群理論を許容するように解釈しうるのか、について検討をおこなっている。

(一) 契約群と契約の相対効原則（1165 条）との両立の試み

　契約の拘束力の根拠を当事者どうしがその表明した意思を合致させたことに求める意思自治の原則に求める限り、相互に契約当事者ではないが契約群の構成員である者の間に契約上の訴権を認めることはできない。意思を合致させたことが契約の拘束力の根拠であるならば契約の拘束力はこうした意思の合致があった者の間にのみ生じ、これは契約群が直接契約関係にない者どうしの間の直接訴権を根拠付けることの障害になってしまうからである[341]。そこで Bacache は、契約群においてこの直接訴権を認めることが 1165 条の想定する契約の当事者の概念の再定義を必要とし、そしてこのことはさらに 1134 条[342]が規定する契約の拘束力を意思自治[343]以外の原理によって正当化することを要請すると考え、これを踏まえて 1165 条に規定されている契約の相対効原則の再検討を行っている。

---

[340] M. Bacache, op. cit (161), p.175 et s.
[341] M. Bacache, op. cit (161), p.179 et s.
[342] 1134 条 1 項：適法に形成された合意は、それを行った者に対しては、法律に代わる。
[343] 意思自治の原則の生成およびその後の展開については以下の文献を参照した。山口・前掲注（154）12 頁以下、同「フランス法における意思自治・契約の自由の原理について」比較 47 号 204 頁以下、特に契約の自由に対して加えられた制限に関して、同「フランス法における意思自治理論とその現代的変容」『法学協会百周年記念論文集（3）』（有斐閣 1983 年）211 頁以下、ジェラール・コルニュ（星野英一訳）「フランスにおける契約法の変遷」日仏法学会編『日本とフランスの契約観』（有斐閣 1982 年）29 頁以下、特にその生成過程に関して、北村一郎「私法上の契約と「意思自律の原理」」芦部信喜ほか編『岩波講座・基本法学（4）』（岩波書店 1983 年）165 頁以下、安井宏「ベロニック・ラヌイ『意思自治―ある概念の誕生と発展』（紹介）」『法律行為・約款論の現代的展開』（法律文化社 1995 年）178 頁以下、特に意思自治と私的自治の両原則に関する我が国の学説史について、星野英一「意思自治の原則、私的自治の原則」『民法講座（1）』（有斐閣 1984 年）335 頁以下、両原則の差異に関して、同「契約思想・契約法の歴史と比較法」芦部信喜ほか編『岩波講座・基本法学（4）』（岩波書店 1983 年）10 頁以下を参照した。

## (1) 1165条に認められてきた解釈

（i）1165条と民法典　「合意は、契約の当事者の間でなければ、効果を有しない。合意は、第三者を何ら害さない。合意は、1121条によって定められる場合でなければ、第三者の利益とならない。」この1165条により適切な意味を与えるために、まず民法典が公布された時に与えられたであろう意味を発見することが重要であるとして、Bacache はこの法文がもとにした原理について特に契約の拘束力に関する議論の変遷との関係でローマ法に遡って検討をしている[344]。

まず民法典制定前の契約の相対効原則の歴史について、Bacache は以下のような検討を行っている[345]。

民法典1165条の規範はあまりにも自明なものであったので民法典の準備作業において何ら特別な議論は生ぜず、規定は不要であると思われたほどであった。このことからこの法典準備作業段階の検討よりも民法典の起草者に大きな影響を及ぼしたドマとポチエについての検討が重要であるとする。Bacache によれば、彼らはローマ法からこの原理の材料となるものを引き出しこれにカノン法と自然法の精神を吹き込んだ。義務の効力はその形成に関わった者を超えて及ばないことを意味する「他人間でなされたことは、それ以外の者に対し損害も利益も与えることはできない」という法格言をフランス法に持ち込むことで契約の相対効原則が受け入れられ、これにキリスト教道徳と18世紀の意思主義哲学[346]が根拠として当てられることになったのである[347]。

Bacache によれば、もともとローマ法におけるこの規範の根拠はその形式主義にあった。すなわち、「裸の行為から訴権は生じない（ex nudo pacto actio non nascitur）」との法格言が示すように、契約はあらかじめ定められた

---

[344] なおフランスの契約の相対効の原則のローマ法から現在に至るまでの沿革について、他に J. Ghestin, op. cit（156）, p.716 et s および高畑・前掲注（156）5頁以下を参照した。
[345] M. Bacache, op. cit（161）, p.227 et s.
[346] ここには自然法論や社会契約論などが含まれている。M. Bacache, op. cit（161）, p.230 et s.

いくつかの形式に対応してはじめてその拘束力を与えられていたのである[348]。したがってこの契約成立の要件たる形式を満たした者の間でのみ契約はその拘束力を生ずることになった。例えば問答契約において、この契約の拘束力を引き出してくるのは当事者間における言葉のやり取りなのであるが、契約の拘束力は契約の成立時においてこの言葉を発した者以外に対しては及ばないことになった。結局この法格言はローマ法における債務法の技術的な不完全さや契約の構造上の厳格さに由来するのである。

次にBacacheによれば、教会法は単なる合意に対する効果として合意は守られねばならないという道徳上の原則を主張し、契約の拘束力の根拠にした。これにより形式主義は排され、契約の拘束力は契約締結において与えられた言葉の尊重それ自体に基づくことになったのである[349]。この結果契約の相対効原則が契約当事者の意思の合致に基づくことになったのは重要である。

さらにBacacheによれば、18世紀の個人主義哲学は、独立し自由であら

---

[347] ただし一方においてドマが、意思が契約の拘束力の根拠であるとしつつもあくまでローマ法に依拠し、また意思は同時に誠実なものでなければならないとして倫理および公序良俗観を強調したのに対し、他方でポチエがローマ法の体系やドマが強調した倫理観を退け意思主義の体系をより純化したように、両者には違いも存在した点に注意すべきである。北村・前掲注（343）174頁以下参照。

[348] ローマ法において市民法上の訴権によって法的に保護される契約は問答契約、文書契約、要物契約、諾成契約であり、諾成契約は売買、貸借（賃貸借、雇用、請負）、組合、委任に限られ、その他の合意には裁判所により強制されないという意味で拘束力が認められなかった。この形式主義は諾成契約の承認や問答契約の方式の緩和という変容を受けつつも、なおローマ法における原則性を維持したのである。ローマ法上の諸契約類型の生成と展開、特に問答契約の方式の緩和や諾成契約の承認その他について、広中俊雄『契約とその法的保護』（創文社1974年）91頁以下を参照した。その他、大沼保昭「合意」『戦争と平和の法（補正版）』（東信堂1995年）280頁以下、岸上晴志「諾成契約における拘束力の原因（一）」中京24巻3・4号51頁を参照。

[349] ヨーロッパ中世においても、当初裸の合意から訴権は生じないとするローマ法上の原則は基本的に維持されていた。しかしながら中世商業の展開と約束の不遵守を重大な罪とするキリスト教の教義の影響により、このローマ法の形式主義は中世末期以降その支配的な地位を失っていくことになる。「契約は守られねばならない」（Pacta sunt servanda）という思想は当初教会法上の規範であったが、その後次第に世俗法においてもその採用を見ることになったのである。広中・前掲注（348）237頁以下、大沼・前掲注（348）283頁以下、岸上・前掲注（348）52頁以下、星野英一「現代における契約」『民法論集（3）』（有斐閣1972年）20頁以下参照。

ゆる関係から解き放たれた平等で無限の可能性を持つ個人を前提にする[350]ことによって、社会関係をこの個人全員の意思の合致の結果としてとらえた。そしてここにおいて意思は唯一の権利の源となり、人が自由であるならばその合意のみが彼を拘束しうるとされたのだった。したがって意思こそが契約の拘束力の根拠であり、意思を表明した者だけが契約関係に拘束されることになったのである[351]。

**(ⅱ) 民法典制定後の1165条**　次にBacacheは、民法典制定後の展開について以下のように分析する[352]。すなわち、民法典は意思自治[353]だけに基づいていたわけではない。契約の拘束力は法典の起草者たちの考えによれば意思の力よりもむしろ良心の義務に立脚していたのであり、またドマやポチエは衡平や誠実の原理にもよっていた。したがって法典は多様な源を持っていたのである。しかし以下のようにカント主義や経済リベラリズムの普及の後、注釈家達は契約のあらゆる一般法理を個人主義や意思自治の原則によって説明しようとした。民法典を意思自治によって統一的に説明しようとしたのである。

まず、Bacacheによれば、カントは純粋な理性から個人の意思の共存の道具としての法を演繹することを試み、さらにこの純粋な理性から意思に基づく行為を演繹してくる。そして人間の意思をあらゆる法律生活上の行為の根源として位置付け、意思をあらゆる法的義務の唯一の淵源とするの

---

[350] なお私法における人間観について、その近代から現代にいたる変遷には、「人間を理性的・意思的で強く賢い存在とする扱い方から、弱く愚かな存在を中心に扱う方向への転換があった」として、そこに「人間の再発見ないし回復」の傾向を見る、星野英一「私法における人間」芦部信喜ほか編『岩波講座・基本法学（1）』（岩波書店1983年）125頁以下参照。

[351] ここでBacacheが想定しているのは近代自然法論の思想であろう。ただ近代自然法論者達の契約の拘束力の根拠に対する考え方は契約の拘束力の根拠が意思のみに由来するとする意思自治の原則の基礎になったとしても、それ自体から区別されねばならないであろう。例えばその代表者の一人であるグロティウスは、合意の拘束力の根拠を理性的存在の意思と拘束力を認めないことの不便さという実際的功利的常識性に求めている。大沼・前掲注（348）295頁以下参照。またもう一人の代表的存在であるプーフェンドルフも個人の意思のみを合意の拘束力の根拠とはしていない。筏津安恕『失われた契約理論』（昭和堂1998年）151頁以下参照。

[352] M. Bacache, op. cit（161）, p.231 et s.

[353] 民法典における意思自治の根拠条文はその1134条であるとされる。

である[354]。このような結論は先に述べた 18 世紀の個人主義哲学と同じである。結局純粋な理性と人間の自然状態における観察から同じ結論が引き出されたことにより、意思が契約の拘束力の根拠であるとする考え方はさらに普及することになったと Bacache はいう[355]。

次に、Bacache によれば、この契約の拘束力の根拠としての意思をさらに後押ししたのが経済リベラリズムの理論である。この理論は 18 世紀後半のヨーロッパにおいてアダムスミスと共に現れた個人主義の理論であり、自由で合理的な主体の意識に交換と生産の社会法則を求めた。これによれば、第一に人は自由かつ平等なので彼が契約関係に縛られることを決断する場合には、それは彼がその契約が公平な条件において彼の願望を実現すると考えたからであり、第二に自由な意思の働きによって経済における公平と繁栄が保障されるのである。そしてこの論理的かつ一貫した理論は長いあいだ契約理論を支配していくことになり、Bacache によれば、民法典の注釈家達はこの個人主義のプリズムを通じて民法典の条文を解釈していくことになるのである。

そして Bacache によれば、こうしたカント主義と経済リベラリズムの普及によって意思自治の影響を受けた 19 世紀の注釈家達は契約の理論に関する法律の規定と意思自治の哲学から生じたシステムとを一致させようと努めることになる。この意思自治の原則[356]は民法典を支配するに至るのである。その主な理由として、民法典において契約内容を規律する強行規定の数がとりわけ少なかったことや、少数の例外を除いて契約は意思の単な

---

[354] Bacache が引用しているのは、カントの道徳形而上学原論である。同書の中においてカントは、自由から自律を推論し、さらに自律から道徳的法則を推論して、意思の自律を道徳法則の根底に据えている。カント（篠田英雄訳）『道徳形而上学原論』（岩波文庫 1976 年）参照。

[355] ただしカントの著作はルソーのそれの圧倒的な成功とは対照的に、フランスの法律家にはほとんど読まれず、したがって意思自治の原則の成立に対する影響は必ずしも現実的なものではなかったことが指摘されている。北村・前掲注（343）p177 以下。国家主権に対する人の服従の根拠を人の意思に求めたルソーの社会契約論は、私法の領域における契約により人が人に義務付けられる根拠の問題についてもフランスの私法学者への影響が大きかったといわれる。星野・前掲注（349）9 頁以下参照。なおルソーの社会契約論については、ルソー（桑原武夫、前川貞次郎訳）『社会契約論』（岩波文庫 1954 年）参照。

る交換によって成立したことから、民法典がこの原則の論理的帰結に対応していたことが挙げられる。こうして 1165 条は、契約の形成にその意思が加わった者だけが当事者であり、その他の者はすべて第三者であると解されることになったのである。

以上の検討を経た上で、Bacache は、合意の拘束力について規定する 1134 条にしろ 1165 条にしろそれ自体は中立的な原則であり、これら条文の文言それ自体から意思自治の原則が導き出されるわけではなく、逆にこのことがこの原則の支配を許すことになったのであり、また意思自治の原則以外の原理による解釈も可能なのだと主張し、以下のように 1165 条の新しい解釈を試みている。

**(2) 1165 条の新しい解釈**　前述したところによれば、その意思が成立に関わっていない契約の拘束力を契約群の構成員が享受することはできないようにも考えられる。しかし経済および社会の発展により意思自治の原則に基づいた当事者概念および第三者概念はそれぞれ拡大と縮小を要請され、1165 条の新しい解釈が必要になった[357]。そして Bacache によれば、このことは意思自治の原則を契約の拘束力の根拠にしていてはなしえず、新しい法の哲学から生じた契約の拘束力についての他の根拠の採用をその前提とするのである。

**（i）契約の拘束力の根拠の検討**　まず Bacache は以下のように意思自治の原則に反する傾向をまとめている[358]。もともと、民法典成立の時代においては大量の取引の要請は少なく、経済が手工業の段階にありまた家族的な枠組に限られていたことから、立法者たちはあえて契約内容を規制

---

[356] ところで契約の拘束力の根拠は意思であるとする観念は 19 世紀の学説、すなわち民法典の注釈学派を支配したが、こうした観念を示すものとしての意思自治という名称は当初与えられていなかった。その理由として、注釈学派が民法典の根本的原理に対する全体的批判的検討を敬遠していたことや、意思自治概念に対する攻撃がなく法的個人主義の側からの防御の必要もなかったことが挙げられる。その後まず国際私法において、続いて内国法において、その擁護者と批判者の間で使用されるようになったのである。以上について安井・前掲注（343）182 頁以下、北村・前掲注（343）183 頁以下参照。M. Bacache, op. cit（161）, p.235 et s.

[357] M. Bacache, op. cit（161）, p.239 et s.

[358] M. Bacache, op. cit（161）, p.240 et s.

する必要も意思自治の原則を攻撃する必要も感じなかった。しかしこのような立法者の態度はあくまで当時の必要性に鑑みて介入が不要であったことから説明され、決して意思自治の原則を尊重したからではなかったのである。社会経済の発展が契約関係の性質を変更するに至り立法による介入が要請され、意思自治の原則は侵害を被るに至る。

すなわち、個人の欲求の進化や製造から商品化への連鎖の輪を広げる製品の複雑化と技術の進歩、さらにこれに携わる者の専門化によって、契約関係が量的に転換され、時代が手工業の時代から産業の時代へと移行した。そしてこのことは契約当事者間の事実上の経済的不平等をもたらす質的な転換を伴い、また契約当事者間の能力の不平等をも伴っていたのである。契約関係のこの性質上の変化は必然的に新たな立法を促したのであり、こういった介入は契約を締結する自由[359]、相手方を選択する自由[360]、契約内容を決定する自由[361]という契約の自由すべてに及んだのである。また立法者は消費者保護に関する法律を制定し過怠条項[362]および不当条項の規制[363]

---

[359] 例えば保険契約の締結が建築家（1945年8月6日のオルドナンス）や乗客・貨物運送業者（1949年11月14日のデクレ）、自動車運行者（1958年2月27日の法律）などに義務付けられた。なお本注および以下の注に挙げる法令は主に Bacache の例示するものである。

[360] 例えば住宅の所有者が賃貸借契約が満了しても賃借人の選択権を制限された（1948年9月1日の法律4条1項）ことや、人種や組合活動を理由とする労働者の雇用拒絶の禁止（労働法典 L412—1条）などがある。

[361] 契約の内容に関する制限の特徴としてフランスにおける公序概念の変容が挙げられる。かつての公序概念に職業活動に対する強行的規制としての職業的公序や経済活動に対する国の介入をあらわす経済的公序が加えられることになったのである。フランスの公序概念の変遷については、後藤巻則『消費者契約の法理論』（弘文堂 2002年）151頁以下、山口「フランス法における意思自治理論とその現代的変容」前掲注（343）223頁以下などを参照した。

[362] 例えば1975年7月9日の法律、すなわち民法典1152条2項（損害賠償額の予定）は裁判官が損害賠償額の予定を変更することができることを定める。

[363] 例えば製品および役務についての消費者の保護および情報に関する1978年1月10日の法律第23号35条（消費法典 L132—1条）。同法については奥島孝康「フランス消費者保護立法の新展開（上）（下）」際商6巻5号199頁以下、6号246頁以下、6号246頁以下を参照した。

[364] 例えば訪問販売に関する1972年12月22日の法律第2条（消費法典 L121—23条）は申込の日から7日間を拘束力を否定するための熟慮期間とした。同法については島田和夫「訪問販売法—フランス」ジュリ808号33頁以下を参照。

や熟慮期間[364]を設けることで契約の拘束力に対する侵害を加えた[365]。そしてまたこの変化は判例や立法をして契約当事者の枠を越えさせることにもなったのである[366]。このように Bacache によれば、実定法が意思自治の原則の論理的帰結と一致することがしだいに少なくなってきているのである。したがってこれまで契約法を基礎付けるものとして提示されてきたこの原則は、民法典制定時および後の注釈学派の時代の契約関係の要請に偶然にも適合するものであったが、のちの現実の契約関係の要請からのはなはだしい乖離はこの原則がもともと不当で誤っていたことを示し、契約の一般法理に適合する新しい原理を探究することが要請されるようになった。そして意思自治の原則から解放されることで 1134 条と 1165 条[367]は現実の社会の要請に適合する枠組を解釈者に与えることができるようになる。したがって両条文は、実定法に指針を与え、意思自治の原則とは反対に実定法を停滞させずに発展させ、契約関係の変化に対応して変化しうる他の原則に鑑みて解釈されるべきである。以上のように Bacache は主張する[368]。

---

[365] この契約の拘束力は、裁判官が契約を当事者の合意に従って適用しなければならず、約定の条項が衡平に反することを理由として適用を拒みまたは条項に変更を加えることができないという意味で、裁判官をも拘束する。この契約の裁判官に対する拘束力の変容として、先の民法典 1152 条 2 項や債務の弁済についての裁判官の猶予期間の付与に関する 1244 条 2 項などが挙げられる。また当事者自身についても、社団契約などの集団契約において定款変更について多数決原理が認められていることで修正を受けている。

[366] 例えば判例によるものとして他人のためにする約定の活用や民法典の規定を直接訴権を認めるものとして解釈することが挙げられ、立法によるものとして例えば下請人の注文主に対する弁済の直接訴権を認めた 1975 年 12 月 31 日の法律が挙げられる。なお個人に対しその意思とは無関係にその個人が特定の集団内に包摂されている事実に基づいて集団的約定が個人の契約的地位を規制しまたは変更する集団的契約の展開もこの原理に対する修正をもたらすものである。例えば労働協約による個別的労働契約の規制がその典型である。

[367] 我が国の現行民法典には、フランス民法典の契約の拘束力に関する 1134 条や契約の相対効原則に関する 1165 条のような規定はないが、旧民法典では前者について 327 条 1 項が、後者について 338 条が同様の規定をなしていた。現行民法典においてこれらの規定が省略されたのは、現行民法典にこれらの原則が受け継がれなかったのではなく、ただ起草者がそれらの規定の内容を当然の前提とし、あまりにも当然であると考えたからである。以上契約の拘束力について大村敦志「契約の拘束力・契約の自由」法教 152 号 33 頁以下、契約の相対効について山田誠一「契約の相対効」法教 152 号 39 頁以下参照。

**（ii） 契約の拘束力の新しい根拠**　意思自治に代わる契約の拘束力の新たな根拠について、Bacache は、ケルゼンの所説の考察から出発し契約が有用であり正義に適合するがゆえに法が拘束力を付与するとの近時有力な見解[369,370]に与し、以下のように述べる[371]。

まず契約の拘束力の根拠について。意思が拘束力の根拠であるとするのは、実際拘束力が問題になるときは債務者がその履行を拒絶するときであることから、この過去の意思が現在の意思を支配することを説明するのに困難である。そこで契約の拘束力は法が与えるものであるとの説明がなされる。つまり契約が拘束力をもつのはそれが意図されたからだけではなく、法が意思の合致に法的効果を生じさせる資格を与えたからである。ここに

---

[368] これに対し山口「フランス法における意思自治理論とその現代的変容」前掲注（343）242 頁以下は、その説得力やフランス人の心理、平均的正義実現の後の配分的正義の説明について意思自治の原則の果たす新たな役割から、フランスにおいて今後も意思自治の理論がなお有用なものでありつづけるであろうことを指摘する。また意思自治の原則はその絶対性を喪失したがなお契約法を支配する原理としてありつづけていると主張する者は多い。A. Bénabent, Droit civil. Les obligations. 2éd, Montchrestien. 1989, p.12 et s；J. Flour＝J. L. Aubert, Les obligation, 1. L'acte juridique. 6éd, Armand Colin, p.81 et s；J. Carbonnier, op. cit（132）, p.51 et s.

[369] こうした見解の代表者が J. Ghestin であり、以下の Bacache の契約の拘束力に関する見解も大筋でこの Ghestin の見解に沿っている。Ghestin は、契約の拘束力が当事者の意思ではなく契約の上位規範である法に由来するというケルゼンの所説を前提に、契約はその社会的有用性と（交換的）正義適合性に基づいて立法者によって拘束力を与えられるとし、意思自治の原則の代わりに有用性と正義適合性とを契約の一般理論の基本原理としている。ここでは意思は契約の重要な要素でありながらもその拘束力の根拠とはなっていないのである。この Ghestin の見解については、J. Ghestin, Traité de droit civil. La formation de contrat. 3éd, LGDJ. 1993, p.200 et s を、また邦語文献として、須永醇「ジャック・ゲスタン「契約における有用性と正義適合性」」志林 82 巻 3.4 号 115 頁以下を参照した。この他に拘束力について同旨の見解を述べる者に、例えば C. Guelfucci-Thibierge, De l'élargissement de la notion de partie au contrat à l'élargissement de la portée du principe de l'effet relatif, RTD civ 1994, p.284 et s がある。

[370] 我が国において一般に契約の拘束力の根拠は意思であるとされる。これを明らかにするものに、石田喜久夫「契約の拘束力」遠藤浩ほか監修『現代契約法大系（1）』（有斐閣 1983 年）88 頁以下や原島重義「契約の拘束力」法セ 27 巻 11 号 32 頁以下、小林公「約束と信頼」『自由と規範』（東京大学出版会 1985 年）87 頁以下などがある。これに対し星野・前掲注（349）69 頁以下は、契約の拘束力の根拠として私的自治の原則は全面的に妥当ではなく、根本的には「言葉によって他人に信頼をさせたものはこれを裏切ってはならない」との客観的倫理が正しい基礎付けであろうとする。

[371] M. Bacache, op. cit（161）, p.246 et s.

おいて成立方法、すなわち手続きとしての契約はその成立から作られる規範としての契約から区別されることになる。これはケルゼン[372]によって展開された理論であり、これによれば、法とは規範のシステムであり規範の創造とは意思のなせる技であるが、規範の正当性はそれに優越する他の規範の正当性に由来するのである。こうした観点から見ると契約とは新たな行為を命ずる規範創造行為なのであり、この契約を規範創造行為に変化させるのはその上位規範たる法である。したがって合意それ自体は拘束力を持たないが、法によって拘束力が合意に与えられることになる。

　次に法が契約に拘束力を与える理由について。契約とは正義の要請と安定や社会的効用の要請に答えるものであることが認められねばならない。そこでまず契約によって交換的正義が実現されねばならないことが認められる。契約の拘束力、すなわち履行の請求権は権利と財産との間において破壊された均衡を修復する。この拘束力がなければ債務者は受け取ったまま与えないことになり不公正が排除されないままだからである。しかし次にとりわけ契約というものは社会に生きる個人の本質的欲求を満たしうる財産とサービスの交換の仲介というその社会的有用性によって拘束力を与えられるものである。そしてこの契約の機能は、拘束力によって秩序と安定が与えられることで将来の予見が可能になり、ここで生ずる信頼の土壌の元で始めて発揮されるものなのである。したがって契約とは予見の道具であり、拘束力は予見の要請に答えるものなのである。すなわち契約は、現在から明日起こるであろう事柄を予見することによって将来を支配するのであり、将来にのしかかる不安定さを予見を試みることによって減少させるのである。そして、この予見の試みは二つの機能をもっている。すなわち、契約は未来を考慮することによってのみ達せられうる契約内部における均衡を達成するのであり、また契約当事者は契約の結果を当てにすることでほかの行為に取り掛かることができるようになり、お互いに依存する取引が連続的に形成されることになるのである。法が契約に拘束力を与えるのは契約当事者に予見の安定性を与えるためなのである。結局立法者

---

[372] このケルゼンの理論については、ハンス・ケルゼン著（尾吹善人訳）『法と国家の一般理論』（木鐸社 1991 年）230 頁以下参照。

は、契約を社会的に有用な取引を通じて交換的正義を実現する道具と見て、これに拘束力を与えているのである。

したがって法が意思の合致にそれが達する目的に鑑みて拘束力を与えるものであるなら、自由な意思の合致がもはやそれらの目的を達しえない場合に介入するのは立法者の役目であり、この契約内容に対する立法の介入は正当化されることになる。

そして以上の契約の拘束力の根拠の問題と契約の拘束力の範囲の問題は別々の原理によって規律されうるものではない。つまり契約の拘束力が法に由来するという原則は意思自治の原則と共存しえないのである。したがって1165条はこの新しい原則に基づいて解釈されねばならないとBacacheは主張するのである。

### (iii) 契約の拘束力の新しい根拠に応じた1165条の解釈
（a） 法が契約の拘束力の根拠であるとする原則のコロラリーとしての1165条

こうした新しい原則に基づいて1165条を解釈することで、当事者概念は拡張されることになる。そこでBacacheは契約に拘束力を付与した目的の観点から当事者概念の拡大が以下のように要請されるとする。

まず、将来に対する支配の道具、すなわち予見の道具としての契約について、Bacacheは次のようにいう[373]。すなわち、契約によって予見が保護されることを望むのはまず何よりも契約締結時において意思を表明した者であり、この者達にのみ通常契約の拘束力は及ぶことになる。そして合意の拘束力によって債権者は履行される給付を当てにすることができ、債務者は前もって自らが負担する債務の範囲を知ることができるから、この拘束力はこれらの者の将来に対する支配、予見を保証するのである。契約は法的効果を生じさせる意思の合致であるが、契約の拘束力が契約締結時に意思を合致させた者に及ぶのは意思が契約の根拠であるからではなく、立法者が契約に拘束力を与えるときに意図した予見の保護が何よりもまずその意思表示によって予見の保護の必要性を表明した者に向けられるからで

---

[373] M. Bacache, op. cit（161）, p.255 et s.

ある。意思は契約の拘束力の根拠ではないがなお契約の構成要素なのである。したがって契約の形成にその意思を参加させなかった者は原則としてこの予見行為に参加しなかったがゆえに、契約の拘束力による予見の保護はなされないのである。

しかし契約は契約相手方でない者に対して拘束力を持つとき、この者たちの予見と安全が保護される場合のあることが認められる。こういった者達はこの者達が結んだ他の契約の中で同一の予見の要請をその契約の締結という行為をなしたことにより表明した者であり、この予見の同一性は契約の中にある債務が目的において同一であるときに満たされるのである。そしてここでいう契約相手方でない者とは契約群の構成員のことである。例えば注文主と請負人との間で結ばれた契約は下請人が履行する債務と同じ目的を含んでいるから、下請人による給付の履行は彼の契約相手方である請負人の予見のみならずとりわけ注文主の予見にも関係することになる。そしてこのように契約の拘束力を拡大することは契約の相対効原則が保証する契約当事者の保護の要請に反しない。なぜなら拡大されるのは債務者（A）の契約（甲）であるから債務者（A）はあくまで自らの契約に基づいて債務を負うからであり、またこの契約（甲）の債権者（B）がこの契約の履行から排除されるとしても彼は別の契約（乙）の彼の債権者（C）の存在ゆえに彼が契約（甲）の債務者（A）に対して有している債権の最終的享受を期待できずその予見を侵害されないからである。そして請求を受ける債務者自身の契約が拡大されることから、その成立に無関係だった者を債権者にするが債務者にはしないのである。

次に、交換的正義の実現の手段としての契約について、Bacache は次のようにいう[374]。すなわち、ここでも本来的に破壊された均衡はその意思が契約の成立に参加した者の間で修復されるべきであることに変わりはない。先と同じように通常の場合において契約の拘束力をこれ以外の者に拡大することは交換的正義の実現にとって無駄であるし、債権者や拘束力の拡大を受ける第三者にとっても有害なのである。しかし Bacache は次の場合に

---

[374] M. Bacache, op. cit（161）, p.260 ets.

は契約の拘束力の拡大が交換的正義を実現するために要請されるという。すなわち、債務者の厳密に契約的なフォートが契約群の構成員に直接損害を与える場合において、交換的正義の要請はこの構成員の債務者に対する契約責任の直接訴権を要請する。この構成員は債務者が負う債務と同一の債務の履行を享受するからである。またこの場合（債務者の契約の）債権者が構成員に対して債務者が負う債務と同一の債務を負っていることからこの債権者の交換的正義の要請は障害にならないのである。

結局 Bacache によれば、契約群の構成員に対し契約の拘束力を拡大することは予見の尊重の観点からも交換的正義の実現の観点からも要請されることなのである[375,376]。

　（b）　当事者概念の拡大

以上の Bacache の見解によれば、1165 条の新しい解釈により契約群の構成員への契約の拘束力の拡大が要請されることになった。そしてここにお

---

[375] また P. Jourdain, op. cit（194）, p.155 ets は、もはや意思自治の原則は契約の効力の唯一の基準や根拠ではなく、こうした契約責任の直接訴権を認めることは 1165 条に反しないとする。

[376] ただし契約の拘束力の根拠を法に求める論者すべてが Bacache のように拘束力を契約群の構成員に及ぼすわけではない。例えば同じように拘束力の根拠を法に求め、当事者概念の再定義を行っている J. Ghestin は、契約の当事者とはその意思の合致によって契約を成立させることができる者、または意思の合致によって契約を変更し消滅させることができる者であり、この中には履行期以降に当事者になった者（労働協約または法人への加入者や包括承継人、契約当事者の地位の譲受人など）が含まれ、また法定代理人の契約締結によって当事者になった未成年者または成年無能力者や法律により契約の譲受人になった者には社会的有用性の観点から拘束力が及ぶが、法律により直接訴権を付与された者さらには契約群の構成員は意思の合致によって契約を変更し消滅させることができない以上第三者であるとする。このように Ghestin の目的は例外的に拘束力を及ぼされてきた者を当事者のカテゴリーに移行させることに限定されている。Ghestin の見解は 2 度にわたり展開されているが、最初の J. Ghestin, La distinction entre les parties et les tiers au contrat, JCP.1992. I . 3628 に対する J. L. Aubert, À propos d'une distinction renouvelée des parties et des tiers, RTD civ. 1993, p.263 et s および C. Guelfucci, op. cit（369）, p.275 et s の批判を加味して出されたのが J. Ghestin, Nouvelles propositions pour un renouvellement de la distinction des parties et des tiers, RTD civ. 1994, p.777 et s である。ここでは後者および J. Ghestin, op. cit（156）, p.729 et s に拠っている。

　なお同様に拘束力の根拠を法であるとしつつ当事者概念の再定義を行う者が C. Guelfucci, op. cit（369）, p.275 et s であり、契約の成立時または履行時においてその意思または法により契約の拘束力に服する者が当事者であるとしている。

いて意思を合致させた同じ契約の当事者（cocontractantes）と同じ予見に関係するが意思が合致しなかった同じ契約群の構成員（simple parties contractantes）とが当事者として現れることになる。

ところでこれら二種の契約当事者はまったく同一というわけではない。その違いについてBacacheは次のようにまとめている[377]。すなわち、第一に契約群の構成員の地位は自らが当事者である契約と債務者の契約とが同一の債務を有する場合に成立するものであるから、この地位は可変的で契約の成立時に決定されない。そして彼は契約の当事者でもあり契約群の構成員でもあるという点で二つの契約の当事者である。第二に契約群の構成員は債務者の契約について彼らの契約の債務と同一である厳密に契約的な債務に対してのみこの契約群の構成員としての地位を有し、これ以外の債務については依然第三者のままである。そして第三に契約群の構成員は、債務者の契約を目的[378]の要件不備やコーズの不存在、形式の不備、合意の瑕疵を理由として無効訴権[379]によって消滅させることができない[380]。

そして以上から、1165条が契約の拘束力に関する新しい根拠に基づいて解釈された場合、契約群の構成員による契約責任訴権の行使や履行の請求

---

[377] M. Bacache, op. cit (161), p.262 et s.
[378] ここでいう目的とは債務の目的たる給付を意味し、契約が有効であるためにはこの目的が確定性、可能性、合法性を備えなければならない。山口・前掲注（154）42頁以下参照。
[379] 無効には、合意の完全な欠落、すなわち単なる合意の瑕疵以上に合意形成の障害となる錯誤（erreur—obstacle）や目的の要件不備、原因の不存在、形式の不備、公序良俗違反を原因とする絶対無効と、合意の瑕疵や過剰損害（lésion）などを原因とする相対無効とがあり、前者について利害関係ある第三者がこれを主張しうるのに対し、後者について第三者はこれを主張しえない。そして合意の瑕疵や過剰損害の一定の場合は、その約定を当然に無効にするのではなく1304条以下に規定する無効訴権を発生させるのである。山口・前掲注（154）54頁以下参照。
[380] これに対しBacaheは、解除訴権について、双務契約において一方が契約不履行をした場合において他方は強制履行を請求するか、契約を解除して原状回復と損害賠償を請求するかを選択できる（1184条）以上、契約群の構成員は同一である債務について不履行があった場合に解除訴権を行使しうるとし、またこの者が支払った金銭については、この者の直接の契約相手方に対する代金債務と契約相手方の債務者に対する代金債務が反対給付たる債務において同一である、すなわちこれらのコーズが同一であるとき、原状回復を受けることができるとする。M. Bacache, op. cit (161), p.263 et s.

は1165条の例外でも1165条に反するものでもないことがわかった。むしろ新しく解釈された1165条は契約群を許容するのであり、その意味で1165条は契約群の根拠にすらなる。そして契約群によってその構成員は参加しなかった契約の当事者の地位を与えられ、その契約の債務者をその契約に基づいて訴えることが可能になるという点で、契約群の概念は法的効果を生ずる法的概念なのである。Bacacheは以上のように結論付ける[381]。

### (二) 契約群の中にある直接訴権に適用される制度

#### (1) 単一の制度の適用

では次に契約群の構成員が行使する直接訴権にはいかなる（契約）規範が適用されるのか。Bacacheは以下のように主張する。ある契約（直接訴権保持者の契約乙、以下単に乙とする）の当事者は、契約群の構成員であることによって、この者が成立に加わらなかった契約（直接訴権の行使を受ける債務者の契約甲、以下単に甲とする）から生じた債務の直接履行または等価物による履行、つまり契約責任に基づく損害賠償を請求しうるようになる。したがって直接訴権の保持者がその履行を求める債務とは不履行をなした債務者の契約（甲）から生じたものである。このことから、履行を求められる債務者の契約（甲）は直接訴権の保持者がその履行を求める債務の原因（cause efficiente）をなしているとBacacheはいう[382]。

次にこの直接訴権を行使するためには契約群の構成員であること、すなわち債務者の不履行と損害との間に因果関係が存在することが必要であった。そしてこの要件は債務者において履行されなかった債務と直接訴権を行使する者が自らの契約（乙）において履行されなかった債務とが目的において同一性を有する場合に満たされたのである。直接訴権行使者は、債務者の契約甲から生ずる債務と同一の債務の債権者である場合にのみ、契約群の構成員の地位をえることになる。したがって直接訴権は、債務者の契約のみならず、直接訴権保持者の契約から生ずる債務が債務者の負う債務と同一であることをもその原因にしているのである[383]。こうしてBacache

---

[381] M. Bacache, op. cit (161), p.273 et s.
[382] M. Bacache, op. cit (161), p.293.
[383] M. Bacache, op. cit (161), p.293 et s.

によれば、責任および履行の直接訴権は二つの原因を持つことになる[384]。

**（ⅰ）債務者の契約：直接訴権保持者たる債権者の権利の原因**　直接訴権保持者の権利について Bacache は以下のように説明している[385]。すなわち、直接訴権の保持者はこの契約群の当事者たる地位を得ることによって債務者の契約の当事者の一種になるわけであるが、だからといって元からいた債務者の契約の相手方、すなわち（甲契約の）債権者の地位が排除されることになるわけではない。債務者の契約の相手方に与えられる当事者たる地位に、契約群の当事者という債務者の契約の当事者の地位の一種が付け加わるに過ぎないのである。

そしてこの直接訴権保持者の地位は以下のような性質を有する。まず直接訴権保持者の権利は彼の名でかつ彼の計算において行使される固有の権利であって、債務者の契約の相手方に代理して行使されるわけではない。次に契約群の構成員は債務者の契約の相手方と入れ替わるわけではない。したがって債権や契約の移転からは区別されることになる。さらに契約群は新しい債権関係を契約関係にない者の間、つまり債務者と直接訴権保持者との間に作り出すものではない。この点で直接訴権保持者の権利は債務者の契約の相手方の権利そのものであり、この意味で契約群は既存の債権関係に付け加わる新しい拘束関係を作りだすものである。つまり Bacache によれば、契約群とは単一の債務と拘束力の多元性よりなるものなのであり、直接訴権保持者に債務者の契約の相手方の権利を援用する資格を与えるものなのである。さらに Bacache は、以下のようにこれら直接訴権の性質をより詳しく検討している。

第一に、固有の権利であることについて、Bacache は次のようにいう[386]。まず直接訴権保持者の権利は彼固有のものであるので、この訴権行使の効果は債務者の契約の相手方ではなくその行使者に属する[387]。次に債務者の

---

[384] このことは弁済の直接訴権についても同様である。弁済の直接訴権は、債務者の契約のみならず、直接訴権保持者自身の契約から生ずる債務が債務者の契約から生ずる債務とコーズが同一であることをも原因にしているのである。M. Bacache, op. cit（161）, p.294 et s.
[385] M. Bacache, op. cit（161）, p.295 et s.
[386] M. Bacache, op. cit（161）, p.298 et s.

契約の相手方の破産はこの直接訴権行使にとって障害とはならない。さらに直接訴権保持者は自らの契約の債務者とそれ以外の契約の債務者との二人の債務者を持つことになり、同時に請求をなすときこれら債務者は連帯することになる。ただしここで問題になっているのはあくまで一つの債務であるから一方から弁済を受けたら他方から受けることができないのは当然である。

　第二に、権利が移転するわけではないことについて、Bacache は次のように述べる[388]。すなわち、契約群の構成員は既存の権利関係において債務者の契約の相手方たる債権者と入れ替わるのではない。したがって既存の権利関係において入替をなすのではなく、債務者の契約の相手方のための既存の拘束関係に契約群の構成員のための新しい拘束関係を付け加えるのである。例えば中間者たる買主はたとえ物を転得者に渡した後であっても売主に対して訴権を行使する権限をなお失うことはない。こうしたことから Bacache によれば、すでに言及した特定承継論と契約群理論の両立は困難なのである。

　第三に、新規ではなく既存の権利であることについて、Bacache は次のようにいう[389]。すなわち、直接訴権を行使する者は不履行をなした債務者

---

[387] ところで直接訴権（action directe）とは「債権者が自己の名および自己の計算において債務者の債務者に対して直接請求することを可能にするメカニズムと定義され」る（工藤「フランス法における直接訴権（action directe）の根拠について（一）」前掲注（339）24 頁）が、これに対し債権者代位権（action oblique）とは債務者の名および計算において行使しうるに過ぎない。すなわち「間接訴権の機能が責任財産保全機能に限定されているのに対して、直接訴権は、優先弁済権や差押的効果によって、債権回収機能を強化されている」のである（工藤「フランス法における直接訴権（action directe）の根拠について（一）」前掲注（339）24 頁以下）。なおフランスの直接訴権と債権者代位権を比較した文献として、この他に山口・前掲注（154）265 頁以下および加賀山「民法 613 条の直接訴権《action directe》について（一）」前掲注（339）88 頁以下を参照した。またフランスの債権者代位権制度の機能と構造の関係を 19 世紀の注釈学派の時代から現代までの学説を検討することで明らかにし、我が国の債権者代位権制度との間での比較をなす文献として、工藤祐巌「フランス法における債権者代位権の機能と構造（一）～（三）」民商 95 巻 5 号 671 頁以下、96 巻 1 号 33 頁以下、96 巻 2 号 209 頁以下を参照した。

[388] M. Bacache, op. cit（161）, p.308 et s.

[389] M. Bacache, op. cit（161）, p.299 et s.

第三章　M. Bacache-Gibeili の契約群理論　*169*

が自身の契約（甲）によって負った債務の履行を求めるのであり、この債務者に対して援用する権利は新しく発生したものではなく、この債務者とその契約の相手方たる債権者とを結びつけるこの債務者の契約（甲）から生ずる権利である。したがってこの直接訴権はこの履行を求められる債務者の契約の制度に服することになり、次の帰結が導かれることになる。すなわち第一に債務者のフォートはその自身の契約の文言に従って評価される。第二に債務者は請求をなす者に対して自らの契約の相手方に対抗しうるあらゆる抗弁をなすことができる。これには契約締結に伴うものとして、無効原因である要式契約における形式の不備や、コーズの欠缺、合意の瑕疵といったものが、また債務者のなした合意が無償の性質を有すること等が挙げられる。また契約締結後の抗弁として、債務者が自らの契約の相手方に対してすでに履行をなしていること等が挙げられる。例えば民法典 1753 条[390]が転借人の所有者に対する債務を差押時に負っている転借料に限定しているのはこの趣旨である。ただ債権の消滅事由は、直接訴権の保持者がこの債務者に対して訴権を行使する以前に生じた場合にのみ対抗できる（差押的効果）。第三に債務者は訴権を行使する者に対して時効期間や債務者の契約の責任制限条項等などの契約条項を対抗できる[391]。

以上のように Bacache によれば、債務者に対する直接訴権保持者の権利の原因、すなわち債務者が結んだ契約はその制度をこの訴権に押し付ける。そしてこの債務者の契約に加えて直接訴権保持者の契約から生ずる債務者の債務と同一の債務の存在が直接訴権のもう一つの原因になっているのである[392]。

---

[390] 民法典 1753 条 1 項：転借人は、差押えの時に負っていることがある転借料を限度としてでなければ、所有者に対して義務を負わない。…。
[391] では消費者が直接訴権を行使する場合、この消費者は事業者間の契約の責任制限条項などを対抗されてしまうのであろうか。ここで消費者保護の要請に応えて条項の対抗を否定するとしたら、この訴権が債務者の契約から生じたというその根拠に反することになる。Bacache は、この消費者の利益は自らの契約の相手方に対する訴権によっても十分図られており、またそもそもこの直接訴権はこの債務者と直接訴権保持者の利益を調和するところにその正当性があったとして、訴権を行使する者が消費者であるからといって特にこの点で対抗を許さないとするべきではないと主張する。M. Bacache, op. cit（161), p.301 et s.

**(ⅱ) 債務の同一性：直接訴権保持者の債務者に対する直接訴権の原因**

直接訴権のもう一つの原因である債務の同一性についてBacacheは以下のような検討をなしている[393]。不履行をなした債務者の契約（甲）とは異なり直接訴権保持者の契約（乙）それ自体はこの訴権の原因とはならない。なぜなら直接訴権を行使する者は自身の契約（乙）から生ずる権利ではなくこの債務者の契約（甲）から生ずる権利を主張するからである。では直接訴権を行使する者の契約（乙）は全くこの直接訴権の原因とはならないのか。Bacacheによれば、この債務者の契約（甲）から生ずる権利を援用するためには、直接訴権保持者の契約（乙）から生じた債務が債務者の契約（甲）から生じた債務と同一であることが必要であった。したがって債務者の契約から生じた債務と同一の債務の債権者であることがもう一つの原因なのである。そしてこの債務者はこの権利の原因の不存在を、言い換えればこの債務の同一性の不存在を対抗することができる。この場合この債務者は債務の同一性の不存在を立証するために直接訴権保持者の契約（乙）を事実として援用するにとどまる。したがってBacacheによれば、あくまで直接訴権保持者の契約（乙）はこの訴権の原因ではなく、それゆえその制度が訴権に適用されることはないが、債務者は訴権の原因の不存在つまり債務の同一性の不存在を立証する限度でこの契約（乙）を利用するゆえに、その限度においてこの契約の制度は訴権に影響を与えることになるのである。そしてBacacheによれば、債務の同一性の不存在は以下の場合に起こりうる。

（a） 訴権の保持者が同一の債務の債権者でなかった場合

訴権の保持者が同一の債務の債権者でなかった場合はどうか。これについてBacacheは次のようにいう[394]。まず、責任訴権について債務者はそれぞれの契約の債務の間に存在する差異を対抗することができる。そしてこのことは直接訴権保持者が契約群に属しているかを問題にしているのであり、またこの差異はフォートと損害の間の因果関係を断つものである。し

---

[392] M. Bacache, op. cit (161), p.309 et s.
[393] M. Bacache, op. cit (161), p.310 et s.
[394] M. Bacache, op. cit (161), p.311 et s.

かし債務者の債務が結果債務で直接訴権保持者の債務が手段債務である場合、この違いは債務者の不履行によって直接訴権保持者が損害を被ることを妨げないため差異としては不十分である。この場合なお直接訴権は存在し、債務者の契約の制度が適用されるため、直接訴権保持者はフォートの立証を免れることになる。また反対に債務者の債務が手段債務で直接訴権保持者の債務が結果債務である場合、直接訴権保持者はフォートの立証を要求されることになる。同じ理由から債務者は直接訴権保持者に対して彼の契約に予定されている責任の減免条項を対抗しえない。なぜならこのような条項は直接訴権保持者が自身の契約の相手方に対して損害の賠償を請求することを禁じまたは制限しても、その債務が存在し、したがって直接訴権保持者が損害を被ることを妨げないからである。そしてこの解決は、破毀院が直接訴権を転得者に彼が買主と結んだ契約において予定されている責任制限条項を避けさせるために認めてきたという直接訴権の発展史に沿うものである。結局債務者は自らの契約の不履行に由来する損害を直接訴権保持者が被らないことを証明する直接訴権保持者の契約規定だけを対抗できることになる[395]。

次に直接訴権の保持者が同一の債務の債権者ではない場合として、直接訴権保持者の契約（乙）から生ずる債務が無効原因によって損なわれる場合が挙げられる。債務者は直接訴権保持者の契約（乙）から生ずる債務の無効原因を対抗することができる。

（b）　直接訴権保持者の契約から生ずる債務が消滅した場合

では直接訴権保持者の契約から生ずる債務が消滅した場合はどうか。Bacacheは次のように述べる[396]。すなわち、不履行をなした債務者は直接訴権保持者の契約（乙）の相手方の弁済による債務の消滅を対抗することができる。同じ債務の二度の弁済または同じ損害の二度の賠償は不要だからである。

---

[395] 弁済の直接訴権については、この訴権の行使者の契約が無償のものであるなどコーズの同一性の不存在を主張し、またこれを証明する限りで訴権行使者の契約を援用することになる。M. Bacache, op. cit（161）, p.313 et s.

[396] M. Bacache, op. cit（161）, p.313 et s.

結局 Bacache によれば、直接訴権は請求をなす直接訴権保持者の契約制度には部分的にしか服さない[397]。直接訴権保持者が履行を求めるのはあくまで債務者の契約（甲）から生ずる債務の履行であるが、直接訴権はこれに加えて債務の同一性を原因とするために、直接訴権保持者の契約はその限度において原因をなすからである。それゆえこの契約は、直接訴権の制度を決定するにあたって、債務者が同一の債務が存在しないか消滅したことを証明する限りにおいて訴権の制度に影響するという点で、限定的にしか意味を持たない。加えてこのように限定的にしか意味を持たないことで契約群を形成する二つの契約制度全体を競合的に適用することで生ずる閉塞状況を避けることができるようになるのである。

### (2) 二重の制限の批判的検討

以上のように契約群の構成員が不履行をなした債務者に対し直接訴権を行使する場合、この契約群の構成員が債務者の契約の当事者となることから、彼の行使する訴権が服するのはこの債務者の結んだ契約の制度だけであることがわかった[398]。そして Bacache はこの直接訴権が債務者の契約の制度のみならず直接訴権保持者の契約の制度にも服するとの見解[399]（特に Néret の見解）について批判的である。

ところで直接訴権には二つの態様のものが考えられる。すなわちまず直接訴権を複数の契約の中のどれかから発生した既存の権利に基づくものであると考える場合がある。この場合この直接訴権を規律することになる制度も訴権が基づくところの権利が服する制度ということになる。これに対

---

[397] M. Bacache, op. cit（161）, p.314.
[398] 同様の見解を採用するのが P. Jourdain, op. cit（222）である。これによれば、下位契約のように主たる契約に依存する場合（したがって下位契約の債務者に直接訴権を行使する本契約の債権者は下位契約の制度のみならず本契約の制度にも服することになる）を除き、直接訴権は、それが基づく契約、すなわち債務者の契約の制度だけに服することになる。
[399] この点について、第三者による契約責任に基づく損害賠償請求権の行使を認めた先述の二つの破毀院第一民事部判決（1988年3月8日と1988年6月21日）は、第三者の直接訴権が二重の制限に服することを認めていた。また学説上多くの論者はこの見解に与する。例えば、J. Néret をはじめ、Chr. Larroumet, op. cit（324）や G. Viney, op. cit（293）, p.420 et s は、直接訴権が二重の制限に服するべきことを主張する。

しもう一つは直接訴権を既存の権利ではなく契約関係にない者の間で生ずる新しい関係から生ずる新しい権利に基づくものであるとする考え方である。しかしこれによればこの新しい権利の原因やそれが服する制度が問題となる。Bacache は前者の考え方を採用しているが、これに対して契約群理論の先駆者たちの考え方はいかなるものであったか。

ここでは、直接訴権が債務者の契約と直接訴権保持者の契約の双方に服するとする Néret の見解を取り上げる[400]。Néret は直接訴権の根拠を債務者が結んだ契約から生ずる権利であると同時に直接訴権保持者が結んだ契約から生ずる権利でもあるとする。これによれば直接訴権は、新しい権利に基づくわけでもなければ、複数の契約のうちの一つから生ずる権利を根拠とするわけでもなく、既存の二つの権利の混成に基づき、したがってこれら二つの契約をその原因にしていることになる。こうした見解は Bacache のそれとは異なり 1165 条との関係で二重の正当化を必要とする。すなわち Bacache が直接訴権保持者に対して債務者の契約の拘束力を拡大することについての正当化だけですんだのに対し、Néret は直接訴権が二つの契約をその原因とするものであると主張することで、直接訴権保持者の契約の拘束力の債務者に対する拡大までも正当化しなければならなくなってしまったのである。そして Néret は契約当事者でも第三者でもない「契約群の当事者」(partie au groupe de contrats) という中間的な地位を創出し、この地位をもってこの混成された権利の正当化を試みたのである。したがってこのようにして創設された契約群の当事者が行使する直接訴権は債務者の契約と直接訴権保持者の契約という二重の制限に服することになった。

これについて Bacache は次のような批判をしている[401]。すなわちまず 1165 条は誰が契約上の債務の拘束を受けるのかについて答えるものであり、その答えは常にイエスかノー、つまり契約の当事者か第三者か、しかありえない。したがって当事者でもあり第三者でもあるというカテゴリーは、1165 条の許容するところではない。次に契約群を構成する二つの契約の制度の競合的適用によって、債務者は直接訴権保持者の結んだ契約を対抗す

---

[400] J. Néret, op. cit（281）, p.273 et s.
[401] M. Bacache, op. cit（161）, p.317 et s.

ることができるようになり、自らの契約に予定されていた制度よりも有利な制度に服することになるため、直接訴権保持者にとって不利である[402]。さらに両契約制度の競合を認めるならば、例えば一方の債務が手段債務で他方が結果債務である場合や裁判管轄条項が異なる場合などに困難をもたらすことになる。以上のように Bacache によれば、両契約制度の競合的な適用は 1165 条の解釈や直接訴権保持者と債務者との間の利益の均衡、適用にあたっての障害という点でより困難なのである。

### 3 小括

以上に検討した Bacache の見解は以下のように要約できる。すなわち、Bacache は、まず契約上の債務には不法行為法上の義務とは重なりえない厳密に契約的な債務とそれと重なりうる付随的な債務があることを指摘した。その上で前者の債務に対する不履行は契約外の第三者に対する関係で不法行為フォートを構成しないのに対し、後者のそれは不法行為フォートを構成するとしていた。そしてフォートの同一視の及びえない前者の債務について、その不履行により損害を被った契約外の第三者は不法行為責任を追及しえない。この債務の不履行すなわちフォートは第三者に対し不法行為フォートになりえず、またこれを認めることは第三者に等価物による契約の履行を契約の対抗力の名のもとに与えることになり、契約の相対効原則（1165 条）を侵害するからである。しかし他方でこうした第三者に何らかの訴権が与えられるべきとの要請もある。

そこで Bacache は、契約群、すなわち債務の目的および給付の目的において同一の債務を有する契約の連鎖においては、ある契約の債務者の厳密に契約的なフォート（法的不履行）と契約群の参加者たる第三者の契約的損害（具体的不履行）とが表裏の関係にあって両者に因果関係が認められるため、不履行をなした債務者と損害を被った第三者との利益の調和の観点から、第三者に債務者に対する契約責任の追及を認めるべきである。これに対し不履行が一般的義務違反にもなる場合、第三者はあくまで不法行為責

---

[402] 契約責任に基づく損害賠償請求権を認めた 2 つの破毀院第一民事部判決（1988 年 3 月 8 日と 1988 年 6 月 21 日）に対する批判が想起される。

任訴権によるべきであるとしていた。

　また契約責任に基づく損害賠償は債務の等価物による履行でしかないのであるから、契約群の構成員は直接契約の履行を求めることができるというべきである。加えて直接訴権の債務者が給付の最終的受給者に対しその対価を請求しうるとすることがより衡平であるとしていた。

　以上から契約群の必要性と有用性が明らかになったが、次にこの契約群が1165条との関係で正当なものであるかが問題となった。

　この点意思自治の原則に基づいて解釈された1165条によれば契約群の構成員は契約当事者ではないことになる。そのためこのような地位にある者に直接訴権を与えることが有用であるとの認識に基づいて判例や立法者は1165条について特定承継論のような様々な例外を設けてきたが、いずれも限定的なものであったことから不法行為責任の不当な適用を招いてしまった。そこでBacacheは、従来からの意思自治の原則に基づく1165条の解釈を脱却することにより、契約群という概念を1165条の新しい解釈のもとに認めることを試みた。すなわち経済および社会の発展よりなる実定法上の変化に対応できるように、契約の拘束力について、交換的正義を実現し将来に対する支配を実現するために予見を保証すべく上位規範たる法により与えられるものであるとした。そしてこの新しい契約の拘束力の根拠に基づいて1165条を解釈すると、予見の尊重の観点からも、交換的正義の実現の観点からも、契約群の構成員に対しても契約の拘束力を及ぼすことが要請され、同条はこの者を債務者の契約の当事者の一種にする根拠になったのである。

　ではこの直接訴権が服すべき制度はなにか。Bacacheによれば、直接訴権が目指すのは不履行が生じた契約の債務者の債務の履行であり、ゆえにこの債務者の契約はこの訴権の原因の一つをなす。加えてこの債務者の債務と同一の債務の債権者であるということも、契約群の構成員がこの債務者の契約の当事者になるために必要であることから、この訴権のもう一つの原因をなすが、債務者はこの同一性の不存在を証明するためだけに契約群の構成員自身の契約を援用するにすぎない。このことからこの契約それ自体はこの直接訴権の原因とはならず、したがって訴権が服するのはこの

債務者の契約だけであり、二重の制限には服さないことになったのである。
　こうしてBacacheによれば、契約群は訴権の不在を埋めるという点で有用にして1165条との関係で正当な概念であることが証明されたのである。
　契約の連鎖における契約群理論の学説上の一つの理論的到達点を示した以上のBacacheの見解は、学説上の議論に一定の影響は与えたにしても、Besse判決を契機に確立された判例を覆すには至っていない。しかしながら、ある契約の債務者の不履行が必然的に他の契約の債権者に損害を与える構造にある契約の連鎖はこの者に直接の損害賠償請求権を与えることを要請し、これを満たすに、判例のように不法行為責任を拡大するか、あるいは一部学説のように契約責任を拡大するかの困難な選択を強いられるところ、不法行為責任構成の特に契約の相対効原則に対する不都合を解明したうえで、同原則の正面からの再考を伴う契約責任構成を突き詰めたBacacheの試みは、フランス法的特殊性を超えて、今後の我が国における契約の連鎖の提起する同様の問題の解法の探求に、有用な示唆を与えるものであると考える。

# 終章

　以上本部は複数の契約が集合して一つの取引を形成している契約の集合体、すなわち複合取引のうち、契約の連鎖に関して、主として損害賠償責任の観点から、債務者の債務不履行により損害を被った形式上契約外にあるが実質上契約当事者にも匹敵する契約の連鎖の中にある者に、どのような救済を与えるべきかという問題について、近時におけるフランスの議論を中心に検討をしてきた。ただ本部は以上の検討を通じて得られた結論を日本法における具体的な解釈論に発展させるには至っていない。本部が行ったのは、この問題に関する日本の判例・学説の検討を踏まえて問題を提起し、その解法の探求を目的として同様の問題に関するフランス法の検討を行い、新たな観点を与えかつ今後の議論に材料を提供しうる見解を示したにとどまる。この問題に関する具体的な解釈論の展開は今後の課題にするとして、以下ではこれまでの検討をまとめ、特にフランス法の検討からえられる我が国の議論への示唆を抽出して締め括りとしたい。

## 1　以上の検討のまとめ

　以上本部のこれまでの検討をまとめると以下のようになる。まず我が国においてこの問題は、契約の連鎖の中にある者がある契約の不履行により損害を被った場合において、契約の相手方ではない不履行債務者に対して行使する不法行為責任の追及が、その取引の当事者としての立場に鑑みて、不履行債務者の契約による制限を受けるべきか否かという形で、発現していた。問題の場は主として運送取引を舞台とし、判例や学説はほぼ一致してその制限を認めていたのである。また我が国においてはこの運送取引の事例に加えて、主として人身損害を被った被害者により都合のよい契約責任規範を適用するために、下請の事例と製造物責任の事例において、契約

の連鎖における不履行債務者と被害者たる第三者との間に債務不履行責任の成立が認められ、また契約責任構成が学説上試みられていた。ところで以上の事例において問題となった債務不履行の前提となる義務には以下の相違が存在していた。すなわち、一方で後二者の事例において主として問題になった義務は給付義務とは異なる相手方の完全性利益を侵害しないよう配慮すべき信義則上の保護義務であり、同義務は第三者との間でも成立する不法行為法上の義務に近似し、したがって同義務違反は同時に第三者に対する不法行為法上の過失を構成するものであった。他方で、前者の事例で問題になっていたのは保護義務ではあっても当事者の合意に基礎付けられた給付義務であり、契約によってはじめて生ずるような高度な義務をも課するものであった。また製造物責任の事例において問題となった製造者のもう一つの義務は契約に適合する欠陥のない物を引き渡すという給付義務である。ゆえにこれらはともに契約によってはじめて生ずる高度な義務を債務者に課するものであるため、このような義務の射程は第三者に及びえず、この債務の不履行は第三者に対する不法行為法上の過失を構成しないと考えられた。したがってこの場合債務者のこうした債務の不履行によって損害を被った第三者といえども少なくとも不法行為責任を追及することは認められるべきではなかったのである。とはいえこうした契約の連鎖においては、第三者の債権の満足が債務者の債務の履行にかかっており、両者の間に契約関係に準ずる利害関係が存在するため、この第三者への何らかの救済の付与が求められ、そこで不法行為責任の追及によらずにどのような救済がなされるべきかが問題になったのである。

　ではこれに対応する議論はフランスでどのように展開されてきたか。フランスにおいては伝統的に契約フォートと不法行為フォートの分離の原則が確立されていた。契約責任の本質が契約上の債務の履行の代替物にある以上、第三者が不法行為責任によってその不履行により生じた損害の賠償を受けることは、契約外の第三者が契約の履行を受けるのに等しく、したがって契約の相対効原則に反するからである。しかし契約が連鎖する取引が多くなるにつれ、こうした第三者に損害の賠償を認める必要に迫られ、判例上しだいに不法行為責任の追及が認められるようになる。この結果同

原則は判例において事実上廃棄されてしまった。しかしここで我が国におけると同様、債務者の予見の保護の要請を受けて、第三者の行使する訴権に債務者の契約による制限を及ぼす試みが開始された。判例は物の移転により訴権が移転するという特定承継論に則り、連鎖的売買など物の移転を伴う契約の連鎖について、また判例の一部では下請など物の移転を伴わない契約の連鎖についても、第三者に対し契約責任に基づく損害賠償請求権の付与を認めたのであった。また学説上も以前からこうした第三者に対して契約責任に基づく損害賠償請求権を付与すべきことが主張されてきた。各説は、一定の契約の集合体（契約群）においては特別の取扱が必要であるとし、その一環として集合体内における契約関係にない者どうしの間に契約責任の成立を認めたのであった。そしてそこで想定される集合体の範囲は論者により区々であるが、物の移転を伴わない契約の連鎖をも含める点では一致を見せていた。

しかし破毀院は、大法廷判決において、物の移転を伴わない連鎖について契約責任の成立を認めることを拒否し、これにより契約責任の成立は特定承継論の及ぶ範囲に限定されることになった。こうして特定承継論が及ばない連鎖について、第三者は依然として不法行為責任の追及を認められ、この問題は振り出しに戻ることになったのである。しかし大法廷判決後には、契約フォートと不法行為フォートの分離の原則を再び強調し、純粋に契約上の債務の不履行については第三者による不法行為責任の追及を拒否する姿勢を見せる判決も散見された。また学説においても、同フォート分離の原則を強調し、また同原則を前提に純粋に契約上の債務の不履行について連鎖内の第三者による契約責任の追及を認める一部有力な見解も現れていた。

こうした中で学説における一つの理論的到達点を示したのが Bacache の論文であった。これによれば、まず債務者の不履行は、契約を前提にしなければ生じえない厳密に契約的な債務の不履行と、必ずしも契約を前提にしなくても生ずる付随的な債務の不履行とに分けられ、前者は第三者に対する関係で不法行為責任を生じさせない。そして厳密に契約的な債務の不履行によって損害を被った第三者に契約責任追及の余地を与える理論が契

約群という法理論であり、この第三者がこの契約責任を追及しうるか否かの基準を契約群の構成員であること、すなわち不履行があった債務と同一の債務の債権者であったかどうかに求める。そしてこうした形式上契約外の者による契約責任の追及は、交換的正義を実現し契約当事者の予見を尊重すべく法により契約の拘束力が与えられるとの見解のもと新しく解釈された1165条の契約当事者概念にその正当性を見出すことになる。つまり契約は従来の意思を合致させた当事者に加え、契約群の構成員にもその拘束力を及ぼすことになるのである。またこの契約の拘束力のもとにおかれた新しい契約の当事者は、当然その契約の制度に則って、つまりいわゆる二重の制限を受けることなく債務者の責任を追及することになる。

## 2 我が国に対する示唆

以上に要約した本部での検討において、フランス法上の議論の展開は日本法上の議論に対し以下のような示唆を与えるであろう。

第一に、債務者が不履行をなした場合、常に第三者が不法行為に基づく損害賠償請求権の行使を許されるわけではないことが挙げられよう。すでに見たようにフランスにおいても、我が国と同様に同じ契約の連鎖の中にいる第三者が追及する不法行為責任が不履行債務者の契約による制限を受けるべきか否かが問題の出発点となっていた。しかしもともとフランスにおいては判例上契約フォートと不法行為フォートの分離の原則が存在し、そもそも不法行為責任の承認は、同原則の廃棄をその前提にしていたのである。そこで近時の一部の破毀院判例および学説上の有力説は同原則の回復を主張していた。これによれば、契約から生ずる義務は厳密に契約的な債務と第三者に対しても生じうる付随的な契約上の債務とに分けられ、前者の債務不履行により損害を被った第三者は不法行為に基づく損害賠償を請求することはできない。このような債務は契約を前提としてのみ生じ、契約責任に基づく損害賠償が履行の代替物であるとするならば、契約外の第三者による行使を認めることは契約の相対効原則に反するからである。そしてこうした考え方は我が国においても債務不履行に基づく損害賠償が履行の代替物と考えられ、契約の相対効原則が採用される以上、妥当しう

るものと考えられ、運送契約における運送人に対する第三者の不法行為に基づく損害賠償の制限の是非の問題は、そもそも違反された義務によっては請求権の存在自体が問題とされることで、その再考の余地が生じよう。また製造物責任の事例において製造者の契約に適合する欠陥のない物を引き渡す義務の違反について第三者が不法行為責任を追及することができないことは契約の相対効原則によって基礎付けられることが判明した。これに対し、下請の事例および製造物責任の事例においては、もっぱら問題になっている義務が第三者に対しても生じうる不法行為法上の義務に近似する信義則上の保護義務である以上、第三者が不法行為責任を追及すること自体は問題にされないであろう。

　第二に、直接訴権を認めるための理論的根拠が挙げられる。フランスでの有力説を検討した結果、以下のような見解がえられた。すなわち、先述したように、履行されなかったのが厳密に契約的な債務である以上、第三者はたとえ損害を被っているにしろ、不履行債務者に対し不法行為に基づく損害賠償を請求することはできないはずであった。しかしこうした債務の不履行によって第三者が損害を被るということは、この債務者と第三者はたとえ直接の契約関係になくとも実質的には履行をなす者と履行を受ける者との関係にあることを意味し、ここに両者の間に直接訴権を認める必要性と有益性が生ずる。そこで両者の間での契約責任の成立が主張される。契約が連鎖する取引（Bacache はこれを契約群と呼ぶ）において、両者は実質的に契約当事者に準ずる関係にあるからである。また契約責任に基づく損害賠償が履行の代替物であるとするなら、理論的に第三者は直接履行請求を許容されることになり、また金銭債務についても直接弁済請求が認められることになる。そしてここでは不履行と損害との間の因果関係は債務の同一性により確保され、直接訴権を付与される者はこの基準によって範囲を画されることになった。以上の見解から我が国の議論へ以下のような示唆が与えられよう。すなわちこの場合に契約責任の成立を認めることによっても、損害賠償請求権に債務者の契約による制限を及ぼすという所期の目標は達せられることになったが、ここで契約責任に基づく損害賠償を認めることはそれ以上の意義を有することになる。すなわち、我が国において

もともと問題になった運送取引の事例では、従来の見解によれば、運送目的物の滅失による所有者への所有権侵害等のように不法行為責任の成立を観念する余地もあったが（私見はこれに疑問を提起するが）、そうではない場合、すなわち製造者が契約に適合する欠陥のない物を引き渡す義務に違反し第三者たる商品の購入者が物の商品価値の減少それ自体の損害を被った場合のように、従来の見解によっても、不法行為責任の成立を観念しえない事例にも、このような契約当事者に準ずる第三者に契約責任の追及さらには直接履行請求の道を開く意味を持つのである。こうして第三者の損害賠償請求に対する債務者の契約による制限の可否の問題は、直接訴権の付与の可否の問題へと進化することになった。ではこの契約責任の成立による直接訴権の承認を我が国実体法上の理論としてどのように吸収するのか。すでにフランスの特定承継論についての試み[403]、またフランスの直接訴権全般の展開を我が国の債権者代位権制度に取り込もうとする試みが存在する[404]。こうした見解と並んで契約責任の成立そのものを認めて損害賠償のまたは履行の直接訴権を承認する試みがなされてもよいのではなかろうか。特定承継論の日本法への導入を図る試みとの関係では、広く債務を同じくする契約の連鎖一般における直接訴権を承認する本稿の試みは、物の移転を伴う契約の連鎖のみを対象とする同見解にない意義を有するものと考えられる。

　第三に契約当事者概念の再構成の試みが挙げられる。契約の拘束力の根拠を意思に求める以上、契約の拘束力は意思の合致のない者には及びえず、契約群の構成員に対し、たとえ直接合意を交わした契約の成立がなくとも、契約責任の追及、進んで直接履行請求を認めることは1165条に違反して

---

[403] 野澤正充「契約の相対的効力と特定承継人の地位（四）（五）」民商100巻5号142頁以下、100巻6号146頁以下は、特定承継論の我が国への導入について検討している。

[404] 例えば工藤「フランス法における直接訴権（action directe）の根拠について（一）（二）」前掲注（339）23頁以下、277頁以下や山田希「フランス直接訴権論からみたわが国の債権者代位制度（一）〜（三）」名法179号181頁以下、180号253頁以下、192号93頁以下、同「契約の第三者効（上）（下）」NBL 777号34頁以下、779号37頁以下は、我が国の債権者代位権の解釈論に生かそうとする目的でフランスの直接訴権制度を検討している。

しまう。そこでこの点についてフランスの有力説は、現在多くの場面で通用力を失った意思自治の原則を放棄し、代わってケルゼンの法の段階性論によりつつ、契約の拘束力は上位規範たる法により付与されるものであるとしていた。そして法が交換的正義を実現し契約当事者の予見を尊重するために契約に拘束力を与えると考えることで、契約群の構成員に対しても契約の拘束力が拡大されえた。なぜなら予見の尊重は同じ予見を持つ他の契約の成立にその意思が加わった者に契約の拘束力を及ぼすことで図られ、この予見の同一性は債務の同一性に一致するからであり、また交換的正義は契約の拘束力がこの者達に及ぶことによってこそ実現されるからである。以上により債務者の契約の拘束力が契約群構成員にも及ぶことになった。このように契約群の構成員は債務者の契約の当事者の一種となり、契約の当事者として債務者の契約の履行を、そして不履行の場合には契約責任を追及できることになった。であるならば、ここで生ずる直接訴権は債務者の契約の制度にのみ服するのが論理的である。こうして直接訴権が債務者の契約および直接訴権行使者の契約による二重の制限に服するとの考え方が排除されることになった。以上の見解は我が国実定法に以下のような示唆を与えるであろう。

　まず契約当事者概念の再考に関する議論について。契約の拘束力を第三者に及ぼすことは必然的に契約の相対効原則との間で衝突を生じる。それでもなお契約の拘束力を及ぼすべしとの要請は、契約の拘束力は直接合意をなした者にのみ及ぶとの意思自治の原則に基づく契約の相対効原則を、契約の拘束力の根拠を法であるとして意思自治の原則を放棄することを通じて、根本的に再考し、契約の当事者概念を修正することにフランスの有力説を向かわせることになった。契約の拘束力の根拠を法であるとしても、必然的に契約群の構成員に契約当事者の地位が与えられるわけではなく、契約の拘束力の根拠の検討を通じた契約の当事者概念の再検討は学説上の一つの試みに過ぎない。しかし取引が複雑化する現代において、古典的な意味において契約の当事者とはいえないが取引の当事者ともいうべき第三者を契約法規範に服せしめることは日仏の契約法の共通の現代的課題である。したがってこの契約の拘束力の根拠にまでさかのぼった契約当事者概

念の現代的再考の試みは、一つの理論的営為として参考に値するであろう。

次に直接訴権の服する制度について。契約群構成員の行使する直接訴権が債務者の契約の制度にのみ服するとの見解は、債務者の契約の拘束力を契約群構成員に及ぼすことの論理的帰結であった。こうした直接訴権の服する制度が単一であるとの見解はフランスにおいてもいくつかの有力説が主張するだけであり、直接訴権を論ずる多くの見解は債務者の契約と直接訴権行使者の契約との二重の制限を唱える。また我が国においてフランスの直接訴権を検討するもの、特にフランスの直接訴権を我が国の債権者代位権の解釈を通じて吸収しようとする試みは、このような二重の制度による直接訴権の制限を前提にしている。しかし本部での検討においても明らかなように、この二重の制限は直接訴権の利点を大きく損ねるものであり、また少なからぬ問題を生じさせるものであった。この点は、フランスの直接訴権論を、特に我が国の債権者代位権を通じて、導入しようとする試みにおいても生ずるものであろう。であるならば制度の単一性を導く、契約群理論を通じた直接訴権論の導入は、従来の同種の試みにはない利点を有するものとしてこの点でも参照する価値を有するものと思われる。

また契約の拘束力の根拠に関する議論そのものについて。これまで契約は合意に基づいて成立し、この合意をなした者が契約により義務づけられる、つまり拘束されることは日仏両国において自明のこととされてきた。しかし先述のように右定理を支える意思自治の原則が経済的社会的状況の激変にともない大きな変容を被るようになると、この意思自治の原則それ自体が再考を迫られることになった。そこで J. Ghestin をはじめとするフランスの有力学説は契約法の理論をこの現状に対応させるため、意思に代え法を拘束力の根拠にすることを主張した。以上の議論は、同じく契約の拘束力の根拠を意思に求めるものの、現在ではその妥当性に同様の困難を覚える局面を多く抱えるに至った我が国の契約法の議論にとっても、参考になるものと思われる。意思自治の原則が強固に根付いたフランスだけに自覚的に展開されたこの議論は我が国の契約の拘束力の議論の一つの材料になるであろう。

## 3　今後の課題

本部における契約の連鎖の考察を経て、今後の課題として特に次の事項が浮上した。

すなわち、本部では契約の連鎖内にあるが直接契約関係にない者の間で契約責任を認めるためにフランスの契約群理論を参照したが、ここではこの理論を取り入れるための日本法の積極的な検討を欠いたまま示唆をうることに終始している。したがって今後は同理論を我が国において消化するため、日本法の更なる検討が必要であろう。

また本部においては直接契約関係にない者の間において契約責任を認めるために、意思自治の原則ではなく法によって契約の拘束力を根拠付ける考え方を提示した。しかしこうした契約の拘束力の根拠の転換は、契約の当事者概念の拡大だけでなく、これを含めた意思自治の原則を揺るがすフランスにおける現代契約法の展開全般に由来するものである。であるならばこの契約法の中核に位置する契約の拘束力の根拠の転換は現代契約法学の展開全体を受け止めたものでなければならず、この問題は今後の課題として残されることになった。

## 4　最後に

以上のように本部は、近時において著しい展開を見せるフランスの契約群に関する議論を中心に契約の連鎖の提起する問題について検討してきた。既知のように契約群理論については判例・学説において賛否が分かれ、またその理解も一様ではなかった。本部において主に検討したのは理論的に最も洗練されたものとはいえその有力な見解の一つにすぎない。それでも従来我が国においてほとんど議論されることのなかった問題について、新たな観点を多分に含んだ議論のモデルを示しえたならば本部での目的は達せられたであろう。

また本部での検討は、契約の集合体である複合取引の類型の中でも契約の連鎖に限られていた。しかし序において触れたように、現代型取引が生じさせる契約の複雑化は、類型として契約の連鎖を生じさせるだけではな

く、また問題として当事者概念の再構成を迫るにとどまらない。残された類型と問題の検討は本稿の第二部での検討にゆだねられる。現代における取引の進化、特にその複雑化は、契約理論に対して多方面にわたりその修正と発展を迫っている。契約の相対効原則のドグマもその主戦場の一つであり、本部は同原則の現代的修正の可能性の一端を一部につき示したものにすぎない。

第二部　複合契約の考察

# 序章

## はじめに

　すでに序において述べたように、これまで民法典および商法典が想定していた契約は二当事者間で締結される一つの契約であったが、取引社会の進展に伴い、現在ではある一つの取引を達成するために複数の契約が結ばれる複合取引が日常的に発生するに至っていた。こうした複合取引の常態化とも言える事態は、契約の拘束力が原則として契約の当事者間にのみ及ぶとの契約の相対効の原則や、契約が原則として他の契約で発生した抗弁や他の契約の消滅に影響されないという契約の自立性ともいうべき原則との間で、現在様々な場面で軋轢を生じさせていたのである。こうした複合取引は、主に契約が異なる当事者間において順次連鎖的に締結されて一つの取引が完成する契約の連鎖と、二またはそれ以上の当事者間の取引に複数の契約が同時に存在する[1]複合契約[2]からなり、前者においては契約の拘束力の範囲が、後者においてはある契約の他の契約への影響が問題となっていた。この第二部においては、第一部における前者の契約の連鎖についての考察に引き続き、後者の複合契約を考察することにする。そこでまず以下にこの複合契約の提起する問題の全体像を提示しておく。

---

[1] ここで一応念頭においているのは契約が相互に依存する同等の関係にある場合であり、消費貸借契約と保証契約のように主従の関係にある場合を除いている。ただし相互依存関係にある場合と主従関係にある場合との境界は相当に曖昧である。
[2] こうした現象としての複合契約は様々な法律上の問題を提起するものであるが、本部ではこのうち最も議論を呼んでいる契約間の影響関係の問題に焦点を当て、この観点からの同現象の法理論的な検討を複合契約論と呼ぶことにする。

## 一　問題の全体像

（1）　この複合契約においては、法形式的に見れば各々別個の契約が締結されているように見えても、これら契約が取引の達成という目的のために締結され履行されるという相互に依存する一体的な関係にあるため、これら契約間の関係を無視しては適切な解決には至りえない。したがってこのような取引においては、これを構成する各契約が単一の取引の達成を目的としていることを考慮して、各契約を一体として扱いその影響関係を認めることが求められているのである。

（2）　ところで我が国においてこうした複合契約における契約間の影響関係は、特に履行または消滅における契約間の牽連関係の問題、すなわち他の契約における不履行を理由に契約において履行を拒絶しうるか、または契約の消滅は他の契約の消滅を招来するのかという問題を通して古くから考察されてきたが、このうち最も議論を生じさせたのが割賦購入斡旋を代表とする第三者与信型消費者信用取引における購入者の売買契約上の抗弁の与信者への対抗如何、すなわち抗弁の接続の問題であった。裁判例は当初さまざまな理論構成でもってこの抗弁の接続を認めようとしてきたが、割賦販売法の昭和 59 年の改正により部分的に抗弁の接続が認められ（30条の4）、その後の平成 11 年の改正によりその適用範囲は拡大を見るに至っている。しかし最高裁第三小法廷平成 2 年 2 月 20 日判決（判時 1354 号 76頁）をはじめとする同判決以降の判例は、同規定を特別な例外規定であるとし、またその適用外の取引における抗弁の接続に厳格な態度を示し、今日に至っている。こうした判例の消極的な態度に対し、学説は様々な理論構成でもって適用対象外の取引においても抗弁の接続を認めようとし、また一部の学説はさらに進んでこの第三者与信型消費者信用取引での検討から出発して、これ以外の取引においても契約間の履行上、存続上の牽連関係を認めようとしたのである。このように抗弁の接続の問題においては、一方で一連の立法判例によるある特定の取引における特別な扱いという捉え方と、他方で特に一部学説による類似の取引一般に及びうる契約間の牽

連関係如何という捉え方とが交錯する二面性をもって今日に至っていた。こうした中で最高裁第三小法廷平成 8 年 11 月 12 日判決 (民集 50 巻 10 号 2673 頁) が登場する。同判決は、二当事者間で取引をなすために結ばれた二つの契約のうちの一方における不履行を理由に両契約の解除を認め、抗弁の接続に関する判例とはうって変わって契約間の牽連関係を積極的に認める態度を示した。そして本判決を契機に、学説において契約間一般における特に消滅の局面での影響関係についての議論が活発になされつつあるのである。以上が我が国において展開されてきた複合契約における契約間の影響関係に関係するであろう議論のあらましである。

(3) ところで、たしかにこの平成 8 年の最高裁判決の事案の取引と第三者与信型消費者信用取引とは二当事者間か三当事者間かという点で相違するものの、ここではともに複数の契約が単一の取引を構成し、各契約は取引の構成要素として密接に結びつき、取引中の他の契約を考慮に入れた扱いが求められているといえる。しかし現段階において、こうした複合契約現象を包摂する共通の一般法理の確立に向けた議論[3]はいまだ本格的な展開を見せるには至っていない。そうであるならば二当事者および三当事者以上の複数の契約より成る様々な取引において、消滅やその他の様々な局面を包摂する契約間の影響関係一般を規律する法理の構築 (複合契約論) が試みられてもよいのではないだろうか。そしてその上でこうして確立された複合契約論の中での抗弁の接続の法理の位相も問題にされなければならないであろう。既述のように判例は抗弁の接続に対し厳格な姿勢をとる一

---

[3] この複合契約を考察するものとして、北川善太郎「約款と契約法」NBL242 号 83 頁以下が先駆的である。その後、山田誠一「「複合契約取引」についての覚書 (1) (2)」NBL485 号 30 頁以下、486 号 52 頁以下や河上正二「複合的給付、複合的契約および多数当事者の契約関係」法教 172 号 48 頁以下、池田真朗「「複合契約」あるいは「ハイブリッド契約」論」NBL633 号 6 頁以下、千葉恵美子「「多数当事者の取引関係」を見る視点」椿先生古稀記念『現代取引法の基礎的課題』(有斐閣 1999 年) 161 頁以下、橋本恭宏「システム (ネット) 契約論序説」椿先生古稀記念『現代取引法の基礎的課題』(有斐閣 1999 年) 317 頁以下、本田純一「「抗弁対抗」理論をめぐる最近の動向と法的諸問題」クレジット研究 21 号 74 頁以下、同『契約規範の成立と範囲』(一粒社 1999 年) 197 頁以下、玉田弘毅「高齢者向けケア付き分譲マンションの法律関係に関する一考察」清和 6 巻 2 号 29 頁以下、宮本健蔵「混合契約および複合契約と契約の解除」志林 99 巻 1 号 3 頁以下等が出されている。

方で、上記のように平成8年の最高裁判決では契約間の牽連関係を積極的に認める態度を示している。この一見すると矛盾した態度は何に由来するのか。この抗弁の接続を消費者保護のための特別な法理であるとする判例を前提にするならば、この判例の厳格な態度は、抗弁の接続の法理が契約間の影響関係を一般的に認めることにとどまらない消費者保護のための独自の意義を含意していることに由来するのではないだろうか。

## 二　第二部での検討の順序

　本部は以上のような問題意識のもと我が国における複合契約論の構築のための序論的考察を試みるものである。以下まず第一章においては、近年のフランスにおける消滅の局面での契約間の相互依存性に関する議論を検討し、続く第二章においては、前章での検討の成果を受けて、我が国における複合契約論の構築を目指し、またその中での抗弁の接続の位相の再定位を試みる。

# 第一章　複合契約論序説—フランスにおける契約の相互依存化の展開を参考に—

## はじめに

　まず第一章は、我が国の複合契約における相互に依存する契約間の影響関係一般を規律する法理の構築を目指して、主としてフランスの議論を参照することに当てられる。具体的には、特にこのうちでも消滅の局面に焦点をあてて、近時めまぐるしい展開を見せるフランスにおける契約間の相互依存性に関する議論を、同国における議論の中心である取引を構成する一方の契約の消滅による他方の契約の消長という観点から紹介して、複合契約現象を規律する法理の全体像解明の足がかりとし、我が国におけるこの包括的な複合契約論の展開のための参考に供する[1]。

　同国において契約間の相互依存性（interdépendence）、すなわち契約間の影響関係は、我が国の第三者与信型消費者信用取引に対応する関連貸付における消費者の保護を目的とする立法による承認を契機として、その後の判例・学説により事業者間取引を含む様々な取引に拡大され今日に至っている。そしてその展開の基底には、複数の契約よりなる取引においてうち一つの

---

[1] 本稿は複合契約における契約間の影響関係を考察するにあたり、比較法としてフランス法を参照して示唆を得ることを試みるものである。先行業績としては、ドイツ法を参照し、消滅の局面での複数契約の一体的取扱いについて検討するものとして、熊谷芝青「法律行為の単一性」高知短期大学社会科学論集 84 号 87 頁以下や中川敏宏「ドイツ法における「契約結合（Vertragsverbindungen）」問題」一橋法学 1 巻 3 号 297 頁以下がある。ドイツでは複数契約間の法的一体性が BGB139 条の法律行為の一部無効規定の適用を通じて認められ、契約の一体性の問題が主として一部無効の問題の枠組みの中で論じられているそうである。他にドイツ法における議論については、マティーアス・ローエ（田中宏治訳）「複合的契約結合法の新展開」民商 130 巻 1 号 1 頁以下を参照した。

契約の消滅により取引全体の達成が不能に帰した場合、この残りの契約の存在意義如何という観点が存在してきた。このフランスにおける議論の展開から示唆的であるのは以下の点である。すなわち、まずこれらの取引に共通して認められる消滅の局面における契約間の相互依存性の根拠、つまり取引中の一方の契約の消滅による他方の契約の消滅の根拠が挙げられる。次にこの契約間の相互依存性が認められる取引の範囲の点である。どのような構造をもつのか、また二当事者間かそれ以上かで区別はなされるのか。さらに消滅させられる契約の消滅方法である。そして最後に主に学説が主張するこの相互依存性の法的根拠である。議論の動向は流動的でいまだ落着を見ないが、以上の点を意識して、以下契約間の相互依存性を認めた1978年の消費者保護法の成立から今日に至るまでのフランスにおけるこうした契約間の相互依存性に関する議論の展開を追う[2]。

## 一　1978年の消費者保護法他

### 1　その前史[3]

フランスにおいてもともと信用販売には、売主が支払いに期限を与える

---

[2] ここでの検討の射程について以下のことを断っておく。
　まず本章はフランスにおいて最も蓄積のある消滅の局面に関する議論を扱い、他の局面に関する議論については第二章にて扱う。
　次にここで検討の対象になるのは、主として1978年の消費者保護法から現在までのこの問題に関するフランスの法状況である。これ以前にこの相互依存性を認めたとされる判例が存在しなかったわけではないが、立法、判例が顕著な展開を見せるのはこの法律以降であり、また通常この問題に関して概説書や論文が対象とするのもこれ以降であるため、以下もこれに従った。
　最後に以下は契約が相互依存関係にある場合を主として扱う。
[3] 1978年の消費者保護法制定以前の信用販売法制全般に関しては、島田和夫「諸外国の消費者信用法（4）―フランス・OECD」加藤一郎ほか編『消費者法講座（5）』（日本評論社1985年）391頁以下や同「消費者信用（フランス）」比較36巻74頁以下、同「フランスにおける消費者信用法制の変容」塩田親文編『消費者金融の比較法的研究』（有斐閣1984年）43頁以下、山口康夫「フランスにおける消費法の展開」札大2巻2号15頁以下、B. Bouloc, Les problèms juridiques et financiers posés par la vent à crédit, Rev int dr comp.1973, p.644 et s 等を参照。

第一章　複合契約論序説―フランスにおける契約の相互依存化の展開を参考に―　*195*

ことで買主に信用を供与する形態と専門の金融機関が消費者の売買のために貸付をなすいわゆる関連貸付（prêt lié）の形態とが存在したが、このうち支配的になったのは後者の形態であった。この関連貸付は売買契約と貸付契約の二つの契約より成立しているものの、ここで両契約は密接に結びつき、売主買主間の二者間でなされる信用販売と同一の機能を果たす取引を形成している。そこで一方の契約（特に売買）が無効や取消、解除によって消滅し、または契約に不履行が生じた場合に、他方の契約（特に貸付）への影響如何が問題となった。売主から買主に目的物が引き渡されずまたは契約に反する目的物が引き渡された場合において、買主たる借主が貸主に対して支払いを拒絶しうるのかが典型的な問題である[4]。

　1978年の消費者保護法の成立以前において、こうした契約間の相互依存性の問題について、判例は両契約の別個性を強調して、概して消極的な態度をとってきた。例えば売主が倒産したことによって買主が目的物の引渡しを受けることができなかった事案について、破毀院第一民事部1974年11月20日判決（JCP1975 II 18109, note. J. Calais-Auloy）は、買主である借主の債務のコーズが売買契約上の目的物の引渡しにあり、コーズの消滅により、この債務は1131条に基づいて無効になるとした小審裁判所の判決を、借主の債務のコーズが貸付契約上の貸付金の付与にあることを理由に、破毀したのである[5]。

　ただし信用販売の法令に違反することによって売買契約が無効になった場合に、例外的に貸付契約も無効になる場合がある。よく見られる例として、1945年12月2日の銀行国有化および信用組織に関する法律によって

---

[4] 制定前の判例および学説については、相原隆「消費者信用取引と消費者の保護」早大法研論集32号15頁以下、後藤巻則「フランス消費者信用法の概要」クレジット研究24号103頁以下、Th. Calais-Auloy, Fondement du lien juridique unissant vent et prêt dans le ≪ prêt lié ≫, JCP1984. I 3144 ; J. Calais-Auloy, JCP1975. II 18109 参照。
[5] 同様の判決に、破毀院商事部1961年10月16日判決（Bull. civ IV n359）や破毀院商事部1961年12月6日判決（Bull. civ IV. n395）、破毀院商事部1963年1月14日判決（Bull. civ IV. n32）、破毀院商事部1965年1月6日判決（Bull. civ IV n15）、破毀院商事部1970年11月18日判決（Bull. civ IV n272 ; RTD. civ. 1972, p.148, obs. J. Hémard)、破毀院商事部1972年3月21日判決（JCP1973. II 17400, obs. A. Sayag）等がある。

設置された国家信用理事会（Conseil national du crédit）が定める頭金比率に反する[6]ことで、強行法規であり経済的公序をなす信用利用限度額および最大利用期間を規制する1955年5月20日のデクレ[7]第一条に違反した売買契約が絶対的に無効となったとき、その違反について貸主が悪意である場合に、破毀院は貸付契約を無効にしたのである[8]。しかし以上のような貸付契約の無効は、同契約が不法なコーズに基づいているという、同契約自体の瑕疵に由来するのであって、売買契約の無効に由来しているわけではないとの指摘がなされている[9]。

確かに、買主がイニシアチヴをとって貸付を受け、それを購入の資金に当てる場合には、貸付金の用途が自由である以上、両契約が別個独立のものであることは当然である。しかしこの関連貸付において買主は貸主と直に契約を結ぶわけではなく、売主が貸付手続を代行しており、またこの場合貸付金は売主に直接交付されている。それゆえ消費者たる買主は、そこに二個の契約があることを理解できない場合が多いのである。また三当事者それぞれにおいても、各々別個独立の契約を結んでいるというよりも一つの取引に参加しているという意識をもっていることも確かである。したがってこれら二つの契約は当事者の意識の上でも、履行方法においても、緊密に結びつき、一方で生じた事由は他方に決定的な影響をもたらすのである[10]。

そこで学説は、主に、両契約の相互依存性を認めるために、売買がなければ買主は貸付契約を結ばなかったのであるから、売買は貸付の合意を決定するコーズであったのであり、貸付契約上の借主の債務が売買契約上の

---

[6] 同デクレによる信用限度額規制とは、頭金価格の何％以上は信用供与してはならないとするものであり、これを借主よりみれば、これを超える部分については現金（頭金）で支払わねばならないことを意味する。

[7] 同デクレに基づく無効制度については、J-J. Burst, La nullité des ventes à crédit pour dépassment du crédit autorisé, D. 1970. chron, p.65 et s ; B. Bouloc, op. cit (3), p.624 et s ; A. Sayag, La nullité des ventes non conformés à la règlementation du crédit, JCP1972．Ⅰ．2451を参照。

[8] 例えば、破毀院商事部1971年1月26日判決（Bull. civⅣn27）や破毀院商事部1972年5月2日判決（Bull. civⅣn130）等がある。

[9] J. Calais-Auloy, op. cit (4).

[10] A. Sayag, op. cit (7).

商品の引渡しにコーズを有すると主張した[11]。また後述するように B. Teyssié は、この関連貸付を様々な契約の集合現象の一つとしてとらえ、こうした場合における特別な取扱を主張したのである。こうして関連貸付は、結びつきあう契約が集合する現象としての側面と、事業者たる貸主と売主に借主であり買主である消費者が相対するという消費者保護としての側面とを有することが自覚されるに至った[12]。

しかし以上のような学説の見解にもかかわらず、判例は両契約の相互存性を原則として否定する立場を崩さなかった。そして関連貸付において、契約間の相互依存性の問題は立法による解決を見ることになったのである。

## 2　1978年の消費者保護法

こうして関連貸付における契約間の相互依存性の問題は1978年1月10日の一定の信用取引の領域における消費者の情報提供と保護とに関する法律第22号（以下単に1978年法と呼ぶ）[13]による解決を見ることになった[14]。同法は全33条からなり、主として熟慮期間に関する規定や貸付契約と売買

---

[11] G. Cornu, RTD. civ. 1967, p.408 et s；J-J. Burst, op. cit (7), p.68；A. Sayag, op. cit (7).

[12] Th. Calais-Auloy, op. cit (4).

[13] 同法については、島田・前掲注 (3) の各文献、J. Calais-Auloy＝L. Bill, La loi n78-82 du 10 janvier 1978 protégeant les consommateurs contre les dangers du crédit, JCP1978 I 7245；Chr. Gavalda, L'information et la protection des consommateurs dans le domaine de certains opérations de crédit, D1978, p.189 et s 参照。また同法を含めたその後の消費者信用法制の展開については、後藤・前掲注 (4) 97頁以下、後藤巻則ほか「≪特集≫フランスの消費者信用法制」クレジット研究28号6頁以下参照。

同法を含む消費者保護法制全体の展開について、北村一郎「諸外国における消費者（保護）法 (4) —フランス」加藤一郎編『消費者法講座 (1)』205頁以下、山口・前掲注 (3) 1頁以下、また特に同法とともにフランスの消費者保護法の基幹をなす1978年1月10日の製品および役務についての消費者保護および情報に関する法律第23号について、奥島孝康「フランス消費者保護立法の新展開（上）（下）」際商6巻5号199頁以下、6巻6号246頁以下参照。

同法の消費法典編入後の条文訳については、後藤・本注61頁以下を参照。

[14] なお以上のような1978年法の内容に大きな影響を与えた立法提案が J. Calais-Auloy, Les cinq réformes qui rendraient le crédit moins dangereux pour les consommateurs, D1975, p.19 et s である（なおこれについては島田「フランスにおける消費者信用法制の変容」前掲注 (3) 66頁以下参照）。

契約・役務提供契約との相互依存性に関する規定、不当な制裁条項の禁止に関する規定、消費者の債務の猶予に関する規定、裁判管轄に関する規定を含み、契約条件について交渉することも理解することも困難な劣位の立場にある消費者を保護することを立法趣旨とする。以下では契約間の相互依存性に関する規定を中心にここでの問題に関わる限りでその内容を概観する[15]。

まずその適用範囲について、1978年法は第2条において、有償無償を問わず、自然人または法人が業として合意するあらゆる信用取引に適用されるとする。そして第3条において、以下の信用取引を適用対象から除外している。すなわち、公正証書によるものや期間が三ヶ月未満のもの、総額がデクレに定められた額を超えるもの、不動産の取得に関するものである。また同法は消費者のみを保護するものであることから、職業活動に必要な融資を行うことを目的とする信用取引も除外している。

次に貸付契約と売買契約との相互依存性について、第9条以下に規定を置いている。

貸付契約の売買契約（役務提供契約も含む。以下売買契約で代表）への依存について、無用になった貸付契約に消費者が拘束され続けないため以下の規定を置いている。すなわち、まず第9条1項において、貸主が借主に交付する事前申込（offre préalable）[16]に融資を受ける財貨が記載されている場合には、売買契約において物の引渡しがなされてはじめて借主の貸主に対する債務は効力を生ずることが規定され、次に第2項において、引渡しがあっても履行について紛争が生じた場合（例えば商品の瑕疵）、裁判所はその解決まで貸付契約の履行を停止でき、売買契約が裁判上解除されたり無効になったりした場合には貸付契約は当然に解除されまたは無効になると規定されている。さらに第3項では、第2項の規定が与信者が訴訟に参加したか訴

---

[15] 以下、前掲注（3）（4）（13）の各文献のほか、島田和夫「訪問販売法—フランス」ジュリ808号33頁以下、J. Calais-Auloy＝F. Steinmetz, Droit de la consommation. 5éd, Dalloz2000, p.385 et s ; J. Beauchard, Droit de la distribution et de la consommation, PUF, 1996, p392 et s を参照。

[16] 与信者が借主に対して交付する契約条件を記載した書面。この事前申込書に消費者が署名（承諾）することによって契約が締結される。

えられた場合にのみ適用されることが規定されている。

　次に売買契約の貸付契約への依存について、消費者が信用でもって購入しようとしていた商品を現金で購入しなければならなくなるのを避けるため、以下の規定が置かれている。まず第11条は、代金の一部または全部が貸付契約によって支払われる場合には、売買契約上そのことが明示されなければならず、借主が貸主の事前申込を承諾しない限り、売買契約は有効に締結されないし、売主はいかなる名義によるものであれ支払いを受けることはできないと規定する。次に第13条は、事前申込への借主の承諾後、与信者が信用供与の決定をしない、または借主が撤回権（droit de rétraction）を行使した場合、つまり貸付契約が確定的に成立しない場合には[17]、売買契約は当然に解除されるとする。また第12条は、与信者が信用供与の決定を通知せず、また借主が撤回権を行使しうる間、売主は引渡しをしなくてよいと規定する。さらに第15条は、売主が貸付契約の確定的な成立まで買主から支払いを受けることができないことを規定している[18]。

　これらフランスにおける売買契約と貸付契約の相互依存性に関する規定は、我が国の抗弁の接続規定に比して以下の特徴をもっている[19]。まず適用対象について、1978年法は指定商品制を採っておらず、また全ての信用取引に適用される。次に、売買契約上生じた事由をもって借主は与信者に対し支払いを拒絶できることのみならず、売買契約の消滅により貸付契約を解除または無効にすることができ、そして既払金の返還請求が認められている。ただし貸付契約の消滅に際し、借主は貸主に元本を返還しなければならない。この時売主は買主に売買代金を返還しなければならないが、

---

[17] 借主は事前申込の承諾後も7日間は撤回権を行使することでその承諾を覆すことができる。また与信者は事前申込書で借主選考権（droit d'agér la personne de l'emprunteur）を留保することによって、7日の期間内に信用供与の可否を決定することができ、この場合には、信用供与の決定が借主に通知され、撤回権が行使されずに7日の期間が満了するまでである（第7条）。

[18] 現在この1978年法は消費法典に組み込まれており、9条1項はL311―20条に、9条2項はL311―21条1項に、9条3項はL311―21条2項に、11条はL311―23条に、12条はL311―24条に、13条はL311―25条に、15条はL311―27条になっている。

[19] 以下この点の比較に関しては、後藤・前掲注（4）103頁以下参照。

売主が破産した場合、借主は代金の返還を受けずに貸付金の元本を返還しなければならず、破産のリスクを負うことになる[20]。さらに売買契約の貸付契約への依存が規定され、ここでは相互依存性は契約の成立段階で認められている。

以上全体として、我が国に比してフランスでは両契約の相互依存性が大きく認められている。ただ買主が売主の破産のリスクを負う点や貸付契約の解除・無効について裁判所の関与を必要としている点は消費者の負担となるように思われる。

### 3　1979年法

1978年法の一年後、今度は不動産信用の分野について、個人による住宅の取得の推進と借主たる消費者の保護を目的とする1978年法と類似した内容をもつ1979年7月13日の不動産の領域における借主の情報提供と保護とに関する法律第596号（以下1979年法とする）が成立した[21]。以下、契約間の相互依存性に関する規定を中心に、ここでの問題に関わる限りで、その内容を概観する。

まずその適用範囲について、同法第1条によれば、居住用不動産または営業と居住のための不動産の取得、建築、修理、改良、保存さらにはこのような建物の建築のための土地の購入、以上の融資のための貸付は、その名称や法律構成が何であれ、適用範囲に入る。貸主は国であっても銀行であっても信用販売の売主であってもよい。また公署証書や私署証書によるものであってもよい。ただし取引の額は先の1978年法の適用範囲に入る

---

[20] J. Calais-Auloy=F. Steinmetz, op. cit（15）, p.393 et s は、少なくとも貸付金が売主に直接支払われた場合には、売主の破産のリスクは貸主が負担するのがより公平であるとしている。このような態度を示すのが破毀院第一民事部1989年5月2日判決（D1989, p.338, note. J. L. Aubert）である。なおこれとは反対の態度を示す破毀院第一民事部1995年2月7日（Contrats conc consom. 1995, n156）のような判決も存在する。
[21] 同法については、M. Dagot, Vent d'immeuble et protection de l'aquereur-emprunteur (Loi du 13 juillet 1979), JCP1980 I 2973；J. Calais-Auloy=F. Steinmetz, op. cit（15）, p.442 et s；J. Calais-Auloy=L. Bihl, La loi du 13 juillet 1979 relative à l'information et à la protection des emprunteurs dans le domain immobilier, JCP1980 I 9045；Chr. Gavalda, La protection de l'emprunteur en matière de crédit immobilier, D1980, p.212 et s 参照。消費法典編入後の条文訳については、後藤・前掲注（13）71頁以下を参照した。

額を超えていなければならない。また同法は住居を手に入れようとする消費者の保護を目的にするものであるから、営業活動に融資するための不動産信用には適用されない（第2条）。

次に主たる契約と貸付契約の相互依存性について、同法は第9条以下に規定を置いている。もともと不動産取引において、主たる契約と貸付契約は相互に条件になるとの契約条項が実務上広く存在し、これを強行法規にしたのが以下の規定である[22]。まず第9条によれば、貸付契約の申込みは借主の承諾から四ヶ月の期間内に主たる契約が締結されないことを解除条件として承諾される。解除条件が成就したとき借主は貸付金に利息および調査費用を付して返還する義務を負う。次に、第17条によれば、その代価が貸付によって支払われる場合、主たる契約は、貸付をうることを停止条件として締結され[23]、この停止条件の有効期間は主たる契約の署名から一ヶ月以内とすることはできない。また同条によれば、条件が成就しない場合には買主が売主に支払った前払金は即時かつ全額返還される。この場合主たる契約が修理等のサービスの提供をなすものである場合、提供者は無償で労務を提供したことになる。さらに第20条においては、貸付が不動産建築や修理等不動産の所有権の移転を伴わない取引の融資となる場合に、これら主たる契約に関し争いが生じたとき、裁判官がその紛争の解決まで借主の債務を停止することができることが規定されている。ただし借主は貸主を訴訟に引き込まねばならず、また貸付契約において貸付金の使用目的が記載されていなければならない[24]。

以上の1979年法の主たる契約と貸付契約の相互依存性に関する規定は1978年法と比べて以下のような特徴をもつ。すなわち、1978年法においては、借主による弁済は売主による物の引渡しに結びつけられ、売買の解

---

[22] 特に1975年以前の公証人の実務において、不動産売買契約が貸付契約の前に結ばれた場合には、同契約の中に貸付契約の成立を停止条件とする条項が挿入されていた。J. Calais-Auloy=L. Bihl, op. cit（21），p.257.

[23] M. Dagot, op. cit（21）やChr. Gavalda, op. cit（21），p.220は、この規定によれば売主が借主の懈怠さらには不誠実による貸付契約の不成立の場合にも、売買契約の失効によるリスクを負担してしまうおそれがあることを指摘する。

[24] 1979年法も現在消費法典に組み込まれており、9条はL312—12条に、11条はL312—14条に、17条はL312—16条に、20条はL312—19条になっている。

除・無効による貸付の解除・無効が規定されているのに対し（第9条）、1979年法には第20条の場合を除いてこれら履行の時点における相互依存性の規定はない。このように1979年法は1978年法に比して、契約間の相互依存性の承認に限定的なのである。また貸付契約が消滅した場合の借主による貸付金の返還が明示的に規定されたことが目を引く。

以上のように、フランス法上不動産取引の場合に動産取引の場合に比して限定的にしか契約間の相互依存性は認められていないが、指定商品制を採る我が国においてそもそも不動産取引につき抗弁の接続が認められていないことに鑑みるならば、フランス法の立場はより広くこれを認めるものであるといえよう。

### 4 相互依存性の根拠

以上の1978年法と1979年法の相互依存性の規定について、一般的には、消費者の相互依存性への期待[25]や消費者が一つの契約しか結んでいないと考えていること[26]等がその根拠にされているが、この点について詳細な検討を行っているTh. Calais-Auloyの見解を以下に要約する[27]。すなわち、いずれの相互依存性についてもコーズ等の一般法理によっては説明しえないとした上で、まず1978年法については、売主が金融機関を選択し仲介し、売主と金融機関の合意の下に三角形の取引が形成され、消費者がそれぞれの合意内容の形成に参画しえずその意思が反映されないため、消費者の正当な期待を法的に表したものが相互依存性の規定であるとする。また多くの場合金融機関は売主を監督できる立場にある。これに対し、1979年法については、売主と金融機関との関係が希薄で、消費者が金融機関の選択等、取引についてより積極的な役割を果たしているため、消費者の意思を推定したのが相互依存性の規定であるとする。加えて両法の相互依存性の強さの違いはこのような売主貸主間の関係の濃淡に由来し、不動産売買

---

[25] J. Calais-Auloy＝F. Steinmetz, op. cit（15）, p.385, 392 ; J. Beauchard, op. cit（15）, p.392.

[26] J. Calais-Auloy, op. cit（14）, p.20 et s. J. Calais-Auloy＝F. Steinmetz, op. cit（15）, p.453.

[27] Th. Calais-Auloy, op. cit（4）.

に動産売買と同じ相互依存性を認めることが消費者の期待を超えるものであることも指摘する[28]。動産売買においては取引が単一のものであると消費者に見えるが、不動産売買においては消費者が別々の契約を結んでいるという感覚を持っているからである。

いずれにせよこれら相互依存性の規定がこの取引の特質に由来する消費者の期待や意思を根拠に消費者保護のために定められたものであるとの以上の見解は、これら相互依存性が何らかの一般法理を表明するものではなく、適用範囲内にある消費者信用取引においてのみ認められるものであるとの考え方に親和性を有するであろう。しかし判例はこれらの規定の適用のない取引についても契約間の相互依存性を認めるかのごとき展開を見せる。

## 二 1978年法および1979年法成立以後の判例(その一、関連貸付の事例)[29]

### 1 関連貸付における判例の継続

先述したように基本的に関連貸付における相互依存性を否定してきた破

---

[28] J. Ravanas, De l'interdépendance dans l'exécution des contrats, in Le droit du crédit au consommateur, sous la direction I. Fadlallah, Litec, 1980 p.450 や J. Honorat, Rép. Defrénois1993, p.1138 同旨。

[29] 1978年法および1979年法成立以後の判例の展開について、以下の文献を参照した。H, L et J. Mazeaud＝F. Chabas, Leçon de droit civil. tome2. vol1. Obligations. Théorie générale. 9éd, montchrestien 1998, p323 et s, p.1152 et s ; Chr. Larroumet, Droit civil. tome3. Les obligations. Le contrat. 4éd, Econmica1998, p.455 et s ; F. Terré＝Ph. Simler＝Y. Lequette, Droit civil. Les obligations. 7éd, Dalloz1999, p.323 et s ; J. Carbonnier, Droit civil. tome 4. Les obligations. 22éd, PUF. 2000, p.215 et s ; J. Ghsetin, Traité de droit civil. Les effets du contrat. 3éd, LGDJ2001, p.554 et s ; F. Arhab, Les conséquences de la nullité (ou de la résolution) d'un contrat au sein des groupes de contrats, Rev. rech. jur.1999, p.167 et s ; J-B.Seube, L'indivisibilité et les actes juridiques, Litec, Bibliothèque de droit de l'entreprise. t40, 1999, p.129 et s ; S. Amrani-Mekki, Indivisibilité et ensembles contractuelles, l'anéantissement en cascade des contrats, Rép. Defrénois 2002, p.355 et s.

なお以上は新しい文献であるが、比較的早い段階からこの問題について触れるものに、J. Schmidt-Szalewski, Les conséquences de l'annulation d'un contrat, JCP1989 I 3397 がある。

毀院は、1978年法および1979年法の成立後もその適用のない限り原則として相互依存性を認めなかった。

例えば、破毀院商事部1984年11月13日判決（Bull civ Ⅳ n309）は、買主YがAから動産をAから購入するに際し、金融機関Xとの間で貸付契約を結んだが、AY間の売買における代金の支払いが全額貸付金に依存し（売買の無効事由を構成する）、YがXへの支払いを終えないまま清算に至ったという事案において、1978年法の成立以前の事案であるため同法の適用がないことを理由に、売買契約の無効にもかかわらず貸付契約は存続するとしたのである。

このように破毀院は、両法の適用のない関連貸付において、売買契約の消滅による貸付契約の消滅を認めず、相互依存性を否定する態度を示した[30]。また売買契約の消滅により貸付契約の借主の債務のコーズが失われたとする主張に対しても、借主の債務のコーズが貸主による貸付金の交付にあることから貸付契約がコーズを失っていないことを理由に貸付契約の消滅を否定している[31]。これらの点で両法制定前の判例を引き継いでいたのである。

### 2　不動産関連貸付における相互依存性の拡張

しかしこのような破毀院の態度とは矛盾する判決が並行して現れる。そのような動向の一つとして、まず不動産の関連貸付の分野において、主たる契約の解除による貸付契約の解除を認める一連の判例がある。前述したように1979年法は第9条において貸付の申込は主たる契約が締結に至らないことを解除条件として承諾されると規定しているが、相互依存性を契約の締結段階に限定し、主たる契約の解除・無効による貸付契約の解除・無効を認めていない。しかし破毀院は、主たる契約の解除による貸付契約の解除を認め、不動産関連貸付における相互依存性を履行段階にまで拡張

---

[30] 他に例として、破毀院商事部1980年5月29日判決（JCP. 1980 Ⅳ, p.301）や破毀院商事部1980年12月17日判決（JCP. 1980 Ⅳ, p.90）が挙げられる。
[31] 例えば、ともに不動産の関連貸付に関するものであるが、破毀院第一民事部1992年12月16日判決（Bull civ Ⅰ n316 ; Rép. Defrénois1993, p.1133, obs. J. Honorat）や破毀院第一民事部1999年2月16日判決（Bull civ Ⅰ n55）がある。

第一章　複合契約論序説—フランスにおける契約の相互依存化の展開を参考に—　205

したのである[32]。

すなわち、破毀院は、破毀院第一民事部1993年12月1日判決（Bull. civ. Ⅰ. n355；JCP1994 Ⅱ 22325, note. Ch. Jamin）および破毀院第一民事部1996年2月1日判決（Rép. Defrénois 1996, 1367, obs. D. Mazeaud）において、売買契約の裁判上の解除が遡及効を持つことから、売買契約は結ばれなかったものと評価され、1979年法第9条により、貸付契約は当然に解除されると判示したのである[33,34]。

このような破毀院判例の立場は、不動産の関連貸付において相互依存性を契約の履行段階に拡張する意味をもち、これによって同法第9条は、1978年法第9条2項と対をなすものとなったのである[35]。これは、売主貸主の関係の濃淡により相互依存性の強度を分けたもともとの1978年法と1979年法の立場より見れば、関連貸付における相互依存性について売主貸主間の関係がもつ意味をその分だけ軽くするものであるともいえ、一般理論によ

---

[32] 破毀院のこうした判断は既に売買契約が無効になった場合についてみられる。売買契約は無効の遡及効により締結されなかったものとみなされ、貸付契約の解除が判例上認められたのである。これを認めるものに、例えば、先に挙げた破毀院第一民事部1992年12月16日判決や破毀院第一民事部1996年6月18日判決（DA1996, p.1122）が挙げられる。

なお解除・無効双方の議論について、J-M. Olivier, La formation du contrat de crédeit immobilier, PA1998, n51. p.15 et s を参照した。

[33] D. Mazeaud, Rép. Defrénois 1996, p.1368 はこれらの判決により判例上同法理が確立したと評価する。

これに対し、C. A. Thibierge, La protection des acquéreurs de logement qui recourent au crédit pour financier leur acquisition, Rép. Defrénois1980, p.506 et s や J. Ravanas, op. cit (28), p.447 et s は、相互依存性の規定は一般法に対する例外であるから、1979年法にこのような規定を置かなかったことは、この点について一般法に従うとの立法者の間接的な意思を示すものであるとして、また売買の成立という条件の完成は事実であり、解除・無効の遡及効は売買契約という法律行為には及ぶが、条件の完成という事実には及ばず、売買が成立したという事実までなかったものにするわけではないとして、判例に批判的である。

[34] 反対に、不動産に関する貸付契約の解除・無効による売買契約への影響如何について、破毀院は判断を示しておらず、この問題はまだ解決を見ていない。この問題については、J. Ravanas, op. cit (28), p.438 et s ; J. Honorat, op. cit (28), p.1140 et s ; J-M. Olivier, op. cit (32), p.16 et s ; J. Calais-Auloy＝F. Steinmetz, op. cit (15), p.461 et s 参照。

[35] しかしもともと1979年法の立法者は、主たる契約の解除による貸付契約の解除についても規定しようとしていたようである。J. O. déb. Sénat, 14juin1978, p1317。

らずあくまで1979年法第9条の解釈によるものであるが、契約間の相互依存性拡張の一事例として重要なものと考えられる。

### 3 近年の関連貸付事例における相互依存性の承認の拡大

次に近年になって消費法典の適用のない関連貸付に契約間の相互依存性を認めない先の判例と並行して、規定の適用外の関連貸付についても売買契約の解除・無効による貸付契約の消滅を認めて、契約間の相互依存性を認める以下の判決が出されている[36]。

まず挙げられるのが破毀院第三民事部1992年3月11日判決（Bull civ Ⅲ n79 p47）である。すなわち、不動産の建築契約とその融資のための貸付契約が締結され、原告たる注文主が両契約の無効を主張した事案において、破毀院は、建築契約の無効を認めるとともに、同契約の無効が貸付契約より生ずる契約上の債務の遡及的消滅をもたらすとして、貸付契約の無効をも認めた。

この判決において注目すべきは、貸付契約より生じた借主の債務が建築契約の消滅によりコーズを失うに至ったことを理由にした点である。しかしこのような従前の破毀院の一貫した立場に反する理由づけを採用したのはこの判決だけである。

これに対し、以下に挙げる三つの判決はそれぞれ異なる論法でもって相互依存性の規定の適用のない関連貸付について相互依存性またはその余地を認めている。

第一に破毀院商事部1996年3月5日判決（Bull civ Ⅳ n75；Contrats. conc. consom, 1997, n135, obs. L. Leveneur）は、消費法典の適用のない売買契約と貸付契約が締結されたが、買主が売買契約の解除により貸付契約がコーズを失ったと主張した事案について、借主の債務のコーズが貸付金の交付にあることから貸付契約はコーズを失っていないとし、結論として

---

[36] J-B. Seube, op. cit (29), p.129 et s や D. Mazeaud, D1998. SC, p.110 et s は、ここに消費者法の影響を見る。なお消費者法の契約法一般への影響については、J. Calais-Auloy, L'influence du droit de la consommation sur le droit des contrats, RTD. com1998, p115 et s 参照。

売買契約の解除にもかかわらず貸付契約の存続を認めたが、さらにその理由の一つとして売主と貸主が共調行為（action de concert）を行ったことが主張されていないことを挙げている点で注目される[37]。

第二に破毀院第一民事部1996年10月1日判決（Contrats. conc. consom1997, n3, obs. L. Leveneur）が挙げられる。歯科医が新参の歯科医に顧客を譲渡し（専門家間の営業上の取引であるため消費法典の適用なし）、その際後者が銀行との貸付契約により資金を調達した事案において、破毀院は、右譲渡契約を不法な目的をもつものであるため無効とし、これにより貸付契約のコーズも不法なものとなり同契約が無効になるとした。貸主が譲渡の不法性を知り、不法な取引に融資するため契約関係に入ったからである。

第三に破毀院第一民事部1997年7月1日判決（Bull civ I n224；D1998, p.32, note. L. Aynès）が挙げられる。営業財産の譲渡に際して、買主が貸付契約により融資を受けたが、この売買契約が無効になった事案において、両契約が同日にかつ同じ公証人の前で結ばれたために緊密に結びつき、当事者が貸付契約の存在を売買契約の実現に服させる意図を有していたことを認定し、これら二つの契約が一つの共通のコーズに対応していることを認めて、売買契約の無効が貸付契約の失効を生じさせるとした控訴院の判断を、破毀院は正当であるとしたのである。

以上のうち第一の判決は、共調行為という概念を持ち出している点に特殊性をもつ。この詐害共謀（concert frauduleux）に類似した概念は、売主貸主間の結びつきを示すものであろうが、会社法上知られているものの、いずれにせよ契約法ではあまりなじみのない不明確な概念であるとされる[38]。第二の判決は、譲渡契約の目的が不法であり、貸付契約はこの不法な取引を目的とし、そのコーズが不法であるとしており、その根拠自体は従来の

---

[37] なお後掲の破毀院商事部1996年5月28日の判決は、この共調行為を理由に契約間の相互依存性を認めている。
[38] F. Arhab, op. cit (29), p.173 et s は、例えば売主が貸主の代理人になっている場合のように、売主と貸主が買主に相対している場面を想定した概念であるとしている。なおフランス会社法上の共調行為については、白石智則「フランス会社法における議決権拘束契約の有効性（一）」早大法研論集97号84頁以下を参照。

コーズの理論から乖離しているわけではない[39]。第三の判決は、貸付契約の存在を売買契約の実現に服させる当事者の意図から両契約が共通のコーズに対応していることを認めて、売買契約の無効による貸付契約の消滅を認めている点が注目される。ただ本判決については、売買契約の無効により貸付契約の借主の債務のコーズが失われたわけではないとしているため、本判決のいう一つの共通のコーズ（une cause unique）が何を指しているのかは不明であるとされ[40]、またコーズを法的根拠とするにもかかわらず貸付契約の失効を認めている点には注意を要する（コーズの効果はその契約の無効である）。

以上三つの判決はそれぞれが売買契約の消滅による貸付契約の消滅を認める根拠を異にするため、その評価には困難な点がある[41]。しかし中でも第三の判決は、特に当事者の意図からコーズを根拠に契約間の相互依存性を認めている点で後掲の判例との関係でもより大きな意義を有するものであるとされる[42]。

しかし破毀院は以上のような関連貸付だけでなく、以下に見るようにこれ以外の三当事者間の取引においても契約間の相互依存性を認めているのである。

## 三　1978年法および1979年法以後の判例の展開（その二、関連貸付以外の事例）

以上のように判例は関連貸付の事例において、第一に不動産の関連貸付について消費法典に規定のない履行段階での契約間の相互依存性を承認し、

---

[39] 当事者の動機のうち不法な動機のみは契約のコーズとして契約の無効を招来する。
[40] 本判決を評釈した L. Aynès, D1998, p.34 の指摘である。
[41] 後述する学説の中でも、契約間の相互依存性の根拠として契約間の不可分性（indivisibilité）を挙げる論者またはこの概念に好意的な論者は、これら判決の中に不可分性の適用を見ようとする。例えば第二の判決を評釈した L. Leveneur, Contrats. conc. consom1997, n3 や J-B. Seube, op. cit（29）, p.129 et s がそうである。また第三の判決を評釈した L. Aynès, op. cit（40）, p.33 et s は、この不可分な関係は、以下の二つの場合、すなわち共調行為のように貸主が売買契約の締結に積極的な役割を果たしている場合とこの関係について当事者の合意がある場合とに認められるものであるとしている。
[42] J-B. Seube, op. cit（29）, p.131.

第二に消費法典の適用のない場合について共調行為概念やコーズを根拠に契約間の相互依存性を認めることで、同法典を越えて一般法理に基礎をおく契約間の相互依存性の承認に向かったのである。しかし一方の契約の消滅による同じ取引を構成する他方の契約への影響という契約間の相互依存性が何らかの一般法理にその根拠を見いだすことになった以上、その適用領域が関連貸付に限定される必然性はない。事実以下に見るように判例は特に 1990 年代に関連貸付以外の取引においてもこの契約間の相互依存性を積極的に承認するようになる。

## 1 ファイナンスリースの事例

90 年代における判例の活発な展開以前において、契約間の相互依存性が認められてきたまれな例に保証契約の例とファイナンスリースの例がある。前者の保証契約は、主たる契約と主従関係にあり、これを存在の前提とするため、いわゆる主物は従物に従う（accessorium sequitur principale）により、主たる契約の消滅により従たる保証契約が消滅させられることは比較的容易に認められる。しかしこのような主従関係にない後者のファイナンスリースにおいても判例は以下に見るように契約間の相互依存性を認めてきたのである。

フランスにおいてもファイナンスリースは、リース会社が売主から商品の所有権を取得し（売買契約）、これを顧客に一定の期間賃貸し（リース契約）、顧客が商品の買取選択権を有する（売買の一方の予約）取引である[43]。これは、信用供与者自身が商品を購入する点でその構造を大きく異にするものの、顧客の商品購入に対する融資会社による信用の付与という点で関連貸付と同じ機能をはたしている。そしてこのファイナンスリースにも消費法典は適用され、同法が適用されれば、売買の解除・無効によるリース契約の解除・無効が生ずることになる（同 L311—21 条）。そこで職業活動のための融資の場合のように同法典の適用のない場合において、売買契約

---

[43] フランスの特に企業用動産のファイナンスリース契約法制に関して、織田博子「フランスのリース取引法」加藤一郎ほか編『リース取引法講座（上）』（金融財政事情研究会 1987 年）563 頁以下参照。

が無効・取消・解除により消滅した場合のリース契約の消長如何が問題となった。

これについて、破毀院商事部1980年2月4日判決（Bull civ IV, n52）は、売買目的物の瑕疵を理由に顧客が売買契約の解除とリース契約の無効を主張したのに対し、売買契約が解除されればリース契約はコーズを失い無効となるため遡及して消滅すると判示した[44]。判決の構成はコーズの働きを履行段階に拡張するものに他ならず、またこれにより顧客は、将来の賃料の支払いを免れ、既払い賃料の返還をリース会社に請求できることになったのである。

ところで多くの場合こうしたファイナンスリースにおいては、リース会社の売主に対する権利や訴権が借主に移転する代わりに、顧客は物の不具合を理由とするリース会社へのあらゆる請求を放棄するとの条項が設けられる。売買契約の当事者ではない顧客による売買契約の解除権の行使はこれにより説明されるのである。そこで破毀院商事部の一部の判例は、この条項にある権利および訴権の顧客への移転が顧客の賃料の対価たるコーズをなすとして、売買契約の消滅によっても顧客の賃料債務はコーズを失わずリース契約は消滅しないとした[45]。

こうした破毀院内部の対立を解消したのが、売買契約の解除が必然的にリース契約の解約をもたらすと判示した破毀院混合部の三つの判決（破毀院混合部1990年11月23日判決（D1991, 121, note. Chr. Larroumet））[46]である。これによればリース契約は解約されるため遡及効は生じず、したがって既払い賃料の返還は認められず、リース契約の解約による将来に向かっての消滅のみが認められることになった[47]。ただ判例が最終的にコーズの構成から離れてしまった点には注意を要する[48]。

---

[44] 同旨の判決に破毀院第三民事部1982年3月3日判決（D. IR268）や破毀院第一民事部1985年12月11日判決（JCP1986 IV 71）がある。

[45] 例えば、破毀院商事部1983年3月15日判決（JCP1983 II 20115, note. E. M. Bey）や破毀院商事部1985年1月15日判決（JCP1985 IV 119）、破毀院商事部1990年1月9日判決（D1990IR46）等である。

[46] 同判決を詳細に検討するものとして、E. M. Bey, Des conséquences de la jurisprudence de la Chambre mixte de la Cour de Cassation du 23 novembre1990 sur la symbiotique du crédit-bail, Gaz pal1992. 2e Sem, p.568 et s を参照。

以上のように判例はファイナンスリースの事例において、一方の契約（売買）の消滅による他方の契約（リース）の消滅を認めたわけであるが、この取引は売買契約とリース契約が連鎖し、売買契約の成立・履行がリース契約の履行の前提をなし、前者の契約の不履行や無効、取消、解除が後者の契約の不履行を帰結する点で、売買契約の不履行や無効、取消、解除が貸付契約の不履行を帰結するわけではない関連貸付とはその構造を異にする。このことからこのファイナンスリースを契約の連鎖であるとして、契約の連鎖独自の法理に服させようとする見解もある[49]。フランスの学説の多くはファイナンスリースの事例における契約間の相互依存性と関連貸付におけるそれとを特に区別しないが、たとえ信用販売という同じ取引の機能をもつとしても、以上のような構造上の差異から、ここでの相互依存性の承認と関連貸付や以下で見る取引のそれとを同断に論ずることは適当でないように思われる。

### 2　夫婦の労働契約の事例[50]

以上の保証やファイナンスリースの事例は、主従関係にあったり一方の不履行が他方の不履行を帰結する契約の連鎖であるなど特有の構造をもつ

---

[47] 同旨の判決として、破毀院商事部 1991 年 5 月 22 日判決（JCP1991 IV 277）や破毀院商事部 1993 年 10 月 12 日判決（D1993IR, p238）、破毀院商事部 1994 年 3 月 15 日判決（Contrats. conc. consom1994, n135, obs. Ph. Delebecque）、破毀院商事部 1995 年 11 月 28 日判決（Contrats. conc. consom1996, n40, obs. L. Leveneur）等がある。
[48] これに対し Chr. Larroumet, D1991, p.123 et s は、リース契約の消滅が不履行に由来するわけではないことから、解約ではなくコーズの欠缺による無効を主張し、解除と同様に遡及効のない無効を観念しうるとして、異なる法律構成でもって判例と同じ結論を認めようとする。Chr. Larroumet, op. cit（29）, p.464 参照。F. Arhab, op. cit（29）, p.171 et s 同旨。
[49] 第一部にて検討した M. Bacache-Gibeili, La relativité des conventions et les groupes de contrats, LGDJ. Bibl. droit. privé 1996, n152. p.130 et s の見解である。
[50] 以下については、J. Savatier, Les contrats de travail conclus avec un couple de travailleurs, Droit social1994, p237 et s；M-Ch. Sordino, Réflexions sur le contrat de travail conclu avec un couple de salariés, Petites affiches. 31juillet1996, p.32 et s；E. Mouveau, Le contrat de couple et le droit du travail, D1998. chr, p.385 et s；J-B. Seube, op. cit（29）, p.131 et s 参照。

取引であり、契約間の相互依存性を考えるにあたってもこの点を無視しえなかった。しかし以下に見るように判例は、このような構造上の特徴を持たず、複数の対等の契約が並存し一つの取引を形成している場合においても契約間の相互依存性を認めて、一方の契約の消滅をもって他方の契約を消滅させている。こうした例のうち、消費法典の適用領域外において 90 年代における判例の展開以前に問題になったものとして、夫婦がともに使用者と労働関係にある場合が挙げられる。マンションの管理人や小売商店の店長等の職種にあっては、職場の近くで生活することがその労務の給付を容易にするため、使用者は夫婦または内縁関係にある男女をともに雇用し、職場またはその付近に住居を与えている場合が多い。そこでこうした労働契約において、解雇辞職等により夫婦の一方の労働契約が消滅した場合に、他方の労働契約の消長が判例上問題となった。

まず破毀院社会部 1977 年 11 月 30 日判決（Bull civ V, n654）は、夫婦の職業の相互依存関係から夫婦それぞれの労働契約の履行を分けることはできず、夫の解雇は妻の契約の解消の現実的かつ重大な事由をなすとした[51]。

次に破毀院社会部 1981 年 3 月 4 日判決（Bull civ V n177）は、妻が辞職した事案について、夫婦と使用者との間の契約が単一であること（un seul et même contrat）を前提に、夫の職業を全うするには妻の協力が不可欠であったことから、夫の約束（engagement）と妻のそれとが不可分（indivisible）であって、結果妻の辞職は夫婦の労働契約を解消させるとした。

そして以上の判決が夫婦の労働契約の解消という結論に至ったのに対し、破毀院社会部 1993 年 10 月 14 日判決（Droit social1994, p.237, note. J. Savatier）は次のような判断をしている。すなわち、妻が労働事故により傷害を負い、そのため夫婦が職務を完遂できなくなったことを理由にともに解雇された事案において、現実的かつ重大な理由ゆえに解雇を正当であるとした控訴院判決を、破毀院は、夫婦が同一の労働契約により拘束されていたことや、妻の一時的な労務の供給不能を夫が補完できたことから、控訴院が、夫婦の約束の不可分性を考慮せず、使用者がこれらの契約（les

---

[51] 同様の判決に、破毀院社会部 1986 年 5 月 7 日判決（JCP1986éd E I 15589）が挙げられる。

contrats）を維持できなかったことを示していなかったとして、破毀したのである[52]。ここにおいて夫婦の労働契約間の不可分性は夫婦を解雇から救うファクターとして機能している。

　以上の判決においては、そもそもここでの労働契約を単一のものとするか夫婦それぞれが契約当事者であるとするかについて一致を見ていない。特に 1993 年 10 月 14 日の判決に至っては、夫婦の契約が単一のものであるとしながら、別の個所で契約が複数存在するかのような表現をとっており、この点について混乱を示している。これに対し学説においては、複数の契約の存在を認める見解が有力である[53]。

　契約の単複について判例および学説は確定を見ていないが、この点はおくとしても、少なくともこの事例における以上の判例の動向から以下の指摘がなされている。すなわち判例は契約または約束（以下契約で代表する）間の相互依存関係を一方の消滅による他方の消滅を導くために、または両契約の存続を導くために認めており、前者については一方の契約が欠けることで他方の契約がその目的を達しえないか否かをメルクマールにしている。夫婦双方と契約を結んだのは、職場に夫婦が居住してともに働くことで相互補完的な職務の遂行が容易になるためである[54]。したがってこのような場合に契約間の相互依存性を認めて両契約の消滅または存続を認めているのである。そしてこの契約間の相互依存性は当事者がこれら労働契約を結んだ目的に由来し[55]、労働契約の性質に由来するものではない。労働契約とは本質的に一人の労働者と使用者との個別的な関係だからである[56]。上記諸判決の多くはこのことを両契約が不可分の関係にあると表現している。ゆえにここでの不可分性とは契約の性質に由来しない合意に基づく主観的なものであると[57]。

---

[52] 同様の判決に、破毀院社会部 1993 年 3 月 17 日判決（Droit social1994, p.237, note. J. Savatier）が挙げられる。
[53] 例えば、J. Savatier, op. cit（50）, p.238 は、夫婦それぞれが別々の労務給付を負担し、別々の報酬請求権を有するからであるとする。他に J-B. Seube, op. cit（29）, p.133 等。
[54] J. Savatier, op. cit（50）, p.239 et s 参照。
[55] M-Ch. Sordino, op. cit（50）, p.33.
[56] M-Ch. Sordino, op. cit（50）, p.33 et s ; E. Mouveau, op. cit,（50）, p.385 et s.

### 3　不可分性を承認する判例の展開

　判例は以上のような特定の取引類型について契約間の相互依存性を承認し、もっぱらある契約の消滅による他の契約の消滅を認めてきたわけであるが、1990年代に入るとこれら以外の多様な取引においても積極的な展開を見せる。そしてこれらの判決は、先の夫婦の労働契約の事例同様、三またはそれ以上の当事者が参加し、主従関係になく同時に存在する複数の契約で構成される取引を対象とし、これらの契約が不可分の関係にあることを繰返しその根拠にしているのである。またいずれの判決においても契約が複数存在することが前提になっている。

　このような判決として最初に挙げられるのが、破毀院商事部1991年1月8日判決（Bull civ Ⅳ n20；JCP éd E pan281）である。事案の詳細は不明であるが、XがY$_1$にパソコンと基幹ソフトをY$_2$にアプリケーションソフトを注文したが、これら全体の機能に満足せず両契約の解約を求めた事案において、破毀院は、Y$_1$Y$_2$の負う給付間の必然的な相互依存性によってではなく、契約締結前の商談や作成された書面から当事者が全体として情報処理システムの実現を意図し、また当事者が合意が不可分一体のものを対象とすることを認めていたと指摘して、事案の状況から両契約が不可分であるとし、両契約の解約を認めた控訴院判決を正当であるとしたのである[58]。

　この判決は初めて複数の契約の存在を前提に両契約間の不可分性を根拠にして一方の契約の消滅による他方の契約の消滅を認めたものとして大きな意義を有する。民法典に規定があるのは第1217条以下の債権者・債務者が複数の場合の単一の債務の不可分性についてであるから、条文に規定のない契約間の関係にもこの不可分性という概念を持ち込んだことになる。そしてこの判決はこの契約間の不可分性を第1217条以下に基づいて認めているのである。また判決は当事者が取引全体の実現を意図していること

---

[57] 不可分性という概念については後述。
[58] これに対し、同様の事案において、パソコンの本体がこの種のあらゆるタイプのソフトに利用できるため、給付目的物の性質から両契約の相互依存性を否定した破毀院商事部1991年1月22日判決（JCP éd E pan281）がある。

から両契約が不可分であるとしており、条文に規定のある債務の不可分性に認められてきた客観的な不可分性と主観的な不可分性のカテゴリーをここにも認めるならば、判決は明示していないが、ここでの不可分性とは当事者の意図に由来する主観的なそれを意味するものであろう[59]。

次に登場するのが破毀院商事部 1995 年 4 月 4 日（Bull civ Ⅳ n115 et 116）の通称 Sedri 事件判決である。これは 20000 人以上の商人が関わり、数多くの訴訟が提起された著名な事件である[60]。このうち以下で挙げるのは破毀院に係属した二つの訴訟であり、その共通する事案の概要は次のとおり。商人 Y らが自分達の商店に情報および広告映像の配信を受けるために、Sedri 社 B のデータ通信ネットワークへのアクセスのための役務提供契約を A 社と結んだ。同日 Y らはこれに使用する機材とソフトの賃貸借契約を金融機関 X との間で締結した。その後 AB ともに倒産し、映像の配信停止と契約解約が Y に通知された。X が賃料の支払いを求めて Y を訴えたのが本件訴訟である。

破毀院は、まず第一事件において、X が B と協力契約（contrat de collaboration）を結んでいたことや、X が A を賃貸借契約締結のための受任者にしていたこと、X が AB の給付の目的および AB と Y の契約関係を考慮に入れて Y との契約を結んだこと、Y と AB の契約と Y と X の契約とが同日に締結されたこと等を認定して、Y らおよび X にとってこれら契約は不可分であり、当事者が契約それぞれを他の契約の存在条件と考えていたことに基づいて、これらの契約間の不可分性を認め、X と Y の契約が解約され

---

[59] 民法典第 1217 条以下に規定される債務の不可分性については、概念上一般に客観的な不可分性（indivisibilité objectif）と主観的な不可分性（indivisibilité subjectif）との区別がなされている。前者は債務の目的の性質そのものに由来し、これに対し後者は、債務の目的が性質上不可分でない場合において、合意によってこれを不可分とする場合である。合意は明示でも黙示でもよい。以上 Chr. Larroumet, Droit civil. Les obligations. Régime général. 1éd, Economica2000, p.196 et s 参照。

契約間の不可分性にこの区別をあてはめれば、客観的に不可分であるとは、共通の目的の実現のために契約が自然に集合し不可分になっている状態を指し、主観的に不可分であるとは、性質上可分な合意が当事者の意思によって結びつき不可分になっている状態を指すことになろうか。F. Arhab, op. cit（29）, 176 et s 参照。

[60] 同事件の詳細については、J-M. Marmayou, Remarques sur la notion d'indivisivilité des contrats, Rev jur com1999, p.292 et s 参照。

るとした控訴院の判断を維持したのである。

　次に第二事件において、賃貸借契約の貸主が同契約と役務提供契約を不可分のものであると考えていなかったことから、両契約の間には主観的な不可分性はないが、賃貸目的物がABによる画像の配信にしか使えないことから、客観的な不可分性はあるとして、役務提供契約の解約が賃貸借契約の解約を生じさせるとした控訴院の判断に、破毀院は、さらに賃貸人が目的物のこの特性を知っていたことや彼がこの取引の成立に参加していたことを付け加えて、両契約間の不可分性を認め、同判決を維持したのである。

　本判決は破毀院商事部1991年1月8日判決と同様に契約間の不可分性を根拠に一方の契約の解約による他方の契約の解約を認めたものである。そして不可分性の性質については、本判決においても主観・客観の別が明らかにされているわけではないが、本判決の各事件の評釈者の指摘によれば次のようになる[61]。まず第一事件について、破毀院は、契約それぞれを他の契約の存在条件とした当事者の考慮に基づいて不可分性を判断した控訴院の判断を正当としていることから、両契約間の不可分性を関係当事者の意思に基づかせたものとされる。次に第二事件について、破毀院は、控訴院の判断を是認しつつ貸主の認識と貸主の取引への参加とを挙げていることから、客観的な不可分性と主観的な不可分性の双方を認定しているものとされている。契約間の不可分性についても主観的な不可分性と客観的な不可分性とを区別することの是非はともかくとして、契約が本来的に独立したものであることからするならば、客観的な不可分性のみをもって、契約間の相互依存性を決することはできず、明示であれ黙示であれ取引に参加する全当事者の意思に基づく主観的な不可分性を欠くことはできない[62]。ただ黙示である場合に、その証明と認定について困難が生じることになる。

　同様の事案について不可分性を根拠に契約間の相互依存性を認めた破毀

---

[61] 同判決の評釈として、第一事件について、L. Leveneur, Contrats conc consom1995, n105 を、第二事件について、L. Aynès, D. S1995. somme, p.231 や S. Piquet, D. S1996, p.141 を、両事件について、J-B. Seube, JCP1996 éd E, n3. p.39 や É. Tardieu-Guigues et M.-Ch. Soriano, JCP.1996, éd E, II, 792 を参照。

院商事部 1999 年 6 月 15 日判決（Contrats conc consomm, 1999, n173, obs. L. Leveneur；JCP, éd E 2000, p.802, note A. Constantin；JCP. 2000 I, p.521, note A. Constantin）がある。薬剤師の Y らが、A との間で、自分達の商店に情報および公告の配信を受けるために A 社のデータ配信ネットワークへのアクセスを内容とする役務提供契約（a 契約）を締結し、同じ日に A 社の提案により、このために必要な機材のリース契約を a 契約と同じ期間を想定してリース会社 X との間で締結した（b 契約）が、その後 A が給付を停止したため、Y らは X に対する賃料の支払を停止した。なお A は広告を配信させてもらう代わりに Y らに対価を支払っており、これは Y らが X に支払うリース料と同額であった。以上の事案について、破毀院は、両契約が同日に締結され、その期間が同一であることや、b 契約がこの取引の全体が Y らにとって負担にならないことを考慮して締結されたものであること、リースされた機材が他に利用できないものであることなどを認定して、両契約間の不可分性を認め、Y による a 契約の解約と b 契約の解約を認めた控訴院判決を認容したのである。

これに対し、破毀院商事部 2000 年 2 月 15 日判決（Bull civ Ⅳ n29）は同様の事案についてコーズを根拠に契約間の相互依存性を認めている。同判決は、リース会社が機材の用途を知りこれを承諾していたことや、機材が他の用途に適しないものであったこと、そして役務提供契約はリース契約の唯一のコーズをなしていること、以上から両契約が相互依存関係にあり、役務提供契約の履行が不能になればリース契約が解約されることを認めたのである。本判決において、コーズは反対給付に当たる債務のコーズではなく、主観的な契約のコーズであり、これは広告の配信という本件取引の達成、つまり契約を締結した目的を意味し、そして役務提供契約の履行不能によりリース契約はその履行段階においてコーズを失って消滅させられたことが指摘されている[63]。ここでコーズは契約の締結目的を意味する主観的なものであり、また履行段階にまで拡張されているのである[64]。

---

[62] F. Arhab, op. cit（29）, p.176 et s；J. Ghestin, op. cit（29）, p.556 et s；L. Aynès, op. cit（61）, p.231；S. Piquet, op. cit（61）, p.143.

[63] G. Meilhac-Redon et F. Marmoz, Petites Affiches, 29 décembre 2000, p.13 et s.

以上の判決が当事者の意図などの内心に注目し、不可分性を根拠に契約間の相互依存性を認めたのに対し、関連貸付に関する破毀院商事部 1996 年 3 月 5 日判決で言及された共調行為概念を根拠に、契約当事者間の関係に注目した判決が破毀院商事部 1996 年 5 月 28 日判決（Contrats conc consom1996. 135, obs. L. Leveneur）である。同判決は、機材の賃貸借契約と、同じ日にそして同じ期間を想定してさらに同じ代理人の仲介でその機材の使用について協力し援助する契約とが異なる当事者間で結ばれ、後者の契約が解除された事案について、控訴院がそれぞれの契約相手方が共同で行為したことを示す認定をしたにもかかわらず、この共調行為の効果を引き出さなかったことを理由に、控訴院判決を破毀したのである。

### 4　二当事者間の事例[65]

以上は三当事者以上の取引に関するものであったが、もちろん二当事者間においてある一つの取引を達成するために複数の契約が結ばれた場合にも以上の契約間の相互依存性は問題になり、同様に一方の契約の消滅が他

---

[64] 本件においては、リース契約中に、役務提供契約が履行されないか、解約された、または無効になった場合でも、ユーザーは契約期間満了までリース料を支払い続けなければならないとの条項が存在していた。しかし判決はこの条項が契約の全体の構造（l'économie générale du contrat）に反するとして、なおリース契約が解除されるとの結論を維持したのである。本判決の特に、この不可分性を排除する条項を契約の全体の構造に反するとして適用をしなかった点については、様々な評価がなされている。例えば、S. Amrani-Mekki, op. cit（29）, p.373 ets や J. Mestre et Fages, RTD civ., 2000, p.326 は、取引当事者の意思に契約を相互に依存させる意思とこれを切断する意思という矛盾を認め、前者を合意の本体と見て後者を退けたという説明をしている。またこの契約の全体の構造とは契約の内的一貫性とともに取引の達成という契約の目的を意味するものであるとされている（G. Meilhac-Redon et F. Marmoz, op. cit（63）, p.15 ets）。なお本判決が相互依存性の根拠を不可分性ではなくコーズに求めた点については、不可分性が両契約を不可分とするとの当事者の意思に基づくものであるため、この条項によって不可分性が排除されてしまうからであるとの指摘もある（Petites affiches, 6 juillet 2000, p.7 ets）。本判決については、以上の他に、D. 2000, somm, p.364 ets, obs. Ph. Delebecque や JCP 2000, Ⅰ, 272, n9, obs. A. Constantin を参照した。

[65] 以下判例の選定については、J-B. Seube, op. cit（29）, p.90 et s 参照。なお二当事者間において複数の契約が結ばれた場合で、契約間に相互依存性が認められたと見うる判例は以下に限定されるわけではない。以下では、有償の行為に関するもので、消滅の局面が問題となる破毀院判決のみを取り上げる。

方の契約の消滅を生じさせるとする破毀院判決が出されていた[66]。例えば近時に出された以下の破毀院判決が挙げられる。

まず破毀院商事部 1992 年 2 月 11 日判決（BRDA1992, n7. p.7）は、株式会社 A の二大株主グループ XY 間で、X が Y に対しその保有する株式の 15％を譲渡するという契約が結ばれ、同時に両グループ間の執行役会の構成員の役職をそのままとすること等を約した契約が結ばれたが、その後多数派となった Y が後者の契約に違反した事案において、当事者が両合意を結びつける意図を有していた場合には、後者の契約の不履行はその契約の解除のみならず前者の契約の解除をも生じさせるとした控訴院判決を認容した[67]。

本件では、一方の契約が他方の契約の実質上の対価をなしており、双方合わさって対価的な均衡が保たれていた。したがってここで認められた相互依存性は二当事者間において結ばれたこれらの契約が対価的な関係にあることを示しているのである。

次に対価関係にはないが契約間の不可分性を根拠とする相互依存性についての言及がなされた例として、破毀院商事部 1995 年 2 月 14 日判決（Bull civ Ⅳ n49）が挙げられる。石油会社とガソリンスタンドとの間で成立したガソリン供給契約とオイル供給契約のうち代金額が決定していないことを理由とする前者の無効を後者に及ぼさなかった控訴院判決を、両契約が結びついているとした契約文言や契約成立の日時や場所、契約期間が同一であることから、両契約が契約の集合の枠内で結ばれ、その契約文言が両契約間の不可分性を確立するものであったか否かについて検討していなかったことを理由に、破毀したのである。

なお本判決においては、契約間の不可分性の根拠として債務の不可分性に関する第 1218 条[68]が挙げられている点に注意する必要がある。

---

[66] 整理のための区別は別にして、学説上も当事者の数による区別は行われていないようである。例えば F. Arhab, op. cit（29）, p.178 等。
[67] しかし判例上この種の取引に契約間の相互依存性が認められるのは例外的である。認めなかった判例に破毀院商事部 1986 年 11 月 18 日判決（JCP1987 Ⅱ 20806, note. Ch. Jamin）や破毀院商事部 1987 年 4 月 7 日判決（RTDciv1988, p.123, note. J. Mestre）がある。

さらに同様の例として、破毀院第一民事部 1996 年 12 月 3 日判決（JCP1997Ⅱ22815, note. Ph. Reigne）が挙げられる。X が Y 協会の会員となり、同協会の標識を使用する契約を結んだが、後に Y が X との契約を解約し X を会員から抹消した事案について、破毀院は、X のフォートにより契約の解約は正当であり、会員としての地位と同契約とは一体不可分であるから、この解約は会員の地位の抹消を生じさせるとしたのである。

本判決においては当事者がこれらを一体のものと考えていたことが考慮されたとされているが、ただ判決が契約どうしではなく、会員たる地位と協会の標識を使用する契約とが不可分であるとしていることには注意を要する[69]。

最後に同じように不可分性を根拠に契約間の相互依存性を認めたものに破毀院商事部 1999 年 6 月 15 日判決（JCP éd E 2000, p.267, note J-B. Seube）が挙げられる。二当事者間で営業財産の賃貸借契約（a 契約）とその売買の予約（b 契約）がなされたが、後に賃貸人の不履行により a 契約が解約された事案について、両契約間の不可分性を根拠に賃貸人のフォートによる a 契約の解約とそれによる b 契約の失効を認めた控訴院判決を、破毀院は、二つの契約を不可分に結びつける両当事者の共通の意図が認められるとして、認容したのである。

本判決においては、まず解約された契約と不可分の関係にある契約が失効により消滅するとされている点が注目される。次に本判決は契約間の不可分性を証する要素の一つとして、X が売買契約の予約完結権の行使にあたり Y に対して a 契約に基づいて提供していた担保をこの売買代金の一部にすることを提案していたことを挙げているが、このように契約締結後の当事者のとった行動も不可分性の証明にあたって考慮できることを示した

---

[68] 第 1218 条：債務は、あるいは引渡においてその目的とする物が、あるいは履行においてその目的とする行為が、物質的であれ、精神的であれ、分割に親しむか否かに従って、可分または不可分である。
　条文の訳は、法務大臣官房司法法制調査部編『フランス民法典-物権債権関係』（法曹会 1982 年）に依拠している。
[69] この点について J-B. Seube, op. cit（29）, p.100 は、不可分であったのは加入契約と標識使用契約であったとする。

ものといえよう[70]。

## 5　判例の小括

以上のように特に 1990 年代に入って、判例は関連貸付以外の二当事者または三当事者以上の者が複数の契約を結んで取引を成立させる場合においても、契約間の相互依存性を承認し、ある契約の消滅による他の契約の消滅を広く認めるに至っていた。そしてここで特に注目すべき点は、これら相互依存性が認められた事案において、ほとんどの場合消費者と事業者という関係が見られないことであり、特に 3 および 4 で見た判決はすべて事業者間の取引に関するものである。またファイナンスリースのように先行する契約の不履行が後行する契約の不履行を招来する契約の連鎖にあたる取引類型や、保証契約のように主従関係にあり主たる契約の消滅による従たる契約の消滅を認めやすい類型等とは異なり、並存する複数の等価の契約が単一の取引を形成している場合にも取引の種類や当事者の多寡に関わらず広く契約間の相互依存性が認められているのである。それゆえ判例による契約間の相互依存性の承認は、関連貸付における契約間の相互依存性が立法上認められたときに挙げられた理由のような特定の取引の特質や消費者保護の理念に由来するものではなく、また特定の取引の特有の構造に由来するものでもないことは明白である。

そして判例はもっぱらコーズや不可分性をその法的根拠にしている。コーズについては取引の達成という当事者が契約を締結した目的である主観的な契約のコーズを意味するとされ、また不可分性について、判例は当事者の意思（volonté）に基づくものであることを明言していないものの、取引を達成するという当事者の意図、つまり契約を締結した目的に由来し[71]、そして学説の解説するところによれば意思に基づく主観的な不可分性であるとされている。それゆえ相互依存性は、取引を達成するという当事者の

---

[70] なお履行期における一方の契約の当事者の他方の契約や取引全体を意識した行動を不可分性の証明にあたって考慮できるとしたこれ以外の判決として、破毀院第一民事部 1996 年 10 月 1 日判決（JCP 1997 éd E I 617, note J-B. Seube）が挙げられる。
[71] この点については研究会にて横山美夏教授よりご教示いただいた。記して御礼申し上げる。

契約を締結した目的、ないしはこの目的に由来する当事者の両契約を不可分のものとする意思[72]を根拠にしていると評価することができよう。そしてこれらが共有されている以上当事者の多寡は問題にならないし、また契約当事者間の関係等は、まさにこうした当事者の目的や意思を徴表するものとして扱われているのである。

したがってここでは取引の構成要素たるある契約の消滅が当該の取引の達成という目的を不可能にし、取引という全体的な観点より見れば、それ自体として何ら欠けるところのない構成要素たる他の契約がその存在意義を失う場合のあることが認められているといえよう。そしてこのような判例の示すものは、単体としての契約のみを考察対象にしてきたこれまでの契約法学においては法的な次元ではとらえられず、その意味でもっぱら経済的な動機の次元に属していた当該の取引を達成するというこの当事者の契約を締結した目的が法的に考慮され、その意味で法的な次元に昇華されるに至ったことである。

問題となるのはこれをどのような法的技術の上に乗せるかである。不可分性についてはそもそもこの概念自体が判例上何ら明らかにされておらず、判例の一部はその根拠として1217条以下を挙げるが、その他多くの判例はこれらの条文に触れず、ここで言う契約間の不可分性と条文が規定する債務の不可分性との異同も不明なままである。またコーズについても、判例の採用するそれは、双務契約において債務のコーズを反対給付とし、動機はコーズの合法性の側面からのみ考察されるとする旧来のコーズ概念からは説明しえないものである。また消滅方法に関しても判例は一貫性を欠いてきた。特に消滅させられる契約の消滅が解除・解約という構成によることはその原因が当該契約の不履行にない以上疑問の余地があったのである。以上のような判例の展開を受けて、学説は特に近時においてこの契約間の相互依存性に理論的根拠を与えるべく活発な展開を見せている。そこで次にこれら学説の見解を概観する。

---

[72] 夫婦間の労働契約では、夫婦（あるいは内縁）という関係が重要な要素となっていることは確かであるが、これとて契約当事者のこれらの契約をその消滅存続において不可分のものとする意思の徴表であると言える。

## 四 学説の展開

　フランスの議論の展開において最も示唆的であるのは、契約間の相互依存性の問題がもっぱら消費者保護の枠組の中でとらえられてきた我が国とは異なり、契約の集合体そのものに着目して、このような場合契約をそれ自体独立した単体としてではなく、ともに取引を構成する他の契約との関係でいかにとらえるかという観点から議論がなされてきた点である。例えば先に見た関連貸付は、当初消費者保護の観点から立法により相互依存性を認められたが、現在では一般に契約の集合現象の一例として扱われるに至っている。そしてこのような傾向に決定的な影響を与えたのが第一部においても触れた B. Teyssié のテーズ "Les groupes de contrats" である[73]。ここで Teyssié はコーズに契約を結びつける根拠を見出している。これに対し、特に90年代に不可分性を根拠にした判例の展開を受けて、この不可分性概念を洗練して契約間の相互依存性の理論的根拠とする動きが学説の中に生ずる。そしてその最も徹底したものが J-B. Seube のテーズ "L'indivisibilité et les actes juridiques" である。そこで以下においては、主要なコーズを根拠とする学説と不可分性を根拠とする学説を、これら代表的な提唱者の論文を中心に検討する[74]。

---

[73] B. Teyssié, Les groupes de contrats, LGDJ. Bibl. dr. priv. 1975.
　なおこのテーズが公刊されたのは1975年であり、Teyssié の見解は先に検討した判例の展開を前提にしていたわけではない。ただ同論文以前においても、近年におけるほどに明快かつ活発ではないが、消滅およびその他の局面において契約間の相互依存性を認める判例は存在していたとされる。Teyssié の見解はこうした状況を前提に主張されたものである。

[74] 他に F. Arhab, op. cit (29), P.181 et s のように、解除条件を挙げる者もおり、C. Renault-Brahinsky, JCP 1998 II 10213 は条件概念に好意的である。また I. Najjar, La notion d'≪ ensemble contractuel ≫, in Une certaine idée du droit, mélanges A. Decocq, Litec, 2004, p.509 et s は、従来複数の契約が一定の態様で結合することで形成される取引を示す事実的な概念であった契約の集合 (ensemble contractuel) を問題の解決を与えうる法的な概念であると主張する。

## 1 コーズを根拠にする学説（B. Teyssié の論文）[75]

Teyssié は、複数の契約が一定の集団を形成し、そのうちの一つの契約が他の契約との関係で完全に独立したものとはいえず、集団に属しているという事実から何らかの特別な取扱を必要とする現象を契約群（Les groupes de contrats）と呼ぶ。そしてこの中には、連鎖的売買や転貸借のように複数の契約が連鎖し、同一の目的（objet）にかかわっている契約の連鎖（chaîne de contrats）と、関連貸付や労働契約と社宅の賃貸借契約のように共通の目的（but commun）を達成するために同時に複数の契約が存在する契約の集合（ensemble de contrats）とが含まれ[76]、各契約は契約群に属しているという事実から特別に扱われるとする。

このうちここでの関係で重要なのは、同時に複数の契約が存在することにより成立する契約の集合において、その構成要素たる一つの契約の消滅により他の契約、ひいては契約の集合全体が影響を受けるという点である[77]。

Teyssié によれば、二人またはそれ以上の各契約者と直接契約関係にある中心人物の周りに成立し、構成要素たる各契約が何らかの共通の経済的な目的を達成するために結ばれ、同じ時間内に存在する契約の集合においては、各契約はそれぞれの債務のコーズ（双務契約であれば反対給付）とは別に、より間接的な各契約が追求する共通の目的、すなわちそれら契約が

---

[75] Teyssié の論文については、中田裕康『継続的売買の解消』（有斐閣 1994 年）402 頁以下や野澤正充「有償契約における代金額の決定（二）」立教 51 号 31 頁以下、同「枠組契約と実施契約」日仏 22 号 172 頁以下、松浦聖子「フランスにおける契約当事者と第三者の関係および契約複合理論」法研 70 巻 12 号 561 頁以下、山田希「フランス直接訴権理論からみたわが国の債権者代位制度（二）」名法 180 号 258 頁以下等を参照。

なお Teyssié の論文の全体像および特に損害賠償の観点からの契約の連鎖の検討については本稿第一部の該当箇所を参照。

[76] この Teyssié の設けたカテゴリーは、法的効果の付与の有無は別にして、それ自体は大多数の学説の拠るところとなっている。なお Teyssié は契約の連鎖を同質的連鎖に限定しているため、例えばファイナンスリースは契約が連鎖していても契約の集合である（B. Teyssié, op. cit (73), p.130 et s）。

[77] なお Teyssié は契約の集合内における消滅以外の局面での影響関係についても論じているが、これについては第二章で検討する。

締結されるに至った真の動機を有しており、この共通の目的が集合内の契約を結びつけ、それらの真の存在理由をなしているとされる。そこで Teyssié は従来からの客観的な狭いコーズ概念に代わり、主観的で広いコーズ概念の採用を提唱し、この各契約を結び付ける共通の目的を契約のコーズであるとし、当事者の合意の中に組み入れる。こうして契約の集合のコーズには各契約の債務の原因である反対給付（Teyssié はこれを近因（causa proxima）と呼ぶ）とこの集合が構成する取引の経済的目的（Teyssié はこれを遠因（causa remota）と呼ぶ）とが存在することになったのである[78]。

次に Teyssié はこのような契約の集合における一つの契約の消滅による他の契約ひいては集合全体の消滅について以下のように述べる。すなわち、この契約の集合の中には各契約が相互に依存し結びついている集合と、一方の契約が他方の契約に片面的に依存し結びついている集合とがある[79]。

このうちまず前者の相互依存の集合において、ある部分（A 契約）が欠けることにより他の部分（B 契約）のみでは取引の目的を達しえず、この目的の観点から存在理由を失うに至るほどに各契約が不可分である場合、A 契約の無効・解除は B 契約の存在理由、すなわちコーズを遡及的に失わせ、B 契約は無効になる。ところでこの中には取引の性質上各契約が不可分である場合と性質上不可分ではないが取引当事者の意思により不可分となる場合とがある。前者の例として広告業者が異なる相手方とポスターの見本作成のための契約、ポスターの作製・印刷のための契約をそれぞれ結び、全体として広告のための一つの取引を行う場合が挙げられ、また後者の例として、保険者が被保険者のリスク全体をカバーするために、被保険者に他の保険者と契約を結ばせ、自身がこの契約の締結のための被保険者の受任者となる共同保険契約とが挙げられる。ただ後者について、集合の消滅が契約に規定されていれば問題は単純であるが、そうでなければ当事者の意思の評価は困難なものになってしまう[80]。

次に後者の片面的依存の集合において、契約間には主従関係が存在し、

---

[78] B. Teyssié, op. cit (73), p.33 et s.
[79] こうした契約の集合の具体例については、B. Teyssié, op. cit (73), p.93 et s 参照。
[80] B. Teyssié, op. cit (73), p.156 et s.

従たる契約はその存在理由、コーズを主たる契約に見出している。したがって主たる契約の消滅により従たる契約はコーズを遡及的に奪われ、無効になる。Teyssié によれば、売買契約のために貸付契約が結ばれる関連貸付はこの集合にあたり、その他に、二当事者間では労働契約と住居の賃貸借契約（社宅）が、三当事者間ではファイナンスリースが挙げられている[81,82]。

以上のように Teyssié は、この契約の集合内におけるある契約の消滅による他の契約の消滅の根拠をコーズに求めている。そしてここにおいてコーズは、取引の実現という当事者全員が有する経済的な目的をも含み、また合意が成立する段階だけでなく、その履行段階にも及び（契約の成立要件であるだけでなく存続要件でもある）、広い概念としてとらえられているのである。この Teyssié のようにコーズを主観的に捉え、かつ履行段階にまで拡張し、特に消滅の局面における契約間の相互依存性の法的根拠とする見解は学説の多数の支持を得[83,84]、また先述したように一部判例により採用されているのである。

しかしコーズを根拠とする主張に対しては次のような批判も存在する[85]。

---

[81] B. Teyssié, op. cit（73）, p.168 et s.

[82] なお関連貸付やファイナンスリースにおける契約間の相互依存性を説明するためのコーズ概念の利用については、小粥太郎「フランス契約法におけるコーズの理論」早法 70 巻 3 号 136 頁以下参照。

[83] 例えば、Chr. Larroumet, op. cit（29）, p.455 et s ; D. Mazeaud, D1998SC, p.110 et s ; J. Carbonnier, op. cit（29）, p.216 et s ; F. Terré＝Ph. Simler＝Y. Lequette, op. cit（29）, p.326 et s 等。

また契約の相互依存化とコーズ概念の主観化については、F. Arhab, op. cit（29）, p.185 et s や J-B. Seube, op. cit（29）, p.191 et s、Ph. Reigne, La résolution pour inexécution au sein des groupes de contrats, in La cessation des relations contractuelles d'affaires, Colloque de L'institute de droit des affaires d'Aix en Provence, 30-31 mai 1996, PUAM1997, p.171 et s を、邦語文献として窪幸治「条項規制法理の一検討」比較法学（東洋大学）39 号 320 頁以下を参照。

[84] また日本においても、千葉恵美子「「多数当事者の取引関係」を見る視点」椿先生古稀記念『現代取引法の基礎的課題』（有斐閣 1999 年）161 頁以下は、自説である給付関連説を発展させて、特に第三者与信型消費者信用取引とファイナンスリースについて、取引を構成する契約の統合化が各契約に共通する債務負担の実質的理由（コーズ）によってもたらされるとし、コーズ概念を自説の論拠に採用している。なお大村敦志『典型契約と性質決定』（有斐閣 1997 年）181 頁以下は、この給付関連説がコーズ概念によって読み直すことができることを指摘していた。

[85] その他 Teyssié の理論に対する批判については本稿第一部を参照。

まず伝統的なコーズ概念からの乖離である[86]。ドマ以来の伝統的な客観的コーズ概念は、当事者の有する具体的な動機を合意の合法性評価に際してのみ契約のコーズとしてコーズ概念に含め、またコーズを契約の成立時にのみ働く概念であるとするが、コーズを根拠とする論者は、この動機、すなわち取引を達成するという目的を合法性の評価以外においても考慮し[87]、またコーズを履行段階においても働く概念であるとするのである[88]。

また第 1131 条によれば、コーズの欠缺の効果はその契約の絶対的無効であり、無効は遡及効を有する。しかし現実に相互依存性を認める判例も将来効のみをもつ解約による例が多い。判例が相互依存性の根拠としてコーズをあまり挙げないのは、このコーズ概念のもつ遡及効が原因であるとも指摘されている[89]。

以上のように Teyssié をはじめとする論者が採用するコーズ概念は伝統的なそれから乖離し、遡及効を伴う無効という効果から解約や失効という構成によって契約の消滅に将来効のみを与えようとした多くの判例の回避するところとなった。そこで近時に至り、多くの不可分性を根拠とする判例に触発されて、当該の取引を達成するという当事者の目的を法的次元に引き上げる際の理論的な受け皿にすべく、不可分性概念を洗練して、契約間の相互依存性の理論的な根拠とする学説が有力になる。そこで次にこの不可分性を根拠とする学説を、特にその代表的論者である J-B. Seube の論文を中心に紹介する。

## 2 不可分性を根拠にする学説（J-B. Seube の論文）

不可分性 (indivisibilité) とは、特定の関係において分割できない状態を指し[90]、私法上公法上の様々な領域で使用される多義的な概念である[91]。

---

[86] コーズの概念一般については、山口俊夫『フランス債権法』（東京大学出版会 1986 年）45 頁以下や野村豊弘「体系フランス民法〔債権法〕」判タ 649 号 24 頁以下、岸上晴志「契約の目的についての覚書」『契約の目的』（不磨書房 2006 年）3 頁以下、小粥・前掲注（85）1 頁以下参照。

[87] F. Arhab, op. cit（29），p.182 et s 他多くの論者が指摘する。またコーズ概念と契約の目的、動機との関係については、岸上・前掲注（86）7 頁以下参照。

[88] J-B. Seube, op. cit（29），p.198 et s.

[89] J-B. Seube, op. cit（29），p.207 et s.

そして不可分性概念の発展は近時特に法律行為の分野において顕著であり、不可分性は債務間、条項間そして契約間においてその適用を見るに至っているのである[92]。そこで近年の契約間における相互依存性を認める判例の展開とあいまって、この不可分性概念を積極的に評価し、明確かつ統一性のある独自の概念へと洗練する試みが学説上なされている[93]。そしてその中でも最も綿密な検討を行ったものが Seube のテーズである。Seube はこの論文で、債務間、条項間そして契約間において働き、これら要素間の関係を意味する不可分性の領域、効果、要件そしてその証明方法を明確にすることを試み、単なる事実上の概念ではなく、終局的に法律行為について固有の領域を有する独自かつ統一性のある概念へと洗練することを目指す[94]。ところで Seube は契約間の不可分性の領域として Teyssié の言う契約の集合を想定し[95]、不可分性をここで契約群に代わる有用な概念であるとして

---

[90] G. Cornu, Vocabulaire juridique 3éd, PUF1992, p.423.

[91] 山口俊夫『フランス法辞典』(東京大学出版会 2002 年) 286 頁によれば、例えば公法上では国土の不可分性が、私法上では債務や自白の不可分性等が挙げられる。

[92] 法律行為の分野におけるこうした不可分性概念の流用は古くから問題視されてきた。例えば M. J. Boulanger, Usage et abus de la notion d'indivisibilité des actes juridiques, RTD civ1950, p.1 et s は、このように流用された不可分性概念を裁判官が望ましいと判断した解決を説明するための内容のない概念であり、その曖昧さとあいまって裁判官の恣意を助長し、濫用であると批判している。

また今日において不可分性概念に対し同様の批判をなす者に、F. Arhab, op. cit (29), p.180 et s や S. Piquet, op. cit (61), p.145、L. Aynès, op. cit (40), p.33 et s；C. Renault-Brahinsky, op. cit (74) 等がある。

[93] J. Moury, De indivisibilité entre les obligations et entre les contrats, RTDciv1994, p.255 et s や J-M. Marmayou, op. cit (60), p.292 et s；S. Amrani-Mekki, op. cit (29), p.355 et s 等がある。

また Ph. Delebeque, La notion de groupes de contrats：queles critéres?, JCP éd E 1989 Supplément 4, p.25 et s は、契約の集合において、不可分性が基準の一つとして働くことを認める。

なお契約間における不可分性については、他に S. Piquet, op. cit (61), p.143 et s や Ph. Reigne, op. cit (83), p.169 et s、F. Arhab, op. cit (29), p.175 et s；C. Renault-Brahinsky, op. cit (74) 参照。

[94] J. Moury, op. cit (93), p.255 et s は債務間においても働く概念であるとする。

[95] Seube は、契約の連鎖と集合の区別について基本的に Teyssié に従っているため、ファイナンスリースも契約の集合として不可分性の適用対象であるとする。これに対し J. Moury, op. cit (93), p.271 はファイナンスリースを不可分性の適用対象から排除する。

第一章　複合契約論序説―フランスにおける契約の相互依存化の展開を参考に―　*229*

いる。以下ではこのような取引を構成する一方の契約の消滅による他方の契約の消滅に関する Seube の見解を取り上げる[96]。

　まず Seube は第一部において、先に挙げたような契約間の相互依存性の説明のために不可分性を用いている判例を取り上げ[97]、不可分性の適用にとって、当事者の数や契約の性質、契約が同じ目的物に関わっているか否か（例えば賃貸借契約とその目的物に関する保全契約等）はすべて重要でないとしつつ[98]、この一見すると広範な不可分性の適用領域のうち他の概念では説明しえない真の領域を引き出そうとする[99]。

　まずコーズについて[100]、従来の客観的抽象的なコーズ概念ではなく、主観的なコーズ概念を採用するなら不可分性はコーズに限りなく接近する。しかし不可分性は経済的な目的を達成する手段であるのに対し、コーズはその目的そのものであって、段階を異にし、またコーズによる無効には遡及効があるため、不可分性はコーズでは正当化できない解決を根拠づけることができるとする。

　次に条件、特に解除条件による説明について、ある契約の消滅による他の契約の消滅の説明に際し、解除条件によるそれ（特に黙示の）は不可分性のそれに近いが、解除条件には遡及効がある点や、ある契約の消滅が解除による場合随意条件が問題となる点、条件は一時点のものであるのに対し不可分性は法律行為間の継続的な関係である点に違いがあり、不可分性には解除条件に還元しえない独自性があるとする。

　結局不可分性は以上の概念から区別され[101]、すでに検討した契約間の相互依存性の例のうち、関連貸付に関する消費法典の規定の一部のみが停止条件によって説明しうるとする[102]。つまりこの他の複数の等価の契約が同

---

[96] Seube はこの消滅以外にも様々な不可分性の効果を挙げているが、これらについては第二章で検討する。
[97] J-B. Seube, op. cit（29）, p.51 et s.
[98] ただ J-B. Seube, op. cit（29）, p.108 et s は、二当事者間における契約間の相互依存性の承認と三当事者間におけるそれとでは、当事者が異なる分、後者の方がより第1165条の契約の相対効原則に対する侵害が大きいとする。J. Moury, op. cit（93）, p.270 同旨。
[99] J-B. Seube, op. cit（29）, p.185 et s.
[100] J-B. Seube, op. cit（29）, p.191 et s.

時に存在する取引について不可分性は独自性を有するのである[103]。そしてSeube によれば、これら契約間の不可分性は当事者が不可分な取引を意図していることに根拠を有し、当事者が望む取引の不可分性はその実現のための手段としてこれら契約間の不可分性として現れるのである[104]。

次に Seube は第二部において不可分性の制度の確立を試みる。そこでまず Seube は不可分性の効果について契約の成立と履行の段階に分けて検討する。成立段階の検討においてここでの問題との関係で重要であるのは、一方の契約が無効になりまたは取り消された場合に不可分性の効果として他方の契約が消滅する点である。そもそも原則として契約は自立した存在であり、それ自体有効であれば他の契約の無効や取消しによる影響を受けない。しかし先に挙げた立法や判例はこの原則に反し、有効な契約の消滅を認める。Seube は、こうした場合取引の当事者がその構成要素が欠ければ完成しない取引全体の実現を意図していることを指摘し、残された契約はこの点からその存在意義の重要な部分を奪われ、本質的要素を失って失効（caduc）すると主張する[105]。こうして契約間の不可分な関係により、一方の契約の無効や取消しによる消滅が他方の契約の消滅を招来するのである。

続いて Seube は契約の履行段階における不可分性の効果について検討する。Seube は、当事者が不可分な取引の実現を意図する場合、契約全部が

---

[101] Seube によれば、不可分性は等価の関係に働くものであるため、主従の関係に働く従理論（regle de l'accessoire）から区別され、また契約が等価の関係にあるか主従関係にあるかは、保証契約のように契約の性質によりまたは当事者の意思により決せられる。J-B. Seube, op. cit（29）, p.245 et s.

これに対し Teyssié は契約の集合に契約が片面的に依存する関係にある場合も含める。B. Teyssié, op. cit（73）, p.119 et s.

[102] すなわち売買が貸付をうることを条件に成立すると規定する消費法典の動産に関する L311—23 条や不動産に関する L312—16 条である。

[103] なお Teyssié が片面的依存の集合とするものの中には関連貸付のように Seube によれば相互依存関係とされるものもある。J-B. Seube, op. cit（29）, p.290 et s.

[104] J-B. Seube, op. cit（29）, p.283 et s. 不可分性と他の概念との比較については J. Moury, op. cit（93）, p.262 et s や J-M. Marmayou, op. cit（60）, p.294 et s、S. Amrani-Mekki, op. cit（29）, p.356 et s も参照。

[105] J-B. Seube, op. cit（29）, p.321 et s.

履行されなければその目的を達しえない取引の実現を意図していると指摘し、ここでその内の一方の契約が解除または解約された場合に他方の契約がその存在意義を失って消滅することを認める[106]。

そして後者の契約は、フォートある不履行ゆえに解除・解約されるわけではなく、不可分な前者の契約が消滅したことにより存在価値を将来にわたって失うだけであるから、解除・解約されるのではなく前者の契約の無効・取消しの場合同様単に失効するだけであるとする[107,108]。続いて Seube は失効（caducité）について次のようにいう[109]。すなわち失効には遡及効がないため、継続的契約関係はともかく、売買のような一回的給付契約において履行後に失効原因が発生した場合の説明に困難が生ずるが、これについては、失効によって既に移転した所有権が売買契約の遡及的消滅によらずに再び売主に移転し、売主は代金を買主に返還する義務を負うと説明する[110]。しかしまた以下の理由から不可分性のすべての現われを失効によって説明することができないことも認める。すなわち、まず失効には遡及効がないため、消費法典 L311—21 条が規定する売買契約の解除・無効による貸付契約の解除・無効を説明することはできない。次に失効はある事実

---

[106] J-B. Seube, op. cit（29）, p.393 et s.

[107] J-B. Seube, op. cit（29）, p.406 et s. Ph. Reigne, op. cit（83）, p.151 et s も不可分性により一方の契約の解除や解約により他方の契約はその存在意義を失って失効するとする。また J-M. Marmayou, op. cit（60）, p.302 et s は消滅における最低限の効果として失効を挙げる。ただ当事者の合意があれば、例えば解除を認めるなどその効果を拡大することもできるとする。

[108] 失効とは有効な法律行為がその行為がなされた後に生じた事実により効力を奪われる状態を指す。例えば遺贈者に先立つ受遺者の死亡によって遺贈が失効する場合（1088条）が挙げられる。中村紘一ほか監訳『フランス法律用語辞典（第二版）』（三省堂 2002 年）45 頁以下参照。またフランス法における契約の失効概念については、上井長十「フランス法における「契約の失効」について」明大法研論集 15 号 97 頁以下を参照した。なお同稿の 104 頁以下において、複数の契約と失効についての検討がなされている。

[109] J-B. Seube, op. cit（29）, p.409 et s.

[110] Ph. Reigne, op. cit（83）, p.175 et s 同旨。ただ Seube もこの説明が技巧的であることを認める。J-B. Seube, op. cit（29）, p.412et s.

これに対し S. Amrani-Mekki, op. cit（29）, p.378et s は、失効が本質的に遡及効を欠いているわけではなく、このような契約においては遡及効を伴った失効を認めることができるとしている。

の発生によって当然に生ずるものであるため、例えば夫婦の労働契約の例において一方の契約の消滅により他方の契約が失効することを認めるのは、解雇には現実かつ重大な事由が必要であるとの労働法上の原則に反するおそれがある。しかし失効が履行段階における第二の契約の消滅を説明するのに最も有用な概念であることに変わりはないとしている。

　以上のように Seube によれば不可分性の効果は契約の成立段階にも履行段階にも及び、第二の契約の消滅をもたらすのである。

　次に Seube は、不可分性概念の根拠について論じ、続いてその証明について検討する。

　まずこの不可分性概念の根拠について。1217条以下が規定する債務の不可分性の客観的な不可分性と主観的な不可分性の区別を契約間の不可分性に用いることに対して、Seube は次のようにいう[111]。すなわち1217条以下が想定する単一の債務の不可分性と契約間のそれとでは隔たりが大きく、前者で利用される分類を目的物の性質を考慮しえない後者で利用する必然性がない。そして特に契約それ自体自立した存在であることが原則であって、契約間の不可分性が取引の性質に由来するものに見えても、法律の規定か当事者の意思によるものに他ならない。したがって契約間の不可分性は全て当事者の意思による主観的なそれであると[112]。

　ところで大部分当事者の意思によるこの不可分性は、当事者間において紛争防止のために明示の合意があれば問題はないが、明示されない場合に契約の解釈が問題となる。そこでこの解釈を担当する事実審裁判官により彼が適当であると考えた解釈の理由付けのためにこの概念が濫用されるのを避けるため、その証明が重要な問題になるのである。そしてこの証明は、なぜ当事者がこの不可分な関係を望んだと考えるのかを示すことに他ならず、これは当事者の意思を推定させる指標を駆使することによって行われ

---

[111] J-B. Seube, op. cit (29), p.421 et s.
[112] 不可分性の根拠について、J. Moury, op. cit (93), p.259 et s および J-M. Marmayou, op. cit (60), p.295 et s 同旨。
　J-M. Marmayou, op. cit (60), p.298 et s は、この当事者の意思とは消滅について言えば結局自分の締結した契約が他の契約の消滅により消滅するリスクを負担する意思に他ならないという。

る。Seube は当事者の態度という主観的な指標と残された部分の有用性という客観的な指標を挙げる[113]。

前者について[114]、裁判官はまずこの当事者の態度を検討しなければならない。これには取引の成立段階におけるものと履行段階におけるものとがある。成立段階におけるものには異なる契約当事者が取引の成立に積極的に参加しているという事実がこれにあたり、例えば ABC 三者間の取引において AB が同じ代理人に C に対する取引への勧誘および交渉を行わせる等この取引について緊密な関係を有していた場合等が挙げられる。また補助的に契約が同じ日に同じ場所で成立したことも考慮される。履行段階におけるものには、例えば ABC 三者間の取引において、C からの AB に対する支払いを A がまとめて受け取ったり、紛争の際に三者間において交渉が行われたりした場合がこれにあたる。

次にこれら当事者の態度では十分でない場合に、一方の契約だけで有用性があるかどうかが検討される[115]。客観的に見てその契約だけでは有用性がなければ、当事者が不可分な取引を望んだことを推定できるからである。この例として、AC 間に役務提供契約が、BC 間において同契約に使用する物の賃貸借契約が結ばれ、前者の契約が消滅した場合に、後者の契約の目的物に他の取引への転用可能性がない場合が挙げられる。

以上のような証明によっても不可分性が完全に証明されるわけではない。不可分性は当事者の心の中に存在するのである。しかし不可分性の認定を明示された場合にのみ限定するのは不都合であるため、可能な限りの証明が行われるべきであると Seube はいう[116]。

以上の法律行為の領域おいて展開された不可分性概念を明確にし、最終的に統一性ある独自の概念にすることを目指した Seube の試みは、完全な成功を収めたわけではなかろうが[117]、多くの判例が採用したこの概念を、こうした判例や立法を包括的に説明しうる概念として明確化を試みた点に

---

[113] 不可分性の証明に関しては他に J-M. Marmayou, op. cit (60), p.298 et s 参照。
[114] J-B. Seube, op. cit (29), p.446 et s.
[115] J-B. Seube, op. cit (29), p.448 et s.
[116] J-B. Seube, op. cit (29), p.452 et s.
[117] Seube 自身が認めるところである。J-B. Seube, op. cit (29), p.457 et s.

大きな意義を有するものであったといえるだろう。

### 3　学説の小括

　以上の学説の展開から以下のことが指摘できる。すなわち、学説は、同時に存在する複数の契約によって構成される取引（Teyssié の言う契約の集合）において、取引全体を達成するという当事者の意図、すなわち当事者が各契約を締結した目的に着目し、これを特に契約の消滅の局面において法的な次元に昇華させようとしていた。すなわち、一方でコーズを法的根拠とする見解はこの目的を契約のコーズとし、他方で不可分性を根拠とする見解において当事者の意思に基づく契約間の不可分性とはこの目的を達成する手段に他ならず、ともに直接的にしろ間接的にしろ契約の消滅の局面においてこれを法的に考慮していたのである。そしてその際これらの概念がもともと想定していなかった場面を包摂させるため、これらを修正しまたは洗練したのである。

　また契約の消滅方法については、不履行を消滅原因にしないため解除や解約によらず、取引全体の達成が不能になったことによるその契約の存在意義の喪失という理由にふさわしい消滅方法（無効や失効）を主張した。そしてこれにより契約は他の契約の消滅を理由に解除・解約されるのではなく、あくまで取引の達成という目的を達することができなくなったことによる存在意義の喪失というそれ自体の原因により消滅することが認められ、この結果契約は他の契約の消滅等によって影響を受けない自立した存在であるとの契約の自立性ともいうべき原則への直接の侵害は回避されているのである。

　とはいえ、これら学説はその多くが特に近年の判例の活発な展開を受けて急速に展開されてきたものでいまだ全体の動向は流動的であり、またコーズによる見解と不可分性による見解とが支持者を増やしているようであるが、ともに一長一短ありその優劣を断じえない状況にある。今後の議論の展開を引き続き注視することにしたい。

## おわりに

　以上に検討した契約の消滅の局面を中心に展開されてきた契約間の相互依存性に関するフランスの立法、判例、学説をまとめると以下のようになる。当初立法により消費者保護の目的で関連貸付において契約間の相互依存性は認められていたが、後に判例は消費者が当事者ではなくまた複数の同質の契約が並存する関連貸付以外の取引においても積極的に相互依存性を認めるに至る。そしてその認定にあたり、判例の多くはこれら契約でもってある単一の取引を行おうとする目的、ないしはこの目的に由来する取引関係当事者の両契約を不可分のものとする意思にその根拠を見出していたと評価できた。また判例は二当事者かそれ以上かという当事者の数でもって差異を設けていない。

　こうして多数の取引において契約間の相互依存性を認めた判例の展開を受けて、この相互依存性の根拠として学説はコーズや不可分性を主張し、また契約の存在意義の消滅を説明するにふさわしい消滅方法として無効や失効を主張していた。ただ判例・学説の全体の動向はいまだ流動的である。

　こうして展開されてきたフランスの契約間の相互依存性に関する議論から、今後の我が国の複合契約における契約間の影響関係を規律する複合契約論の展開にとって以下のような有用な示唆を得ることができるであろう。まず最も重要なのは、フランスにおいてともに単一の取引を構成する契約間の関係が主として注目され、そしてここで認められる契約間の相互依存性が消費者保護や特定の取引の特質ではなく、まさにその取引を達成するという当事者の意図にその淵源を有することが了解されてきたことである[118]。そしてこれら複数の契約でもって単一の取引を達成しようという意図とは、各契約よりこれを見れば当事者が各契約を結んだ目的に他ならない。結局契約間の相互依存性は、これら契約で具体の単一の取引を達成しようとする意図、つまり当事者が契約を結んだ目的を各契約の消滅の局面

---

[118] 我が国では契約間の牽連関係の根拠を取引の当事者の意思に求める千葉恵美子「割賦販売法上の抗弁接続規定と民法」民商 93 巻臨増（2）291 頁以下がこれに近い。

においていかに考慮するかという問題に還元することができるのではないか。したがってこうした目的こそが契約間の相互依存性の淵源をなし、当事者間の関係（例えば関連貸付における売主貸主間の関係）はこうした当事者の意図を徴表するものでしかないのである。そしてこの点は我が国の特に前述の平成8年の最高裁判決以降の複合契約論の本質を考えるにあたり大きな示唆を与えるであろう。次にこの契約間の相互依存性が認められる取引の範囲について、相互依存性が認められてきた取引は、もっぱら二またはそれ以上の当事者の間の同時に存在する複数の等価の契約によって構成されていた。相互依存性の源を取引に参加した当事者の意図、目的に求め、これが共有されている以上、相互依存性を認めるについて当事者の多寡は問題にならないし、連鎖型の取引についてはその独自の法理によることになるのである。また主従関係にある取引は相互依存関係にないが片面的依存関係にあるため、主たる契約から従たる契約への影響関係については同じように考えることができよう。この点は我が国における複合契約論の射程が及ぶ複合契約の範囲を検討するにあたって参考になるであろう。さらに消滅方法について学説は解除や解約ではなく、その根拠とする法理にもよるが、主として無効や失効を説いた。契約の消滅が不履行に起因するわけではないからである。ここで契約は他の契約の消滅により解除・解約されず、取引の達成という目的を達することができなくなったための存在意義の喪失という自身の原因により消滅することが認められ、契約の自立性への直接的な侵害は回避されている。この点は我が国の平成8年の最高裁判決が売買契約の消滅を法定解除であるとしていることと比較して興味深い。そして相互依存性の法的根拠として判例や学説の多くはコーズや不可分性を挙げていたが、これらはフランスの契約法上古くから認知され、いずれも単一の契約内において機能してきた概念である。こうした概念がその機能の範疇に契約の集合体を含むよう修正されたことは、複数の契約が集合して取引を形成する複合契約が常態となった現代において、このような場合にもはや契約はそれ自体独立した単体としてではなく、ともに取引を構成する他の契約との関係でとらえられる必要があることを概念そのものの変容を通じて証明している点で興味深い。

以上に検討してきたフランス法は消滅の局面を中心に展開されてきたものの、立法、判例、学説は、他の様々な局面においても契約間の相互依存性を認めている。そうであるならば上記フランス法の展開から得られる示唆のうち、その源、範囲、法的根拠のそれぞれに関わる議論は、消滅以外の局面をも視野に入れて展開されてきたゆえに、我が国の様々な局面を含む契約間の相互依存性に関する議論、すなわち複合契約論全体への示唆になりうる。

最後に残された課題について。まずここでは日本法のこれまでの議論との比較検討を行うまでに至らなかった。ここで得られたフランス法の示唆を我が国における複合契約論の構築の参考にしたうえで、さらに我が国の抗弁の接続の制度をこの複合契約論の中でいかに位置づけるかが焦眉の課題となろう。我が国における契約間の影響関係の議論の中でも最も蓄積のあるこの制度の位置づけは複合契約論の欠くことのできない課題である。次にここでは契約間の相互依存関係のうち消滅の局面に限定してこれを論じたが、消滅以外の局面の検討もまた包括的な今後の我が国の複合契約論の構築のために必須の作業である。そこで以上の課題に答えるべく続く次章においては我が国の議論を中心に複合契約の検討を行う。

## 第二章　抗弁の接続と複合契約論―我が国における抗弁の接続の再定位と複合契約法理の構築に関する一考察―

### はじめに

　前章では主に近年のフランスにおける契約間の相互依存性に関する議論を消滅の局面を中心に検討してきたが、本章においては、前章での検討の結果を受けて、我が国の複合契約における契約間の影響関係を規律する法理の構築を目指し、またその中での抗弁の接続の制度の位置づけを試みる。具体的に本章は以下の二つの課題に答えようとするものである。

　すなわち、これまで我が国において複数の契約が並存し単一の取引を構成している複合契約における契約間の影響関係の問題はもっぱら第三者与信型消費者信用取引における抗弁の接続の問題を中心に論じられてきたわけであるが、この大きな議論の蓄積の上に二当事者間のある取引で結ばれた二つの契約のうちの一方における債務不履行を理由に両契約の解除を認めた平成8年の最高裁判決以降の議論をいかに接合することができるのか、つまり我が国の複合契約における契約間の影響関係のこれまでの議論の全体像を明らかにすること、これが本章の第一の課題となる。そしてこの課題は、まず立法判例学説において議論が錯綜したこれまでの抗弁の接続の議論を振り返り、複合契約における契約間の影響関係の問題の中でのその独自性と一般性とを明らかにすることを要請するのである。

　そこでまず一においては、これまでの抗弁の接続の議論を検討して、その現在までの法状況を概観するとともに、同議論がいかなる性質のものであったのかを検討する。ここで明らかにされるべきは具体的に以下である。すなわち、抗弁の接続は下級審裁判例による承認、割賦販売法改正による明文化からその後の二度目の改正を経て、現在第三者与信型消費者信用取

引の多くで認められており、また平成2年の最高裁判決を中心とする現在の判例上適用対象外の取引についても厳格な要件のもとに購入者の賦払金支払拒絶の余地が認められるに至っている。ところでもともとこの抗弁の接続は第三者与信型消費者信用取引において劣位にある消費者・購入者の保護という文脈で論じられてきた議論であり、現在の判例も抗弁の接続の規定をこのように解し、またこうした姿勢で適用対象外の取引にも対峙している。現在の立法とこれを補完する判例は抗弁の接続の問題をこのように捉えているわけであるが、ここで見逃せないのは、この保護には販売業者が経営難に陥った場合の清算における回収不能のリスクの与信者への転嫁という効果までもが含意されているのではないかという点である。そしてこの点こそが複数の契約間の影響関係一般に解消しえない抗弁の接続の議論の独自の価値であり、このことは抗弁の接続に関する主として立法および判例の検討を通じて明らかにされるであろう。

しかしながら抗弁の接続に関わる議論すべてが以上の側面に解消されるわけではない。抗弁の接続さらには契約間の消滅および履行における牽連関係を第三者与信型消費者信用取引以外の取引をも念頭において論ずる有力な見解の存在が示すように、この第三者与信型消費者信用取引は複数の契約が集合して単一の取引を形成する複合契約の典型であり、我が国の複合契約における契約間の影響関係に関する議論の主戦場でもあった。そして主としてこうした抗弁の接続の議論での有力な見解の検討を通じて、この第三者与信型消費者信用取引を複数の契約よりなる複合契約一般における契約間の影響関係如何の観点から論ずる可能性が見えてくる。

次に進んで以上の抗弁の接続の議論と平成8年の最高裁判決以降の他の契約の不履行を理由とする契約の解除の可否に関する議論との関係が考察されなければならない。この議論は複合契約における複数の契約間の影響関係それ自体を論ずるものであるが、抗弁の接続の議論の二面性との間でどのような関係に立つのか。二の平成8年の最高裁判決を中心とする議論の検討を通じて、以下のことが明らかになるであろう。

すなわち、まずこの議論が抗弁の接続の議論が持っていたような購入者・消費者の保護という性格を有しないことが確認される。ここでの議論は消

滅の局面での複合契約における純粋な契約間の影響関係に関わるものである。そしてこの点から抗弁の接続に厳格な態度を示す平成2年の最高裁判決と他の契約の不履行による契約の解除を認めた平成8年の最高裁判決との間の複合契約における契約間の影響関係に関する判例法理の外見上の矛盾が説明されるであろう。

次に抗弁の接続の議論のもう一つの側面との関係について。第三者与信型消費者信用取引は他面においてそれ自体複数契約間の影響関係が問題となる複合契約の典型であった。ではこの取引をはじめとする複合契約における契約間の影響関係一般を論ずることはできないだろうか。そこで限られた場面についてであるものの複数の契約間の影響関係について正面から判示し、普遍性を持ちうる平成8年の最高裁判決を基点に、抗弁の接続の法理とは別に、複合契約における契約間の影響関係一般を規律する法理（複合契約論）の構築が次なる課題として浮上する。これが本章の第二の課題である。

この第二の課題を達する上で、また第一の課題に対する回答を比較法的に補強するためにも、近時活発な展開を見せるフランスの議論を参照することが有益であると考える。そこで三では、前章での消滅の局面における契約間の相互依存性に関する議論の検討の結果を踏まえたうえで、主にその他の局面に関する議論を検討する。前章での検討から明らかなように、もともと同国では我が国同様立法により関連貸付において売買契約等と与信契約との間の影響関係、相互依存性（interdépendance）が認められていたが、これにとどまらずその後他の二当事者間およびそれ以上の者の間のさまざまな取引においても同様の関係が問題となり、一方の契約の消滅による他方の契約の消滅が多くの判例および学説により認められていたのである。またさらに判例および学説はこれ以外の局面でも契約間の相互依存性を認めている。こうした同国における議論を参照することでまず我が国の抗弁の接続の議論とその後の議論との関係がより明らかになり、また特に消滅その他様々な局面における契約間の相互依存性に関する同国の議論は今後我が国において複合契約における契約間の影響関係一般を論ずるうえでのひとつの有用なモデルを提供するものである。

本章は、これら我が国の議論が提起する二つの課題に対し、以上の順序での検討を試みるものである。

## 一　第三者与信型消費者信用取引における抗弁の接続に関する議論

第三者与信型消費者信用取引[1]は購入者が商品の購入や役務の提供を受けるにあたって、信販会社等の与信者から信用を付与されるというように、与信される契約と与信する契約とから成る複合契約である。これにより商品・役務の提供主体から見れば潜在需要を有効需要に転化できることが、与信者から見れば高い収益を上げられることが、購入者から見れば手持ちの現金だけでは手に入らない商品・役務を手に入れることが可能になり、こうした有用性からこの取引は現在広く普及し、日常的に行われるに至っている。

しかしながらこの取引をめぐっては、とりわけ商品や役務の提供に関する契約に障害、具体的には債務不履行やそれによる解除、無効、取消等が生じた場合に、与信者が両契約が法的に別個の独立した存在であることを主張して融資の返済を迫り紛争が多発した。そこで買主等が売主等に対し

---

[1] この第三者与信型消費者信用取引にあたるものとしては、総合または個品割賦購入斡旋や提携ローン、ローン提携販売が代表的である。

　まず割賦購入斡旋とは、購入者が販売業者から商品・役務の提供を受け、信販会社が販売業者に立替金を支払い、購入者が信販会社に対して分割払いをするというものである。このうち購入者と信販会社等の間で信用供与の基本契約をあらかじめ締結しておき、これに基づいて交付されたカードなどを用いてなされた商品等の購入に対して信用を付与するのが総合割賦購入斡旋であり、これに対し、商品等の購入のたびに立替払契約が締結されるのが個品割賦購入斡旋である。

　次に提携ローンとは、購入者が金融機関から融資を受けて販売業者から商品・役務の提供を受けるとき、信販会社が購入者の保証人となり、購入者が信販会社を経由して金融機関に対し分割払いするものをいう。

　最後にローン提携販売とは、購入者が金融機関から融資を受け、商品・役務の提供を販売業者から受けるとき、販売業者が購入者の保証人になるものをいう。

　以上の代表的な3つの形態以外にも、様々な形態の第三者与信型消費者信用取引が実務上行われている。これらは時代によりその姿を少しずつ変えていくが、特に昭和50年代に見られた個品割賦購入斡旋の諸形態については、清水巌「クレジット契約と消費者の抗弁権」遠藤浩ほか監修『現代契約法大系（4）』（有斐閣1985年）261頁以下を参照した。

て有する抗弁を与信者に対して主張しその返済を拒むことができるのか、いわゆる抗弁の接続が今日に至るまで、我が国において立法判例学説上大きな問題になったのである。

ところでこの第三者与信型消費者信用取引における抗弁の接続の議論は、単一の取引のために三当事者以上の間で複数の契約が結ばれ両契約間の影響関係が問題となる典型的な複合契約であるが、今日に至るまでのその議論の展開過程を見れば契約間の影響関係一般の問題に還元しえない独自の性格を有するものであることもまた明らかである。

そこで以下の検討は、今日に至るまで立法上の変遷を経、数多くの裁判例が蓄積され、学説が錯綜したこの抗弁の接続に関する議論を振り返り、これを総括するとともに、同議論の二面的な性格を明らかにすることに向けられる[2]。そしてこの抗弁の接続に関する議論のうち複合契約論にとって有用なのは、規定のない取引についての抗弁の接続等の承認如何であると考えられるため、以下の検討もこの点を中心に行うものとする。

## 1 抗弁の接続規定新設までの裁判例の展開

昭和59年の割賦販売法30条の4の抗弁の接続規定新設による立法上の解決に至るまで、抗弁の接続が裁判例により、どのような理由でまたいかなる法的根拠でもって認められてきたのか、これを取引の特質がどのように考慮されたのかという点に留意しつつ以下に概観する。特別法上の規定が設けられる以前においては、一般民法上いかにして抗弁の接続を認めるのかが裁判例の課題となった。そこでこの時期の裁判例は、以下のように、与信者の支払請求を拒絶しなければならないとの実質的な理由を前にして、様々な法律構成上の技巧を凝らすことになったのである。

(1) 以下では公刊されている下級審裁判例群、中でも抗弁の接続を肯定

---

[2] 今日までの抗弁の接続の議論の検討は時期ごとになされる場合が多いが、これを通史的に検討するものとして、まず判例について、大村敦志『判例・法令消費者法』(有斐閣1994年) 113頁以下や後藤巻則「割賦販売の基本判例 (1)」獨法50号180頁以下を、議論全般について、岡田愛「クレジット契約における抗弁の切断条項について」法学ジャーナル72号1頁以下を参照した。また抗弁の接続に関する現在の制度全般について、潮見佳男『契約各論 (1)』(信山社2002年) 364頁以下を参照。

した裁判例を中心に検討する[3]。

　抗弁の接続に関する裁判例が数多く出されるようになるのは昭和50年代の半ば以降であり[4]、また裁判例の事案のほとんどは割賦購入斡旋に関するものである[5]。そしてここではおおよそ以下のようなことが起こっていた。すなわち、まず購入者Yと販売店Aとの間で売買契約[6]が、Yと信販会社Xとの間で右売買契約の代金に関する立替払契約が結ばれる[7]。次にYがAから商品の引渡しを受けていない等を理由にXへの立替金の支払

---

[3] 抗弁の接続規定新設までの裁判例の展開については、石川正美「割賦購入あっせん等に関する裁判例の検討（3）～（6）」NBL294号34頁以下、296号40頁以下、297号37頁以下、298号37頁以下、岡孝「個品割賦購入あっせん契約における紛争と消費者保護」判タ493号97頁以下、同「判例にみる消費者信用取引と抗弁権の対抗」金法1041号22頁以下、栗田哲男「消費者信用と抗弁権の切断」判タ536号130頁以下、島川勝・金子武嗣「立替払契約と抗弁権の切断（上）（下）」NBL271号162頁以下、274号37頁以下、島田禮介「購入商品の瑕疵とクレジット会社に対する買主の抗弁権」判タ593号69頁以下、本田純一「立替払契約における購入者の法的保護」判タ522号76頁以下、蓑輪靖博「買主と信用供与者の法的関係について（1）」クレジット研究10号110頁以下、山本忠弘「割賦販売法における抗弁権の接続について」名城43巻4号3頁以下を参照した。

[4] この問題に対する行政レベルでの対応について一言しておく。昭和50年以降の抗弁の接続にまつわる消費者トラブルの急増を受けて、昭和55年7月には個品割賦購入斡旋契約約款の改訂に関する通達が出され、これにより同年10月には契約の目的を達成しえないような重大な瑕疵について抗弁が接続される余地が個品割賦購入斡旋契約標準約款上認められることになった。そして同改訂標準約款は大手の信販会社の間で定着を見たのである。
以上植木哲ほか「特別座談会・消費者信用取引における抗弁権対抗の法律構成と射程距離」金法1041号40頁参照。なおこの昭和55年の改正約款については、中島龍児「新個品割賦購入あっせん契約標準約款の概要」NBL214号20頁以下および太田幸夫「立替払契約をめぐる若干の問題」判タ457号24頁以下を参照。

[5] ところで、昭和30年代後半まではローン提携販売が第三者与信型消費者信用取引の中心であったが、昭和40年代から個品割賦購入斡旋が増加し、昭和50年代半ばには同取引の中心となるほどに急増した。しかしこれにより業者間の過当競争が生じ、信販会社の中には経営基盤の弱い販売店とも結びつくものも現れ、結果商品の引渡しを受けられないまたは商品に瑕疵があるにもかかわらず、立替金の請求だけが来るという形で消費者とのトラブルが多発したのである。島川・金子・前掲注（3）42頁以下参照。なおローン提携販売については、千葉恵美子「ローン提携販売の法的構造に関する一考察（一）～（三）」北法30巻2号1頁以下、3号1頁以下、34巻3-4号111頁以下を参照。

[6] もちろん売買契約のほかに役務提供契約なども考えられる。ただ以下に挙げる裁判例は全て売買契約に関するものであるように、売買契約が代表的であり、以下も売買で代表させる。

を拒絶する[8]。最後に X が立替金の支払いを求めて Y を訴える。多くの場合 X と Y との間の立替払契約中には AY 間の契約で生じた抗弁を XY 間の契約で主張することができない旨のいわゆる抗弁の切断条項がおかれている。したがって裁判所としては抗弁の接続の可否の判断とともにこの条項の効力について判断することになるのである。

以下否定裁判例、肯定裁判例の順に検討を行う[9]。

（a） 抗弁の接続を否定した公刊裁判例には例えば以下のものがある[10]。

まず東京地判昭和 57 年 4 月 16 日判時 1059 号 102 頁は、立替払契約と売買契約とは別個のものであって、両契約の履行が互いに牽連関係に立ち A の履行まで X の請求を拒絶できるものと解することはできないとし、また抗弁の切断特約についても、Y は現金一時払いを免れつつ高額な商品を

---

[7] この立替払契約の法的性質については争いがあり、主なものとしてこれを代位弁済契約であるとする説や金銭消費貸借契約であるとする説、準委任契約であるとする説が存在しているが、本章ではこの点に立ち入らない。

[8] Y が X からの請求を拒絶するための抗弁には、売買契約の不成立、無効、取消、解除など請求権の存在を否定する抗弁（否認的抗弁権）と、商品の引渡しがない、商品に瑕疵がある等、請求権の存在は認めるがその履行を拒む抗弁（延期的抗弁権）とがある。

[9] 本章の検討からは外れるが、抗弁の接続の裁判例の中にはいわゆる名義貸しを扱ったものがしばしば登場する。これは、販売店が消費者の名義を借り、架空の売買があったことにして、立替払契約を成立させ、信販会社から立替金の支払いを受ける場合が典型的であるが、このような場合において裁判例は、顧客の割賦販売法 30 条の 4 に基づく抗弁の対抗が信義則に反するとしてこれを退けてきたのである。ところで後述のように数次にわたる割賦販売法の改正により抗弁の接続が認められる取引の範囲が拡張されるに従い、今度は信販会社の側から顧客の落ち度を理由として抗弁の対抗が信義則に反する旨の主張がたびたびなされるようになった。そして近時において、ダンシングのいわゆるモニター商法に関する一連の裁判例は、顧客の落ち度が名義貸しほどに重大でなかったという限界事案において、同信義則違反如何について様々な判断を示し、うち大阪高判平成 16 年 4 月 16 日消費者法ニュース 60 号 37 頁は、信義則に反するといえるためには顧客が違法な取引の実態を知って積極的に取引に参加したことまで要するとしており、注目される。このように抗弁の接続の信義則違反如何は抗弁の接続の新たな限界をめぐる問題として重要性を高めているのである。この問題については、拙稿「モニター商法と抗弁の接続」三重法経論叢 24 巻 1 号 143 頁以下にて検討した。

[10] 否定裁判例として、この他に松江地判昭和 59 年 4 月 25 日判タ 526 号 199 頁が挙げられる。また石川「割賦購入あっせん等に関する裁判例の検討（3）」前掲注（3）38 頁以下では、非公刊の否定裁判例が紹介されている。

手に入れられる利益を得ているのだから無効とはいえないとした。

また高裁レベルの判決として、東京高判昭和 57 年 6 月 29 日金商 658 号 17 頁も、売買契約と立替払契約とが別個の契約であることを強調して同様に抗弁の接続を否定している。

以上のように抗弁の接続を否定する裁判例は、売買契約と立替払契約の密接な関係を認めつつも、あくまで両契約が法形式上別個であることを理由に抗弁の接続を否定する。

（b）　これに対し以下に挙げる裁判例は、このような形式論を克服すべくこの取引の特質等様々な要素を考慮し多様な理論構成でもって抗弁の接続を認め、X の Y に対する請求を退けようとするのである[11]。また与信者がいわゆる抗弁の切断条項を設けている場合にはこの条項についての判断もなされる。

公刊肯定裁判例の中で最も多いのが信義則を根拠にするものである。まず以下においては上記いずれかの段階で信義則を根拠にするものを挙げる。

第一に、千葉地判昭和 56 年 4 月 28 日判時 1018 号 114 頁がある。裁判所は、売主 A が倒産し買主 Y に目的物が引き渡されていない場合に、以下のように信販会社 X の立替金支払請求を否定した。すなわち、平素 X は A を代理店または加盟店として立替払契約を結び、また X は A の信用を容易に調査できる立場にあったのに対し、単なる顧客である Y にとって法的にはともかくとして経済的に売買契約の当事者 A と立替払契約の代理店たる A を区別することは困難であったことから、A の倒産による引渡不能によって生ずる損失を X に負担させるのが公平である。また両契約は法形式的には別個であっても、実質的に経済的に密接な関係にある。以上から X が両契約を切り離して立替払契約の効果のみを主張するのは信義則に反するとしたのである。

第二に肯定裁判例として初の高裁判決である高松高判昭和 57 年 9 月 13

---

[11] なお公刊されたものの中では肯定裁判例の数に比して否定裁判例の数は少ないが、実際には非公刊裁判例も含めれば、否定裁判例の数は多く、またほとんどが本人訴訟であって、欠席判決で終結していたようである。島川・金子・前掲注（3）16 頁以下、植木ほか・前掲注（4）41 頁〔山下発言〕参照。

日判時1059号81頁[12]が挙げられる。本判決は以下のように立替払契約を錯誤無効とした上で、抗弁切断条項を信義則違反とした。すなわち、本件売買契約および立替払契約を締結するにあたり、当事者双方とも本件売買契約の目的物である機械に欠陥がないことが重要であることを表示してその意思表示をしたことを推認でき、購入者Yは欠陥を知らずに売買契約を締結したのであり、この欠陥のため取引の目的を達成することが事実上不能であるので、各契約はYの錯誤により無効になるとした。そして抗弁の切断条項について、販売業者Aと信販会社Xが経済的に密接な関係にあることを認定した上で、両契約は法律上は別個でも取引上密接不可分の関係にあり、機械の安全性を信用して立替払契約を成立させたYが同条項によりこの欠陥をXに主張できないことまで考えて同条項に合意したとは考えられないことから、本件に抗弁の切断を認めるのは取引上の信義則に反し、また同条項による抗弁の切断を認めることは公序良俗に反するとした。

第三に先に挙げた否定裁判例松江地判昭和59年4月25日の原審判決である松江簡判昭和58年9月21日判時1119号131頁がある。同判決は、以下のように売買契約と立替払契約とが一個のクレジット販売契約をなすとした上で抗弁切断条項を信義則に反するとしている。すなわち、販売業者Aと信販会社Xとの間では加盟店契約が結ばれ、Aが一括して売買契約と立替払契約の締結手続を行っていたこと、両契約は一方が成立しなければ他方も成立しない関係にあったことから、AとXと購入者Yとの間には両契約を不可欠の構成部分とする一個のクレジット販売契約が締結され、両契約は成立上、効力上、履行上、完全な牽連関係に立つとして、Aの履行不能による売買契約の解除に伴い立替金支払債務が消滅するとし、また両契約は一個のクレジット販売契約の不可欠の構成部分であることやXがAによる引渡しを何ら調査しなかったことから、Xによる抗弁切断の主張は信義則に反するとした。その上で本判決はXがYに既に支払った既払立

---

[12] 本判決の判例評釈として、沢野直紀「判批」西南18巻2号149頁以下、執行秀幸「判批」法時55巻7号165頁以下、島川勝「判批」判タ505号4頁、清水巌「判批」ジュリ、商法（総則・商行為）判例百選（第二版）200頁以下、西島梅治「判批」ジュリ840号94頁以下を参照した。

替金の返還を認めたのである。本判決は既払金の返還を認めたほとんど唯一の判決としても注目される。

　第四に京都地判昭和59年3月30日判時1126号84頁が挙げられる。同判決は、商品に瑕疵があり既に販売業者Aが倒産していた事案について、以下のように立替金支払請求を否定している。すなわち、売買契約と立替払契約は一方のみでは存在しえないきわめて強い存続上の牽連関係に立っていること、Xが商品の所有権を留保していること、XとAは取引を通じて経済上の利益を共有し、立替払契約の締結手続をAが代行していること、以上から、形式上はともかく取引の実態として両契約は一体のものであり、Yから見ればXとAはいわば売主側の者と観念すべきである等として、XはYとのクレジット契約における信義誠実の原則により、Aの債務不履行に関わるYの抗弁につきAと同一の負担を甘受すべきであるとした。その上でYによる売買契約解除により売買代金債権は遡及的に消滅し、立替払契約当時同債権は存在しなかったことになるから、立替払は無効であり、YはXに対し同債務を負担しないことになるとしたのである。

　第五に、福島地判昭和59年6月27日判時1137号119頁が挙げられる。同判決は、商品の引渡しのない事案について、以下のように立替金の支払請求を否定している。すなわち、XとAは同取引を通じて利益を享受しあう関係にあり、両者は経済的に一体として売主側に立つことや、立替払契約は売買契約を前提として締結されるものであり、立替払契約のみが独立して締結されることはありえないことから、販売業者の履行がなされていないのに売主側である信販会社が立替金の支払いを求めることは信義に反し許されないとしたのである。

　以上は割賦購入斡旋取引に関して、信義則を用いて抗弁の接続を認めた裁判例であるが、提携ローンについて以下二つの裁判例がある。

　まず挙げられるのが名古屋地判昭和58年4月20日判時1083号117頁である[13]。購入者Yは販売業者Aから物品を購入するにあたり（売買契約）、信販会社Xを通じて生命保険会社Bから代金相当額を借り、これをXを

---

[13] 本判決の評釈として、椎原国隆「判批」ジュリ883号96頁以下を参照した。

通じて B に分割弁済することを約し（金銭消費貸借契約）、また X は Y の連帯保証人になっていた（保証委託契約）。A が物品を引き渡さず倒産に至ったことから、Y が弁済を停止。X は残額を Y に代わって B に弁済し、Y に対して求償権を行使した。判旨は、X にはその代理店 A を十分調査する機会があったのに対し Y にはその機会がなかったこと、割賦販売を行うとの Y の意思からすれば商品の所有権は X に移転しているのに結局 Y に引き渡しえない結果になっていること、X は商品の所有権を留保している上に商品の瑕疵については無関係に債権行使をなしうるなどその立場が十分保護されていること、売買契約と保証委託契約は極めて密接な関係をもっていること、以上から、A が Y に商品を引き渡さなかったことの損失は X が負担するのが公平に適い、X の求償権行使は信義則に反するとしたのである。

次に東京地判昭和 59 年 2 月 28 日判時 1143 号 97 頁が挙げられる。同様の事案において、裁判所は、Y の立場から見れば目的物の引渡しを受けないまま代金の支払いを強制されていること、YA 間の売買契約と YB 間の金銭消費貸借契約および YX 間の保証委託契約は後二者が前者の代金支払いのためになされた点で両者の間には密接な関係があり、また XA 間には A が保証委託の使者をする一方でローン保証により A も販売拡大の利益を得ている点で両者は協働関係にあること、両者の従前の取引関係および本件取引の時点で A の信用力が低下していたことを X が了知していたこと、A の倒産による損失は一購入者に過ぎない Y よりも X に負担させるのが当事者間の公平に適うこと、以上から X の Y に対する求償金請求は信義則に反して許されないとしたのである。

以上のように公刊肯定裁判例には部分的にしろ信義則によったものが多いが、以下に見るように他の様々な根拠を提示する裁判例も存在している[14]。なお以下は全て割賦購入斡旋に関するものである。

第一に信販会社が販売業者の商品引渡債務を保証したとする東京地判昭和 57 年 2 月 5 日判時 1053 号 138 頁が挙げられる。判旨は、販売業者が

---

[14] この他にも昭和 50 年以前の判決であるが、斡旋業者と購入者との間に割賦販売契約の成立を認め、Y の支払拒絶を認めた仙台高判昭和 47 年 8 月 30 日判時 689 号 79 頁がある。

引渡しをせず倒産した事案について、信販会社 X と購入者 Y との間の立替払契約中には「購入商品の引渡は・・・契約成立後、直ちに行われます。」との条項が存在するが、Y は本来商品の提供と引き換えに代金を支払えば足りるから、Y としてはその引渡しがないのに立替金の請求を受けないように考慮した上で本件契約締結に及ぶと解するのが合理的であること、X と A との間には特約店契約による信頼関係があり、X が A の商品引渡しを保証することは格別負担とはならないこと等を理由に、右条項は A の引渡債務を保証したものと解せられるとし、抗弁切断条項については、同条項の存在が保証債務の認定の妨げにはならないとして、結局 X の保証債務不履行によって立替払契約は解除されたとしたのである。

第二に売買契約が合意解除されたとき立替払契約も合意解除されたとする桐生簡判昭和 57 年 9 月 30 日判タ 496 号 162 頁は、信販会社 X と販売業者 A は経済的には一体となって活動しており、法的にも両者の平素の取引関係から黙示的に代理権の授与を認めるのが相当であるから、購入者 Y と X の代理人たる A との合意解除によりあわせて XY 間の立替払契約も合意解除されたと推認することが相当であるとした。

第三に先の高松高判昭和 57 年 9 月 13 日と同じように売買契約が錯誤無効になる場合立替払契約も錯誤により無効になるとした名古屋地判昭和 58 年 11 月 14 日判時 1114 号 72 頁がある[15]。本判決は売買契約の錯誤無効を認めた上で、立替払契約は売買契約を前提とし、加えて、立替払契約の締結手続を A が代行していたこと、売買目的物たる商品の所有権が信販会社 X に留保されること等から、二つの契約は経済的にも法的にも密接に関連していることがうかがわれ、さらに売買契約が効力を生じない以上は、立替払契約を締結しないのが通常であって、後者の契約のみを存続させることは、少なくとも消費者である Y にとって全く無意味であることからすると、売買契約における Y の動機は Y の支払手段である立替払契約の要素になり、結局売買契約における Y の錯誤は、立替払契約の要素にも錯誤があることに帰するというべく、本件立替払契約も無効であるとしたのである。

---

[15] 本判決の評釈として、山本隆司「判批」法時 57 巻 6 号 124 頁以下を参照した。

第四に立替金支払請求権が引渡しを条件にして発生するとした前掲東京地判昭和57年2月5日の控訴審である東京高判昭和59年6月13日判タ537号137頁がある。本判決は、立替払契約には商品の引渡しが同契約成立直後に行われるとの条項があること、同契約と売買契約とは同一機会に一体的になされているところ、信販会社XとA販売業者Aとは基本契約により堅密な信頼関係で結ばれているのに対し、購入者YとAとの間の関係はそうではなく、Yが引渡しを受けられない危険はAが立替払を受けられない危険より大きかったはずであること、Xが取得する分割払手数料には報酬も含まれていること、Xも商品は担保として必要であり、立替払と商品の引渡しとは裏腹をなすともいえること等の諸点を考慮して、本件立替払契約において立替金支払請求権は商品の引渡しを条件として生ずると解するのが相当であるとした。

(2) 以上が昭和59年の割賦販売法改正による抗弁の接続規定新設以前に出された公刊裁判例である。以上の裁判例を通覧すると、特に抗弁の接続等を認めるために考慮された要素、およびそのために採用された法律構成について以下のことを指摘できるであろう。

(a) まず以上の肯定裁判例中で与信者の請求を拒絶するために考慮された主として経済的な実質的理由を抽出する。

第一に、販売業者と与信者との一体的関係およびこれを中心としたこの取引特有の構造を指摘できる。通常与信者と販売業者とは加盟店契約関係にあり、この一体的な関係のもとで販売業者は与信者からの代金の即時払という代金即時払契約を締結したのと同様の利益を受け、与信者は手数料名下に利益を受けるという仕組みになっている。ここで販売業者は与信契約の締結手続を代行し、与信者は販売業者に対する支払と同時に商品の所有権を留保するのである。また与信者が立替金等を販売業者に継続的に支払う点を捉えてここでは実質上販売業者に資金が供与されていると評価することもできる。これに対し購入者はこのような取引構造のもとで具体的には以下のような構造上の劣位に置かれているといえる。すなわち、まず特に与信に関する契約を売主が代行することは購入者に両者が契約相手方として一体であるとの誤解を生じさせる。次に与信者と販売業者がこの取

引により利益を享受しているのに対し、契約が与信と売買に分化されることで購入者は割賦販売に比して特に売買契約上生じた抗弁を切断されるという不利益を受ける。さらに与信者が販売業者との関係からこの者の信用状態について十分調査可能であるのに対し、購入者は通常この者の信用状態について不知である。結局購入者は与信者と販売業者が両者の一体的関係を中心に作り上げたこの取引の構造の中に取り込まれ、購入者という立場上構造的な劣位に置かれているといえるのである。

第二に、ほとんどの事例において問題となっているのが消費者と事業者との取引であることが指摘できる。そもそも消費者という属性が持つ事業者との関係での固有の劣位に加え、先に指摘したこの取引における購入者一般の構造上の劣位は購入者が消費者である場合に増幅されることになる。ただこの消費者取引である点は学説において強調されるのに比して、裁判例はこの点をあまり明示していない。もちろん暗にこの点が考慮されているとの評価は可能であろう。

第三に、与信契約と売買契約との一体的な関係を指摘できる。肯定裁判例においては、両契約は一方がなければ他方もなしという相互依存の関係にあり、法形式的には別個独立の契約であっても、少なくとも経済的には一体の関係にあることがたびたび言及される。この第三者与信型消費者信用取引では与信機能と販売機能が与信契約と売買契約とにそれぞれ分属させられているが、各当事者は全体として一つの割賦販売類似の取引を行うことを意図しており、その結果各契約は相互依存の関係に置かれる。つまり各当事者のある一つの取引をなすという意図（これが各契約を結ぶ目的ともいえる）によって各契約は一体的な相互依存の関係になるのである。したがってこのことから両契約の一体性は結局各取引当事者のこの一体の該取引を行うという意図に由来するといえるのであろう。

以上が肯定裁判例全体の検討を通じて抽出された抗弁の接続を認めるための実質的な要素であった。裁判例はそれぞれどの要素に重点を置くかに違いはあるものの、おおむねこれら3つまたはその一部を実質的な根拠とし、次に検討する法律構成を駆使して抗弁の接続を認めているのである。

（b）　抗弁の接続を認めるにあたって各裁判例は多様な法律構成を採用し

ていた。中でも最も多かったのが信義則により与信者の請求を遮断する構成である。裁判例は上記の実質的理由を挙げたうえで、与信者の支払請求を信義則違反とし、これにより購入者には売買契約上の障害を理由に支払停止が認められることになった。ある契約において生じた事由を他の契約において主張することをストレートに認める後述の割賦販売法30条の4のような純粋な抗弁の接続は民法上なんらかの法律構成上の技巧によらなければ認めがたいものであるが、与信者の請求を信義則違反として遮断する構成は、この純粋な抗弁の接続に非常に近い構成であると評価できよう。

こうした信義則に加えて、実に様々な法律構成が与信者の抗弁の接続を認めるために裁判例において採用されていた。そのほとんどに共通するのは、いずれも与信契約自体に支払拒絶のための事由を見出している点である。例えば、立替払契約が錯誤無効や合意解除により消滅したとするものがこれにあたる。

以上のようにこの時期の裁判例は法律構成について信義則違反による構成を採用するものと与信契約自体に支払拒絶事由を見出す構成を採用するものとに大別されるのである。

(c)　最後に以上の裁判例のほとんどで販売業者の経営が破綻していたことが注目される。そしていくつかの裁判例は上記の実質的理由を述べて購入者にその損失を負担させることが不当であることを明言し抗弁の接続を認めている。この場合購入者は一方で与信者に対する支払いを強いられながら、他方で販売業者からは引渡しどころか満足な清算すら受けられず、損失を負担することになってしまうからである。そして後述するようにこのことは抗弁の接続が究極的には損失の負担を誰に振り向けるかという問題に深く関わっていることを示しているのである。

## 2　昭和59年の割賦販売法改正による抗弁の接続規定の新設

これまで見てきたように、下級審裁判例は抗弁の接続に関する明確な法律上の規定を欠く中で様々な法律構成でもって購入者の支払拒絶を認めてきたわけであるが、昭和59年12月1日施行の割賦販売法の大幅な改正により抗弁の接続を認める規定が新設されることで、この問題は一定の立法

的解決を見ることになった。以下においては、本改正によりどのような抗弁の接続規定が新設されたのかを検証する[16]。

(1) まず本改正に至る原因は、これを一言で言えば、販売信用取引の急増とその多様化に伴う消費者の苦情の急増である。先に検討した割賦購入斡旋取引における購入者の支払拒絶の可否に関する裁判例が特に昭和50年代に集中していることはこのことの一端を示しているといえるであろう[17]。

(2) 本改正の改正点のうちで最も注目されるのは抗弁の接続に関する規定である30条の4の新設である。同条は、個品および総合割賦購入斡旋において購入者は販売業者に対して生じている事由をもって支払いの請求をする割賦購入斡旋業者に対抗できるとして、抗弁の接続を認める。また30条の5では、リボルビング方式の総合割賦購入斡旋について抗弁の接続が認められている。以下では、特に30条の4において抗弁の接続が認められるための要件およびこれによって生ずる効果を、立法担当者の見解に従って簡単にまとめる[18,19]。

(a) その要件について。まず取引が割賦購入斡旋であることや指定商品の販売について生じている事由であることといった要件が挙げられる。この点は本改正前に同取引に関する紛争が多発していたことによるものである[20]。しかしこれにより同様の問題を抱えるローン提携販売やマンスリークリア方式の販売信用取引に本条が適用されないことになるなど、抗弁の

---

[16] 以下本改正の全般について、島川勝「割賦販売法改正の経緯と問題点」法時56巻8号20頁以下、清水巌「割賦販売法の改正をめぐって」法教50号87頁以下、竹内昭夫「割賦販売法の改正」ジュリ818号6頁以下、同「改正割賦販売法─消費者信用法制の展望 (1) ～ (3)」NBL310号6頁以下、312号13頁以下、313号22頁以下、同編著『改正割賦販売法』(商事法務研究会1985年) 3頁以下、通商産業省産業政策局消費経済課編『昭和59年改正による最新割賦販売法の解説』(日本クレジット産業協会1986年) 18頁以下、長尾治助『消費者信用法の形成と課題』(商事法務研究会1984年) 107頁以下、蓑輪・前掲注 (3) 126頁以下を参照した。

[17] 以上の本改正に至る背景および経緯については、長尾・前掲注 (16) 107頁以下や蓑輪・前掲注 (3) 126頁以下が詳細である。

[18] 通商産業省産業政策局消費経済課・前掲注 (16) 191頁以下参照。

[19] なお、清水・前掲注 (1) 269頁以下や長尾・前掲注 (16) 131頁以下、蓑輪・前掲注 (3) 133頁以下が30条の4について詳細な検討を行っている。

[20] これは本改正の応急措置的な性格の一端を表しているのかもしれない。

接続は適用対象取引について大きな限定を受けることになってしまった。

次に購入者が対抗できる事由について法文上は何らの限定もない。指定商品の販売につき購入者が販売業者に対して有する事由であれば、債務不履行だけでなく売買契約の無効・取消・解除もこれに含まれ、また抗弁ではなくても債務不履行に基づく損害賠償請求権でもよいとされる。このように対抗できる事由は非常に緩やかな要件になっている。

以上の他に、4項1号によれば、購入者の支払総額が施行令で定める金額を超えることが必要とされ、また同2号によれば、商品の購入が購入者のために商行為とならないことが必要とされている。

(b) その効果について。30条の4にいう対抗とは割賦購入斡旋業者の支払請求を拒む抗弁権的な作用を意味するとされる。たとえ売買契約が消滅してもあくまで立替払契約は存続し、ただ支払停止のみが同条の効果として認められるのである。そして既払金の返還請求について同条によっては行うことはできないとしている。

(3) 以上のような内容を有する抗弁の接続規定を設けるに至った理由を立法担当者は以下のように述べる[21]。すなわち、①割賦購入斡旋業者と販売業者との間には、購入者への商品の販売に関して密接な取引関係が存在していること、②このような密接な関係が存在しているため、購入者は割賦販売の場合と同様に商品の引渡しがなされない等の場合には支払請求を拒み得ることを期待していること、③割賦購入斡旋業者は、販売業者を継続的取引関係を通じて監督することができ、また損失を分散転嫁する能力を有すること、④これに対して、購入者は購入に際して一時的に販売業者と接するに過ぎず、また契約に習熟していない、損失負担能力が低い等割賦購入斡旋業者に比して不利な立場に置かれていることである。

以上の①から④は全て割賦購入斡旋業者と販売業者との一体的関係およびこの関係を中心に作られた両者が利益を享受する第三者与信型消費者信用取引に特有の取引構造に関わるものである。またこのうち②③④は、こうした取引構造のもとで、反対に劣位の立場に置かれる購入者つまり消費

---

[21] 通商産業省産業政策局消費経済課・前掲注（16）190頁以下参照。

者の保護を意図するものであるといえる。また③④においては損失負担能力について言及されている。したがって立法担当者は、もっぱら一体的関係を中心とする取引構造とここで劣位にある購入者特に消費者の保護を理由に、一定の場合に抗弁の接続を認め、割賦購入斡旋業者に損失を負担させることを認めたものであるといえよう[22]。これに対して、売買契約と立替払契約の相互依存関係は特に表立って考慮されてはいないようである。

(4) 以上のようにもっぱら取引の構造と購入者・消費者の保護を理由に設けられた抗弁の接続の規定は、しかしながら以下のような限界も有していた。

すなわち、まず対象取引を指定商品の割賦購入斡旋に限定し、また商行為となる場合を除外していることが挙げられる。これにより適用対象取引に指定商品を目的物とする割賦購入斡旋取引であることという二重の限定がされることになってしまったのである。次に効果について、少なくとも立法担当者の見解によれば、立替払契約における支払停止のみが認められ、既払金の返還は本条によっては認められていない。

このように本改正は抗弁の接続の問題について、最も紛争が多かった取引について一定の解決を与える点で大きな意義をもつものであったといえるが、以上に挙げた限界もまた有していたため、立法後も特に適用対象外取引における抗弁の接続の可否は問題になり続けることになる。

### 3 昭和59年の割賦販売法改正から平成2年2月20日の最高裁第三小法廷判決までの法状況

以上のような規定の新設により抗弁の接続の問題は限定的ながらも一定の立法的解決を見たわけであるが、この規定の適用対象領域の限界から、その新設以後においても、適用対象外の取引について民法上または同規定の類推適用によりどこまで抗弁の接続を認めることができるのかが問題となった。すなわち、前記割賦販売法の昭和59年の改正法が施行される昭和59年12月1日以前に生じた事件については、同改正法の適用がないため、なお改正前同様民法上の抗弁の接続の可否が問題になり、これに対し、

---

[22] 蓑輪・前掲注(3) 137頁以下は、割賦販売法30条の4について、消費者保護のための特別立法としての色合いが強いことを指摘する。

同改正法施行以後に生じた事例が裁判所に系属するようになると、今度はいかなる取引にまで法30条の4が類推適用されるのかという同規定の法的性質に関する解釈如何が問題になったのである。そこで以下においては、まず以上の問題の解決に決定的な影響を与えた後述の平成2年2月20日の最高裁判決（以下平成2年最判と略称）に至るまでの裁判例の変遷を主に検討し、同最判以前においてどのような法状況が準備されていたのかを明らかにする。

（1）改正法施行後も同法施行前の事案を扱った裁判例が数多く公刊された。これらの中では肯定裁判例とともに多くの否定裁判例が目につく。そしてこうした裁判例の判旨の中のいくつかに後の平成2年最判の判旨の原型を見出すことができるのである。またマルチまがい商法や原野商法などの悪質な商法がこうした裁判例の中に数多く登場するのもこの時期の特徴である[23]。

（a）まずこの時期にも改正前同様信義則等により抗弁の接続を認める以下のような裁判例が存在する。例えば、先に挙げた改正前の肯定裁判例である名古屋地判昭和58年11月14日の控訴審判決名古屋高判昭和60年9月26日判時1180号68頁[24]や、秋田地判昭和61年11月17日判時1222号127頁、無価値な土地を虚言を弄して不当な値段で売るいわゆる原野商法のローン提携販売[25]に関する名古屋地判昭和63年7月22日判時1303号103頁[26]等が挙げられる。また他にも同様の複数の肯定裁判例が存在する[27]。

これに対し、名古屋高裁金沢支部判決昭和62年8月31日判時1254号

---

[23] この時期の裁判例の状況を検討するものとして、岡田・前掲注（2）52頁以下や後藤・前掲注（2）180頁以下、蓑輪靖博「買主と信用供与者の法的関係について（2）」クレジット研究11号191頁以下、山本・前掲注（3）3頁以下等を参照した。

[24] 同判決の評釈として、高森八四郎「判批」ジュリ、消費者法判例百選112頁以下、野村豊弘「判批」ジュリ879号137頁以下を参照した。

[25] こうした原野商法に関する下級審裁判例は昭和50年代後半から多数出され、本判決はこのうち抗弁の接続が問題となったものである。なお原野商法に関する裁判例を検討するものとして、本田純一「悪徳土地取引をめぐる裁判例の諸相と法的問題点」判タ671号70頁以下を参照した。

[26] 本判決の評釈として、石川正美「判批」NBL407号50頁以下、藤田寿夫「判批」ジュリ、消費者法判例百選72頁以下を参照した。

76頁[28]のように立替払契約自体を公序良俗違反により一部無効とし、支払拒絶事由を与信契約である立替払契約自体に見出す点で改正前の一部裁判例に共通する裁判例も存在している。

以上のほとんどの肯定裁判例においては、改正前の肯定裁判例とほぼ同じ実質的理由が挙げられ、そして信義則違反または与信契約自体に生じた事由を根拠に支払拒絶が認められているのである。その意味でこれらは改正前の肯定裁判例と同じ系譜に属するものと評価することができるであろう。

反対に、無限連鎖講[29]に関する福井地判昭和60年3月29日判時1161号177頁や、改正前の否定裁判例前掲松江地判昭和59年4月25日の上告審判決であって原審の判断を追認した広島高判昭和60年10月17日判タ594号75頁は、改正前の否定裁判例同様に契約が別個であることを理由に抗弁の接続を否定している。

(b) 以上の裁判例に対して、後の平成2年最判の原型という意味で、この時期の裁判例においてより注目されるべきなのは、以下に検討する否定裁判例および制限的肯定裁判例である。

その最初のものが東京高判昭和61年9月18日判時1212号112頁である[30]。同判決は、売買契約と立替払契約が別個の契約であることやクレジット会社が販売店の売買契約の履行について具体的に監督しうる立場にないこと、購入者も割賦購入斡旋取引により現金の一時払いを免れつつ比較的高額な商品を入手する利益を得ていることを指摘し、「これらの点を考えれ

---

[27] 例えば神戸簡判昭和60年8月28日判タ577号53頁や福岡高判昭和61年5月29日判タ604号123頁、小倉簡判昭和61年7月8日判タ614号114頁等がある。

[28] なおこの判決については、植木哲・坂東俊矢「判批」判評354号28頁以下、植木哲「判批」ジュリ、消費者法判例百選106頁以下、野村豊弘「判批」判タ667号38頁以下および尾島茂樹「公序良俗違反の契約とクレジット契約」クレジット研究2号22頁以下を参照した。

[29] なお売買契約が無限連鎖講、いわゆるねずみ講にあたる場合、ここでは買主がねずみ講という違法行為に加担しているわけであるから、売買契約上の抗弁を立替払契約等において対抗せしめるかは一個の問題である。この問題については、植木哲『消費者信用法の研究』(日本評論社1987年) 201頁以下参照。なおこれは買主の抗弁の対抗が信義則に反するか否かの問題の一場面である。

[30] 本判決の評釈として、石川正美「判批」ジュリ891号120頁以下参照。

ば、法令もしくは契約に特別の定めがあるときまたはクレジット会社において売買契約が不履行となることを知りまたは知りうべきでありながら立替払をしたなどの特別の事情がある」場合を除き、顧客は売買契約上の抗弁をクレジット会社に対して主張することはできないとした。そして本件においては売買契約の不履行の結果を信販会社に帰責するのを信義則上相当とするような特別の事情が存在しないため、信販会社の立替払金等の請求が信義則に反しないとしたのである。以上のような「法令もしくは…」以下の購入者の支払拒絶を認めるための定式は以下の裁判例にも受け継がれていく。

例えば東京地判昭和62年6月10日判タ654号182頁[31]や先に挙げた福井地判昭和60年3月29日の控訴審判決である名古屋高裁金沢支判昭和62年8月31日判時1279号22頁、東京地判昭和63年4月26日判タ683号160頁は、この定式に従い抗弁の接続を否定している。

これに対し、仙台高判昭和63年2月15日判時1270号93頁[32]は、以上の裁判例と同様の定式に従いながらも、立替払契約の成否・効力を売買契約のそれにかからしめるとの暗黙の合意がなされたことが認められるとし、抗弁の接続を認めている。

以上の否定裁判例も肯定裁判例も、第三者与信型消費者信用取引においては、両契約の一体性や信販会社と加盟店との提携関係、これを中心とした特殊な構造等が認められることを前提としている。ただこのことから当然に購入者の支払拒絶を認めるのではなく、契約の別個性を強調して、これを認めるためにさらに（立替払契約上の合意があれば別として）信義則上の相当の事情の存在を求める。そしてこうした抗弁の接続に対する厳格な態度は後の平成2年最判にも受け継がれていくのである。

（c）　以上のように平成2年最判が登場する以前のこの時期、改正割賦販売法の適用のない事案において民法上抗弁の接続を認めうるか否かについて、裁判例の態度は多岐に分かれていた。その中でも後掲の平成2年最判同様契約の別個性を強調し信義則により支払拒絶を認めるためにさらに特

---

[31] 同判決の評釈として、中山幾次郎「判批」判タ706号72頁以下参照。
[32] この判決の評釈として、青竹正一「判批」ジュリ984号191頁以下を参照した。

段の事情を要求する抗弁の接続に厳格な態度をとる裁判例が注目に値しよう。また法律構成の点ではこの時期ほとんどの裁判例が信義則を根拠に採用している。なおこの時期の裁判例においても、それが明らかでないものがほとんどであるが、販売業者の経営が破綻している例が散見される。

(2) 次に、この時期、改正法施行後の事案で法30条の4の適用の有無が問題になった裁判例には、提携ローンに関する東京高判昭和63年3月30日判時1280号78頁があるのみである。同判決は購入者の連帯保証人である信販会社を割賦購入斡旋業者とはいえないものの、同信販会社は購入者が金融機関に対し弁済を怠れば連帯保証人としてこの者に代わって弁済し、購入者に求償権を行使するのであるから、この場合金融機関が貸金債権を行使する場合に準じて考えなければならないとして、信販会社からの請求に法30条の4を類推適用して抗弁を対抗できるとした[33]。本判決は類推適用によったが、立法担当者の理解によれば、提携ローンは信販会社を割賦購入斡旋業者とする個品割賦購入斡旋であり、法30条の4の適用がなされるということであった[34]。いずれにせよこれ以後提携ローンにおける信販会社の請求に対し法30条の4が適用ないし類推適用されることは実務上ほぼ定着を見ることになる[35]。

しかしながらこれ以外のローン提携販売やマンスリークリア方式のような非賦払信用[36]、不動産や役務のような指定商品外の取引に法30条の4

---

[33] 本判決の検討を中心に提携ローンへの法30条の4の適用の有無を論ずるものとして、山本豊「いわゆる保証委託型クレジットと支払拒絶の抗弁」NBL429号18頁以下を参照した。

[34] 最高裁判所事務総局編『消費者信用事件に関する執務資料(その2)』(法曹会1987年) 389頁参照。

[35] その後マイカーローン取引について、これを提携ローン取引であるとして、同じように法30条の4の類推適用により抗弁の接続を認めた裁判例として、釧路地裁帯広支判平成6年3月24日判夕876号260頁がある。ただし本判決の控訴審判決である札幌高判平成7年1月31日判夕880号291頁は、本件取引においては割賦購入斡旋におけるような販売業者と信販会社の密接な関係がないことを理由に同条の類推適用を認めなかった。

[36] 蓑輪靖博「わが国におけるクレジット・カード取引の現状と問題点」クレジット研究3号76頁以下は、非賦払信用にも抗弁の接続の趣旨はそのままあてはまるとして、法30条の4の準用ないし類推適用を主張する。

による抗弁の接続が認められるか否かは依然残された問題であった。そしてここで法30条の4の規定が一般民法上の法理を確認したものであり、したがって同規定はこれら取引について広く類推適用されるべきであるのか、それとも消費者保護のために特別に創設された規定であり、したがってその適用対象も限定されることになるのかという、法30条の4の規定の性質が問題となった。この時期にこの点について触れた裁判例はないが、立法担当者および学説上幾人かが創設的規定であるとの見解を示し、これに確認的規定であるとの有力な見解が対峙するという構図になっていたのである[37]。

### 4　平成2年2月20日の最高裁第三小法廷判決とその後

　以上のように適用対象外の取引への抗弁の接続の可否の問題は、民法上これを認めることの可否と法30条の4の類推適用の可否をめぐって展開されたわけであるが、同規定の適用のない場合の抗弁の接続の可否および法30条の4の規定の法的性質について判示した平成2年最判が登場するにおよび、以後抗弁の接続に関する判例はその絶対的な影響のもとに判例法を形成していくことになる。そしてその後平成11年の再度の割賦販売法の改正により、抗弁の接続が認められる取引の範囲は拡張され、立法判例を中心とする抗弁の接続の制度は現在の姿に至るのである。

　そこで以下においては、まず適用対象外の取引への抗弁の接続如何の問題に決定的な重みをもつこの平成2年の最高裁判決の意義を探り、そしてこの判例の法理がその後の裁判例においてどのように受容され、最後に平成11年の割賦販売法改正によって立法上どこまで解決がなされたのかをまとめる。

　(1)　まず平成2年2月20日の最高裁第三小法廷判決判時1354号76頁

---

[37] 創設的規定であるとする見解として、立法担当者である田中英明「割賦販売法改正と抗弁権の接続」金法1083号20頁以下や成田公明「「割賦販売法施行令の一部を改正する政令」について」ジュリ826号52頁以下が、また学説においては栗田・前掲注(3) 135頁や清水・前掲注(1) 227頁が挙げられる。これに対し、千葉恵美子「割賦販売法上の抗弁接続規定と民法」民商93巻臨増(2) 284頁以下は同規定を民法上の法理の確認的規定とし、広範な類推適用が認められるべきであるとする。

について、重要な判決であるので、若干詳細に検討する。

（a）購入者Yは昭和57年に販売業者Aとの間で商品の売買契約を締結し、その際Yは信販会社Xとの間で売買代金の立替払契約を締結した。その後Aが商品の引渡しをしなかったため、AY間で売買契約の合意解除が成立した。Yが立替金の賦払を停止したため、Xがその支払いを求めてYを訴えたのが本件訴訟である。

原審福岡高判昭和59年6月27日金商849号7頁は、立替払契約の目的であるYの代金債務は合意解除によりさかのぼって消滅したこと、AはXの加盟店であり、Xのため立替払契約締結の衝にあたった者であること等から、XがYに対し立替払契約の履行請求をするのは信義則に反し許されないとした。

これに対し本判決は次のように判示してXの上告を容れ原判決を破棄差戻した。すなわち、「個品割賦購入あっせんは、法的には別個の契約関係である…立替払契約と…売買契約を前提とするものであるから、両契約が経済的、実質的に密接な関係にあることは否定しえないとしても、購入者が売買契約上生じている事由をもって当然に斡旋業者に対抗することはできないというべきであり、…改正後の割賦販売法30条の4第1項の規定は、法が購入者保護の観点から、購入者において売買契約上生じている事由を斡旋業者に対抗し得ることを新たに認めたものに他ならない。したがって、右改正前においては、…売買契約が販売業者の商品引渡債務の不履行を原因として合意解除された場合であっても、立替払契約において、かかる場合には購入者が右業者の履行請求を拒み得る旨の特別の合意があるとき、または斡旋業者において販売業者の右不履行に至るべき事情を知りまたは知り得べきでありながら立替払を実行したなどの右不履行の結果を斡旋業者に帰せしめるのを信義則上相当とする特段の事情があるときでない限り、購入者が右合意解除をもって斡旋業者の履行請求を拒むことはできないものと解するのが相当である」とし、「特別の合意ないし特段の事情の存否について判示することなく、前示事実のみからただちに上告人の本訴請求が信義則に反して許されないとした原審の判断は、…違法がある」としたのである。

(b) まず本判決は、法30条の4第1項の規定が購入者保護の観点から抗弁の接続を新たに認めたものに他ならないとして、その法的性質について創設的規定であるとの立場を明らかにしている。この結果、同規定の適用のない取引について、判例上同条の類推適用は困難になったといえる。したがって本条の適用または類推適用のない取引について一般法たる民法上購入者の支払拒絶が認められるか否かが大きな問題として残されることになった。

次に本判決は、この問題について、売買契約と立替払契約の別個性を強調して、両契約の経済的に密接な関係を認めつつも、このことから当然に抗弁の接続が認められるわけではないとし、ただ立替払契約に特別な合意がある場合、または販売業者の不履行の結果を斡旋業者に帰せしめるのを信義則上相当とする特段の事情がある場合に初めて支払拒絶が認められることを明らかにした。この抗弁の接続が認められるための要件について、本判決は、これ以前の一つの流れをなしていた厳格な要件を課す一連の判決の立場を踏襲しているわけであるが、この要件のうち、特段の事情がいかなるものであるかが問題となる。本判決は一例として、斡旋業者が販売業者の不履行に至るべき事情について悪意または善意であっても過失があった場合を挙げている。この点から本判決は、民法上の顧客の与信者に対する支払拒絶を与信者に義務違反がある場合に信義則を介して認めるかに見えるが[38]、なお断定はし難く、またどこまでが例外事由として認められるかについても本判決の真意はさだかではなく、後の判例にゆだねられることになったのである。

---

[38] 本判決を評釈した山下友信「判批」ジュリ1038号156頁は、これを準委任契約である立替払契約の法的性質に基づくものとし、受任者たる斡旋業者に立替払実行に際して善管注意義務違反が認められる場合に消費者が支払拒絶をすることができることを示したものとする。城内明「個品割賦購入あっせん取引における信販会社に対する既払金返還請求（下）」国民生活研究46巻2号21頁以下は、これを踏まえて、同義務違反があった場合に認められる支払拒絶が抗弁の接続によるそれではなく、信販会社の同義務違反に対するサンクションとして認められるものであり、そうであるならば同義務違反の効果は、支払拒絶に限らず、場合によっては損害賠償による実質的な既払金返還が認められる可能性もあることを指摘する。また長尾治助「商品購入代金の立替払契約上の抗弁問題と信義則」ジュリ973号49頁は、認識できた範囲で不利益を帰せしめるのを妥当とする意思主義至上観にこれを求める。

さらに本判決は民法上抗弁の接続を認める法的根拠として信義則を採用することを明らかにしている。これまでの裁判例は信義則を採用するものが最も多かったといえるが、その他の構成を採用する裁判例も数多く存在した。これらは立替払契約の錯誤無効を認めるもの等多岐にわたるが、総じて立替払契約をはじめとする与信契約自体に購入者による支払拒絶の事由を見出していたのである。本判決はこうした構成によらず純粋の抗弁の接続に近い売買契約上生じた事由をうけて与信者の請求を信義則違反として遮断するという信義則による構成を採用することを明示したのである[39]。

最後に本判決の抗弁の接続を認めるにあたっての消極的な態度に関して以下の指摘ができるであろう。すなわち、本判決は、これ以前の抗弁の接続に制限的な裁判例同様、割賦購入斡旋取引であること自体から、当然に抗弁の接続が認められるわけではないとする。本判決もこれら裁判例も、従前の抗弁の接続を肯定した裁判例同様、割賦購入斡旋をはじめとする第三者与信型消費者信用取引とは、消費者取引であり、斡旋業者と販売業者の一体性を中心とする特殊な取引構造をなし、与信契約と売買契約が相互依存関係にある取引であることは認識していたものと考えられる。このことは本判決が判旨の中で両契約が密接な関係にあることや販売店が信販会社の加盟店であることに触れていることからも明らかである。本判決および同旨の裁判例は、これに加えて抗弁の接続にはさらに特段の事情が必要であるとし、また本判決は法30条の4についてこれを購入者保護のための特別の規定であるとして創設的規定説を採りその類推適用の余地を制限している。判旨のこうした消極的な態度の原因は何に由来するのであろうか。いずれにせよ本判決のこの態度は後の裁判例にも継承されていくことになる。

（c）　以上のようにこの問題に関する初めての最高裁判決である本判決は、法30条の4の法的性質について創設的規定説を採用することを明らかにし、民法上抗弁の接続を認めるにあたって特段の事情という要件を課し、その上で法的構成として与信契約自体の事由を媒介にしない信義則構成による

---

[39] なお本判決は以上に加え、合意解除が購入者の一方的に作出した事由として抗弁事由にあたるか否かという問題もあわせて提起する。

ことを明らかにした点で、抗弁の接続に関する議論において大きな意義を有するものであったといえる。そしてこれにより抗弁の接続規定の適用のない取引についての抗弁の接続の認否如何に関する本判決を頂点とする判例法理が確立されることになったのである。この本判決の抗弁の接続に対する厳格な態度は学説の大いに批判するところであるが[40]、これ以降裁判例においてはこうした態度が完全な主流を占めていくことになる。

(2) 次に上記平成2年最判以後割賦販売法平成11年改正法適用以前の抗弁の接続に関する法状況を、判例を中心に、特に法30条の4が適用されない取引に抗弁の接続がどこまでそしてどのように認められたのかを検討する[41,42]。同最判のとった立場は同条の類推適用による抗弁の接続にも民法上の法理による抗弁の接続にも厳格なものであったが、これ以後の判例はいかなる展開を見せたのか。なおこの時期の判例は昭和59年改正法施行後の事案を対象にしている。

---

[40] 本判決を評釈した者はこぞって本判決のこのような態度を批判する。すなわち、執行秀幸「判批」リマークス1991（下）73頁以下、千葉恵美子「判批」民商103巻6号124頁以下、同「判批」セレクト90年24頁、長尾・前掲注（38）50頁以下、本田純一「判批」法セ435号114頁、吉川栄一「判批」ジュリ、商法〔総則・商行為〕判例百選（第3版）124頁以下、そしてこのうち執行・76頁、千葉・129頁、同24頁、長尾・50頁、吉川・125頁は法30条の4を確認的規定であるとする。

また石川正美「クレジット取引に関する最高裁判決の問題点（上）（中）」NBL468号102頁以下、470号54頁以下、同「抗弁の接続を否定した最高裁判決の周辺事例（上）～（下）」NBL513号23頁以下、514号44頁以下、515号37頁以下、山下・前掲注（38）156頁以下は、本判決の事案は名義貸しの変則事例であって、抗弁の接続一般に関する先例性が低いことを指摘している。

なお本判決の判例評釈として、他に篠原勝美「判批」ジュリ964号73頁以下や宮川博史「判批」判夕762号82頁以下を参照した。

[41] もちろん、同条の適用対象取引について同条の適用を肯定した裁判例も存在する。例えば大分地判平成3年6月27日NBL551号60頁や大阪高判平成12年4月28日判夕1055号172頁がある。

また法30条の4の要件のうち商行為性の有無について、商人または商行為性は実体に従って決めるべきであるとして、商人でないのに商人であるとの記載をした者についても法30条の4の適用を認めた東京地判平成10年1月26日金商1048号40頁がある。

[42] 平成2年最判以降の裁判例の展開について、岡田・前掲注（2）32頁以下、後藤・前掲注（2）180頁以下、蓑輪靖博「判例からみた抗弁規定の課題と展望（1）（2）」クレジット研究21号214頁以下、22号149頁以下を主に参照した。

（ⅰ）法30条の4の適用のない取引に抗弁の接続を認めるためにまず考えられるのが法30条の4の類推適用による方法である。ここで主に問題となったのは、ローン提携販売や役務をはじめとする指定商品外の取引への同条の類推適用の可否である。

（a）まずローン提携販売について。そもそも、昭和59年の割賦販売法改正においてローン提携販売にも抗弁の接続を認めうるかは一個の問題であったが、トラブルが多くなかったことや販売店が保証人になるため購入者に対する求償において抗弁が判断されること等の理由により同取引には抗弁の接続が認められなかった[43]。しかしながらローン提携販売においても販売業者が倒産した場合には与信者は販売業者に保証債務の履行を求めることができず結局与信者と購入者との関係が残ってしまい割賦購入斡旋と同様であることなどを理由に[44]、学説上は抗弁の接続を認めるべきであるとの主張が強かった[45]。

これに対し、判例の態度は明確ではなかった。法30条の4のローン提携販売への類推適用の可否を判示した数少ない裁判例のうち、まず役務のローン提携販売について判示した東京地判平成7年3月17日判タ902号199頁[46]は、販売業者と購入者との間で売買契約が、購入者と金融機関との間で消費貸借契約が、金融機関と販売業者との間で保証契約がそれぞれ結ばれる同取引について、信用供与の実体や金銭の流れが実質的には割賦購入斡旋と異ならないことや販売業者が倒産する場合には抗弁の接続の問題が生ずることなどを理由に法30条の4を類推適用する余地を認めるのに対し、ゴルフ会員権のローン提携販売について判示した東京高判平成10年8月25日金法1532号74頁は、同条が特に購入者保護の必要性の高い

---

[43] 通商産業省産業政策局消費経済課・前掲注（16）593頁以下、最高裁判所事務総局・前掲注（34）65頁以下、竹内昭夫編『改正割賦販売法』（商事法務研究会1985年）86頁以下〔稲葉発言〕等参照。
[44] 池本誠司「ローン提携販売」佐藤歳二編『現代民事裁判の課題（4）』（新日本法規出版1990年）583頁。
[45] 類推適用を主張する見解として、例えば、池本・前掲注（44）587頁以下や、清水・前掲注（1）278頁等が挙げられる。なお類推適用によらない見解とは結局一般法上の抗弁の接続を認める見解に他ならない。
[46] 同判決の評釈として、黒野功久「判批」判タ945号88頁以下を参照した。

取引形態による商品購入の場合に限って抗弁の接続を認めたことなどを理由に、その類推適用を否定しているのである。
(b) このようにローン提携販売への法30条の4の類推適用の可否について判示する裁判例の数自体少なく、その可否について判断が分かれている状況にあったが、これに対して指定商品外の取引について裁判例はいかなる態度を示したのか。もともと指定商品制が採られたのは過剰な規制を避けるためであり[47]、また役務が規制対象にならなかったのは紛争の実体がはっきりしなかったためであるが[48]、裁判例は指定商品外の取引について同条の類推適用を否定することで一致している[49]。

そして後掲の民法上の抗弁の接続の可否について判示する裁判例のうち指定商品外の取引に関するものの多くは、まず指定商品でないことを理由に同条の適用または類推適用を否定し、その上で信義則等による抗弁の接続の可否を判断しているのである。
(c) 以上のようにローン提携販売について、裁判例は法30条の4の類推適用を認めるか明らかでなかったが、指定商品外の取引について、これを否定することで一致していた。そもそも先の平成2年最判は創設的規定説を採り同条の類推適用に否定的であったのであり、また実際に裁判例に登場する取引のほとんどが指定商品外の取引であったこともあって、これらについて今日まで同条の類推適用を認めた裁判例は存在しないのである。以上から同最判以後判例上同条の適用対象外の取引における抗弁の接続は、民法上の法理に委ねられたことが理解できる。なお後述する割賦販売法の平成11年の改正により、現在ではローン提携販売にも抗弁の接続が認められ、また指定商品に新たに指定権利・役務が加えられた結果、権利・役務を対象とする取引にも抗弁の接続が認められている。
(ⅱ) 法30条の4の適用対象外の取引について、特別法である同条の類推適用が望みえないとすれば、一般法たる民法上抗弁の接続が認められる

---

[47] 通商産業省産業政策局消費経済課・前掲注(16) 51頁参照。
[48] 竹内『改正割賦販売法』前掲注(16) 49頁参照。
[49] 指定商品外の役務に関する取引であることを理由に同条の類推適用を明確に否定した裁判例として、例えば、前掲東京地判平成7年3月17日が挙げられる。

かが問題となる。この点について先の平成2年最判は、抗弁の接続について、与信契約に特別の合意があるか、または特段の事情がある場合にこれを認めうる旨判示していた。そして同最判以後の裁判例もおおむねこの定式に従い、各事案について抗弁の接続の可否を判断しているのである。このうち特別の合意がある場合には民法上の抗弁の接続の可否という問題ではなくなり、当該事案における合意の解釈の問題になる[50]。そこで以下では裁判例においてこのような特別の合意がない場合に民法上どのように抗弁の接続が認められたのかを概観する。

（a）この時期にまず登場するのが不動産のローン提携販売に関する裁判例である。これらの事案においては、販売業者の一部虚偽を含む執拗な勧誘により買主が購入した土地が売却価格の何分の一に過ぎないか、または宅地にしえないものであり、売買契約が公序良俗違反または錯誤により無効とされた上で、さらに同無効を金銭消費貸借契約の貸主に対抗しうるかが問題になっている。

このような事案について平成2年から3年の間に数多くの裁判例が出さ

---

[50] 抗弁の接続に関する特別の合意が存在する場合であって、合意の解釈、中でも対抗しうる事由の解釈が争われたのが、ゴルフ場の会員権の提携ローンに関する一連の裁判例である。この事案においては、ゴルフ会員権の購入にあたって支払われる預託金の保証契約に支払停止事由として定められた「その他商品の販売について、販売会社に生じている事由のあること」に、会員権販売会社とは別主体の会員への役務提供主体であるゴルフ場経営会社のゴルフ場の未開場という債務不履行があたるかが争われた。ローン会社が同ゴルフ場の多数の会員に対して求償金の支払を求めて提起した一連の訴訟において裁判例は会員の抗弁の肯否をめぐり分裂することになった。これに決着をつけたのが最一判平成13年11月22日金商1130号6頁である。同判決はゴルフ場経営会社の債務不履行が上記支払拒絶事由にあたらないとして、ローン会社の求償金請求を認めたのである。なお本件事案は平成11年の割賦販売法改正以前であり改正法の適用はなかった。

同最高裁判決の評釈には、宇田一明「判批」札院18巻2号97頁以下、小粥太郎「判批」判評538号172頁以下、潮見佳男「判批」銀法600号4頁以下、拙稿「判批」早法78巻1号243頁以下、田高寛高「判批」法セ567号109頁以下、千葉恵美子「判批」法教263号192頁以下、山本豊「判批」平成13年重判解113頁以下がある。またこれら一連の事件に関する論稿として、山本豊「預託金会員制ゴルフクラブにおける会員権ローンと未開場の抗弁（上）（下）」銀法568号16頁以下、569号41頁以下、山野目章夫「特約による抗弁接続」金判別冊、ゴルフ場の倒産と金融機関の対応122頁以下が詳細である。

れているが、そのことごとくが抗弁の接続を否定し、ただ大阪地判平成2年8月6日判時1382号107頁[51]のみが借主の支払拒絶を認めているのである。同判決は、①販売業者と貸主が提携関係にあり、②売買契約と消費貸借契約が密接不可分の関係にあるとし、さらに③貸主が軽率にも土地の価格をはるかに越える金額の融資をし、担保評価を行っていたところ、貸主が土地を適切に評価すれば多額の融資はなされず、したがって購入者も本件土地を買うこともなかったであろうから、本件土地の抵当権実行によっても回収できなかった部分について貸主に負担させても不当ではないとして、以上から売買の無効を貸主に主張できないとすることは信義則に反するとしている。

　本判決にあってとりわけ目を引くのは、信義則により抗弁の接続を認める理由の一つとして、③の担保評価の杜撰さという金融機関としての軽率さから回収不能のリスクを貸主に負担させても不当でないことが挙げられている点である。これがいわゆる特段の事情にあたるか否かは断定できないが、いずれにしても同種裁判例の中では唯一の肯定裁判例として本判決は貴重なものである。

　これに対して、同様の事案において抗弁の接続を否定した大阪地判平成2年10月29日金法1284号26頁および大阪地判平成2年11月14日金法1284号30頁は、金融機関の担保評価が杜撰であることを認めながら、担保評価は金融機関自身のためになすものであるとの判断を示し、結局金融機関の消費貸借契約に基づく権利行使を信義則に反しないとして、上記判決とは反対の立場をとっている[52]。このうち後者の大阪地判平成2年11月14日は明示に平成2年最判を引用してはいないものの、権利行使が信義則に反するための特段の事情の有無について検討し、これを否定してい

---

[51] 本判決の解説として、石黒清子「判批」判夕790号64頁以下、千葉恵美子「判批」判評397号20頁以下、中田裕康「提携住宅ローンにおける抗弁権の対抗」金法1304号29頁以下、沼尾均「提携住宅ローンへの抗弁権接続法理の適用と実務対応」金法1281号4頁以下を参照した。

[52] なお長尾治助「金融機関の担保適正評価義務」ジュリ994号74頁以下は、金融機関の取引はその公共的性格から公共性との調和において行うべしとの「公共性の原則」および担保評価について顧客の寄せる金融機関への信頼を根拠に、金融機関が顧客との関係でも担保適正評価義務を負うべきことを主張している。

る。また同種裁判例中公刊されたものの中で平成2年最判の定式を明示的に用いているという点では、大阪地判平成3年4月6日金法1323号39頁[53]が信義則上の特段の事情はないとして抗弁の接続を否定している。

以上から次のことが確認できる。すなわち、裁判例は、不動産のローン提携販売についても明示的にしろそうでないにしろ平成2年最判の特段の事情の定式を用いていること、そして同最判の抗弁の接続に対する厳格な態度も承継していることである[54]。また特段の事情にあたるにしろそうでないにしろ、金融機関の担保評価の杜撰さが抗弁の接続を認めるための要素として指摘されたことは興味深いことがらであった[55]。

（b）　不動産のローン提携販売取引に続いて、抗弁の接続に関する裁判例の中心を占めるようになったのが、預託金会員制ゴルフクラブの会員権のローン提携販売取引に関するものである。会員がローン提携販売等により金融機関から金員を借りて会員権を購入したが、ゴルフ場経営会社の倒産等によりゴルフ場がオープンされず会員の権利である預託金の返還と役務の提供を受けられなくなった場合に、会員が与信者に対する支払いを拒絶できるかが問題になった。

これらの裁判例においても平成2年最判の定式はおおむね採用されており、各裁判例はゴルフ会員権が指定商品に含まれていないことを理由に法30条の4の類推適用を否定した上で、特段の事情の有無について検討して

---

[53] 本判決の判例評釈として、寺田正春「判批」ジュリ、消費者取引判例百選178頁以下、野村豊弘「判批」リマークス1993（上）31頁以下を参照した。

[54] これまで抗弁の接続に関する議論はもっぱら動産の割賦購入斡旋を中心に展開されてきた。不動産のローン提携販売は取引形態と取引対象を異にするわけであるが、この点の差異は裁判例上抗弁の接続の可否の判断にあたって特別に考慮されてきたわけではない。また長尾治助「不動産の売買と提携ローンノンバンクへの抗弁関係（下）」NBL507号40頁以下は両者を別異に扱う理由はないと主張する。

[55] 以上の一連の不動産のローン提携販売について、抗弁の接続の問題を検討するものとして、長尾治助「不動産売買と提携ローンノンバンクへの抗弁関係（上）～（下）」NBL504号14頁以下、506号28頁以下、507号38頁以下、同「保証委託型提携不動産ローンの求償制限」判タ772号27頁以下、野村豊弘「不動産売買契約とその代金支払のための消費貸借契約との関連」判タ765号65頁以下、本田純一「提携型の不動産ローンと抗弁の対抗等」高島先生古稀記念『民法学の新たな展開』（成文堂1993年）369頁以下を参照した。

いる。なお平成11年の割賦販売法の改正により権利も指定商品に含まれ、現在ではゴルフ会員権も指定商品になっている。

　このうち抗弁の接続を否定した以下の判決は、いずれもゴルフ場経営会社の倒産によりゴルフ場が開場されなかった場合について、与信者が与信をなすにあたり、将来ゴルフ場経営会社が倒産しゴルフ場を開場できない、つまり会員に対し債務不履行をなすであろう事を知りまたは知りうべきであったとはいえないとして、信義則上の特段の事情の存在を否定している。すなわち東京地判平成6年11月14日判時1555号134頁以下やその上告審判決である最三判平成7年10月24日NBL587号55頁[56]、東京高判平成10年8月25日金法1532号74頁である。また特段の事情の有無について検討していないが同様の事案について抗弁の接続を否定したものとして、東京地判平成11年1月29日金法1574号56頁や浦和地判平成12年5月29日金商1113号42頁がある。

　これに対し、東京地判平成15年1月27日金商1164号6頁のみが、同じようにゴルフ場が開場されなかった事案について、与信者が消費貸借契約時において、ゴルフ場経営会社がゴルフ場を開場できず、ゴルフ場入会契約につき債務不履行に至るであろうことを予見し、または予見しうべきであったとして、与信者に抗弁事由の効果を帰せしめるのを信義則上相当とする特段の事情を認めている。本件においては、消費貸借契約時において既に経営会社の経営状況が悪化して、開場が危ぶまれる状況にあり、与信者としても契約時にこのことを知りまたは知りうべきであったと判断されたのである[57]。

　以上からゴルフ会員権という指定商品外の権利のローン提携販売についても不動産のローン提携販売同様に、平成2年最判の定式が用いられ、その厳格な態度が継承されていることが確認できた[58]。

---

[56] 本判決は平成2年最判後の初めての抗弁の接続に関する最高裁判決であり、本判決が出たことで、学説の一部に生じていた平成2年最判は名義貸しという特殊な事案についての判決であってその射程は限定されるのではとの疑義は解消されることになった。

[57] 本判決については、千葉恵美子「ゴルフ場会員権ローン訴訟における抗弁接続」金商1164号2頁以下や坂東俊矢「判批」判評545号6頁以下を参照した。

（ｃ）　以上のような事例の他に平成2年最判以降今日に至るまで様々な取引について抗弁の接続の可否が裁判上問題となった[59]。そしてこれらの裁判例のいくつかにおいても不動産やゴルフ会員権のローン提携販売同様平成2年最判の定式である特段の事情の有無について検討がなされ、これらを含むほとんどの裁判例において同じように抗弁の接続が否定されたのである。

まず否定裁判例として、工事請負契約について一括払いの立替払契約がなされた名古屋高裁金沢支判平成3年8月28日NBL428号34頁や、先に挙げた役務の提供を内容とする会員権のローン提携販売に関する東京地判平成7年3月17日は、いずれも特段の事情なしとして抗弁の接続を否定している。

またこれら以外にも抗弁の接続を否定した裁判例として、ワンルームマ

---

[58] こうしたゴルフ会員権のローン提携販売に関する裁判例について検討するものとして、千葉・前掲注(57) 2頁以下および渡辺達徳「ゴルフ会員権売買とクレジット契約」クレジット研究21号239頁以下を参照した。

[59] 第三者与信型消費者信用取引に関するものではないが、実態においてこれに非常に近い取引での抗弁の接続の可否が問題になった裁判例として福岡高判平成4年1月21日判時1421号82頁が挙げられる。

本件では、信販会社Ｘが警備会社Ａから警備機器を購入してＹにリースし、Ａが右機器を使ってＹの警備を行うというように、ＸＹ間にリース契約がＡＹ間に警備契約が締結されていたが、ＸがＡから購入した警備機器の代金が市価の4倍以上に設定されその分リース料が高額になっていたのに対し、警備契約の対価が非常に廉価に設定されていたことから、リース料の実質はその大半が警備料と認められ、実態はＸからＡに警備料が前払いされＸがこれを分割払いでＹから回収し、しかもリース契約には警備契約上の抗弁をもってＸに対抗しえない旨の規定があった。本判決は、以上のような本件取引の実態を指摘し、Ａの警備の実施とＹのリース料の支払は社会経済上密接不可分の関係にあること等から、Ａの倒産時以降のリース料のうち警備料に相当する部分についてのＸのＹに対する請求は信義則に反し許されないとして、結局この分についてＸに負担を課す判断をなしたのである。

なお本判決と原告を同じくし同日に同じ裁判所で同じ事案について下された判決である福岡高判平成4年1月21日判夕799号199頁は、本件への法30条の4の類推適用を否定しつつも、特別の合意または特段の事情があれば支払いを拒絶しうるとして、本判決同様信義則違反を理由に支払拒絶を認めている。

本判決の判例評釈として、石田清彦「判批」ジュリ1089号330頁以下、庄政志「判批」判評406号157頁以下、山崎敏彦「判批」判夕794号21頁以下、山田徹「判批」判夕852号52頁以下、山田八千子「判批」新報99巻11・12号265頁以下を参照した。

ンションの提携ローン取引に関する東京高判平成 8 年 12 月 24 日判時 1596 号 63 頁やいわゆる不動産共同投資事業に関わるホテルの客室等の共有持分の提携ローン取引に関する東京地判平成 9 年 7 月 28 日判時 1646 号 76 頁がある。

これに対して、大阪地判平成 6 年 9 月 13 日判時 1530 号 82 頁は、英会話の受講契約の受講料支払について金銭消費貸借契約が結ばれた事案について、受講者に信義則に基づく抗弁の接続を認めている。この判決は抗弁の接続を認めるにあたり特段の事情を求めず、その有無について検討していない。しかしながら理由中にも挙げられているように、本件では英会話学校と貸主が実質的には同一の主体であったといえることから、同判決は平成 2 年最判に抵触するものとはいえないであろう。

（d） 以上平成 2 年最判以後の民法上の抗弁の接続の認否に関する裁判例の流れを概観してきた。以上の検討からまず裁判例は平成 2 年最判の特段の事情の定式におおよそよっていたことが指摘できるであろう。確かにこれにふれない裁判例も存在するわけであるが、少なくとも同最判に矛盾する裁判例は見られなかった。したがって同最判のこの定式は、法 30 条の 4 の法的性質についての創設的規定説同様、広く第三者与信型消費者信用取引の抗弁の接続に関する裁判例において受容されていることが確認できたのである。

次に平成 2 年最判は抗弁の接続について厳格な姿勢を見せていたが、以上に検討した数多くの裁判例のうち肯定裁判例が 3 つしかないことは、この姿勢が裁判例において受け継がれていることを示している。結局判例は法 30 条の 4 の類推適用の可否についても民法上の抗弁の接続の可否についても消極的なのである。

さらにこれら数多くの裁判例によって特段の事情の内容も少しずつ明らかになってきた。平成 2 年最判は知りまたは知りうべき対象として債務不履行に至るべき事情を挙げていたが、他に無効や取消もこれに加えうるであろう。またこれらに加えて特段の事情に与信者による担保評価の杜撰さを含めることができるかが問題となったが、裁判例はこれを肯定するものと否定するものとに分かれていた。

加えて、この点は原告の請求や被告の抗弁に左右されるところであるが、民法上の抗弁の接続の法律構成は、平成2年最判が採用した、売買契約等に生じた事由を信義則を媒介にして与信契約において支払拒絶事由として対抗させるという構成におおよそ収斂したといえる。与信契約自体に事由がなくても他の契約で生じた事由を対抗して支払を拒絶できるという法30条の4の純粋な抗弁の接続の構成に非常に近い構成が判例上定着したのである[60]。

最後にこの時期の裁判例においても、それが明らかでないものあるが、ゴルフ会員権の事例のように販売業者の経営が破綻している例が数多く存在している。

(3) 以上のように平成2年最判以後の裁判例は、同最判の強い影響のもと、法30条の4の適用のない主としてローン提携販売の指定商品外の取引についての抗弁の接続の是非をめぐって展開されてきたわけであるが、その後の平成11年11月22日に施行された割賦販売法の再度の改正により、ここでの問題は以下のように立法上少なからざる解決を見ることになっ

---

[60] この時期、こうした抗弁の接続の構成をとる裁判例に加えて、貸主の不法行為責任を積極的に認めて結果的に抗弁の接続を認めるのと同等またはそれ以上の効果を与えた判決が出されている。名古屋地判平成6年9月26日判時1523号114頁は、貸主が土地の実際の価値が売却価格をはるかに下回ることを知って融資をした土地のローン提携販売の事案について、これにより損害を被った購入者に対する貸主の不法行為責任を認めたのである。本判決は特殊な事案に関するものであり、その射程は限定されているが、賠償範囲の認定によっては既払金の返還を認めるのに事実上等しい効果をもたらしうる。

なお本判決の評釈として、後藤巻則「判批」金商969号41頁以下、信澤久美子「判批」新報101巻11・12号201頁以下、長尾治助「判批」リマークス1996（下）57頁以下、山崎敏彦「判批」判夕893号30頁以下を参照した。また三当事者間における融資者の顧客に対する融資金の使途に関する責任を論ずるものに松本恒雄「融資金の使途先に関する融資者の責任」自正47巻10号24頁以下がある。

またダンシングのモニター商法に関する後の静岡地裁浜松支判平成17年10月17日判時1915号88頁は、信販会社が加盟店調査管理義務違反につき重大な落ち度があった場合には、信販会社が個々の消費者との関係でもその被った損害について不法行為責任を負うことを認めている。本判決は、信販会社が加盟店の悪質な商法を認識していたか明らかでなく、販売業者の行為に対し積極的な関与がなかった事案において、信販会社の不法行為責任を認めたものであり、上記判決よりもさらにそれが成立する範囲を広げるものである上に、賠償範囲について事実上既払金の返還を認めるに等しい判断をなしたものとしても注目される。

たのである[61]。

　すなわち、まず近時に至り継続的役務に関する割賦販売が増大し、これに関するトラブルも増大してきたことを受けて[62]、指定商品に権利・役務が加えられることになった (2条4項)。次にローン提携販売においても、販売業者が倒産した場合には、割賦購入斡旋同様金銭債務の履行をめぐって購入者と金融機関との間に紛争が生ずる可能性があること等を理由に[63]、同取引についても抗弁の接続が認められるに至った (29条の4)。以上の改正によって権利・役務のローン提携販売をはじめ、平成2年最判以後抗弁の接続如何をめぐり裁判例をにぎわせた事例の多くは、これにより立法上の解決を見ることになったのである。

　しかしこの平成11年の改正は、役務指定の追加などこれを全体としてみると、昭和59年の改正同様後追い規制的側面をもつことも確かである[64]。事実抗弁の接続の問題に限ってみても問題の大きな原因であった指定商品制自体は維持されており、例えば平成2年最判以後に問題になった不動産のローン提携販売などは解決を見ていない。また商行為となる取引は引き続き適用対象から除外されている。

　ただ今回の改正によって例えば大部分の商品が指定されるなど、抗弁の接続の認められる範囲は相当広いものとなっており、適用対象外の取引について抗弁の接続の問題が生ずる余地を残しつつも、その範囲は確実に狭められたといえるであろう。

---

[61] 同改正については、尾島茂樹「訪問販売法・割賦販売法改正に残された課題覚書」クレジット研究23号102頁以下、加藤庸之・小泉秀親「改正訪問販売法および改正割賦販売法の概要 (1) ～ (4)」NBL667号17頁以下、668号24頁以下、669号26頁以下、671号41頁以下、経済産業省商務情報政策局取引信用課編『平成12年改正による割賦販売法の解説』(日本クレジット産業協会2001年) 20頁以下、55頁以下、82頁以下、221頁以下、森島昭夫ほか「消費者信用法制の今後」クレジット研究23号62頁以下を参照した。

[62] 経済産業省商務情報政策局取引信用課・前掲注 (61) 20頁によれば、新規販売信用に占めるサービス取引は1995年から1997年の間に約6割増とのことである。

[63] 経済産業省商務情報政策局取引信用課・前掲注 (61) 26頁参照。

[64] 尾島・前掲注 (61) 103頁参照。

## 5　抗弁の接続に関する学説

　以上においては抗弁の接続に関する今日までの立法および判例の状況を概観してきたが、他方で学説においても抗弁の接続規定新設以前から新設後今日に至るまで抗弁の接続に関し実に様々な見解が提唱されてきた。これらは大きく議論の射程という点で、第三者与信型消費者信用取引のみを念頭において抗弁の接続等を民法上認めようとするものと、この取引を念頭に契約間の牽連関係に関する法理を抽出しこれを他の取引にまで及ぼしていこうとするものとに分けられる。

　(1)　まず以下では第三者与信型消費者信用取引のみを念頭におく見解、その中でも抗弁の接続規定新設前後の時期の見解を検討する。これらは主として多くの裁判例で問題になった割賦購入斡旋取引を念頭において、民法上特に購入者たる消費者の支払拒絶等を認めようとしたものである[65]。
　(a)　第一に売買契約と立替払契約の一体不可分性に基づいて多くの裁判例同様信義則により与信者の請求を遮断する見解が挙げられる[66]。この見解は、両契約の手続が一体化していることから消費者が販売店のみを意識していることや両契約の相互依存関係、販売店と信販会社の一体性等を理由に、売買契約に障害が生じた場合において両契約は別の契約であることを主張して、消費者たる購入者に立替金の支払いを請求するのは信義則に反すると主張する[67]。

　信義則という法律構成およびその基本的な価値判断の点で抗弁の接続規定新設以前にこれを認めた裁判例の多くに最も近い見解である。

---

[65] 抗弁の接続については数多くの学説が存在するが、以下ではある程度詳細な立論がなされている代表的なもののみを挙げている。学説の選定および分類にあたっては、福永有利・千葉恵美子「個品割賦購入あっせんと倒産法（上）」判夕522号25頁以下、蓑輪・前掲注（3）119頁以下、宮本健蔵「クレジット契約と民法理論」明学65号94頁以下を参照した。
[66] 植木ほか・前掲注（4）46頁以下〔木村発言〕。
[67] 同様に信義則を根拠にする見解として、島田・前掲注（3）74頁以下等がある。また浜上則雄「いわゆるクレジット販売と消費者保護（3）」NBL243号20頁も、商品の引渡しがないまたは商品に瑕疵がある場合に、買主は信義則により賦払金の支払請求を拒むことができるとしている。

（ｂ）　第二に与信に関する契約自体の解釈から信販会社に一定の義務を負わせ、その義務違反の効果として購入者に立替金等の支払いの拒絶を認める二つの見解がある。

①　このうちの一つがもっぱら割賦購入斡旋を念頭に展開された善管注意義務違反説である[68]。これによれば、売買契約と立替払契約は確かに別個独立の契約であるが、当事者の意思から立替払契約は売買の目的物の引渡しがなされたことを確認して立替払をなすという内容になっているのであるから、引渡しがないのに支払いをなした信販会社は立替払契約の受任者として負う善管注意義務に違反し、この立替払契約の不完全履行によって生じた購入者の損害賠償請求権と立替金支払請求権とが相殺されることになる。

ただこの見解によれば、善管注意義務は引渡しの確認義務であるため、目的物に瑕疵がある場合はこの見解では与信者の請求を拒絶できないことになってしまう。

②　もう一つの見解が割賦購入斡旋のみならず広く第三者与信型消費者信用取引全体を念頭において主張された履行確保義務説である[69]。これによれば、与信者は消費者に対して信義則上供給者が契約上の義務を確実に行うことにつきその履行を確保する義務を負うとされる。したがって商品の引渡しがない、商品に瑕疵があるなど供給者に債務不履行がある場合、消費者は供給者に対して有する権利をもって与信者に対する債務の履行を拒絶することができることになる[70]。

---

[68] 植木ほか・前掲注（4）54 頁以下〔山下および根岸発言〕。
[69] 長尾・前掲注（16）170 頁以下。
[70] なお長尾説は後に自説を発展させて、以下のような見解を主張するに至っている。これによれば、割賦購入斡旋やローン提携販売も交換取引原理に服し、与信者は売買への関与の程度に従い、例えば販売業者に対する調査・監督義務から履行確保義務まで負うことになる。そして与信契約と売買契約の別個性を強調することは、買主の「対価性」を奪うことになるとする。同説は売買契約のうち代金支払の部分が別契約とされることで交換的正義の点から買主の立場が弱められていることを指摘し、この点を強調して与信者の義務を説くのである。

　以上につき長尾治助「提携金融機関の共同責任」『レンダー・ライアビリティ』（悠々社 1996 年）135 頁以下参照。また同「与信契約者の義務違反と債権関係」判タ 670 号 29 頁以下も参照した。

この見解は善管注意義務違反説とは異なり、目的物に瑕疵がある場合にも購入者の支払拒絶を認める。

(c) 以上の見解は第三者与信型消費者信用取引のなかでも主に割賦購入斡旋において購入者の支払拒絶を認めるために展開されたものであり[71]、このような特殊な取引において消費者たる購入者を保護すべく、従来の民法の一般理論を駆使して支払拒絶を認めようとする性格が強かったということが指摘できるであろう[72]。

(2) 次に同様に第三者与信型消費者信用取引のみを念頭におく、抗弁の接続規定新設後特に平成2年最判以後に出された代表的な学説を以下に検討する[73]。この時期の学説は割賦販売法の昭和59年改正により法30条の4が設けられ、同条の適用外の取引について平成2年最判が抗弁の接続を認めることに消極的な態度を示したという法状況を前提に、主として不動産などの非指定商品のローン提携販売についての抗弁の接続またはこれと同等の効果をいかに認めるかという形で展開されたのである。

(a) 第一に不動産のローン提携販売を主に念頭において、これらの取引においても抗弁の接続を認めることを目的として主張された見解がある[74]。例えば本田説[75]は、金融機関の販売行為についての知不知に関わらず抗弁

---

[71] 他に同時期の学説として、割賦購入斡旋において信販会社は売主の売買契約上の地位を引き受けると解する見解(島川・金子「立替払契約と抗弁権の切断(下)」前掲注(3) 41頁)や、割賦購入斡旋において立替払契約の法的性質を代位弁済委託契約と考え、信販会社は販売店の代金債権に代位していくから、買主は販売店に対して有していた抗弁権を信販会社にも主張できるとする見解(伊藤進「立替払契約と消費者保護」法セ1983年1号181頁以下)などがある。

[72] この傾向が顕著な見解の一つとして、石田喜久夫「信用取引と消費者」金法1036号6頁以下が挙げられる。

[73] 抗弁の接続規定新設後平成2年最判以前の学説として半田吉信「ローン提携販売と抗弁権の切断条項(上)(下)」判タ724号48頁以下、725号15頁以下が挙げられる。これは第三者与信型消費者信用取引を率直に民法中に規定のない新たな契約範疇としての三当事者契約関係と捉えて、売買契約と与信契約を法的に一体であるとし、成立上、履行上、存続上の牽連関係を認める。

[74] 以下に検討する本田説のほかに、長尾「不動産売買と提携ローンノンバンクへの抗弁関係(上)~(下)」前掲注(55) 14頁以下、28頁以下、38頁以下は、同じように不動産のローン提携販売にも信義則を根拠に抗弁の接続を原則的に認めるべきであると主張する。

[75] 本田・前掲注(55) 386頁以下。

の接続を認めるべき場合があるとする。そして、この問題は悪質な販売業者による不当な取引の結果を顧客と金融機関のいずれに負わせることが信義則に合致するかに尽きると結論付けた上で、金融機関がこうした取引システムに関与して、その信用を増大させ、また自らも大きな利益を得る以上、社会的な信用を有する取引の専門家の責務として、売買契約が無効である場合には、そのリスクの一部を自ら負うべきであるとし、その上で理論的根拠として法 30 条の 4 の類推適用または信義則を挙げる。

　以上が本田説の概要であるが、この見解の特徴としてローン提携販売の特質（広く第三者与信型消費者信用取引全般に及ぶと考えられる）のうち特にその取引システムに注目している点を挙げることができる。この点はこれ以前に提唱された後掲の執行説に近似する。また抗弁の接続の問題の本質を一種のリスク配分であるとしている点は複合契約論の中での抗弁の接続の位置づけという本章の問題意識にとって示唆に富む。そして同説はさらに問題が一種のリスク配分にある以上、抗弁の接続如何というオールオアナッシングな解決ではなく、金融機関に過失がある場合には信義則上支払請求を割合的に減ずるといった抗弁の割合的対抗が認められるべきであるとも主張しているのである[76]。

（b）　第二に与信者の義務違反を根拠に抗弁の接続を認める見解がある。松本説[77]は、もっぱら割賦購入斡旋を念頭において、売買契約等において目的物の引渡しがない等の履行上の障害が発生した場合において抗弁の接続を認めるために、取引の構造のみから一律にこれを認めるよりは、与信者の義務違反を媒介に信義則を発動する方が無理がないとする。そしてクレジット会社の立替払契約上の付随義務として、クレジット販売システムから有害な要素を排除するように注意すべき義務が存在し、加盟店調査監督義務を認める。またこの義務違反は抗弁の接続のみならず債務不履行または不法行為による損害賠償請求の根拠にすることもできるとしている。

　以上が松本説の概要である。与信者の義務に注目する点では善管注意義

---

[76] なおこの点は本田純一「「抗弁対抗」理論をめぐる最近の動向と法的諸問題」クレジット研究 21 号 83 頁以下においても主張されている。
[77] 松本恒雄「クレジット契約と消費者保護」ジュリ 979 号 19 頁以下。

務違反説や履行確保義務説の系譜に属する。また抗弁の接続のみならず損害賠償請求も視野に入れているが、後者の構成は過失相殺を可能にする点で抗弁の割合的対抗の考え方に親しみ、また認定される賠償範囲によっては事実上既払金の返還を認めるのに等しい効果をもたらすものといえよう。

(c) 第三に与信契約自体の無効を志向する次のような見解がある。中田説[78]は、不動産のローン提携販売において売買が公序良俗違反により無効になった場合を念頭において、以下のように論ずる。すなわち、「商品の引渡…など、売買の履行過程における障害事由であって、有効な消費貸借契約への抗弁権の「接続」という構成になじみやすいものとは異な」り、「売買契約が公序良俗に反し無効とされる場合[79]には、「接続」の論理を解するよりも、そのような売買の不法性とそれに対する金融機関の加担の程度を吟味して、…不法性も共同性も強い場合、消費貸借契約も無効となりうる」とする。そして不法性や共同性が弱い場合には、損害の公平な分担の観点から、過失相殺などの中間的な処理が要請されるとする。

以上が中田説の概要である。ローン提携販売における抗弁の接続の問題のうち特に公序良俗違反による無効の場合を念頭においているため、見解の射程は限定されているが、直接与信契約自体に支払拒絶事由を見出す点で、昭和59年以前の一部裁判例に連なる構成であるといえる。また本田説と同様に損害の公平な分担の観点から場合により中間的な解決を志向する。

(d) 以上この時期にも様々な見解が提唱されていた[80]。そしてこの中には、松本説のように損害賠償により、また中田説のように与信契約の無効

---

[78] 中田・前掲注（51）32頁以下。
[79] なお野村・前掲注（53）34頁もこの場合に消費貸借契約そのものを無効であると考える余地があるとしている。
[80] 他に民法の一般理論により抗弁の接続を認める次のような学説がある。まず割賦購入斡旋を念頭において、立替払契約を免責的債務引受と解することで抗弁の接続を認める宮本・前掲注（65）83頁以下が挙げられる。次に加藤雅信『新民法大系（3）』（有斐閣2005年）279頁以下は、割賦購入あっせんの立替払いとしての性格に注目し、信販会社の買主の売主に対する債務の代位弁済により売主の債権が信販会社に移転し、この債権に抗弁権が付着していたならば、信販会社の買主に対する債権も抗弁権付きとなるはずであるとして、法定代位から抗弁の接続を基礎付けられるとする。

を認めることで、抗弁の接続と同等の効果を認めようとする動向もうかがわれる[81]。また学説においていずれも従来の抗弁の接続の可否というオールオアナッシングの解決ではなく中間的な解決が志向されていたことが目を引く。これは与信者と購入者間の適切な損失の分配を目指すものであるが、このことは抗弁の接続の問題が与信者と購入者との間のリスクの配分の問題の性格を強くもっていることを意識したものであると評することができるであろう。そしてこうした指摘はこれ以前にも学説上存在していたのである[82]。

(3) 以上に見た見解はいずれも第三者与信型消費者信用取引のみを念頭におき、規定の新設前後でそのコンテクストを異にしつつもここでの抗弁の接続の根拠を検討する点で共通していた。これらは互いに一定程度の共通性を有するものの様々な法律構成を提唱していたわけであるが、おおよそ全体として、当初抗弁の接続規定の新設前後においては消費者保護のために抗弁の接続を認めることが主張され、またその結果与信者に負担が配分されることが認められていたが[83]、その後与信者購入者間の適切な損失の分配をはかる傾向がこれに加わったことを指摘できるであろう。いずれにしろこれらは（特に抗弁の接続規定新設後の学説は）取引が正常に機能しなかった場合のリスクを誰に負担させるかという観点を強く持っていたのである。

これに対し以下に見るように、第三者与信型消費者信用取引における抗弁の接続の問題をめぐっては、複数の契約が一つの取引において集合していること自体に法的意義を認め、また第三者与信型消費者信用取引を一例

---

[81] 川地宏行「融資付投資取引における抗弁の接続（一）（二）」三重法経論叢 15 巻 1 号 1 頁以下、2 号 25 頁以下は、特に不動産のローン提携販売や融資付変額保険のような融資付投資取引について、抗弁の接続を万能視することを批判し、投資家の保護を抗弁の接続、金融機関の損害賠償責任、融資契約の無効などの様々な救済法理によりはかり、これら制度の共存を主張する。今後抗弁の接続を一つの制度として位置付けていく上で留意すべき指摘であるといえよう。

[82] 他に抗弁の接続の問題を顧客と与信者との間のリスク配分の問題であることを指摘するものとして、栗田・前掲注（3）134 頁や野村・前掲注（28）42 頁等が挙げられる。

[83] 抗弁の接続を認めることの理由として与信者の損失負担能力に言及されていることがこのことを示している。

に広く複数の契約が集合する様々な局面を視野に入れて論ずる見解も並行して存在していた。これらはもっぱら第三者与信型消費者信用取引をその検討対象にしているが、他の取引をも視野に入れつつ契約の集合事象それ自体を分析する点で複合契約における契約間の影響関係を論ずる複合契約論の前身となるものである。このような視角を採用する見解は、まずこうした契約の集合において経済的実質と法形式の乖離を直接に契約形式を組変えることによって埋めようとするのか、それともあくまで当事者の選択した契約形式を所与のものとして契約の集合事象に対応しようとするのかで分けられる。次にこのうち後者は、特に第三者与信型消費者信用取引についていえば契約間の牽連関係を与信者と販売業者との提携関係から説明しようとするのか、契約間さらには債務間・給付間の関係から説明しようとするのかで分けられる。以下各見解について検討する。

（i）まずこうした契約の集合において経済的実質と法形式の乖離を直接に契約形式を組み換えることによって埋めようとする見解を検討する。山田説[84]は、複数の契約によって初めてその取引を行う当事者が企図した経済的な利益の移転が実現する取引を「複合契約取引」と呼び、そしてこの取引一般を把握することを目的として、中でも特に議論の蓄積のある第三者与信型消費者信用取引に対象を絞った上で以下のような考察を加えている。すなわち、第三者与信型消費者信用取引において、当事者の選択した契約形式がその取引の経済的実質から逸脱している場合には、裁判官による契約形式の組み換えを認めて、抗弁の接続を認めるのと同様の効果を導こうとする。例えば割賦購入斡旋においては、当事者が選択した契約形式は売買契約と立替払契約であるが、これを販売業者と購入者との間で割賦販売契約が締結され、販売業者と信販会社との間で販売業者が有する賦払代金債権の売買契約が結ばれるとするのである。これにより信販会社は購入者に対して販売業者から譲渡された賦払代金債権を行使していることになり、購入者は販売業者に対して有している抗弁を信販会社に対して主張できるようになる。そしてこうした契約形式の組み換えにより複合契約取

---

[84] 山田誠一「「複合契約取引」についての覚書（1）（2）」NBL485号30頁以下、486号52頁以下。

引一般において妥当な結論を導くことが可能になると主張する。

　以上が山田説の概要である。山田説は第三者与信型消費者信用取引について契約形式の組み換えにより抗弁の接続の効果を認めようとするものであり、あくまで当事者の選択した契約形式を前提とする他の諸見解と一線を画するものである。特にこの見解において注目すべきは、第三者与信型消費者信用取引以外の取引をも視野にいれた他の学説よりもさらに強く複合契約取引という事象を意識し、この複合契約取引全体を視野に入れて第三者与信型消費者信用取引における抗弁の接続の問題を論じている点である。この点は同説の中でも本章にとって最も注目すべき点であるといえる。

（ⅱ）　次に当事者の選択した法形式を所与のものとして契約の集合事象、特に第三者与信型消費者信用取引における契約間の牽連関係の理論的根拠を明らかにしようとする見解を検討する。

（ａ）　このうちこれを与信者と販売業者との提携関係から説明しようとするのが以下の提携契約説である[85]。同説はまず提携契約を共同目的達成のために相互に継続的な協力関係を目的とする企業間の契約であると定義する。そして第三者与信型消費者信用取引において与信者と販売業者は、このような提携契約関係に基づいて売買契約と与信契約のうちの一方が他方の契約の有効な成立を前提とするシステムを作り「共同の利益」を享受する以上、他方の契約が成立せず効力が消滅した場合には一方の契約も成立しないないしは効力を失うと解するべきであり、一方の契約は他方の契約の成立を停止条件とし他方の契約の無効・解除等による効力の消滅を解除条件としていると見ることができるとして、成立上および消滅上の牽連関係を認める。また与信者が提携契約に基づき供給者との「共同の利益」を

---

[85] 執行秀幸「第三者与信型消費者信用取引における提携契約関係の法的意義」国士舘19号58頁以下および同「第三者与信型消費者信用取引における提携契約関係の法的意義（上）（下）」ジュリ878号94頁以下、880号134頁以下。また新美育文「ローン提携取引についての一考察（上）（下）」ジュリ893号120頁以下、897号101頁以下は、ローン提携販売および提携ローンに限定しているものの、これら取引における提携契約が与信契約と商品供給契約の結合をもたらし、その結合形態から当事者の合理的意思としてそれぞれの給付の関連が肯定されるべきであると主張する。

　なお提携契約一般につき椿寿夫「提携契約論序説（上）（下）」ジュリ846号117頁以下、849号101頁以下を参照した。

得るために顧客が通常の売買契約において行使しえた同時履行の抗弁権を行使しえなくなっていることから、このことで顧客に商品の引渡しがないなどの危険が生じたにもかかわらず、供給契約の問題だとして与信者に立替金等の請求を許すことは信義則に反するとして、履行上の牽連関係を認めるのである。さらに以上の理は顧客が消費者でなくとも、また提携契約に基づいてこの第三者与信型消費者信用取引と同様のシステムを作り「共同の利益」が享受されるその他の取引にも妥当するとしている。

　この見解は抗弁の接続規定新設以前の裁判例がこれを認めるために挙げた実質的な根拠のうち特に与信者と供給者との間の提携関係、さらには両者が共同の利益を享受するシステム、つまり取引の構造に注目し、同様の関係および構造をもつ取引をも視野に入れていこうという方向性を持つものである。

(b)　これに対し契約間さらには債務間・給付間の結びつきに注目する以下の見解も存在する[86]。このうち契約間の結びつきに注目したのが契約結合説であり[87]、同説は抗弁の接続を論ずる学説の中でも最も早くに複数の契約が集合する事象一般をも視野に入れていた見解である。これは以下のように主張する。すなわち、民商法典における契約とは異なり、現実類型としての契約は数種の契約の複合体であることが多い。このように契約が相互に関連しあって一つのまとまりを持つに至っている取引、すなわち契約結合においては、構成契約間に相互依存効が認められるべきである。例えば個品割賦購入斡旋においては、当事者の意思からして、売買契約と立替払契約は相互依存の関係にあり、一方は他方の消滅を解除条件にして成立・存続していると解釈すべきであるとする[88]。

---

[86] 契約間の結びつきに注目し、後掲の給付関連説を唱える千葉恵美子「第三者与信型消費者信用取引と契約関係の清算（上）」北法39巻5—6・195頁は、割賦購入斡旋において、信販会社から販売業者に金銭が交付され、この金銭によって顧客の代金債務が弁済されさえすれば、両者の共同の利益の享受は保護されるため、提携契約の存在が重要なのではなく、交付される金銭の使途が限定され、その金銭によって売買代金債務が免責されるように、売買契約と立替払契約が結びついていることが最も主要な決め手になっているとみるべきであるとする。

[87] 北川善太郎「約款と契約法」NBL242号83頁以下、同「立替払契約について」国民生活13巻4号16頁以下。

契約結合説は相互に依存する関係にある契約の結合それ自体に着目し、この関係から生ずる効果、相互依存効を論ずることから、必然議論の射程はあらゆる契約結合現象に及び、第三者与信型消費者信用取引はその一例にすぎないことになる。この点で同説は契約間一般の関係を論ずる複合契約論の先駆ともいえる見解である。

( c ) 契約結合説同様当事者の意思を探求するが、契約の結びつきからさらに進んで個々の債務ないし給付レベルでの結びつきに法的意義を認める見解が以下の給付関連説である[89]。割賦購入斡旋において、売買契約は信販会社による売買代金の弁済によって顧客の販売業者に対する売買代金債務が履行される旨約した点で、立替払契約に自らを関連付ける要素を契約内容としていると考えられ、また立替払契約も信販会社が売買代金を販売業者に交付することによって信販会社の顧客に対する立替金等請求権が発生する旨を約した点で、売買契約に自らを関連付ける要素を契約内容としている。両契約における「契約当事者の意思内容をこのように解すると、信販会社の残売買代金の支払＝立替金の交付義務の履行によって、一方で販売業者に対する顧客の売買代金債務の一括弁済の効果と信販会社の顧客に対する立替金等請求権取得の効果が一体的に発生することになり、売買代金債務の消滅と立替金等債務の発生の間には、一方がなければ他方もないという密接な対応関係があることが確認され[90]」、「したがってまた・・・売買契約上、売買代金債務との間に対価関係が認められる目的物の引渡債務と立替金等債務との間にも発生上、履行上、存続上の牽連関係があると解すべきである[91]」とする。

以上のように当初この見解はもっぱら割賦購入斡旋を念頭において購入

---

[88] 同様に契約間の関係に注目する見解として、植木哲「消費者信用取引をめぐる抗弁権対抗の理論」金法 1041 号 8 頁以下がある。これによれば、第三者与信型消費者信用取引において売買契約と与信契約は互いに目的拘束依存の関係にあり、成立、存続および消滅の関係において相互に牽連・依存の関係にあって、有機的に結合しているとされる。

[89] 福永・千葉・前掲注（65）27 頁以下、千葉・前掲注（37）291 頁以下。なお山野目・前掲注（50）126 頁以下はこの給付関連説に賛意を示す。

[90] 千葉・前掲注（37）292 頁以下。

[91] 千葉・前掲注（37）293 頁。

者の支払拒絶等を認めるために提唱されていた。しかし同説の論者はその後自説を発展させて、一定の経済的目標を達成するために多数当事者間において複数の契約が成立している「多数当事者の取引関係」一般について、その各構成契約上の債務間の相互依存関係の法的根拠を以下のように説明している[92]。すなわち、多数当事者の取引関係における「契約の統合化は、一つの取引を構成する契約自体の中に、共通した債務負担の実質的理由（コーズ）が存在していることによってもたらされる[93]」[94]。例えば、「第三者与信型消費者信用取引の場合には、与信者が顧客の売買代金債務を弁済によって消滅させる点に、・・・与信契約上顧客が与信者に賦払金債務を、また、売買契約上、販売業者が顧客に目的物引渡債務を負担する実質的理由（コーズ）がある[95]」。そして「このようなコーズが存在するために、取引を構成する各契約は、契約内容として、いわゆる「結合要素」を取り込んでおり、この「結合要素」が各契約上の「債務」間の相互依存効をもたら[96]す。「第三者与信型消費者信用取引の場合には、売買契約上、与信者の販売業者に対する支払によって、顧客の売買代金債務が消滅する点が契約内容として取り込まれており、他方で、与信契約上、与信者が顧客の売買代金債務を販売業者に対して支払うことによって、顧客の賦払金債務を発生させることが契約内容となっている[97]」。こうして売買代金債務の消滅と賦払金債務の発生という効果の一体的な発生が約定されていることから目的物引渡債務と賦払金債務との間に発生上、履行上、存続上の牽連関係が認められることになるのである。

　この見解は取引当事者の意思に着目する点で契約結合説と出発点を同じ

---

[92] 千葉恵美子「抗弁の接続問題と消費者契約法（仮称）および債権流動化関連法との関係（下）」NBL649 号 31 頁以下、同「「多数当事者の取引関係」を見る視点」椿先生古稀記念『現代取引法の基礎的課題』（有斐閣 1999 年）174 頁以下。後者の論文において実際に検討が加えられているのは第三者与信型消費者信用取引とファイナンスリースである。

[93] 千葉「「多数当事者の取引関係」を見る視点」前掲注（92）178 頁。

[94] なお大村敦志『典型契約と性質決定』（有斐閣 1997 年）181 頁以下は、既に給付関連説がコーズ概念によって読み直すことができることを指摘していた。

[95] 千葉「「多数当事者の取引関係」を見る視点」前掲注（92）178 頁。

[96] 千葉「「多数当事者の取引関係」を見る視点」前掲注（92）178 頁。

[97] 千葉「「多数当事者の取引関係」を見る視点」前掲注（92）178 頁。

くするが、契約間から給付間へと視点を移し、債務間・給付間の牽連関係について緻密な理論的検討を加える。そして注目すべきはその後第三者与信型消費者信用取引での検討を本格的に多数当事者の取引関係に及ぼしていることであり、また債務間の相互依存関係をコーズに注目して説明する点は、前章において検討した、我が国の第三者与信型消費者信用取引に相当する関連貸付をもっぱら念頭において契約間の相互依存性を論ずるフランスの多くの学説が与信契約の消滅をコーズによって説明していることと附合する。ただ契約間の相互依存性をコーズにより説明するフランスの学説が採用するコーズ概念が、契約を締結した目的、つまり契約のコーズを意味するのに対し、同説の論者が念頭においているのは債務負担の原因としての債務のコーズである点に違いがあることに注意する必要がある。

（d）　以上が当事者の選択した法形式を前提に契約の集合事象、特に第三者与信型消費者信用取引における契約間の牽連関係の理論的根拠を明らかにしようとする見解であった。これらは抗弁の接続を認めるために裁判例が考慮したこの取引の特質に由来する3つの要素、すなわち、第一に消費者取引であること、第二に与信者と販売業者とが一体的関係にあり、この一体的関係を中心にして作られた取引構造から与信者と販売業者が利益を享受するのに対して、購入者がこれに比して劣位の立場に置かれていること、第三に当事者の意思に由来する売買契約と与信契約の相互依存関係が存在することのうち、提携契約説は第二番目の要素に、契約結合説および給付関連説は第三番目の要素にそれぞれ着目して牽連関係を説明しようとしたのである。いずれを選択すべきか論述のこの段階では明らかにしえないが、これはなぜ契約が牽連関係にあるのか、つまり契約間の影響関係の原因を問うことに他ならず、この点は後に明らかにするつもりである。

　またこれらの見解は契約間の成立上、履行上、存続上の牽連関係を認めるものであるが、これは一方が不履行なら他方の履行の停止を、不成立または消滅なら不成立または消滅を認めるものであり、いずれにせよ支払停止のみを認める通常の抗弁の接続の効果とは異なるものである点にも注意すべきである。

## 6　販売業者が経営難に陥った場合の抗弁の接続

ところでこれまでに検討してきた裁判例の事案の過半において販売業者が経営難に陥っていた。こうした場合販売業者からの十全な回収はなしえないため、この損失の負担を誰に帰するのかが大きな問題となる。そしてこのことは抗弁の接続を認めることが最終的にどのような効果をもたらすのかを問うことに他ならず、この問題の本質にも関わるものである。しかしながら販売業者が倒産し抗弁の接続が認められた場合の清算関係について、今日まで裁判例は報告されておらず、また学説上の議論も少ない。そこで以下においては少ない手がかりをもとに、こうした場合にいかなる取扱いがなされるのか、つまり誰が損失を負担するのかを代表的な取引である割賦購入斡旋を例に簡単に検討する。

（1）　まず前提となる問題として、売買契約が取消や解除により消滅した場合にも、法 30 条の 4 によれば立替払契約はなお存続し支払停止の効果のみが認められるのか（支払停止説）、それとも立替払契約の効力が消滅する結果、同条の効果としてではなくとも立替金等債務の消滅まで認められるのか（効力喪失説）が問題となる[98]。学説上は効力喪失説も有力に唱えられているが[99]、数少ない裁判例である東京地判平成 5 年 9 月 27 日判時 1496 号 103 頁や最高裁判所事務総局が編集した執務資料は支払停止説を採用し[100]、立法担当者も同説を前提にしているようである[101]。また信義則を根拠に認められてきたのは支払の停止である。したがって以下ではこの支払停止説を前提に検討を行う[102]。

（2）　では抗弁の接続により購入者に支払拒絶が認められたとして、販売業者が経営難に陥った場合にいかなる取扱いが考えられるか。場合を分けて考察する[103]。なお通常売買契約および立替払契約の成立後すぐに立替金

---

[98] この問題については下記に挙げる文献の他に、千葉恵美子「抗弁の接続」梶村太市ほか編『改正割賦販売法』（青林書院 1990 年）77 頁以下や同「抗弁の接続の要件・効果」梶村太市ほか編『割賦販売法』（青林書院 2000 年）114 頁以下を参照した。
[99] 清水・前掲注（1）276 頁や千葉・前掲注（86）88 頁以下等。
[100] 最高裁判所事務総局・前掲注（34）83 頁以下。
[101] 通商産業省産業政策局消費経済課・前掲注（16）193 頁以下参照。

の支払いがなされるため、以下は既に立替金の支払いがなされていることを前提とする。

　まず販売業者が売買契約上の債務を履行しないまま経営難に陥ったが倒産手続が開始されない（例えば販売業者が事実上倒産して行方が知れない）場合には、売買契約が解除等により消滅していようといまいと支払停止説によれば立替払契約は存続するが、支払停止の効果が継続し顧客・販売業者間において清算がされないため、信販会社は永久に顧客に対して未払いの賦払金を請求できなくなる可能性がある[104]。

　次に販売業者について倒産手続、特に破産手続が開始された場合で[105]、破産宣告前に顧客が売買契約を解除していた場合について。この場合支払停止説によれば立替払契約はなお存続することになるが、売買契約上の代金支払義務の消滅の効果は破産手続が終了しても存続し、その抗弁は信販会社に対し接続するから、信販会社は購入者に対し未払いの賦払金の請求ができないことになるとされる[106]。なおこの場合購入者は商品を返還せねばならず、頭金を販売業者に支払っていればその返還請求権が破産債権と

---

[102] また立法担当者や裁判例は抗弁の接続の効果として既払金の返還を認めていない。裁判例として例えば、福岡地裁小倉支部判決平成3年7月19日NBL485号67頁や前掲東京地判平成5年9月27日、広島地判平成8年5月29日判タ928号248頁が挙げられる。

　これに対し学説上既払金の返還を認めるべしとの主張も有力である。例えば、神作裕之「割賦購入あっせんにおける抗弁権の接続と既払金の返還」クレジット研究23号77頁以下や千葉「抗弁の接続」前掲（98）75頁以下がある。なお城内明「個品割賦購入あっせん取引における信販会社に対する既払金返還請求（上）（下）」国民生活研究46巻1号38頁以下、46巻2号20頁以下は、抗弁の接続の法理によらずに民法上既払金返還を認める法律構成上の可能性（例えば信販会社自身の立替払契約上の付随義務違反に基づく損害賠償など）を模索する。

[103] この問題については下記の文献の他に、福永有利「個品割賦購入あっせんと販売業者の経営悪化」梶村太市ほか編『割賦販売法』（青林書院2000年）131頁以下や福永有利・千葉恵美子「個品割賦購入あっせんと倒産法（下）」判タ529号48頁を参照した。

[104] 支払停止説に立つとこのような結果になる恐れは千葉・前掲注（86）88頁以下が指摘している。

[105] 破産手続の他に倒産処理手続としては民事再生手続や会社更生手続等があるが、破産法の規定が民事再生手続や会社更生手続に準用されていることから、以下の検討も同手続を念頭におく。

[106] 最高裁判所事務総局・前掲注（34）83頁以下参照。

なる。

　では購入者が売買契約の解除をすることなく販売業者が破産宣告を受けた場合はどうか。破産宣告前にすでに販売業者の債務不履行による解除権が購入者に発生しこれを行使することができるのなら、破産宣告後も購入者は破産管財人に対してこれを行使することができるとするのが一般的である[107]。これに対し販売業者が債務不履行をなす前に破産宣告を受けた場合に破産法53条1項の適用の有無をめぐって問題が生ずる。学説は分かれるが、立替払後も賦払金が完済されていない以上双方未履行に類する状態にあるとして同条の適用または類推適用を認める見解[108]によれば、同条により管財人は履行を求めるか契約を解除するかの選択権を有し、履行を選択すれば購入者は引き続き信販会社への支払いを継続し、解除を選択すれば先の解除の場合と同様の結論になる。反対に信販会社による立替金の支払いをもって購入者の売買代金債務の弁済ありとして同条の適用を認めない見解によれば、破産宣告後販売業者の履行がなくとも破産手続外での債務の履行が禁じられるため債務不履行は成立せず、購入者は履行のない債権を破産債権として行使する他なく、また解除もできないことになる。破産債権は破産配当を受け、破産手続終結とともに消滅するが、その後なお抗弁の接続が認められるか否かがさらに問題となる。この場合、購入者が売買契約上の債権を有しない以上接続されるべき抗弁もないとしてこれ以後の信販会社に対する支払拒絶を認めない見解[109]がある一方で、抗弁の接続を認める法の趣旨を販売業者の責任で売買契約上の債務の履行がない限り購入者は賦払金を支払わなくてもよいとしたものというように拡張的に捉えて、販売業者が破産免責を受けた場合にはこの債務の履行がないとして、なお賦払金の支払いの拒絶を認める見解[110]もある。そして前者の見

---

[107] 例えば加藤哲夫『破産法（第三版）』（弘文堂2000年）172頁以下など。
[108] 千葉恵美子「割賦購入あっせん」福永有利編著『新種・特殊契約と倒産法』（商事法務研究会1988年）45頁以下。
[109] 雨宮眞也「割賦購入あっせん取引において加盟店が破産宣告を受けた場合のクレジット会社の消費者に対する法律上の責任」クレジット研究22号47頁以下。なお千葉・前掲注（108）53頁もこれ以後の支払拒絶を認めない。ただ旧破産法59条1項の類推適用を認める。

解によればこの場合販売業者の破産による損失は購入者が負担することになる。

(3) 以上販売業者が経営難に陥った場合における抗弁の接続如何を各場面ごとに検討したが、販売業者が債務不履行をなす前に破産宣告を受けた場合を除くいずれの場面においても、支払停止説によれば購入者の支払拒絶が継続する以上信販会社は購入者に賦払金を請求できず、販売業者からの回収を余儀なくされ、結局損失の負担を強いられることになった。また販売業者が債務不履行前に破産宣告を受けた場合においてもなお支払拒絶を認める見解が有力であった。もちろんここでの損失は未払いの賦払金額に相当し、顧客が売主に支払った頭金や信販会社にすでに支払った既払金は除外されるわけであるが、これまでの裁判例を見る限りそのほとんどで全体の金額に占める割合はこの未払金の方が高かった。そしてこうした見解は以上の取扱いを認めることで、抗弁の接続が認められれば最終的に販売業者の無資力のリスクを信販会社が負担させられることを明白に意図していたのである[111]。明確な裁判例がいまだ存在しない中で断定はできないが、抗弁の接続が与信者へのリスク転嫁の十分な可能性を持つことは否定できないであろう[112,113]。

---

[110] 福永有利「個品割賦購入あっせんと販売店の経営悪化」梶村太市ほか編『改正割賦販売法』(青林書院 1990 年) 94 頁以下。
[111] 例えば、千葉・前掲注 (108) 66 頁以下や福永・千葉・前掲注 (103) 57 頁等。
[112] では売買契約が無効、取消、解除等により消滅したとき、法 30 条の 4 の効果により (効力喪失説)、または民法上認められる存続上の牽連関係により、立替払契約が消滅することを認める見解に従った場合、さらにはなんらかの立替払契約固有の事由により立替払契約の消滅が認められる場合、信販会社、購入者、販売業者の三者間の清算はどのようになされることになるか。この点について判示した第三者与信型消費者信用取引に関する裁判例は見当たらないが、次のような考え方がある。

まず、千葉・前掲注 (108) 75 頁以下は、売買契約が解除され購入者の信販会社に対する立替金等債務も消滅する場合を、本人による委託がないにもかかわらず他人の債務を弁済した場合と同視できるとしたうえで、購入者は販売業者に対して売買代金債務を負担していないから、信販会社の出捐による債務消滅の効果は購入者に帰属せず、債務消滅という利得がない以上、購入者に信販会社に対する関係で不当利得返還債務を負担させることはできない。反対に顧客には売買代金債務を弁済した効果は帰属しないから、販売業者は顧客に対し利得を有せず、顧客は販売業者に対して頭金の給付利得返還請求権のみを有する。そして売買代金債務が解除によって遡及的に消滅している以上、販売業者は立替金を保持する法律上の原因を失い、信販会社は販売業

## 7　小括

　以上立法、判例、学説が錯綜する抗弁の接続の議論を、議論の発生から今日に至るまで、抗弁の接続がいかにして認められてきたかという観点か

---

者に対しこの立替金の不当利得返還請求権を有するとしている。これに対して、立替払契約が消滅すれば購入者は信販会社に立替金を不当利得に基づいて返還しなければならないとの考え方もありうる（長尾治助「倒産加盟店の顧客の権利と信販会社の責任」判タ 942 号 82 頁参照）。立替金の支払いにより売買代金債務の消滅の効果が購入者に帰属した後、売買契約の遡及的な消滅により、購入者の販売業者に対する同額の不当利得返還請求権が発生し、購入者に利得ありと見るのであろう。また裁判例として、割賦購入斡旋に関するものではないが、変額保険契約とその保険料の融資契約が組み合わされた取引について、東京地判平成 8 年 7 月 30 日判時 1576 号 103 頁は、両契約の錯誤無効を認めたうえで、その後の三者間の清算を後者の考え方に従って行っている。

　以上のうち前者の見解によれば販売業者の無資力のリスクは信販会社が負担し、後者の見解によれば購入者が負担することになる。ただいずれによっても立替払契約が遡及的に消滅する以上、購入者が信販会社に既に支払った既払金の返還は認められる。

　なお第三者与信型消費者信用取引の場合ではないが、三当事者間で二つの法律関係が存在しない事例について、最三判平成 10 年 5 月 26 日民集 52 巻 4 号 985 頁は、A の強迫により、甲（借主）が乙（貸主）と消費貸借契約を締結し、甲が貸付金を丙に給付するよう求め、これに従って乙が丙に対して給付した後、甲が同契約を取り消したという事案において、「乙からの不当利得返還請求に関しては、甲は、特段の事情のない限り、乙の丙に対する右給付により、その価額に相当する利益を受けたものと見るのが相当である」としながらも、甲と丙との間に事前に何らの法律上または事実上の関係がなく、A の強迫を受けて、ただ指示されるがままに甲が消費貸借契約を締結し、丙への貸付金の給付を指示した本件においては、上記特段の事情があることが明らかであって甲は何らの利益を受けなかったというべきであるとして、乙の甲に対する不当利得返還請求を認めなかった。本判決は本問同様のいわゆる二重原因欠缺の事例について最高裁として始めて判断をした重要な判決として、今後の本問事例の判例による処理を占うにあたって、特に特段の事情の範囲に本問事例が含まれうるかなど、その検討は欠くことができないであろう。本判決については、小野秀誠「判批」金判 1070 号 54 頁以下や潮見佳男「「第三者への給付」と不当利得（上）（下）」金法 1539 号 24 頁以下、1540 号 26 頁以下、平田健治「判批」リマークス 1999 下 52 頁以下、八木一洋「判解」曹時 51 巻 7 号 159 頁以下、山下純司「判批」法協 117 巻 10 号 159 頁以下などを参照した。

[113] もちろん実際には信販会社を始めとする与信者はこうした損失を回避するために様々な措置を講じているであろう。例えば、割賦購入斡旋において目的物の所有権は信販会社に留保されているし、信販会社は販売業者との加盟店契約において販売業者に売買契約上債務不履行等があった場合には販売業者が立替金を返還することを約し、また同契約を締結する際に販売業者の倒産に備え担保を取ることも保証人を立てさせることも可能である。

ら検討してきた。

　ここでまず以上の検討から、変転を繰り返した抗弁の接続をめぐる法状況の今日までの姿を立法および判例を中心にまとめれば、以下のようになろう。すなわち、まず抗弁の接続は規定の新設以前にも割賦購入斡旋を中心に多数の下級審裁判例によって認められていた。これらは主として第三者与信型消費者信用取引の特性である①消費者取引であること、②与信者と販売業者の一体的関係および購入者が劣位に置かれる取引構造、③売買契約と与信契約の相互依存関係を理由に、もっぱら信義則等に基づいて抗弁の接続を認めていたのである。また学説の多くも抗弁の接続を認めて購入者・消費者を保護すべく様々な法律構成を提唱していた。その後昭和59年の割賦販売法改正により抗弁の接続は明文をもって認められた。そしてここで立法担当者は規定の新設理由としてもっぱら上記の①および②を挙げていたのである。しかしながら同規定の適用対象取引は指定商品の割賦購入斡旋に限定され、適用対象外の取引について抗弁の接続の認否如何の問題は依然残されていた。この問題は具体的に同規定を創設的規定と解するか確認的規定と解するかという規定の法的性質の問題と民法上抗弁の接続を如何に認めるかという問題として現れたが、平成2年の最高裁判決は学説の多数の見解に反し、同規定を法が購入者保護のために特別に設けた創設的規定であると解して法30条の4の類推適用を制限し、また民法上の抗弁の接続について、与信契約においてその旨の合意のある場合または売買契約上の不履行等の結果を与信者に帰せしめるのを信義則上相当とする特段の事情がある場合にこれを限定し、抗弁の接続を認めるにあたり厳格な態度を打ち出した。抗弁の接続に関する初の最高裁判決である同判決はその後の判例における抗弁の接続の認否に多大な影響を与え、これに続く多くの判例は同最判の定式に従い、その厳格な態度を継承したのである。またこの時期の学説の中には以上のような法状況を前提に抗弁の接続以外の構成も視野に入れつつ適用対象外の取引について購入者の支払拒絶その他を認めようとする傾向も見られた。その後平成11年の再度の割賦販売法の改正により抗弁の接続は適用範囲の拡大を見、今日においては第三者与信型消費者信用取引の主要な取引類型である割賦購入斡旋や提携ローン、

ローン提携販売の指定商品、指定権利・役務を目的とする取引にその適用が認められ、広範な適用領域を有するに至っているのである。

次に以上のような今日までの抗弁の接続の議論について特に以下のような点を指摘することができるであろう。

まずこれまで検討したことから明らかになったことであるが、抗弁の接続の問題は売買契約に端を発する取引システム内のリスクを与信者に負担させるか購入者・消費者に負担させるかというリスク配分の問題を提起するものであると評価することができるであろう。というのも実際には以上に検討した数多くの裁判例のほとんどで販売業者等が経営難に陥っていたわけであるが、支払停止説によれば、一方で抗弁の接続が認められた場合、与信者が販売業者からの回収不能による損失を負担する公算が高かったのに対し、他方で抗弁の接続が認められない場合、購入者は与信者への賦払いを強いられ、販売業者からの回収不能による損失を負担しなければならなくなったからである。したがって抗弁の接続を認めることは最終的に未払いの賦払い金分の回収不能のリスクを与信者に転嫁することを意味していたのである。またこのことは抗弁の接続規定新設前のいくつかの裁判例が購入者に損失を負担させることが不当であるとして抗弁の接続を認めていたことにも、また立法担当者が抗弁の接続規定の新設理由中与信者の損失負担能力に言及する点にも現れていたし、さらに学説の中には端的に抗弁の接続の問題の核心がこうしたリスクの負担の問題であることを指摘するものもあった。そこでこうした視点から今日の抗弁の接続の立法およびこれを補完する判例法理を以下のように評価することはできないであろうか。すなわち、昭和59年の改正割賦販売法は立法担当者によれば上記第三者与信型消費者信用取引の属性のうち特に①および②に注目して抗弁の接続を認めたわけであるが、立法担当者の意図を尊重すればここからも同規定が特定の取引について購入者・消費者の保護、そして与信者へのこのリスクの転嫁までも認めたものであるということができるであろう。そしてその後の平成2年の最高裁判決以降の判例も同様にこの規定を創設的規定、つまり特別な場合に消費者保護のために政策的に抗弁の接続を認めた規定であると解し、その上でこれにあたらない取引について特段の事情の

存在を要件に民法上信義則を介して抗弁の接続を認めたわけであるが、この判例法理は立法を補完し、これと一体になって特定の取引における抗弁の接続、つまりこのリスクの転嫁までも含んだ購入者・消費者の保護如何を決していたのではないだろうか。

　しかしながら他面においてこの第三者与信型消費者信用取引はまた複数の契約が形成する単一の取引における契約間の影響関係が問題となる複合契約の典型的な一つの例でもある。このことは、契約形式の組み換えを志向する見解、提携契約説、契約結合説、給付関連説などが、広く他の取引、さらには契約の集合現象一般を視野に入れて抗弁の接続のための法律構成や契約間の牽連関係の理論構成を行っていたことに端的に表れている。契約の集合事象それ自体に注目するこれらの見解も各説ごとにその内容や射程は様々であった。内容について、まず最初の見解が経済的実質と法形式の乖離を直接契約形式を組み換えることによって埋めようとしたのに対し、その他の見解はあくまで当事者の選択した法形式を所与のものとした上で契約の集合事象に対応しようとした。次にこうした見解のうち、提携契約説は先に挙げた②の要素に注目し、契約結合説および給付関連説は③の要素に注目して、それぞれの理論的根拠により抗弁の接続や契約間の牽連関係を説明しようとしていた。いずれにしても以上は複合契約における複数の契約間の影響関係一般を論ずる複合契約論の前身となる見解であった。このように第三者与信型消費者信用取引は複数の契約間の影響関係如何という複合契約論の観点からも論じられる余地を持っていたのである。

　以上のように抗弁の接続の議論は特定の取引での与信者と消費者・購入者との間での販売業者からの回収不能のリスクの配分の問題、そしてこの点までも含んだうえでの購入者・消費者の保護の問題という性格を持ちえた。と同時にいくつかの学説上の見解からも明らかなように、第三者与信型消費者信用取引は契約間の影響関係が問題となる複合契約の一つの代表的な例としてとらえることもできたのである。では抗弁の接続の議論の前者のような特性は同議論の他の取引への一般化を阻むものであろうか。また第三者与信型消費者信用取引を後者のようにとらえる場合、この取引を含む複合契約における複数の相互に依存する契約間の影響関係を規律する

法理はどのように構築されるべきなのか。こうした見解は契約間の影響関係の理論的説明を提示する点で複合契約論の前身となるものであったが、その内容および射程において多岐に分かれ、いずれにしてもいまだ決定的な見解は登場していなかったのである。

そして抗弁の接続の議論の契約間の影響関係一般の議論に及ぼしがたい特殊性を明らかにすることは他の取引における同種の議論との比較を通じてこそよくなしうるものである。その意味でもっぱら二当事者間での他の契約における債務不履行を理由とする契約の解除の可否が問題となった、最三判平成8年11月12日（以下平成8年最判と略称する）他一連の裁判例およびそれに引き続く議論を検討することが必要になる。また複数の契約が形成する単一の取引である複合契約における契約間の関係一般の法理の構築という観点からも、この議論の検討を欠くことはできない。こうした法理の構築を目指すならば、他の取引をも視野に入れて第三者与信型消費者信用取引における契約間の牽連関係を検討した見解について、その検討結果を十分踏まえつつも、抗弁の接続の議論の持つ特殊性に鑑みて、その再検討を欠くことはできないであろう。

## 二　他の契約の不履行に基づく契約の解除の是非に関する議論

これまで複合契約における複数契約間の影響関係の考察に主として材料を提供してきたのが上述の第三者与信型消費者信用取引における抗弁の接続の問題であった。抗弁の接続に関する学説のうち広く他の取引をも視野に入れるものも考察の過半をこの取引に費やしていたのである。しかしながら複合契約における契約間の影響関係という視点は抗弁の接続の問題の一段面に過ぎず、またこうした視点を持つ学説も一部に過ぎなかった。ところが最三判平成8年11月12日を契機に[114]、近時判例において他の契

---

[114] これ以前に我が国において複数契約間における消滅の局面での影響関係が問題になった著名な例が、いわゆる芸娼妓の前借金の約束の効力に関する一連の判決である。ここでは両親が抱主から金銭を借り（前借金）、娘が芸娼妓としてこの抱主の下に住み込みで働き、その稼ぎを前借金の弁済にあてるということが行われていたが、実態は全体として一つの娘の人身売買に他ならないため、人身の自由を過度に拘束する芸娼妓

稼働の部分が公序良俗に反し無効であるだけでなく、契約形式上これとは独立した消費貸借である前借金の部分も同様に無効になるかが問題となった。この問題については、今日までに数多くの文献が著されているが、以下の叙述は、特に、西村信雄「前借金無効の判決について」法時 28 巻 1 号 91 頁以下、米倉明「法律行為 (一六) 〜 (一九)」法教 59 号 33 頁以下、60 号 28 頁以下、61 号 118 頁以下、62 号 30 頁以下および大久保憲章「前借金契約無効判決再考」佐賀大学経済論集 24 巻 3 号 81 頁以下によっている。

　当初大審院の判例の主流は、契約形式を重視して芸娼妓稼働契約と消費貸借契約の二個の契約の存在を認めたうえで、前者が公序良俗に反し無効になっても後者が無効になるわけではないとしていた（例えば大判大正 9 年 10 月 30 日法律新聞 1808 号 11 頁など）。その後、前借金について真意は芸妓稼業契約の実質を構成し、芸妓稼業をさせる対価である場合には無効であるとする大判大正 10 年 9 月 29 日民録 27 輯 1774 頁や、当事者が特約によって芸妓稼業契約と消費貸借契約を密接不可分にし一方無効ならば他方は効力なしという相互に条件をなすものとした場合には前者の無効は後者の無効をもたらすとした大判昭和 10 年 5 月 14 日大審院判決全集 18 号 4 頁のような判決も現れたが、ほとんどは結果的に消費貸借契約がなお有効であることを認めていた。こうした大審院判決の動向を逆転させこの問題に終止符を打ったのが最二判昭和 30 年 10 月 7 日民集 9 巻 11 号 1616 頁である。同判決は、前借金が娘の酌婦稼働の対価として受領され両者が密接不可分の関係にあるから、契約の一部である稼働契約の無効が契約全部の無効をきたし、したがって消費貸借も無効であるとした。なおこの最高裁判決については評釈その他数多くの文献が著されているが、特に川島武宜「判批」判時 63 号 1 頁以下、谷口知平「判批」民商 34 巻 3 号 85 頁以下、田村五郎「前借金無効の判決について」新報 63 号 5 号 12 頁以下、能見善久「判批」法協 97 巻 4 号 123 頁以下、三淵乾太郎「判解」曹時 7 巻 12 号 81 頁以下、同「前借金は返還するを要しない」判夕 52 号 1 頁以下、我妻栄「判批」ジュリ 93 号 23 頁以下を参照した。

　ではこの最高裁判決において、一方の契約の無効による他方の契約の無効はどのような法的根拠に基づいて認められたのか。これ以前の大審院判例の主流が稼働契約と消費貸借契約の二個の契約の存在を明確に認めていたのに対して、本判決は、契約の個数の判断について非常にあいまいであるが、一応稼働契約と消費貸借契約の二個の契約の存在を前提にしているものと考えられる。その上で同判決においては、消費貸借契約が不法な稼働契約と密接不可分な関係にあって、これと合わさることで全体として不法な契約関係（人身売買）を構成し、その構成要素としてこの不法な契約関係の達成を目的としているために、その不法な目的ゆえに公序良俗に反し無効になる（いわゆる動機の不法）との判断がなされたものと考えられ、そうであれば、複合契約における消滅の局面をはじめとした契約間の影響関係を規律する法理の本質を、契約が締結された当該の取引の達成という目的をその契約の処理にあたっていかに考慮するかに還元する後述の本章の立場によれば、ここにも複合契約論の一つの表れを見ることができるであろう。そして同判決以後も様々な取引において、このように目的が不法であることを根拠に一方の契約の公序良俗違反無効の他方の契約への影響を認める少なからぬ判決が出されているのである。そうであれば、この一方の契約の公序良俗違反無効の他方の契約への影響如何の問題は、本章で扱う他の契約の不履行に基づく契約の解除如何の問題と並んで消滅の局面における複合契約の議論の重要な部分を

約における債務不履行を理由に契約の解除を認めうるか否かが問題とされ、複数の契約間の関係が正面から活発に議論されるようになり、複合契約における複数契約間の関係についての考察に新たに有力な基点が加わることになった[115]。そこで以下においてはまずこの平成8年最判を中心とする一連の裁判例およびこの判決に触発され学説上展開された議論の現状を確認し[116]、次に抗弁の接続に関する議論との関係を検討し、その上でこの議論の持つ課題を提起したい。

---

なし、その検討は複合契約の考察にとっての課題といえ、本問題の検討は別稿にて行う予定である。なお既にこうした問題関心からこれら判決を検討するものに川島武宜ほか編『新版注釈民法 (3)』(有斐閣 2003 年)〔森田修〕212 頁以下がある。

[115] 複合契約における消滅の局面での影響関係如何の問題としてもう一つ重要なものに、前注にて触れた一方の契約の公序良俗違反無効の他方の契約への影響如何の問題があるが、その代表的な判決である最二判昭和 30 年 10 月 7 日について、一部の無効が全部の無効を来すとの判旨の表現から、これを一部無効の理論によったものと理解するものがあり (むしろこちらの方が一般的である)、またさらに進んで複数の契約が並存する場合も一部無効の問題に取り込まれるなら、一つの契約の無効が他の契約にどう影響を及ぼすかというこの複合契約論と一部無効論は同じ問題であるとさえいえるとの指摘をするもの (平野裕之『民法総則 (第 2 版)』(日本評論社 2006 年) 152 頁以下、なお同「一部無効」椿寿夫編『法律行為無効の研究』(日本評論社 2001 年) 205 頁以下参照) もある。そしてこれらによればこの問題は一部無効の問題の中に位置づけられることになる。これに対し複数契約間の影響関係如何という複合契約の議論の定着を反映してか、森田修・前掲注 (114) 212 頁以下や大村敦志『基本民法 I (第 2 版)』(有斐閣 2005 年) 86 頁以下のように、本問を一つの取引を構成する複数の契約間における一つの契約の無効の他の契約への拡大如何の問題として捉える見解も現れている。思うに、本来一部無効の問題は一個の契約における無効の範囲の契約の全体から契約の一部への縮減如何を問題にするものであるのに対し、複数の契約間においては一方の契約の無効の他方の契約への影響如何という正反対の現象が問題になるはずであり、複数の契約の存在を前提にする以上はその間の影響関係如何という枠組みでの議論の対象にする方が事態適合的ではないか。そしてこれによれば三当事者以上の複雑な取引を含むより広範な事象を捉えることができ、これらを同じ枠組みで処理することが可能になるであろう。

[116] 以下の判例および学説については、本田純一『契約規範の成立と範囲』(一粒社 1999 年) 197 頁以下および宮本健蔵「混合契約および複合契約と契約の解除」志林 97 巻 1 号 35 頁以下を参照した。また他に同最判を契機に複合契約について論じ、あわせてドイツにおけるネット契約論に触れるものとして、橋本恭宏「システム (ネット) 契約論序説」椿先生古稀記念『現代取引法の基礎的課題』(有斐閣 1999 年) 317 頁以下を参照した。

## 1 平成8年11月12日の最高裁第三小法廷判決を中心とする裁判例

(1) この問題についての始めての判決が東京地判平成4年7月27日判時1464号76頁である[117]。持分所有形式によるビルの小口分譲販売会社であるYがビルの共有持分をXに売却した上で、Xからこれを借り受けて家賃を支払いこれをスポーツ施設として使用していた。Yは当初約束どおり持分価格の年4%の家賃を支払っていたが、後に経営が苦しくなったことからこれを年2%に減額した。XがYの債務不履行を理由に持分の売買契約を解除し販売代金の返還を求めたのが本件訴訟である。判旨は、形式上本件では別個独立の売買契約と賃貸借契約とが成立し、契約の解除に関する条項が売買契約に関する条項の一つとして規定され、賃貸借契約に契約違反があっても売買契約の解除が可能のようには規定されていないと見ることもできるとしながら、本件のような取引において、「本件契約は、本件持分を買い受ける方法により出資し、これに対し相当の利益配分を受ける旨の、本件持分の売買と賃貸借契約が不可分的に結合した一種の混合契約と見るのが相当であ」るとし、後者の債務不履行が前者の解除事由にあたらないとすることは相当ではないとして、XのYに対する請求を認めたのである。

これに対し本件の控訴審判決である東京高判平成5年7月13日金法1392号45頁は、本件契約が売買契約と賃貸借契約の混合契約であるとした上で、契約の条項を仔細に検討すれば売買契約の部分と賃貸借契約の部分とはそれぞれ可分のものとして扱われており、規定が存在しない以上賃貸借契約の不履行により売買契約も含めた本件契約の全部の解除を認めることはできず、またXは持分処分により投下資本の回収が可能であったと判示した。

まず契約の個数の判断について、単一の混合契約の成立を認めたのか、売買契約と賃貸借契約の二つの契約の成立を認めたのか、両判決ともその

---

[117] 本判決の評釈として、星野豊「判批」ジュリ1067号131頁以下を参照した。なお本判決については他に松本恒雄「不動産の証券化と小口不動産投資」法セ482号99頁以下を参照。

判断は明確ではない。この点はおくとして、結局本件で問題となったのは売買契約に規定された契約解除条項に賃貸借契約の不履行を含むと解釈できるか否か、つまり契約条項の解釈である。本件においては契約書の体裁等の形式が一種の投資契約を行うという当事者の経済的な目的に一致していなかったわけであるが、一審判決はこうした形式にもかかわらず当事者の経済的な目的を強調しこれを認めたのに対し、二審判決は一方でこうした目的を認めながら、どちらかといえば契約の形式的な体裁を重視し、また持分の処分による投下資本の回収が可能であったこともあわせ鑑みて、これを認めないのが当事者の意思であると判断したのである。

いずれにせよ本件の一審判決が当事者の経済的な目的を重視し、これを売買契約の解除条項の解釈に反映させて、他の契約の不履行による契約の解除を認めた点は注目されるべきであろう。

(2) これに対し以下に見る最高裁第三小法廷平成8年11月12日判決民集50巻10号2673頁は他の契約の不履行による契約の法定解除を認めたものである。本判決は最高裁としてこれを認めたものであり、最重要の判決として以下詳細にこれを検討したい。

(a) まず事案について。XはYとの間でいわゆるリゾートマンションの区分所有権の売買契約を、あわせてスポーツクラブの会員契約を締結し、その代金を支払った。ところで本件売買契約書の記載および本件クラブの会則等の定めによれば、本件マンションの区分所有権を購入するときは必ず本件クラブに入会しなければならず、これを他に譲渡したときはその会員たる地位を失うとされており、マンションの区分所有権の得喪とクラブの会員たる地位の得喪とが密接に関連付けられていた。その後本件マンションの公告等に本件スポーツクラブの施設として記載されていた屋内プールがその完成予定日をすぎても着工すらされていなかったところ、Xがこれを理由に本件売買契約および会員契約の解除の意思表示をし、売買代金等の返還を求めて提起したのが本件訴訟である。

(b) 原原審大阪地判平成6年12月19日は、売買契約と会員契約は不可分的に一体化し、屋内プールを完成させる債務は会員契約のみならず売買契約にとっても要素たる債務であるとして、Xの解除は有効であるとした。

これに対し原審大阪高判平成 8 年 1 月 31 日は、両契約が別個のものであることを前提に、会員契約の債務の不履行を理由に売買契約を解除するためには会員契約の債務の履行が売買契約を結んだ主たる目的の達成にとって必須でありかつそのことが表示されていることが必要であるが、その表示のないことを理由に X の解除を認めなかった。X が上告。

（ c ） 破棄自判。まず前提として屋内プールの完成は本件会員契約において要素たる債務の一部であることを認める。その上で、「同一当事者間の債権債務関係がその形式は甲契約及び乙契約といった二個以上の契約から成る場合であっても、それらの目的とするところが相互に密接に関連付けられていて、社会通念上、甲契約又は乙契約のいずれかが履行されるだけでは契約を締結した目的が全体としては達成されないと認められる場合には、甲契約上の債務の不履行を理由に、その債権者が法定解除権の行使として甲契約とあわせて乙契約をも解除することができるものと解するのが相当である」とし、「これを本件についてみると、本件不動産は、屋内プールを含むスポーツ施設を利用することを主要な目的としたいわゆるリゾートマンションであり、前記の事実関係の下においては、X・・・は、本件不動産をそのような目的をもつ物件として購入したものであることがうかがわれ、Y による屋内プールの完成の遅延という本件会員契約の要素たる債務の履行遅滞により、本件売買契約を締結した目的を達成することができなくなったものというべきであるから、本件売買契約においてその目的が表示されていたかどうかに関わらず、右の履行遅滞を理由として民法五四一条により本件売買契約を解除することができる」としたのである。

　(3)　この判決の論点は契約の法定解除に関する民法 541 条の問題に集約されるが、これを細分すれば、①Y は屋内プールを完成する債務を負っていたか、②負っていたとして、その債務は解除を可能にする要素たる債務であったか、③その債務は売買契約を含む一個の契約の債務であるか、④そうでないとしても、会員契約の債務不履行を理由に売買契約を解除することができるのか、ということになる。このうち③の契約の個数の問題と④の他の契約の債務不履行を理由とする契約の解除如何の問題は本判決が提起した新しい問題であり、これ以降この両問について活発な議論が展

開されることになる。複合契約における契約間の影響関係を論ずる複合契約論にとって契約の個数の問題はその前提をなす場合があるが、以下においてはこの複合契約論の主たる対象となる④の問題の検討をおこなう[118]。本判決については多数の判例評釈が出され[119]、これらの多くは判旨の理論的説明に腐心しているといえるが、この点は後述の学説の検討の所で扱うとして、本判決は何故に形式的には何ら問題のない売買契約を消滅させた

---

[118] 我が国においてこの契約の個数の問題に関する議論はこの判決以降現在までに一定の蓄積を見ている。議論は混合契約および複合契約の議論に関係し、また個数決定の要否からそのための判断基準の提示を含み、簡単に扱うことはできないが、ここではこれに関する学説を簡略にまとめてみる。我が国のこの議論の全体像については、近藤雄大「契約の個数の判断基準に関する一考察」同法54巻2号71頁以下を参照した。

契約の個数に関する議論はその要否に関する議論に始まる。例えば道垣内弘人「一部の追認・一部の取消」星野先生古稀記念『日本民法学の形成と課題（上）』（有斐閣1996年）326頁以下は、法律行為が一つまたは複数のどちらと判断されようと全部または一部の取消・追認が可能なのであるから、個数の概念は重要な意味をもっていないとする。しかし多くの見解は個数の判断に独自の意義を認める。契約が一個か複数かはその後の議論の枠組みを決める分岐点としての意義をもちうるからである。

ではその意義を認めるとして、これを決するためにいかなる判断基準があるのか。様々な見解が主張されているが、これらは大きく基準として当事者の意思を重視するか否かにより分かれる。まず当事者の意思を重視する見解として、宮本・前掲注（116）51頁以下は、第一に当事者の意思が基準とされ、次いで現実の取引社会での「ひとまとまり」のものとしての認知度によるとしている。また河上正二「判批」判評470号177頁以下は、当該部分だけで独立的な対価計算関係を形成していると評価できるかどうかにかかっているとし、そのうえで当事者の意思を重視してこれを評価する。これに対し、金山直樹「判批」法教201号115頁は、契約の単位は実質的な法的財貨単位で考えられねばならず、これは「何に対して対価が支払われたか」を考慮することであるとし、また近藤・本注122頁以下は、契約の個数の基準として契約成立に最低限度必要な本質的事項たる「要素」を包含する合意が存在しかつ「対価的均衡」が保たれていることを挙げ、契約の個数の判断において意思を重視しない。

以上が現在までの契約の個数に関する学説の議論の概要である。学説の多くは契約の個数の議論に意義を認め、その判断基準として主に当事者の意思や対価関係に注目していたのである。

[119] 本判決の判例評釈として、大村敦志「判批」平成8年重判解68頁以下、金山・前掲注（118）114頁以下、河上・前掲注（118）175頁以下、北村實「判批」法時69巻12号103頁以下、同「判批」ジュリ、民法判例百選Ⅱ（第5版）100頁以下、近藤崇晴「判批」ジュリ1107号130頁以下、同「判解」曹時49巻8号261頁以下、水辺芳郎＝清水恵介「判批」日法64巻2号223頁以下、原啓一郎「判批」判タ978号70頁以下、本田純一「判批」リマークス1998（上）35頁以下、山本豊「判批」判タ949号48頁以下、渡辺達徳「判批」新報104巻4・5号161頁以下を参照した。

のか。本判決の判旨は抽象的で様々な解釈の余地を残しているが、以下のような評価も可能であろう。

　本判決は本件の契約の個数についてこれを会員契約と売買契約の二つであるとの見地に立って論を進めている。その上で両契約の目的が密接に関連付けられ、一方の契約が履行されるだけでは契約を締結した目的が全体として達成されない場合に、民法541条に基づく一方の契約の不履行による他方の契約の解除を認めるのである。本判決は、同一当事者間で結ばれた独立の複数の契約が単一の取引を構成し、各契約がこの取引を達成するため相互依存関係にある場合に、この取引全体を達成しようという意図、つまり各契約を結んだ目的[120]から契約の解除の可否を判断したものといえる。そしてこれを詳述すれば以下のことが指摘できるであろう。すなわち、まず本判決が当該の取引の達成という目的のために締結された売買契約と会員契約の一体性を承認し、そこに法的な意義を見出していることが指摘できる。これをより具体的に見れば、本件においてはスポーツクラブ会員権付きのリゾートマンションの売買の全体としての達成が意図され、売買契約と会員契約はともにこの取引を目的として締結されていた。次にこうした取引においてひとたび会員契約に不履行が生じ、この取引全体が達成できなくなった場合において、本判決は会員契約の解除のみならず売買契約の解除をも認めた。ここには契約締結の目的から見て存在意義を失った売買契約を存続させまいとの判決の意図を見ることができるであろう。そして本判決はこれを売買契約の解除という法律構成を通じて実現しているのである。以上から本判決はある単一の取引を実現するために複数の契約が結ばれた場合において、うち一つの契約が履行されなかったことにより取引が実現されず、その結果残りの契約がその取引全体を達成しようとい

---

[120] 通常契約の目的には、契約の効果として発生する権利・義務の内容を指す場合と、契約の外にありながら契約によって当事者が達成ないし獲得しようとする利益・効用を指す場合とがある。ここで契約の目的とは後者を指すものである。この契約の目的については、奥田昌道編『新版注釈民法（10）Ⅰ』〔金山直樹〕（有斐閣2003年）52頁以下を参照した。また岸上晴志「契約の目的についての覚書」『契約の目的』（不磨書房2006年）17頁以下は、契約の目的は契約締結において動機とほぼ同様の意味内容であるが、目的は以後履行に至るまで関与しうるものと位置づける。

う意図、つまりその締結目的より見て存在意義を失うに至った場合に、解除という法律構成によってその消滅を導いたものであると評価できるであろう。

（4）以上の最高裁判決は二当事者間の場合に関するものであるが、三当事者以上の間において同様に他の契約の不履行による契約の解除の可否が問題になったのが東京高判平成10年7月29日判タ1042号160頁[121]である。Xは高齢者向けケア付き分譲マンションの購入にあたり、Yとの間でマンションの売買契約を、Aとの間で同マンション内でのサービスを目的とするライフケア契約を、Bとの間で介護が必要な場合にBのホテルを優先的に使用できるケアホテル契約をそれぞれ締結した。Xが各契約の債務不履行を主張し契約を締結した目的が全体として達成されないことを理由に不可分一体の全契約の解除を求めたのが本件事案である。判旨は、売買契約とライフケア契約との関係について形式上両契約が当事者の異なる別個の契約であるとしながらも、マンションの所有者がライフケアメンバーであることを予定しているのみならず、ライフケア契約抜きにしては売買契約の目的を達せられない関係にある。その意味で両者には密接な関連性があり、ライフケア契約について債務の本旨に従った履行がなければ売買契約を締結した目的が達成できなくなるというべきであり、売買契約についても法定解除権を行使できるとした。これに対し売買契約とケアホテル契約については、後者に不履行等があったからといって前者の目的が達成できなくなるという関係にはないとしてこれを認めなかった。そして結局いずれの契約についても債務不履行がないとして結論としてはXの請求を理由なしとしたのである。

本判決は先の平成8年最判同様他の契約の不履行を理由とする契約の法定解除の可否をその契約を結んだ目的を全体として達成できるか否かに基づいて判断している。本判決において注目すべきは三当事者以上の場合について、結論としてはこれを認めなかったものの、他の契約の不履行を理

---

[121] 本判決の評釈として、中野妙子「判批」ジュリ1182号101頁以下を参照した。また玉田弘毅「高齢者向けケア付き分譲マンションの法律関係に関する一考察」清和6巻2号29頁以下は本判決の検討を中心にしている。

由とする契約の解除の可能性が認められたことである。ただ判旨は明言していないが本件では ABY 間に社会的経済的な一体性が存在していたようである。こうした一体性をどのように考慮すべきかということも明らかにされなければならない点である。

(5) これに加えて、若干変則的ながら同様に三当事者間において複数の契約が締結され、そのうちのある契約の消滅による他の契約の消滅が問題となり、これが認められた注目すべき判決として、東京地判平成 15 年 3 月 28 日判時 1836 号 89 頁が挙げられる[122]。本件は、歌手である X が所属事務所 A との間でマネジメント契約を締結するとともに、A およびレコード製造・販売会社 Y との間で専属実演家契約を締結していたが、A との間の契約が A の脱税により信頼関係が破壊され解除されたことを受けて、X がマネジメント契約を当然の前提とする専属実演家契約が失効し終了したことの確認等を求めて Y に対し訴えを提起したものである。

判旨は、本件マネジメント契約および専属実演家契約を分析して、まず専属実演家契約において X は Y に実演を提供する義務のみを課され、その対価は A に支払われることになっているなど、その構造は X にとって片務・無償契約であること、次にマネジメント契約において X の芸能活動に伴う報酬・対価は全て A に帰属するものとされ、その上で A が X に報酬を支払う関係になっていることを指摘し、このことから本件専属実演家契約は本件マネジメント契約とあわせて考えることによって初めて契約の本質たる各当事者間の双務性と有償性を確保していることが認められ、本件専属実演家契約はその契約の構造ないし性質上、また当事者の合理的意思からも本件マネジメント契約を前提としている契約であるとする。そして以上から本件マネジメント契約が終了した場合には、本件マネジメント契約の存在により確保されていた三当事者間の双務性・有償性は失われてしまい、本件専属実演家契約の本質が破壊されるとともに、実演提供を対価の支払いを受けることなしに行わなければならないという著しい不利益を X に課すことになることから、本件専属実演家契約も原則として失効する

---

[122] 本判決の評釈として、金山直樹「判批」判タ 1144 号 82 頁以下および新堂明子「判批」判評 545 号 24 頁以下を参照した。

としたのである。

　以上のように、三当事者間において締結された複数の契約のうちの一方の契約の消滅を理由に他方の契約の消滅を認めた本判決について以下の特徴を指摘をすることができるであろう。まず本判決が両契約によって構成される取引の一体性、つまり専属実演家契約がマネジメント契約を前提としていたことを認めるにあたり、この取引が全体でもって三当事者間の双務性と有償性を確保していたことを重視したことが挙げられる。この点はいかなる取引において一方の契約の消滅を理由に他方の契約の消滅が認められるのかを判断するにあたり参考になるであろう。次に本判決において重要なのは契約の消滅方法について契約が解除ではなく失効により消滅するとしている点である。これまでの判例が消滅させられる契約における債務の不履行を明示することなく解除という構成によってきたのに対し、本判決は失効という法律構成を選択した。これは原告側（X）がこの失効という法律構成を選択したことにもよるのであろうが、契約の消滅が取引を構成する他の契約の消滅による当該の取引の不達成という存在意義の喪失に由来する以上、特に本件専属実演家契約のような継続的関係においては、これを直截に反映した失効という構成は説得力をもつ。そしてこの失効という構成のもつ可能性はフランス法の検討によっても補強される。最後に本判決はXの都合で本件マネジメント契約が消滅したなど特段の事情のある場合には、例外的に本件専属実演家契約の存続が認められ、また信義則上Xの側からの契約の失効の主張が許されなくなることがありうることを認めている。本件のYのように、三当事者間の取引において自らのあずかり知らない事情により契約を消滅させられる者の不利益をいかに考慮すべきかという点で参考になろう。以上のように初めて三当事者間の事例で一方の契約の消滅による他方の契約の消滅を認めた本判決は様々な点で注目すべき判断を含むものであった。

（6）　以上の判決は複合契約論を考察するにあたっての一つのより本質的な視座を提供する可能性をもつものであるが、これらは他の契約の不履行を理由とする契約の解除または失効如何というある一つの問題に答えるに留まる。具体的には以下のような問題が残されているといえよう。

すなわち、まず当事者の多寡について。三当事者以上の間の取引においても平成8年最判のような判断は可能なのかが問題になる。下級審判決にはこれを認めるものもあったが、平成8年最判自体は二当事者間に関するものだったからである。

次に特に平成8年最判およびその他の裁判例のほとんどは他の契約で生じた不履行を理由とする契約の解除如何を問題にしているが、ここでの解除をどのように理論構成するか、さらにはこの解除という構成の適否如何、そしてこれに代わる失効という構成の可能性も問題として残されている。

最後に以上の判決はこうした処理を契約の消滅の局面において認めるものであるが、これ以外の局面においてもこうした処理を行うことは可能であるのかが問題となる。

## 2 学説における議論

それでは学説は以上の判例に対してどのような反応を示しているのか。特に平成8年最判が出されてのち、この判決の判例評釈を中心に学説上様々な見解が出されている。これらは大きく契約の個数について論ずるものと、複数契約間の関係に焦点をあて主として判例の問題として挙げた上記の点について論ずるものとに分けられる。以下においては、後者に属する見解をこれらの問題に対していかなる解答を与えているのかという観点から、特にその理論構成を中心にまとめて学説の現状を確認し、その残された課題を指摘する[123]。

(1) まずその理論構成について、以下のような見解が出されている。

第一に平成8年最判の解説において売買契約上なんらかの債務を認めようとする見解が挙げられる。このうち北村説は契約を別個のものとする限り解除される契約に債務不履行がなければならないとし、本判決の事案を念頭において、売主は売買契約上も付随義務として施設提供義務を負い、この不履行により売買契約の解除が正当化されるとする[124]。

これに対し宮本説は、同様に平成8年最判について売買契約上の債務不

---

[123] 以下の学説の分類については、宮本・前掲注（116）42頁以下を参照した。
[124] 北村・前掲注（119）106頁以下。

履行が必要であるとして、売買契約における信義則上の付随義務である契約目的の実現を妨げないよう配慮すべき義務などをその根拠に挙げている[125]。

　第二に特別な理論構成を提唱する見解が挙げられる。まず河上説は「枠契約」と「支分的契約」という枠構造を提唱し[126]、これにより平成8年最判を説明することを試みる。すなわち本件ではスポーツ施設の利用権を含むリゾートマンションの購入という枠契約と支分的契約たる売買契約および会員契約が存在し、その上で枠契約の解除もやむをえない不履行であるとの評価が下されるなら支分的契約のみならず枠契約の解除をも認められるとするのである[127]。

　次に池田説は、二当事者間で付加価値を生み出すことを意図して複数の契約が結ばれ、また客観的にもこの付加価値の存在がこれら契約の本質的要素になっている場合を複合契約すなわちハイブリッド契約と呼び、いずれかの契約の不履行により全体としての付加価値がなくなれば残りの契約も原則として解除することができるとする[128]。

　(2)　以上が学説上提示された平成8年最判の理論的説明の試みであるが、これ以外の問題について学説上目立った議論がなされているわけではない。以下ではこれらの問題についての学説の反応をまとめておこう。

　まず三当事者以上の取引（割賦購入斡旋やローン提携販売を挙げる者が多い）について平成8年最判の判旨が及びうる、またはこうした取引について影響を及ぼしうることを認める見解は多い[129]。とはいえ、いずれもその可能性の指摘や提言の域を出るものではなく積極的な検討は行われていない。

　次に同判決の評釈者の幾人かは消滅以外の局面への影響について指摘する。そこではこの判決の検討課題として、消滅以外の局面（例として同時履

---

[125] 宮本・前掲注（116）43頁以下。
[126] こうした枠契約という構想はすでに、河上正二「ホーム契約と約款の諸問題」下森定編『有料老人ホーム契約』（有斐閣1995年）170頁以下において提唱されていた。
[127] 河上・前掲注（118）180頁。
[128] 池田真朗「「複合契約」あるいは「ハイブリッド契約」論」NBL633号6頁以下。
[129] 大村・前掲注（119）70頁、河上・前掲注（118）180頁、後藤・前掲注（2）185頁以下、本田・前掲注（119）38頁、渡辺・前掲注（119）180頁。

行の抗弁権が挙げられる）でのある契約で生じた障害の他の契約への影響も挙げられている[130]が、ほとんどは三当事者以上の取引への影響を論ずる中で抗弁の接続の議論への影響を論じ[131]、中にはさらに進んで本判決による平成2年最判の修正の可能性を指摘する見解もある[132]。ただこの点についても先の問題以上に立ち入った検討はなされておらず、いずれもその可能性の指摘に留まっているのである。

(3)　以上が判例の提起した問題にまつわる学説の現状である。ここでの学説は平成8年最判の判例評釈で述べられたことが中心であったこともあって、主としてこの判決の解説、特に判決が認めた他の契約で生じた不履行に基づく契約の解除の理論的説明に重点が置かれ、それ以外の事案の射程外にある問題については十分な検討がなされていなかった。ただ学説の多くは、この判決をある例外的な場合に既存の法理を修正したものと見るのではなく、本判決の理が広く他の取引に、また他の局面にも及びうると考えていた。そうであるなら、学説に残された今後の課題とは、以上の判例を契機に複合契約において相互に依存する複数契約間の影響関係一般を規律する法理を構築し、この中での判例の位置付けそしてその検証、例えば解除という法律構成の適否、を行うことではないだろうか。具体的には以上の判例を基点の一つにして相互に依存する契約間の影響関係の根拠、その範囲内に入る取引や局面を明らかにし、あわせて消滅の法律構成を検討することであるといえるだろう。

### 3　小括

以上他の契約で生じた不履行に基づく契約の解除の可否に関する判例およびこれに関する学説の現状と課題を検討してきた。ここでは既に検討した抗弁の接続に関する議論との関係を検討し、両議論の持つ課題を明らかにしたい。

---

[130] 渡辺・前掲注（119）179頁以下。
[131] 大村・前掲注（119）70頁、河上・前掲注（118）180頁、後藤・前掲注（2）185頁以下、本田・前掲注（76）84頁以下、渡辺・前掲注（119）180頁。
[132] 大村・前掲注（119）70頁、後藤・前掲注（2）185頁以下。

(1) 既に指摘したように第三者与信型消費者信用取引の抗弁の接続に関する議論は与信者と顧客との間のリスク配分の問題の性格を強く持つと評価することもできたが、第三者与信型消費者信用取引自体は広く複数の契約間の影響関係が生ずる複合契約の一例としてとらえることもまた十分可能であった。これに対して他の契約で生じた不履行に基づく契約の解除の可否に関する議論は複合契約における複数の契約間の影響関係それ自体を論ずるものであった。両議論はいかなる関係に立つのか。まずは両者の比較を通して抗弁の接続の議論の持つ特殊性を明らかにする。

両最高裁判決の関係について、平成2年最判を中心とする判例法理が契約の別個性を強調し抗弁の接続に厳格な態度をとり、契約間の影響関係を認めることに消極的なように見えるのに対し、平成8年最判を初めとする判例はこれに積極的なように見える。このような両判決の一見断絶とも言えるような状況はしかしながら以下のように説明することはできないだろうか。すなわち、既に見たように抗弁の接続という問題は最終的には与信者と顧客の間の販売業者からの回収不能のリスクの配分如何という問題を提起するものであった。これに対して、平成8年最判を中心とする判例が問題にしていたのは、契約を結んだ目的から不要になった契約の消滅を認めるか否かであり、その意味で純粋に消滅の局面特に解除の場面での両契約間の影響関係の問題である。そこでは当然当事者間での清算の余地が残され、こうしたリスクの負担という問題は前面には出てこなかった。したがって確かに両判決はともに契約間の影響関係を扱っていたものの、質の異なる問題に取り組んでいたのではないか。ここから平成2年最判の消極的な態度は、抗弁の接続を認めることによる購入者・消費者の保護がこのリスクの転嫁までをも帰結してしまうことに由来すると説明されることになる。実際同判決の事案においても販売業者は倒産していたのである。以上から一定の場合に購入者を保護する抗弁の接続の規定とこれを補完する平成2年の最高裁判決をはじめとする判例法理は最終的にはいかなる場合に購入者を保護し与信者に負担を課するのかという問題にまで踏み込んだものであり、この点で広く複合契約における契約間の影響関係一般を扱う複合契約論から独立した法領域をなしているといえるのではないだろうか。

では仮に抗弁の接続が与信者へのこうしたリスクの転嫁をも帰結するものでないとしたらどうか。そうすると平成2年最判と平成8年最判との態度の相違は取引の相違等、特に二当事者の取引か三当事者の取引かいう点に帰せられようが、複合契約において契約間の影響関係を認めるにあたってこれらが重要な意義を持たないとすれば、平成8年最判は平成2年最判を変更したものであるとの評価は十分可能になり、第三者与信型消費者信用取引における抗弁の接続の問題は履行上の牽連関係の問題をも含む契約間の影響関係の問題の中に埋没してしまうことになるのではないだろうか。

以上では抗弁の接続の議論を他の契約で生じた不履行に基づく契約の解除の可否に関する議論と比較することで同議論の持つ特殊性を明らかにしてきた。ここで明らかになったのは抗弁の接続の議論の持つこのリスクの配分という性格の異質さであり、この議論うちの複合契約における契約間の影響関係一般の問題に解消しえない特殊な部分をなしていることがわかった。

(2) ではこうした特殊性のゆえに抗弁の接続の議論に複合契約における契約間の影響関係一般の議論のモデルを求めえないとするならば、他の契約で生じた不履行に基づく契約の解除の可否に関する議論を基点にして、第三者与信型消費者信用取引を含む複合契約における契約間の影響関係一般の問題にアプローチをすることはできないであろうか。ところで抗弁の接続を認める裁判例や学説は主に、①消費者取引であること、②与信者と販売業者が一体的関係にあり、そしてこれを中心に作られた取引構造から与信者と販売業者が利益を享受し、購入者が劣位の立場に置かれること、③取引全体を達成しようという当事者の意図に由来する売買契約と与信契約の相互依存関係が存在すること、に注目していた。これに対して平成8年最判を中心とする判例は売買契約と会員契約のその取引の全体を達成しようという当事者の意図、目的に由来する相互依存関係のみに注目して契約間の影響関係を認めていた。では平成8年最判を中心とする判例を複合契約における相互に依存する複数契約間の影響関係の一端を示したものと見て、こうした意図を根拠に第三者与信型消費者信用取引でも、またこれ以外の様々な複合契約でも、さらに消滅以外の局面でも契約間の影響関係

を論ずることはできないだろうか。

　もちろん平成8年最判を中心とする判例をこのように相互に依存する複数契約間の影響関係の一端を示したものであると見ることは自明のことではない。そもそもこれらは第三者与信型消費者信用取引とは当事者の数をはじめ取引として相当異なっている。それでもこの判例をこのようにとらえ、複合契約論を考察するにあたっての一つのより本質的な視座を提供するものであると見て、これを一つの基点に複合契約における契約間の影響関係一般を規律する法理の構築を目指すことは一つの主張としてはありうることであろう。またこれにより抗弁の接続の議論とは違った視角から第三者与信型消費者信用取引が論じられることになり、他の取引をも視野に入れて契約間の牽連関係を解明しようとした諸見解の再考にもつながる。と同時に平成8年最判を中心とする判例と学説の議論の課題に取り組むことになるのである。そして我が国の過去の議論にその答えを求めえない以上外国の議論を一つのモデルとして参照することは有益であると考えられる。そこで三においては前章に引き続いて、この点で有用な示唆を与えうるフランスにおける契約間の相互依存性に関する議論を、このうち特に前章では検討が及ばなかった消滅以外の局面を中心に紹介する。そして以下の検討を行うことで、前章で得られた、契約間の相互依存性の根拠やその範囲内に入る取引、その一般法理による説明、消滅させられる契約の消滅方法についての示唆に加えて、消滅以外の局面での契約間の相互依存性如何についても有用な示唆をうることができるであろう。また我が国における抗弁の接続の議論がその後の議論との関係で一部特殊な性格を含むことが改めて浮き彫りにされる、と同時に、平成8年最判を中心とする判例の取引当事者の目的に鑑み両契約の消滅を認めた点が第三者与信型消費者信用取引を含むその他の複合契約にも一般化できる、したがって同判決が複合契約における相互に依存する複数契約間の影響関係の一端を示したものであることが強く示唆されることになるであろう。

## 三 フランスにおける契約の相互依存化の展開

フランスにおける契約間の相互依存性（interdepéndence）に関する議論は今日フランス契約法上の一つのトピックスをなすに至っている[133]。ここで議論の中心となってきたのは前章にて検討した相互依存関係にある契約の消滅の局面、つまり取引を構成する一方の契約の消滅による他方の契約の消長如何であったが、消滅以外の局面についても判例が出され、また学説上議論がなされている[134]。そこでまず 1 においてすでに前章で検討した消

---

[133] 今日フランスの債務法または契約法の代表的な教科書では契約の連鎖に関する議論とともに相当のページ数が割かれている。例えば、H, L et J. Mazeaud＝F. Chabas, Leçon de droit civil. tome2. vol1. Obligations. Théorie générale. 9éd, montchrestien, 1998, p323 et s, p.1152 et s；Chr. Larroumet, Droit civil. tome3. Les obligations. Le contrat. 4éd, Econmica1998, p.455 et s；F. Terré＝Ph. Simler＝Y. Lequette, Droit civil. Les obligations. 7éd, Dalloz1999, p.323 et s；J. Carbonnier, Droit civil. tome 4. Les obligations. 22éd, PUF. 2000, p.215 et s；J. Ghsetin, Traité de droit civil. Les effets du contrat. 3éd, LGDJ2001, p.554 et s などである。なかでも Larroumet や Carbonnier、Ghestin ではそれが顕著であり、この問題に対する関心の高さをうかがわせる。
　また後に紹介するが、特に近年この問題に関する多数のテーズや論文が公にされている。

[134] フランスにおいてもこうした契約間の相互依存性の議論の前提として契約の個数論が問題になっている。ただ学説上の議論は少なく、その基準を引き出すための裁判例の検討もあまりなされていない。ここではこの問題について積極的に基準を提示している B. Teyssié と R. Cabrillac の見解を挙げ、フランスにおける契約の個数に関する議論を簡単に素描する。なおこれ以外に個数論について触れるものに、例えば、F. Terré＝Ph. Simler＝Y. Lequette, Droit civil. Les obligations. 8éd. Dalloz. 2002, p.88 et s, 352 et s；J. Mestre, RTD. civ 1987, p.542；J. Mestre, RTD. civ 1987, p.125；J. Ghestin, traité de droit civil. Les obligations. Le contrat. Formation. 2éd. LGDJ. 1988, p.1024 et s；M. L. Izorche, Contrats conditionnels et difinitifs, RTD. com. 1998, p.540 et s がある。
　まず B. Teyssié は、Les groupes de contrats, LGDJ. Bibl. dr. priv. 1975, p.11 et s において、契約間の関係を論ずる前提としてこれを論じている。Teyssié はこの問題について、当事者は合意を自由に分割することができるのであるから、まずその意思が基準とされねばならないとし、これが明らかでない場合に以下の客観的な指標により明らかにすべきであるとする。すなわち、当事者の数が二人かそれ以上か、証書の数が一つか複数か、代価が全給付に対して決定されているか給付ごとに決められるか、である。ただし当事者の数は、二人であろうがそれ以上であろうが、一つまたは複数の契約を結ぶことができ、また証書の数も、一つでも複数の契約が、また複数でも一つの契約が成立しうるため、いずれも決定的な指標ではないとする。以上のように Teyssié は、契約の個数について、当事者の意思を最終的な基準にしつつ、これを補完する若

滅の局面におけるフランスの契約の相互依存化に関する議論の検討の結果を要約して再度取り上げ、続く2において消滅以外の局面での契約の相互依存化の議論を紹介する。これらを通じて抗弁の接続に関する議論以来の我が国の議論とは異なる一つのありうる議論のモデルを示し、これまでの検討を通じて明らかになった我が国の議論の課題の参考に供するためである。

## 1　消滅の局面について

前章においてはもっぱら1978年から現在までの消滅の局面における契

---

干の客観的な指標を挙げるにとどまっている。
　これに対しR. Cabrillacは契約の個数の基準についてTeyssiéよりも詳細にこれを論じている。CabrillacはそのテーズL'acte juridique conjonctif, LGDJ. Bibl. dr. priv. 1990, p.71 et sにおいて、法律行為のカテゴリーの一つとして、共同保険や共同請負のような複数の者が単一の法律行為の一方の当事者となる結合法律行為（acte juridique conjonctif）という概念を確立する前提として、契約の個数を論ずる。CabrillacもTeyssié同様結局契約の個数は当事者の意思によるとする。そのうえでまず法律行為が単一ではありえない場合として、法律行為の性質が異なる場合や性質が同じでも目的（objet）を異にする場合を挙げ、次いで法律行為が単一である場合として、法律により複数の当事者が一つの法律行為へ参加することが要請される場合や物の性質上複数の者が単一の給付を提供するかまたは受領しなければならない場合を挙げる。しかしその他の多くの場合には個数の決定は当事者の意思の探求により、ただ契約を単一のものとする当事者の意思を推測させる事情として、複数の一方当事者が単一の給付を提供する場合や、受領する場合、証書が単一である場合を挙げる。
　以上がフランスにおける契約の個数に関する代表的な見解であり、これらは結局契約の個数の決定は当事者の意思の探求を不可欠のものとし、そのうえで意思の分析によらねばならない場合を限定するために、契約の単複を決定するまたはその意思を推定させる客観的な事情を挙げるのである。また以上の見解が契約の個数の決定にあたって当事者の数を問題にしなかったことも示唆的である。
　最後に以上の議論からもう一つ示唆的なのは各論者のその後の議論との関係である。すなわち、通常契約の個数は契約間の影響関係の問題の前提問題として論じられるが、その後に採る立場により契約の個数の問題は影響を受ける。例えばTeyssiéのように広く複数の契約の一体的処理を認める者はCabrillac等と比べて複数の契約の存在を認める傾向にあるといわれる。強いて契約の個数を一つとする必要がないからである。その意味で複数の契約の一体的処理が進めば進むほど契約の個数を論ずる意義はそれだけ少なくならざるをえないのであろう。このことは複数の契約の一体的処理を進め単一の契約に近い扱いを認めるJ-B. Seube, L'indivisibilité et les actes juridiques, Litec, Bibliothèque de droit de l'entreprise. t40, 1999, p.59 et sが契約の個数を決することは不要であるとしたことにも現れている。

約間の相互依存性に関するフランスの議論の検討をおこなった。同国ではまず立法により関連貸付についてこの契約間の相互依存性が認められ、次いで判例においてこれら立法の適用対象外の取引についてもこれが承認されるに至り、また学説においてはこれら契約間の相互依存性に法的根拠を与えるべくいくつかの見解が提唱されていたのである。

　そして以上の議論から今後の我が国における複合契約論の展開にとって以下のような有用な示唆を得ることができた。すなわち、まずフランスにおいては単一の取引を構成する契約間の関係が注目され、消滅の局面における契約間の相互依存性は消費者の保護や特定の取引の特質ではなく、当該の取引を達成しようという当事者の意図にその淵源を有することが了解されてきた。ここでの当事者の意図とは、これを各契約より見れば契約を結んだ目的に他ならない。そして契約間の相互依存性とは、これら契約でもって具体の単一の取引を達成しようという当事者が契約を結んだ目的を各契約の消滅の局面においていかに考慮するかに還元することができた。ゆえに当事者間の関係等はこれを徴表するものでしかなかったのである。この点は我が国における複合契約論の本質の考察に大きな示唆を与えるものであった。次にこの相互依存性は二またはそれ以上の当事者の間の同時に存在する複数の等価の契約で認められていた。この相互依存性の源を取引に参加したこうした当事者の目的に求める以上、当事者の多寡は問題にならないのである。なお主従型の取引は片面的依存関係にあり、主たる契約から従たる契約への影響関係については同様に考えることができた。そして以上の点は我が国において複合契約論の射程が及ぶ複合契約の考察にあたり参考になるものであった。さらにその法的根拠として判例や学説の多くは古くからある単一の契約内において機能してきたコーズや不可分性を挙げてきた。ここではこうした概念がその機能の範疇に契約の集合を含むよう修正されていたのであり、これは複合契約において契約は独立した単体としてではなく、取引を構成する他の契約との関係で把握される必要を概念の変容を通じて示していた点で関心を引いた。最後に消滅方法について学説は不履行を理由にしないため解除・解約によらず、存在意義の喪失という理由にふさわしい無効や失効を説いた。そしてこれにより契約は

他の契約の消滅を理由に解除・解約されるのではなく、当該の取引の不達成による存在意義の喪失というその契約自体の原因により消滅することになったのである。この点は我が国の平成8年最判が法定解除によっていることに鑑み注目された。

以上に加えて1978年法から現在に至るこの契約間の相互依存性の議論においてはもっぱらその取引から見て存在意義を失った契約の消滅如何が問題とされてきたことが指摘できる。1978年法および1979年法によれば、売主が破産した場合に売主から売買代金の返還を受けることができないにもかかわらず、貸付契約の消滅により借主は元本を貸主に返還しなければならなくなると考えられ、これらはもっぱら存在意義を失った契約に消滅をもたらす点に意義を有していたのであり、またその後関連貸付を超えて広く様々な取引において消滅の局面における契約間の相互依存性を認めるようになった判例も存在意義を失った契約の消滅を認めることに意義があったのである。この点は我が国において抗弁の接続が販売業者からの回収不能のリスクを与信者へ転嫁させる意義をも有していたことが抗弁の接続に関する平成2年最判と複合契約一般に関する平成8年最判との断絶をもたらしたことと比較して、大変示唆的である。その意味でフランスにおいて契約間の相互依存性の問題は一方当事者の保護やこうしたリスクの配分に関わらない価値中立的なものなのである。

結局フランスにおける消滅の局面での契約間の相互依存性の議論においては、契約が相互依存関係にある取引において当事者の多寡や取引の種類に係わりなく当該の取引をおこなうとの当事者の契約を締結した目的を、個々の契約の消滅如何を決するにあたって既存の法理を媒介にいかに反映していくかということが、一方当事者の保護や我が国の抗弁の接続におけるようなリスクの配分とは係わりなく問題となっていた。言い換えればここでの問題はその目的から見て存在意義を失った契約をいかに消滅させるかに集約されるのである。

## 2　その他の局面について

以上のように契約の相互依存化は消滅の局面を中心に展開されてきたわ

けであるが、判例および学説による相互依存性の承認はこれに限られるわけではない。

(一)　判例の展開

まず以下に契約の成立から履行に至るまでの様々な局面についてこれを承認した判例を検討する[135]。

(1)　契約の成立において二当事者間における契約の成立の有無の判断に際し相互依存性を認め、契約が無効とされるのを回避した次のような判決がある。

すなわち、破毀院第三民事部 1993 年 3 月 3 日判決（Bull civ Ⅲ n28；JCP1994 Ⅰ, 3774, obs. M. Fabre-Magnan）は、土地と建物の売買についてその土地の代金がわずか 1 フランとされたが、これら契約と同時に買主が売主の債務を引き受ける旨の合意がなされていた事案について、この土地の売買契約が建物の売買契約や債務の引受の合意と一体不可分となって全体として事業の売却という取引を構成しているとして、結局この土地の売買はコーズおよび対価を有し有効であるとしたのである。本件において問題になったのは土地の売買において代金が決定されているか否かである。民法典第 1591 条によれば、代金が決定していないか決定できない場合には、売買契約は無効になる。確かに土地の売買契約だけを取り出せば契約は無効になったであろうが、本件において当事者は各契約を一体として事業の譲渡という一つの取引を意図し、その中で負債の引受が土地の対価となることが意図されていたのは明らかであり、破毀院は代金が決定されているか否かを判断するにあたってこのことを考慮に入れたのである。

また同様に契約の無効を回避したものとして、破毀院第一民事部 2003 年 11 月 13 日判決（D. 2004. 657, n. I. Najjar）が挙げられる。同判決は、不動産を商品として売り出すために二当事者間においてこの売り出しの事務全般に関する契約と不動産の売却の委任契約が結ばれ、委任契約の無効如何

---

[135] この契約間の相互依存性の問題は判例上も学説上ももっぱら消滅の局面を中心に展開されてきたため、その他の局面を含めて包括的にこの問題を扱った文献の数は少ない。以下に挙げる判決はその数少ない文献である J-B. Seube, op. cit（134）, p.325 et s で挙げられたものが中心となっている。

が問題になった事案について、後者の契約は前者の契約が完全に達成されることを前提にしていることから、これら相互に依存する契約は同一の経済的取引を目的として締結され、不可分な契約の集合をなしており、それゆえ委任契約の受任者は 1970 年 1 月 2 日の法律の規定が適用される単なる不動産仲介人ではなく、委任契約は同法律違反による無効にはならないとした。本件では、委任契約だけを取り出せば同法違反により無効になったところ、同契約が構成する取引の全体を勘案して同契約が無効になることを回避したのである。

なお破毀院は同様の事案でも当事者がレジオンを引用する場合には反対の結論をとっている[136,137]。

(2) 以上の契約の成立段階における契約間の相互依存性の承認に加えて、判例は以下に見るように履行段階においてもこれを認めているのである[138]。
(a) そこでまず挙げられるのが、ある契約に定められた仲裁条項がこの契約と一体になって取引を構成する契約においても適用されることを認めた破毀院第一民事部 1996 年 5 月 14 日判決 (JCP 1997 éd E I , 617, n7, obs. J-M. Mousseron) である。仲裁条項を含む排他的供給契約 (a 契約) が締結され、その後この契約について生じた争いを考慮して、これと並行して同一当事者間で新たに二つ目の契約が結ばれた (b 契約)。本件で問題になったのはこの b 契約に関する訴えについて国内裁判所に管轄権限があるかという点である。a 契約に規定されている仲裁条項が b 契約にも適用されるのであれば国内裁判所に管轄権限はないことになる。破毀院は、b 契約は a 契約の不履行に起源を有し a 契約を補完する契約であるから a 契約に定められた仲裁条項の適用を受けるとして、国内裁判所の管轄権限を否定したのである。

本件では両契約が一体となって二当事者間の排他的供給取引を構成し、b 契約は a 契約を補完する関係にあった。このように当事者が両契約を一

---

[136] 破毀院はこうした場合レジオンによる売買契約の取消を認める。例えば、破毀院第一民事部 1965 年 11 月 3 日判決 (Bull civ I n584) や破毀院第三民事部 1992 年 1 月 8 日判決 (Rép. Defrénois 1993, p.433, note. Y. Daggorne-Labbé) が挙げられる。
[137] こうした姿勢に対しては学説上批判もある。例えば、J-B. Seube, op. cit (134), p.327 et s や Y. Daggorne-Labbé, Rép. Defrénois 1993, p.927。

体のものとしていることから、破毀院は a 契約における仲裁条項の適用を b 契約でも認めたものと考えられる[139]。しかしこのように二当事者間の場合とは異なり、三当事者間の場合において破毀院はこうした解決を認めていない[140]。AB および AC と異なる当事者間で契約が結ばれる場合、AB 間

---

[138] なお他に契約間の相互依存性の例としてしばしば挙げられるものに契約の一体的譲渡がある。ここではある契約が譲渡される際に、この契約と一体的な関係にある他の契約の譲渡如何が問題となる。ただ他の例においては問題が一体的な関係にある契約自体についての法的処理に帰着したのに対し、ここでは一体的な関係にある契約自体ではなくこれらの譲渡に関する契約の法的処理が問題となる点で、問題を異にすると思われ、本文ではなく注に挙げるにとどめた次第である。
　このように契約の一体的譲渡が判例上認められる場合にまず譲渡が当事者の合意によりなされる場合がある。ある契約の譲渡に伴い、これと一体をなす他の契約がたとえ明示の合意がなくとも譲渡されることを認めた破毀院第一民事部 1994 年 12 月 15 日判決 (JCP 1995 II 22510, note. G. Memeteau；RTD civ1995, p.363 et s, note. J. Mestre) がこれにあたる。
　これに対し、契約の譲渡が強制される場合にも契約の一体的譲渡を判例は認めている。すなわち、企業の倒産に際しての更生手続において、更生計画として企業譲渡計画が選択された場合には、譲受人に対して企業の譲渡に伴ってその企業が当事者であって事業の維持に必要な契約も譲渡される。この契約の法律による譲渡について規定しているのが、企業の裁判上の更生および清算に関する 1985 年 1 月 25 日の法律第 98 号 86 条 (商法典 L621—88 条) である。そして同条に基づき判決により譲渡される契約とともにこれと一体をなす他の契約も譲渡されると判示したのが破毀院商事部 1998 年 5 月 12 日判決 (Rép. Defrénois 1998, p.1043, note. Ph. Delebecque；JCP 1999 éd E, p.216, n10, note. J-B. Seube) である。
　なおこのフランスにおける企業倒産時の更正手続における譲渡計画については、山本和彦「フランス倒産法の近況」日仏 20 号 59 号以下を、また企業の譲渡に伴う契約譲渡については、M. Jeantin＝P. Le Cannu, Droit commercial. Instruments de paiement et de crédit entreprise en difficulté. 6éd Dalloz 2003, p.515 et s および野澤正充『契約譲渡の研究』(弘文堂 2002 年) 218 頁以下等を参照した。
[139] 但し本件のように b 契約に a 契約の仲裁条項と矛盾する定めがおかれていない場合とは異なり、例えば b 契約に国内裁判所に管轄権限を付与する条項など矛盾する条項が置かれていた場合には、条項間の優劣が問題となる。こうした問題について、例えば、G. Blanc, Clause compromissoire et clause attributive de juridiction dans un même contrat ou dans un même ensemble contractuelle, De la concurrence à la subsidiarité de la compétence des tribunaux étatiques, JCP 1997 éd E I 707 は、仲裁条項は性質上管轄権限付与条項よりも広い射程を持ち、紛争の解決についての当事者のより根本的な判断を示すものであるから、管轄権限付与条項に優先しなければならないとしている。また J-B. Seube, op. cit (134), p.353 et s もこれに同旨。
[140] 例えば、破毀院第一民事部 1992 年 7 月 16 日判決 (RTD com 1993, p.295, obs. E. Loquin；JCP 1993 éd E I 231 n6, obs. R. Cabrillac) など。

で定められている仲裁条項を AC 間にも適用することは、同条項について承諾していない者（ここでは C）までこの条項に服させることになり、契約の相対効原則に反するからであるといわれる[141]（もちろん C のこの条項に対する合意が認められれば別であろう）。

(b) 次に履行段階において契約間の相互依存性が承認された別の例として、履行段階の誠実性（bonne foi）の評価において相互依存性を認めた判決がある。

そもそも契約は誠実に履行されなければならない旨定める民法典第 1134 条 3 項によれば、契約当事者は契約条項に定められた権利を行使する際に誠実にこれをなすことが求められる。ところで複数の契約が集まって一つの取引を構成し、各契約はその他の契約が存在することで取引全体の達成という観点から始めて存在意義をもつ場合において、ある契約に定められた条項（例えば当然解除条項や非更新条項など）について、そこに定められた権利の行使が、当該契約だけから見れば誠実に行われたように見えても、取引全体から見ればそうとはいえない場合がある。こうした場合において以下に見る判決は権利の行使を濫用と判断しているのである。

まずパリ控訴院 1988 年 7 月 13 日判決（JCP éd E supplément 2 1989/4, Cahier droit de l'entreprise, p.25, note Ph. Delebecque, La notion de groupe de contrats : quels critères?）は、供給者 Y が X との間で二種類の製品についてそれぞれ継続的供給契約を締結した（a 契約および b 契約）が、その後 Y は a 契約を解約する一方で b 契約は期間の満了まで解約しなかった事案について、a 契約が対象とする製品が b 契約との関係を考慮に入れて製造されたこと、両契約が同じ年まで延長されたこと、および両契約が不可分であることを Y も認めていたことなどから、両契約が明白に不可分である以上、理由なく a 契約だけを解約することは濫用であるとして、Y に損害賠償を命じたのである。

次にパリ控訴院 1996 年 3 月 1 日判決（D. Aff, 20/1996, 612）は、XY 間で a 契約、b 契約および c 契約が締結され、その後 Y は以上の契約を予告期

---

[141] J-B. Seube, op. cit（134）, p.354 et s

間は守ったものの、それぞれ時間的間隔を置いて解約および更新を拒絶した事案について、Y は誠実に契約を履行する義務を負い、X が Y との契約関係の終了後新しい契約相手方を見つけやすいようにしなければならず、契約の終了に関する権利を濫用し X に損害を与えた場合には契約責任を負うべきであり、そして本件において各契約は相互に補完しあう関係にあり、これらを時間的に間隔を置いて終了させる Y の終了のさせ方は X に損害を生じさせるものであったから、Y の権利行使は濫用であって契約責任を負うとしたのである。

また本判決の上級審判決である破毀院商事部 1998 年 10 月 27 日判決 (Rép. Defrénois 1999, p.1318 et s, note. D. Mazeaud) もまた、時間差をつけて不可分な契約を解約することは濫用にあたり、A が損害賠償責任を負うことを認める。

このように以上の判決は、当事者が相互に依存する複数の契約でもってある単一の取引を行おうとしている場合に、各契約における誠実な履行の有無の判断においてこのことを考慮したものと考えられる。

(3) 以上のように、消滅の局面ほどではないが、複数の契約が単一の取引を構成する場合において消滅以外の局面においても契約間の相互依存性が認められていることが分かった。そしてこれらの判決においても消滅の局面における判例とおおよそ同じ傾向が見て取れる。すなわち、契約間の相互依存性は取引の種類に関わらず認められており、判決の中にははっきりしないものもあるが、ここでも相互依存性の承認は、取引当事者の各契約を一体として当該の取引を達成しようとする意図、つまり各契約の目的に由来していることが認められるであろう。以上の判決においては、契約の無効や仲裁条項の適用、解約権の行使の濫用の局面での契約の処遇の判断においてこうした契約の目的が考慮されているといえるのである。また判決の多くで不可分性または不可分であることが法的な根拠またはそれに準ずるものとして挙げられていることが指摘できる。さらに相互依存性がこうした当事者の意図ないし目的に由来するならば、これが共有されている以上、当事者の多寡は問題にならないはずである。以上の判決は全て二当事者の事例であったが、ある条項をこれに合意していない者に適用する

など明らかに契約の相対効原則に反するためこれを認めえなかった場合を除いて、この点に積極的な反証をなすものは見られなかった。

(二) 学説の展開

　学説においても契約間の相互依存性に関する検討は消滅の局面を中心になされてきたが、前章で検討した B. Teyssié と J-B. Seube のテーゼでは消滅以外の局面をも含めて包括的な考察がなされており、以下この点に関する両者の見解を概観する。

　(1) まず B. Teyssié の見解を見てみよう。Teyssié は、契約の集合内において様々な契約関係の変容が立法者や裁判官により認められているといい、こうした契約関係の変容は複雑化と画一化に分けられ、前者は契約の有効性や効果が他の契約のそれに従って評価されること（消滅も含まれる）、後者は集合内の契約が単一の法制度に服することであるという[142]。Teyssié はこの契約関係の変容の様々な例を挙げるが、先の判例と対応するものに以下が挙げられる。

（a） まず Teyssié は、契約関係の複雑化の中には消滅とは反対に契約関係が強化される場合があり、その一例として集合内の契約についてレジオンによる取消が回避されることを挙げる[143]。これには契約の成立について相互依存性を認めた判例が対応するであろう。

　次に同じ契約関係の複雑化の例として集合内の契約が集合全体との関係で解釈されることを挙げる。すなわち Teyssié は、集合内のある契約の条項が曖昧であれば集合全体の検討によりその明確な意味を与えられ、またある条項の欠落は集合内の他の契約条項により補完されるとする[144]。これにはある契約に定められた仲裁条項をこの契約と相互依存関係にある他の契約でも認めた判例が関係するであろう。

　ただこれらを含めた消滅以外の局面における契約間の相互依存性について、消滅の局面におけるコーズのような積極的な理論付けを Teyssié は行っているわけではない。ここでは契約の集合内ではこうしたことも裁判官や

---

[142] こうした契約関係の画一化については、B. Teyssié, op. cit (134), p.214 et s.
[143] B. Teyssié, op. cit (134), p.192 et s.
[144] B. Teyssié, op. cit (134), p.209 et s.

立法者により認められているという事実を述べているに過ぎないのである。
（b） これに対して、Teyssié は二当事者間でしかも契約が等価の関係にある場合に限定してではあるが、契約の集合内における同時履行の抗弁権の行使、すなわち一方の契約の債務の不履行を理由とする他方の契約における債務の履行拒絶が消滅の局面同様コーズによって認められるとしている[145]。ただここでも消滅の局面ほどの積極的な理論展開はなくその可能性を示すに留まっているのである。

（2） 次に Seube は不可分性の効果として消滅の局面以外にも判例上問題となったものを含め様々な局面で契約間の相互依存性が認められるとしている。そしてこれらの局面で認められる不可分性も、単一の取引を行うためにその構成要素たる契約を不可分一体のものとする当事者の意思に基づき、以下のような個別契約の処理に根拠を与えるとする。

（a） まず Seube は契約の成立段階における不可分性の効果として、契約の消滅の回避を挙げる[146]。すなわち取引を構成する複数の契約のうちの一つの契約（例えば売買契約）の対価があまりに僅少で、代金が決定されていない（この場合売買契約は無効になる）、または不動産の売買であればレジオンにあたる（この場合不動産の売買契約は取り消しうる）と表面的には評価できても、取引を構成するこれら契約が不可分の関係にあって、全体として給付関係に均衡が保たれているのであれば、問題となっている契約の無効や取消は回避されるとする。

（b） 次に契約の履行段階における不可分性の効果として、以下のものを挙げる[147]。

第一にある契約条項の他の契約における適用を挙げる[148]。取引を構成する複数の契約が不可分の関係にある場合、仲裁条項のような他の部分に対して独立性を有する条項は他の契約にも適用されるのである。

第二に契約の履行段階における誠実性の評価を挙げる[149]。不可分な二つ

---

[145] B. Teyssié, op. cit（134），p.161 et s.
[146] J-B. Seube, op. cit（134），p.324 et s.
[147] ほかに Seube は契約の一体的譲渡を挙げる。J-B. Seube, op. cit（134），p.356 et s.
[148] J-B. Seube, op. cit（134），p.351 et s.

の契約が単一の取引を形成する場合において、契約中のある条項に基づく権利の行使が誠実（bonne foi）に行われたかどうかは取引全体から判断されるのである。

（c） 以上のように Seube は判例による契約間の相互依存性の承認を不可分性の効果として説明しているのであるが、これらに加えて Teyssié 同様 Seube は同時履行の抗弁権を挙げている[150]。すなわち、複数の契約が不可分の関係にあれば一方の契約に生じた不履行を理由に他方の契約において同時履行の抗弁権を行使できるとするのである。この点について Seube の理論構成は Teyssié 同様はっきりしないが、これら不可分の関係にある契約は共通の目的を有し、そのうち一つの契約が不履行により欠ければ、この目的が達成されないためだという。

（3） 以上の検討から以下のことが確認できた。すなわち、Teyssié の見解と Seube の見解はともに判例上消滅以外の局面において認められた契約間の相互依存性を認め、またこれらに加え同時履行の抗弁権についてもこれを認めていた。そして Seube は以上の相互依存性について消滅の局面同様不可分性を統一的な法的根拠として挙げていたのである。

とはいえ消滅以外の局面においても契約間の相互依存性について検討を行った Teyssié と Seube もこれら局面における相互依存性の理論的根拠を消滅の局面ほど明らかにしてはいない。Teyssié は同時履行の抗弁権についてコーズを持ち出しているものの、これ以外について特にこれといった法的根拠を示していない。反対に Seube は以上の局面全てについて不可分性を統一的な法的根拠として挙げているが、このことがかえって従来その不明確さゆえに濫用が懸念された不可分性概念[151]を曖昧なものにしてしまっているのではないだろうか。いずれにせよこれら消滅の局面以外における契約間の相互依存性については理論構成等を含め学説において今後更なる議

---

[149] J-B. Seube, op. cit（134）, p.365 et s.
[150] J-B. Seube, op. cit（134）, p.369 et s.
[151] 法律行為の分野における不可分性概念の流用を濫用であるとして早くから批判したのが M. J. Boulanger, Usage et abus de la notion d'indivisibilité des actes juridiques, RTD civ1950, p.1 et s である。また近時においても不可分性概念の曖昧さは多くの者が指摘するところである。

論が展開されることが期待される。

(三) 小括

　以上のように判例および学説上消滅以外の局面においても契約間の相互依存性が認められていることが分かった。そしてこれらの局面においても消滅の局面と同様に、相互依存性は取引の種類に関わらず認められ、これは一方当事者の保護や我が国の抗弁の接続におけるような販売業者からの回収不能のリスクの配分には関わらず、取引を達成するという当事者の意図、つまり契約を締結した目的に由来し、ためにこれが共有されている以上は当事者の多寡は問題にならず、また判例の多くおよび Seube はこれらについても不可分性を法的な根拠にしていたのである。

　これら局面については、消滅の局面に比して判例の数は少なく、また学説の議論もその展開の途上にあるが、これまで消滅の局面を中心に展開されてきた契約間の相互依存性に関する議論は、しだいに他の様々な局面にもその範囲を広げつつあり、今後さらに判例が蓄積されることで、特に相互依存性が認められる局面の外縁やその理論構成等についての更なる議論の展開が期待されているのである。

　以上の検討から様々な局面において消滅の局面と同様に契約間の相互依存性を認めうることが確認できた。そして消滅の局面を含む様々な局面における契約間の相互依存性の問題とは、結局当該の取引の全体を行おうとの取引の当事者の意図、つまり各契約を結んだ当事者の目的を、その契約の消滅をはじめとする各局面での処理にあたって既存の法理を媒介にいかに反映していくかに集約することができるであろう。これにより契約はその目的というそれ自体の原因に基づいて処理されることになるため、契約は他の契約の消滅等によって影響を受けない自立した存在であるとの契約の自立性ともいうべき原則への直接の侵害は回避されている。とはいえ、この目的を媒介にしてであれ、結果的に他の契約さらには取引全体を勘案してその契約の処遇が決せられるに至っていることは留意されるべきであろう。

## おわりに

以上本章では複合契約における相互に依存する契約間の影響関係一般の考察の観点から、これまで我が国においてこうした契約間の影響関係が問題になった抗弁の接続の議論と他の契約の不履行による契約の解除に関する議論を検討し、この両議論の関係、特に抗弁の接続の議論の特殊性を示した上で、このことをより明らかにしさらに進んで第三者与信型消費者信用取引を含む契約間の影響関係が問題となる複合契約においてこの影響関係一般を規律する法理、すなわち複合契約論を模索するためにフランスの議論を参照した。

以上の検討から以下のことが明らかになった。

### 1 抗弁の接続の議論と他の契約の不履行を理由とする契約の解除の議論との関係

まず抗弁の接続の議論と他の契約の不履行による契約の解除に関する議論との関係、特に前者に関する平成2年最判と後者に関する平成8年最判との関係について。今日に至るまで二度にわたる割賦販売法の改正により、第三者与信型消費者信用取引の抗弁の接続が認められる領域は大きく拡張されてきた。また同法の適用のない取引についても一定の場合には判例上抗弁の接続が信義則により認められている。このように抗弁の接続は立法上および判例上定着を見たわけであるが、平成2年最判を頂点とする判例法理は、抗弁の接続の規定を購入者保護のための特別の立法であるとしてその類推適用の余地を認めず、また信義則を介しての抗弁の接続にも特段の事情を求めるなど、抗弁の接続を認めることに厳格な態度を示してきた。

これに対し平成8年最判を中心とする一群の判例はもっぱら二当事者間の取引についてであるが、単一の取引内の一方の契約の不履行を理由にその契約のみならず他方の契約をも解除できることを積極的に認める姿勢を示し、ともに広い意味で複合契約における契約間の影響関係を問題にしながら一見すると相矛盾する態度をとっているかのような状況にあった。たしかに両議論は対象とする取引も、また支払拒絶か契約の消滅かというよ

うにその効果も異にする。しかしながら両議論にはこのような両最高裁判決間の表面上の矛盾に現れた次のような本質的な差異があるといえよう。

すなわち、一方で抗弁の接続の問題は一面で売買契約に端を発する取引システム内のリスク、すなわち販売業者からの回収不能のリスクを与信者に負担させるか購入者・消費者に負担させるかというリスクの配分の性格をもっていると評価できた。これによれば抗弁の接続を認めることは与信者にこのリスクを負担させることを意味していた。したがって抗弁の接続を認めることで図られる消費者・購入者保護はこうした与信者へのリスクの転嫁をも含むものだったのである。これに対して、他の契約の不履行による契約の解除の問題は、契約の目的から不要になった契約の解除如何であって、そこでは当事者間での清算が予定され、こうしたリスクの負担如何は前面に出なかったのである。

そしてこのことはフランス法の検討からも裏付けられる。フランスにおいても我が国同様契約間の影響関係の問題は第三者与信型消費者信用取引に相当する関連貸付に関する議論に始まっていた。同国において契約間の相互依存性は、同取引についてのもっぱら消滅の局面での立法による承認以降、判例および学説により二当事者および三当事者以上の同取引を含む様々な取引で広く承認され、現在に至っているわけであるが、契約間の相互依存性を一般化した判例・学説において意図されていたのはもっぱら不要になった契約による拘束から当事者を解放することであり、ここでは一方当事者の保護や我が国の抗弁の接続におけるようなリスクの振分けは問題になっていなかったのである。そしてこのようにしてフランスにおいて契約間の相互依存性が一般性を獲得したことからも、対照的に我が国において平成2年最判と平成8年最判の態度の相違に表れた両議論の断絶の原因が抗弁の接続の議論の持つこのリスクの配分という性格そしてこれを含んだ上での購入者・消費者の保護という性格にあることが示唆されるのである。

以上から抗弁の接続に関する立法およびこれを補完する判例はもっぱらどのような場合に購入者を保護し与信者に負担を課するのかを問題とし、複合契約における契約間の影響関係一般を扱う複合契約論から独立した法

領域をなしていると評価することができるであろう。そして抗弁の接続を特定の取引についてのこうしたリスクの転嫁までを含む購入者・消費者保護のための確立した制度としてみ、その意義を積極的に認めこれをさらに推し進めることを支持したうえで、これとは別にこうした性格を持たないがより広く複合契約における契約間の影響関係一般を扱う複合契約論を構想し、両法理の共存を図ることが考えられてもよいのではないだろうか。そして複合契約における消滅や履行上の影響関係の承認如何の判断から上記リスクの転嫁如何の判断が切り離されることで、こうした契約間の影響関係はより広く認められることになるであろう。したがって本章は、第三者与信型消費者信用取引における抗弁の接続さらには契約間の牽連関係を広く他の取引にまで及ぼしていこうとする有力な学説を、複合契約論の構築にあたって参照しつつも、こうした一元的なアプローチとは異なる二元的な構想を提唱するものなのである。ただ抗弁の接続の制度がその趣旨として一方当事者へのこうしたリスクの転嫁をも含意するものであるのに対し、複合契約論がこれを意図するものではないといっても、契約間の影響関係を認めることが結果として契約の一方当事者に損失を与えることがあることまでも否定するものではない。

## 2　平成8年最判から複合契約論へ

では以上のように抗弁の接続の議論から区別される複合契約論とはどのようなものか。抗弁の接続の議論がその特殊性のゆえにそのモデルたりえないとするならば、他の契約で生じた不履行に基づく契約の解除の可否に関する議論からこれを論ずることはできないだろうか。ところで抗弁の接続を認める裁判例はある取引の全体を達成しようという当事者の意図に由来する売買契約と与信契約の相互依存関係の存在にも注目していた。そして平成8年最判を中心とする判例はまさにこうした当事者の意図、目的に由来する契約間の相互依存関係に注目して契約の解除を認めていたのである。こうした目的を契約間一般の影響関係の根拠とし、第三者与信型消費者信用取引をはじめその他様々な複合契約において、消滅さらに消滅以外の局面でも影響関係を認めることができないだろうか。

そこで二当事者および三当事者以上の様々な取引において消滅を中心に契約間の相互依存性を認めてきたフランスの議論が参照される。同国の議論から、まず契約間の相互依存性が、我が国の抗弁の接続におけるようなリスクの負担に関わりなく、消費者保護や特定の取引の特質ではなくある取引の全体を達成しようという当事者の意図、つまり当事者が各契約を結んだ目的にその淵源を有し、当事者間の関係等はこれを徴表するものでしかないことが、そしてこうした当事者の意図、目的に由来する以上この相互依存性は二またはそれ以上と当事者の数に関わりなく同時に存在する複数の等価の契約間一般において認められ、さらに主従型の契約間においてはこれらが片面的依存関係にあるため、主たる契約から従たる契約へ影響関係が認められることが強く示唆された。ここから同様にこうした当事者の意図、目的を根拠に契約の消滅を認めた平成8年最判を契約間一般の少なくとも消滅の局面での影響関係を認めた一例とし、第三者与信型消費者信用取引を始め様々な複合契約においてもこれを根拠に契約の消滅を認めることができないだろうか。そしてこうした考え方は抗弁の接続の議論において取引当事者の意思に着目して契約間の牽連関係を主張した我が国の学説の有力な見解にも親和性を有するものであろう。なおここでの意図、目的は少なくとも相手方においてこれを認識しているなど当該の契約当事者間で共有されるものであり、それゆえ一方当事者のみがその内心において持つ動機とは区別されるべきものである。特に三当事者以上の取引において自らのあずかり知らない内心の動機に基づいてそれ自体に債務の不履行等がないにもかかわらず契約が消滅してしまうことによる相手方の不利益にも配慮するためである。またこうした意図、目的は、たとえ当事者がこれを明示していなくとも四囲の状況から推定されるものである。

ところでフランスの契約間の相互依存性に関する学説や一部の判例は消滅が不履行に起因するわけではないことから、消滅方法として主に無効や失効を説いていた。この点で法定解除によった我が国の平成8年最判には再考の余地がありうる。消滅が問題となった契約（売買契約）自体には債務不履行がなかったからである。また他方で契約の消滅方法として失効という構成を採用した東京地判平成15年3月28日の意義がこの点について比

較法的に確認されたことになる。特に同判決におけるような継続的な契約関係について、失効という構成は消滅方法としてより適合的であるといえよう。いずれにせよ契約を結んだ目的から存在意義を失った契約の消滅にふさわしい方法が選択されるべきではないだろうか。

　またフランスにおいては判例および学説において消滅以外の局面でのこのような契約間の相互依存性もまた認められていた。こうした判例や学説は消滅の局面に比して少なく、認められる局面の外縁やその理論構成等について今後の更なる議論の展開が期待されている。とはいえ、取引の達成という契約の締結目的を介して、契約間の相互依存性を消滅以外の様々な局面でも認めうることが確認できたのであり、我が国においても平成8年最判を複合契約における契約間の影響関係のその一端を認めたものと見て、これを基点に消滅以外の局面についても積極的な検討をなす余地が開かれたのではないだろうか。中でも履行の局面についての検討が急を要する課題である。

　さらにその法的根拠についてフランスの判例や学説の多くは単一の契約内において機能してきたコーズや不可分性を挙げ、これらをその機能の範疇に契約の集合を含むよう修正してきた。ただ両見解については消滅の局面でのその優劣をつけがたく、また不可分性はその他の局面をも包摂する余地を持つものであるが、反面そのあいまいさが際立っていた。ただいずれにせよ法的根拠がこうした目的の受け皿となるべきものであることはフランスの議論を通じて明らかになったことなのである。

　以上から結局複合契約における契約間の影響関係の問題は、一方当事者の保護や我が国の抗弁の接続におけるようなリスクの配分とは係わりなく、ある取引の全体を行おうとする取引の当事者の意図、つまり契約を結んだ目的をその契約の処理にあたって既存の法理を媒介にいかに反映していくかということに集約でき、複合契約論はこうした目的を個別の契約の処理にあたっていかに考慮するかというところにその本質を見出すことができるであろう。そしてここでは他の契約で生じたこと（例えばその契約の消滅）から契約はなんらかの変動（例えば消滅）を強いられるのではなく、契約はその当事者のこうした目的というそれ自体の原因に基づいて処理されるに

すぎない。それゆえ契約は他の契約の消滅等によって影響を受けない自立した存在であるとの契約の自立性ともいうべき原則に対する直接の侵害は回避されることになる。ただこの目的を介してであれ、結果的に他の契約さらには取引全体を勘案して契約の処遇が決せられることになることが留意されるべきであろう。

そして以上の観点から第三者与信型消費者信用取引以外の取引をも念頭において契約間の牽連関係を論じた諸見解は再考されるべきであり、また以上は平成8年最判以後の他の契約の不履行を理由とする契約の解除に関する議論の残された課題、すなわち対象となる取引における当事者の多寡や契約の消滅の理論構成、消滅以外の局面における契約間の影響関係の承認如何についての一つの回答になりえないだろうか。

### 3　今後の課題

最後に今後に残された課題について。複合契約に関する考察には多くの課題が残されているが、前章および本章での考察を経て、特に以下の事項が今後の課題として浮上した。

まず本章での考察から複合契約における契約間の影響関係の問題は消滅や履行の局面のみならず他の様々な局面においても生じうるものであることが明らかになった。しかしながら議論の蓄積のあるフランスにおいてもこれらの局面に関しては今後の更なる議論の展開が期待される段階であった。我が国においてもこれらは各局面に即して今後論じられていかなければならないであろう。

次になによりも前章および本章での考察では、複合契約における契約間の影響関係を認めるためのファクターや基準、さらには判断枠組みを積極的に提示するには至っていなかった。これらを明らかにして初めて複合契約を規律する法理は解明されるのであり、そのための検討は今後の重要な課題であると考える。

また前章および本章での検討は複数の契約が存在することを前提にしていたため、契約の個数論にまで検討が及びえなかった。複数契約間の影響関係という複合契約論の議論枠組みは一個の混合契約とは性質決定しえな

いような三当事者以上の間の取引をも射程に収めることができるため、すべての複合契約において契約の個数が前提問題となるわけではないであろう（したがって混合契約論と複合契約論とが対象とする取引は同じわけではない）。しかしながら特に二当事者間における取引のように一個の契約とも性質決定しうる取引においては、契約の個数は複合契約論の前提をなす問題である。そして当該取引が複合契約とされるか、混合契約とされるかによって、議論の枠組みが異なるだけでなく、本章のように広範に契約間の影響関係を認めるとしても、契約は自立した存在であることが原則であるため、いずれかによってその処理はなお異なりうる。したがって複合契約論にとって全面的にではないにしても前提をなす問題として、その意義を認めたうえで、さらなるその判断基準の解明は今後の課題であるといえよう。

さらに本稿では契約間の影響関係の問題と契約の自立性の原則さらには契約の相対効原則との関係そのものについて検討をなしえなかった。いずれにしろ契約間の影響関係を契約当事者の目的に還元させる立場をとっていたため、契約間の影響関係を認めることがこれら原則との関係で問題を生じさせるとしても、直接の侵害は回避された[152]。とはいえ契約は原則として他の契約で生じた事柄に影響されないという契約の自立性ともいうべき原則と契約の相対効原則とはその内容についてもまた両者の関係についてもいまだ不分明であり、その解明は今後の課題であると考える[153]。

以上本章は複合契約論の本質を解明し、抗弁の接続の議論の独自性を明らかにすることを試みた。複合契約に関する議論は課題を山積しつつ端緒についたばかりである。

---

[152] 契約間の牽連関係の根拠を取引の当事者の意思に求める千葉・前掲注（37）302頁以下、同「「多数当事者の取引関係」を見る視点」前掲注（92）195頁以下は牽連関係の根拠が意思による以上同原則に違反しないことを主張する。また岡本裕樹「『契約は他人を害さない』ことの今日的意義（五）」名法 208 号 343 頁以下は、契約の相対性原則の例外として契約の第三者効が認められる場合に、複合契約をはじめとする複合的取引において契約の第三者が自己の取引目的のためにこの契約を利用する場合があるとする。

[153] なお岡本裕樹「『契約は他人を害さない』ことの今日的意義（二）」名法 203 号 175 頁以下は、抗弁などの債務負担以外の契約の効力にも契約の相対性（効）の原則は及ぶとし、これによれば契約の自立性の原則の少なくとも一部は同原則に含まれることになる。

# 結語

## 一　考察のまとめ

　以上本稿においては、現代型の取引である複合取引について、主としてフランスの議論を参照しつつ、その提起する法的問題を明らかにし、解法の探求を通じて法的構造を明らかにすることを試みた。これによって今後とも契約法学に対し問題を提起し続けるであろう複合取引の法的観点からする更なる考察の足がかりはえられたように思われる。以下においては、まずこれまでの考察の結果を簡単にまとめてみる。

### 1　複合取引の提起した問題

　現代においては、資本主義社会の高度化に伴いより複雑で高度な取引が頻繁になされるようになり、必然こうした取引は民法典や商法典が想定する契約一つでもって完遂することができず、複数の契約が締結されることで始めてその完結を見るものであった。

　ところで私的自治の原則および意思自治の原則は私的法律関係の根本原則であり、これら原則のもと契約法は契約自由の原則をはじめとする諸原理に支配されていた。しかしこうした自由主義的な個人主義という思想基盤に支えられた近代私法上の原則に由来する古典的とも言える契約像は、現代において各所でその修正を迫られていた。すなわち、現代の契約実践の多くはこの契約像から大きく乖離し、現代における立法や判例を中心とした契約法の展開は様々な修正を古典的な契約法にもたらしていたのである。こうした中で現代型取引の典型ともいえる複合取引の出現もその例に漏れず、古典的契約法に対し重大な修正を迫っていた。

こうした複合取引は、その提起する法的な問題により、結合の態様に応じてその類型を契約の連鎖と複合契約とに分けることができた。まず契約の連鎖は、異なる当事者間において連鎖する契約それぞれの履行の蓄積が連鎖の末端にある者の債権を満足させ、連鎖の末端にある者は他の契約で生じた不履行により損害を被る構造にあり、ここでは契約の連鎖の参加者ではあるが、契約当事者ではない者の間での契約当事者に準じた関係の設定如何が問われていたのである。次に複数の契約が結ばれ併存するこの複合契約においては、各契約が履行されることでこの一つの取引が達成されるという構造が存在し、ここでは密接に関連する各契約を全く別個独立に扱うのではなく、これらを様々な局面で一体的に扱い影響関係を認めることが求められていたのである。

　このように複合取引である契約の連鎖と複合契約とは異なる法的な問題を提起するのであったが、これは次のような構造上の差異に由来していた。まず、契約の連鎖においては、ある契約の不履行が他の契約の不履行をもたらすのに対し、複合契約においては、ある契約の不履行により他の契約の履行が妨げられるわけではない点に違いがあった。次に、契約の連鎖では問題の基点となる地位があくまで第三者であったのに対し、複合契約においては問題の基点となる地位が契約当事者である点に違いがあった。以上から、契約の連鎖においては、ある契約の不履行により必然的に損害を被ることになる連鎖中の他の契約の当事者に不履行のあった契約の当事者に準ずる地位の付与如何が問題になったのに対し、複合契約においては、これを構成する各契約が単一の取引の達成を目的としていることを考慮して、他の契約で生じた不履行他を自らの契約において問題にすることができるのかが問われていたのである。

　以上の現代型の取引である複合取引について、本論では契約の連鎖、複合契約のそれぞれの類型が提起する法的問題を明らかにし、フランスでの議論の検討を通じてその解法を探求することで、以下のような方向性をうることができた。

### 2　契約の連鎖の考察

まず第一部での契約の連鎖の考察により以下のことが明らかになった。すなわち、もともと我が国において契約の連鎖における契約関係にない者の間での契約に準ずる関係の設定如何の問題は、荷物を滅失毀損した運送人に対し同人と直接の契約関係にない荷物の所有者が同人に対し運送契約による制限のない不法行為責任を追及することができるのかという問題、事実上元請人の監督下で働く下請人の労働者が元請人の安全配慮義務違反を理由に元請人に対し債務不履行責任を追及することができるのかという問題、および欠陥製品の製造者に対し製品の欠陥に由来する損害を被ったこの者と直接の契約関係にない製品の購入者が契約責任を追及することができるのかという問題として現れていた。そして我が国の判例および多くの学説は、第一の事例については運送人に対する不法行為責任の追及に運送契約の制限を及ぼすことを、第二の事例については下請人の労働者が元請人に対し安全配慮義務違反に基づいて債務不履行責任を追及することを、おおむね認め、これに対し第三の事例においては製造者に対する購入者の損害賠償請求について不法行為責任構成に収斂していた。こうした我が国における議論から、まず第二の事例と第三の事例においてもっぱら問題になった義務は一般第三者間においても生ずる不法行為法上の義務に近似する信義則上の保護義務であったのに対し、第一の事例において問題になった義務および第三の事例において問題になったもう一つの義務、すなわち契約に適合する欠陥のない物を引き渡す義務は、ともに契約によってはじめて生ずる高度な義務、すなわち給付義務であり、契約外の第三者がこの債務不履行に基づいて不法行為責任を追及することはできないのではないかが問題となった。次に仮にそうであるとしても、契約の連鎖においては、こうした第三者の債権の満足が債務者の債務の履行にかかっており、両者間に契約関係に準ずる利害関係が存在するため、この第三者に不法行為責任以外の何らかの救済が与えられないかが問題になったのである。そしてこうした日本法上の議論に示唆をうるべくフランス法上の議論を検討した結果以下のような解法の方向性をうることができた。

すなわち第一に、債務者が債務不履行をなした場合に常に第三者に不法行為責任の追及が認められるわけではないという考え方が注目に値した。そもそも今日において契約から生ずる義務は、契約当事者間において契約を前提としてのみ生ずる厳密に契約的な義務と、一般第三者間においても成立し、必ずしも契約を前提にしない不法行為法上の義務に近似する義務とに分けられるが、契約責任が本来的には履行の代替物であるとするならば、第三者に不法行為責任の成立を認めることは第三者に対し契約上の義務の履行を認めることになり、契約の相対効原則に反するからである。したがって下請の事例や製造物責任の事例についてはともかく、運送契約の事例において第三者に対し不法行為責任の成立を認めることは再考を促されることになった。また製造物責任の事例において契約に適合する欠陥のない物を引き渡す義務の違反について第三者が不法行為責任を追及できないことが契約の相対効原則によって根拠付けられることが明らかになった。

第二に、直接訴権を認めるための理論的根拠である。既述のように、履行されなかったのが厳密に契約的な債務である以上、第三者は不履行債務者に対し不法行為責任を追及することはできない。しかし契約の連鎖においてこの債務者と第三者は実質的には履行をなす者と履行を受ける者との関係にあることから、ここに両者の間に直接訴権を認める必要性と有益性が生じ、そこで両者の間に契約責任の成立が主張される。このとき債務者の債務不履行と第三者の損害との間の因果関係は両契約において債務が同一である場合に確保され、この債務の同一性という基準が直接訴権成立の範囲を画すると考えられた。そしてこうした直接訴権の承認は不法行為責任の成立が想定されていなかった場合にも契約責任の成立を認めるという意義をも有し、我が国の不履行債務者の契約による第三者の不法行為責任の制限の可否という問題は契約責任成立の承認を通じた直接訴権付与の可否の問題へと進化することが促されたのである。

第三に契約当事者概念の再構成の試みである。そもそも契約の当事者でない者に対し契約の拘束力を及ぼすことはフランス民法典1165条の契約の相対効原則に反するため、契約の連鎖内において直接契約関係にない者に対して契約責任の追及等を認めるためには、この第三者を契約当事者に

取り込むことが必要となった。そこで現在多くの場面で通用力を失った意思自治の原則が放棄され、法が交換的正義を実現し契約当事者の予見を保護するために契約に拘束力を与えると考えることで、直接合意を取り交わしていない契約群の構成員に対しても債務の同一性を基準に契約の拘束力を拡大することが主張された。これによれば契約群の構成員は債務者の契約の当事者の一種として加わることになったのである。また契約群の構成員は不履行をなした債務者の契約の制度にのみ服することになる。そしてこうした試みは我が国の議論に次のような示唆を与えた。すなわち、まず契約の当事者概念の修正について、契約の拘束力の根拠にさかのぼった現代的な契約当事者の再考の試みは、取引の複雑化に伴い契約の連鎖など当事者概念の修正を要する局面を多く抱えるに至った我が国の議論にとっても参照に値した。次に直接訴権の服する制度が不履行債務者の契約のみであるとする主張はこれまでの我が国の議論に無い利点をもたらすものであった。また契約の拘束力の根拠それ自体についても、意思を根拠にしつつも同様に困難な局面を多く抱えるに至った我が国の議論にとっての議論の素材になりえた。

### 3　複合契約の考察

　次に第二部は複合取引のもう一つの類型である複合契約の検討にあてられた。ここでは第一章において、近時のフランスにおける消滅の局面を中心とする契約の相互依存化の展開、すなわち同じ取引（複合契約）を構成するある契約の消滅による他の契約の消滅如何に関する議論を検討し、続く第二章においては、これまで我が国において複合契約における契約間の影響関係の議論の主戦場であった抗弁の接続の議論を影響関係一般の議論の中での再定位を図った上で、前章で得られた示唆を前提に、複合契約における契約間の影響関係一般を規律する複合契約論の構築を目指したのである。

　(1)　まず第一章では、我が国の第三者与信型消費者信用取引に相当する関連貸付において消滅の局面等について契約間の相互依存性を認めた1978年の消費者保護法の成立から、その後他の様々な取引においても同様に相

互依存性を認めた判例および学説上の議論の展開に至る今日までのフランスの議論を検討してきたわけであるが、ここでの考察から我が国の複合契約の議論に対して以下の示唆をうることができた。

このうちまず最も重要なのは、ここでの契約間の相互依存性が、消費者保護や特定の取引の特質ではなく、当事者の取引全体を達成しようとの意図、これを各契約よりみれば当該契約を締結した目的に由来するという点であった。結局ここでの問題は、ある契約が消滅したことによって取引が挫折し、同じ取引を構成する他の契約がその締結目的から存在意義を失った場合にこれをいかに消滅させるかに還元することができたのである。この点は我が国の複合契約論の本質を考えるにあたって大きな示唆を与えるものであった。次に相互依存性の源をこうした取引の当事者の意図、目的に求める以上、相互依存性を認めるにあたって、等価の契約が並存する取引であれば、これが共有されている以上は二当事者かそれ以上かという当事者の数は問題にならなかった。また主従の契約間は片面的依存関係にあるため、主たる契約から従たる契約への影響関係は同様に認められた。この点は我が国の複合契約論の射程を検討するにあたって参考になるものであった。さらに学説は契約の消滅を認めるにあたって無効や失効によることを主張した。契約の消滅が債務不履行に起因するわけではないからである。ゆえに契約は他の契約の消滅により解除・解約されるのではなく、その存在意義の喪失という契約自体の原因により消滅することになる。この点は法定解除によっている我が国の多くの判例を再考するにあたって参考になるものであった。最後にフランスの判例や学説は、取引の当事者のこうした目的を法的な次元に昇華するにあたっての受け皿として、コーズや不可分性などの一般法理によってきた。こうした単一の契約を想定していた概念の複合契約の常態化という取引の現代化に伴う修正は我が国の複合契約論の法的根拠の検討に際しても示唆を与えるものであった。

(2) 次に第二章においては、もっぱら複合契約に関するこれまでの我が国の議論を対象に検討し、我が国における抗弁の接続の議論の再定位と複合契約論の構築を目指し、これにより以下の考察の結果が得られた。

まず抗弁の接続の議論と他の契約の不履行を理由とする契約の解除の議

論との関係について。我が国において複合契約である第三者与信型消費者信用取引における抗弁の接続は割賦販売法上明文で規定されているが、平成2年の最高裁判決を頂点とする判例は規定外の取引に抗弁の接続を認めることに厳格な態度を示してきた。これに対し平成8年の最高裁判決を中心とする判例は、同じ取引を構成する他の契約の債務不履行を理由とする契約の解除を積極的に認める態度を示し、ともに広い意味での契約間の牽連関係の問題について一見すると相矛盾する態度をとっているような状況にあった。しかし両議論の間には両最高裁判決間の表面上の矛盾に現れた次のような本質的な差異が存在していたのである。

　すなわち、今日に至る抗弁の接続に関する立法判例学説上の議論の検討から、抗弁の接続の問題は一面において売買契約に端を発する取引システム内のリスク、すなわち販売業者からの回収不能のリスクを購入者・与信者のどちらに振り分けるかというリスク配分の性格を持っていると評価できた。つまりある取引について抗弁の接続を認めることはこのリスクを与信者に負わせることまでも含意し、抗弁の接続とは与信者へのこうしたリスクの負担も含む購入者・消費者の保護のための制度だったである。これに対し他の契約の不履行による契約の解除如何の議論は、その目的から無用になった契約の拘束からの解放を目指し、こうした一方当事者へのリスクの転嫁を積極的に意図するものではなかった。そしてこうした議論の本質的な相違こそが両最高裁判決間の表面上の矛盾に現れた両議論の断絶の原因であると思料した。このことはフランスにおいて消滅の局面における契約間の相互依存性の議論がもっぱら無用になった契約からの開放を意図し、それゆえに一般性を獲得したことからも反面的に示唆されたのである。そしてこうしたリスクの転嫁如何の問題から切り離されることで、契約間の特に消滅や履行上の影響関係はより広く認められることになるであろう。

　次に複合契約において相互に依存する複数契約間の影響関係を規律する法理論、複合契約論の解明を試みた。抗弁の接続の議論がその特殊性から一般化に親しまず、複合契約論のモデルたりえないとすれば、複合契約において他の契約での不履行により具体の取引を達成するという契約を締結した目的に鑑み存在意義を失ったこの契約を解除により消滅に導いた平成

8年の最高裁判決とこれを契機とする他の契約の不履行を理由とする契約の解除の可否に関する議論が複合契約論の基点として注目される。こうした取引の当事者の目的から様々な取引の様々な局面における契約間の影響関係を認めることができないか。

そこで契約間の影響関係に関するフランスの議論から、前章での消滅の局面に関する検討と本章でのそれ以外の局面に関する検討とをあわせて、我が国での複合契約論を構築するにあたって以下のような示唆をうることができた。まず消滅の局面を含む契約間の影響関係が当事者の各契約を結んだ目的にその淵源を有することが、そしてこの影響関係は当事者の数に関わりなく、同時に存在する複数の等価の契約間一般においては相互に、片面的依存関係にある主従型においては主たる契約から従たる契約に対して一方的に、影響関係が認められることが示唆された。ここから平成8年の最高裁判決を複合契約における契約間一般の少なくとも消滅の局面での影響関係を認めた一例とし、様々な複合契約においてもこうした目的をもとに契約の消滅を認めることができるのではないか。次に契約の消滅方法について前章同様に無効や失効のような存在意義を失った契約にふさわしい消滅方法の採用が示唆された。またフランスにおいてはいくつかの判例および学説により消滅以外の局面においても契約間の相互依存性が認められていた。この点に関する議論は同国においてもその端緒についたばかりであるが、この議論を受けて我が国においても今後これらの局面における影響関係について積極的に検討する余地が開かれたのではないだろうか。さらに消滅以外の局面も含めた契約間の相互依存性の法的根拠に関する議論を検討した。いずれの見解もその優劣をつけがたかったが、こうした法的根拠が当事者の契約を締結した目的の受け皿となるべきものであることは、我が国において複合契約論の法的根拠を探求する際にも参考になるのではないか。そして以上から複合契約における契約間の影響関係の問題は取引の当事者の契約を結んだ目的をその契約の処理にあたっていかに反映していくかに集約でき、複合契約論はこうした目的の契約の処理にあたっての考慮如何にその本質を見出すことができたのである。

## 二　複合取引の法的構造

　以上のように本論においては、現代型の取引である複合取引が、古典的契約法に対し修正をもたらした他の契約事象同様に、古典的契約像から乖離した契約実践をもたらし、その偏差が従来の契約法に提起した問題について、契約の連鎖および複合契約という複合取引のそれぞれの類型ごとに、その解法を探求してきた。この過程を通じて、複合取引の類型である契約の連鎖および複合契約がそれぞれ、以下のような法的な問題を提起し、古典的契約法上の原則に対して以下のような修正をもたらすことが明らかになったのである。

### 1　契約の連鎖について

　複合取引の類型のうち、まず契約の連鎖は次のような法的問題を提起し古典的契約法上の原則に対して修正を迫った。

　すなわち、契約の連鎖においては、契約が異なる当事者間において連鎖的に締結され、時系列に従い順次履行がなされ、結果各契約の履行の蓄積を連鎖の末端の契約当事者が享受し、取引が完結していた。ゆえに契約の連鎖においては、履行が先行する契約において不履行があった場合には後行する契約においても不履行が生じ、この契約の当事者、多くの場合連鎖の末端にある者はこれにより必然的に損害を被るという構造にあった。両者の間には直接の契約関係がなくとも、履行をなす者とこれを享受する者との関係が存在したのである。そこでこの両者の間に契約関係に準ずる関係の設定如何が、主として契約責任に基づく損害賠償責任の発生如何を通じて、問題となった。

　ところで人は合意によってのみ契約上の義務を負うとの意思自治の原則による限り、直接合意を交わしていない者に対して契約の拘束力を及ぼすことは契約の相対効原則により禁じられることになる。しかし契約の連鎖において、ある者が債務の履行を受けることが他の契約の債務者の債務の履行にかかっている関係にある場合（この場合両債務は同じである）、この両者

の間に契約当事者に準ずる関係を認めることが要請され、少なくともこの債務について債務者の契約の拘束力を債務の履行を享受する者に対して及ぼし、この者を契約の当事者に取り込むことが求められたのである。そしてこの契約の当事者概念の再構成は次のような根本的ともいえる古典的契約法の原則の修正の試みをもたらした。すなわち、現代において多くの場面でその通用力に困難を生じた契約の拘束力の根拠としての意思自治の原則を放棄し、法が交換的正義と契約当事者の予見の保護のために契約に拘束力を与えるとすることでこの者にも契約の拘束力を拡大する試みである。結局契約の連鎖の構造は意思自治の原則に基づく契約の相対効原則の放棄と新たな契約の拘束力の根拠を前提とした契約の当事者概念と契約の相対効原則の再構成を迫ったのである。

## 2 複合契約について

続いて複合取引の類型のうち複合契約は次のような法的な問題を提起し、古典的契約法上の原則に対し修正を迫っていた。

すなわち、複合契約とは、二人またはそれ以上の者の間で複数の契約が締結され並存し、これら契約全体でもってある単一の取引を達成する構造にある取引であった。ここでは各契約は互いを前提として相互に依存し、ともに当該の取引全体の達成を目的としていたため、様々な局面においてこれらの一体的な取扱が求められていたのである。例えばこうした複合契約においてその構成要素たるある契約の消滅により当該の取引の達成が不能に帰し、残された契約がその目的から存在意義を失った場合に、その消滅如何が問題となったのがその代表的な局面である。

しかしながら契約法上、契約は他の契約で生じた不履行やその契約の消滅等に影響されないのが原則である。しかしこの複合契約においては如上のごとく各契約はその構成要素となって全体としてのこの取引の達成という目的に奉仕する関係にあり、これによりこの契約の自立性ともいうべき原則も以下のような修正を迫られることになった。すなわち、こうした取引構造のもとにおいて各契約はこの取引全体を達成するという目的を考慮して一体的に処理され、これを通じて各契約間に影響関係が認められるこ

とが求められたのである。ここでは契約は、他の契約で生じたことにより何らかの変動を強いられるのではなく、契約が締結された目的という契約それ自体の原因に基づいて処理されるため、上記原則への直接的な侵害は回避されているが、こうした目的を介してであれ、結果として他の契約さらには取引全体を勘案してその契約の処遇が決せられる以上、なおこの契約の自立性の原則はその変容を免れていないのである。

### 3　総括

　以上のように複数の契約が合わさって一つの取引をなす複合取引において、取引の中の構成要素たる地位に置かれた契約は、結合態様を異にする取引類型、すなわち契約の連鎖および複合契約において、それぞれ如上の法的問題を提起し、また従来の契約法上の原則に修正を迫っていた。本稿は、優れて現代的な複合取引という取引事象のそれぞれの取引類型が提起する法的問題の解法を探求すること、すなわち古典的契約法および従来の契約法学が念頭においてきた契約像から隔たったこうした事象を契約法理論に係留することを試み、さらには契約の相対効原則や契約の自立性ともいうべき原則、さらには意思自治の原則それ自体といったこれら従来の契約法上のドグマに対する修正の可能性を提示した。こうした本論での検討を通じて、複合取引の各類型が、ともに契約が寄り集まって取引を構成しながら、その結合態様を異にするため異質の構造を有し、これらそれぞれの構造がそれぞれの法的問題を提起し、それぞれ従来の契約法上の原則に対して修正を迫っていることが明らかになった。かくして複合取引の類型のそれぞれが有する法的に有意な構造、すなわち法的構造は明らかになったのである。

## 三　結びに代えて

　以上これまでの本稿における検討により、古典的契約像から乖離した現代の取引に顕著な事象である複合取引について、その提起する法的問題、従来の契約法原則にもたらす修正の可能性が解明され、これにより複合取

引の類型である契約の連鎖と複合契約のそれぞれが法的に有意ないかなる構造を有しているのかが明らかになった。しかしながら複合取引の法的構造が明らかになり、複合取引の法的観点からする更なる考察の足がかりがえられたとしても、複合取引には未解決の法的問題が山積している。このことは契約の連鎖、複合契約の各複合取引の類型の提起する法的な問題の解法の探求を経て、それぞれにおいて様々な課題が今後に残されたことからも明らかである。現代における契約実践の古典的契約像からの大きな乖離、そして従来の契約法の想定していなかった事象の続発が様々な局面で従来の契約法の修正を含めた対応を現代の契約法学に迫っている中で、複合取引の提起する問題もまた、間違いなくこうした現代の契約法学に課せられた課題の一つであろう。複合取引の法的考察の足がかりとなるための序論的考察を行う本稿が、今後の同取引の法的考察の一つの手がかりとなり、現在新たな契約事象の続発を受け多くの課題に直面する契約法学の一助となれば望外である。

以上

# 索　引

## ア

アダムスミス……………………………………156
安全義務………………81, 83, 115, 128, 136, 137
安全配慮義務………45, 46, 47, 48, 49, 50, 51, 52,
　　　53, 54, 55, 56, 57, 58, 63, 67, 69, 72, 334
安全配慮義務の人的拡張……………………47
安全配慮義務の性質…………………………53

## イ

意思自治の原則………2, 5, 25, 85, 105, 129, 130,
　　　131, 152, 155, 156, 157, 158, 159, 162, 175,
　　　183, 184, 185, 332, 336, 340, 341, 342

## ウ

運送契約規範の対第三者効……………37, 43, 44
運送契約秩序に組み込まれること……………42
運送契約の履行補助者…………………………40
運送人の損害賠償責任の短期消滅時効………29

## オ

オールオアナッシング……………………278, 280

## カ

下位契約………89, 90, 91, 93, 102, 103, 104, 105,
　　　107, 108, 109, 110, 116, 122, 123, 124,
　　　125, 126, 127, 129, 130
確認的規定………………………………260, 292
瑕疵惹起損害………………60, 61, 62, 63, 64, 67
瑕疵担保責任説……………………………61, 63
瑕疵担保責任の直接訴権………………………88, 90
過失概念の柔軟化…………………………59, 65
貸付契約の売買契約への依存…………………198
割賦購入斡旋………8, 190, 243, 247, 248, 253,
　　　255, 257, 263, 265, 274, 275, 276, 277,
　　　278, 281, 284, 287, 292, 307
割賦販売法………190, 238, 242, 252, 255, 258,
　　　260, 261, 264, 266, 270, 273, 277, 292,
　　　293, 325, 338
カノン法………………………………………153
加盟店契約………………………………246, 250
加盟店調査監督義務…………………………278
完全性利益………45, 54, 56, 57, 63, 67, 69, 70,
　　　72, 73, 178
カント………………………………………155, 156
関連貸付………13, 120, 193, 195, 196, 197, 203,
　　　204, 205, 206, 208, 209, 211, 218, 221, 223,
　　　224, 226, 229, 235, 236, 240, 286, 314, 315,
　　　326, 336

## キ

既払金……………………………247, 255, 279, 290
既払金の返還請求………………………199, 254
客観的コーズ概念………………………………227
客観的な不可分性………………………215, 216, 232
給付外利益………………………………………57
給付関連………………………………284, 286, 294
給付義務………44, 45, 54, 55, 56, 57, 67, 68, 69,
　　　71, 72, 73, 178, 334
給付利益………………………………………57, 67, 72
教会法…………………………………………154
共調行為………………………………207, 209, 218

## ク

偶然に異質の契約からなる連鎖……………146

## ケ

経済リベラリズム……………………………155, 156
継続的取引……………………………………4, 5
契約間の影響関係………10, 14, 16, 17, 190,
　　　191, 192, 193, 235, 237, 238, 239, 240,
　　　242, 281, 286, 294, 295, 301, 308, 309,
　　　310, 311, 325, 326, 327, 329, 330, 331,
　　　336, 338, 339
契約間の牽連関係………13, 15, 190, 191, 192,
　　　275, 281, 282, 286, 294, 295, 311, 327,
　　　328, 330, 338
契約群……………25, 76, 102, 104, 105, 108, 117,
　　　118, 119, 120, 121, 122, 126, 128, 129, 130,
　　　131, 132, 143, 145, 146, 147, 148, 149, 150,
　　　151, 152, 166, 167, 170, 172, 173, 174, 175,
　　　176, 179, 181, 183, 184, 185, 224, 228

索引 *345*

契約群の構成員………128, 131, 149, 150, 152,
　　157, 163, 164, 165, 166, 167, 168, 172,
　　175, 180, 182, 183, 336
契約群理論……25, 26, 74, 77, 95, 103, 109, 117,
　　131, 132, 151, 152, 168, 173, 176, 184, 185
契約形式の組み換え………………281, 282, 294
契約結合………………283, 284, 285, 286, 294
契約自由の原則………………………………2, 332
契約責任構成……60, 63, 66, 70, 71, 72, 73, 178
契約責任の拡大………26, 94, 95, 105, 107, 117
契約責任の直接訴権…………125, 148, 151, 164
契約の拘束力………24, 25, 26, 75, 85, 130, 131,
　　140, 152, 153, 154, 155, 156, 157, 159,
　　160, 161, 162, 163, 164, 165, 173, 175,
　　180, 182, 183, 184, 185, 189, 335, 336,
　　340, 341
契約のコーズ………217, 221, 225, 227, 234, 286
契約の個数…………298, 300, 301, 302, 306, 331
契約の個数論……………………………………330
契約の集合………11, 13, 119, 126, 197, 219, 223,
　　224, 225, 226, 228, 234, 281, 282, 286,
　　294, 314, 317, 321, 322, 329
契約の自立性………10, 12, 189, 234, 236, 324,
　　330, 331, 341, 342
契約の相対効原則………5, 9, 10, 12, 14, 24, 25,
　　26, 44, 84, 85, 86, 88, 96, 98, 102, 105,
　　106, 114, 131, 139, 140, 141, 142, 152,
　　153, 154, 163, 174, 176, 178, 180, 181,
　　183, 186, 319, 321, 331, 335, 340, 341, 342
契約の対抗力…………………140, 141, 151, 174
契約の統合化……………………………………285
契約の連鎖……1, 8, 9, 10, 11, 12, 13, 14, 16, 17,
　　19, 21, 23, 24, 25, 27, 28, 47, 58, 59, 60,
　　71, 74, 105, 109, 116, 117, 119, 121, 126,
　　127, 129, 130, 131, 146, 174, 176, 177,
　　178, 179, 180, 182, 185, 189, 211, 221,
　　224, 333, 334, 335, 336, 340, 341, 342, 343
契約フォート……77, 78, 92, 113, 114, 129, 130,
　　131, 132, 133, 134, 136, 137, 139, 140,
　　141, 143, 149, 150
契約フォートと不法行為フォートの同一視
　　………………26, 88, 129, 138, 139, 140, 148
契約フォートと不法行為フォートの分離
　　…………26, 77, 86, 88, 89, 91, 100, 114, 116,
　　178, 179, 180

結果債務…………79, 81, 106, 134, 143, 171, 174
ケルゼン……………………………160, 161, 183
現代契約法……………………………………4, 185
現代契約法学………………………1, 4, 16, 185
厳密に契約的な債務…………132, 133, 134, 135,
　　136, 137, 138, 139, 141, 142, 165, 174,
　　179, 180, 181, 335
厳密に契約的なフォート………136, 143, 147,
　　148, 150, 151, 164, 174
原野商法…………………………………………256

**コ**

高価品の明告………………………29, 30, 33, 35, 37
交換的正義………161, 162, 163, 164, 175, 180,
　　183, 336, 341
抗弁の接続………15, 17, 190, 191, 192, 199, 202,
　　237, 238, 239, 240, 241, 242, 243, 244,
　　245, 247, 250, 251, 252, 253, 254, 255,
　　256, 257, 258, 259, 260, 262, 263, 264,
　　265, 266, 267, 268, 269, 270, 271, 272,
　　273, 274, 275, 277, 278, 279, 280, 281,
　　282, 283, 286, 287, 289, 290, 291, 292,
　　293, 294, 295, 297, 308, 309, 310, 311,
　　313, 315, 324, 325, 326, 327, 328, 329,
　　331, 336, 337, 338
抗弁の切断条項…………………244, 245, 246
抗弁の割合的対抗………………………278, 279
効力喪失…………………………………………287
コーズ………119, 165, 195, 196, 197, 202, 204,
　　206, 207, 208, 209, 210, 217, 221, 222,
　　223, 224, 225, 226, 227, 229, 234, 235,
　　236, 285, 286, 314, 316, 321, 322, 323,
　　329, 337
コーズの欠缺……………………………169, 227
古典的契約像………………3, 5, 340, 342, 343
古典的契約法…………1, 4, 16, 332, 340, 341, 342
個品割賦購入斡旋………………………259, 283
混合契約…………………146, 147, 298, 330, 331
混合契約論………………………………………331

**サ**

債権者代位権……………………109, 182, 184
債務のコーズ………195, 204, 206, 208, 217, 222,
　　224, 286
債務の同一性………144, 145, 146, 148, 170, 172,

債務の不可分性............214, 215, 219, 222, 232
作用的請求権競合説............34, 35, 36

### シ
自然法............153
事前申込............198, 199
失効......207, 208, 220, 227, 230, 231, 232, 234,
　　235, 236, 304, 305, 306, 314, 328, 329,
　　337, 339
指定権利・役務............266, 293
指定商品......253, 254, 255, 259, 265, 266, 269,
　　270, 273, 274, 292, 293
指定商品制............199, 202, 266, 274
私的自治による法益の処分............42, 43
私的自治の原則............2, 57, 332
支払停止......252, 254, 255, 286, 287, 288,
　　290, 293
支分的契約............307
社会的有用性............161
従たる給付義務............45, 56, 72
従物は主物に従う............97
主観的な不可分性............215, 216, 232
主契約............109, 122, 123, 124
主従関係......120, 209, 211, 214, 221, 225, 236
主たる契約と貸付契約の相互依存性............201
手段債務......61, 79, 81, 134, 143, 171, 174
準契約当事者............42, 43
使用従属関係............48, 51, 53
消費者信用取引............203
消費法典......206, 207, 208, 209, 212, 229, 231
情報提供義務............3, 112
昭和59年の割賦販売法改正......250, 252, 255,
　　265, 292
信義則違反説............62, 63, 64
信義則説............52
信用取引............13, 197, 198, 199
信用販売............194, 195, 200, 211

### セ
請求権競合説......23, 28, 30, 31, 32, 33, 34, 37,
　　39, 41, 75
請求権非競合......74, 77, 83, 95, 125, 126, 149
性質決定的債務............145, 146, 147
誠実性............319, 322

181, 183, 335, 336
製造物責任............27, 58, 59, 60, 61, 64, 65, 66,
　　67, 68, 69, 70, 71, 177, 178, 181, 335
製造物責任の法的性質............26, 46, 58, 60, 71
製造物責任法............59, 60, 64, 66, 70
責任減免約款............29, 31, 36
積極的債権侵害............67, 68, 71
折衷説............34
善管注意義務............276, 277, 278
1978年法......197, 198, 199, 200, 201, 202, 203,
　　204, 205, 208, 315
1979年法......200, 201, 202, 203, 204, 205, 206,
　　208, 315

### ソ
相互依存関係......212, 213, 217, 236, 237, 255,
　　263, 275, 285, 286, 292, 302, 310, 312,
　　315, 321, 327
相互依存効............283, 284, 285
相互依存性............192, 193, 194, 195, 196, 197,
　　198, 199, 200, 202, 203, 204, 205, 206, 208,
　　209, 211, 212, 213, 214, 216, 217, 218, 219,
　　220, 221, 222, 223, 226, 227, 228, 229, 235,
　　236, 237, 238, 240, 286, 311, 312, 314, 315,
　　316, 317, 319, 320, 321, 322, 323, 324, 326,
　　328, 329, 336, 337, 339
総合割賦購入斡旋............253
創設的規定............260, 262, 292, 293
創設的規定説............263, 266, 272

### タ
第三者のための保護効を伴う契約............52, 53
第三者与信型消費者信用取引......8, 9, 13, 15,
　　190, 191, 193, 238, 239, 240, 241, 242,
　　251, 254, 258, 263, 272, 275, 276, 277,
　　278, 280, 281, 282, 283, 284, 285, 286,
　　292, 293, 294, 295, 309, 310, 311, 325,
　　326, 327, 328, 330, 336, 338
対称で異質の契約からなる契約群............146
立替払契約......243, 244, 245, 246, 247, 249,
　　250, 252, 254, 255, 257, 258, 261, 262, 263,
　　271, 275, 276, 278, 281, 283, 284, 287, 288
他人のための約定............75, 89, 96
担保責任の直接訴権............120, 121
担保評価の杜撰さ............268, 269, 272

# チ

仲裁条項……………317, 318, 319, 320, 321, 322
注釈学派……………………………………159
直接訴権………12, 98, 100, 101, 105, 107, 108,
　　109, 110, 120, 123, 124, 126, 131, 152,
　　166, 167, 168, 169, 170, 171, 172, 173,
　　175, 181, 182, 183, 184, 335, 336
直接訴権行使者……………………166, 183, 184
直接訴権保持者………166, 167, 168, 169, 170,
　　171, 172, 173, 174

# テ

提携関係………………258, 268, 281, 282, 283
提携契約……………………282, 283, 286, 294
提携ローン………………247, 259, 272, 292
適合物給付義務違反……………………99, 101

# ト

同質的契約群……………………………145
特定承継論………61, 88, 90, 95, 96, 97, 99, 100,
　　101, 107, 108, 109, 110, 117, 129, 168,
　　175, 179, 182
特別な社会的接触の関係……48, 50, 51, 53, 54,
　　55, 58, 72
ドマ……………………………………153, 155

# ニ

二重の制限………104, 105, 107, 116, 124, 131,
　　172, 173, 176, 180, 183, 184

# ハ

売買契約の貸付契約への依存……………199, 200
ハイブリッド契約………………………307
破毀院大法廷……………………………101, 106
販売信用取引……………………………253

# ヒ

非対称の異質の契約からなる契約群………146, 147
非賦払信用………………………………259

# フ

ファイナンスリース……209, 210, 211, 221, 226
夫婦の労働契約……………211, 212, 213, 214, 232

不可分性………13, 212, 213, 214, 215, 216, 217,
　　218, 219, 220, 221, 222, 223, 227, 228,
　　229, 230, 231, 232, 233, 234, 235, 236,
　　314, 320, 322, 323, 324, 329, 337
複合契約………1, 2, 8, 9, 10, 11, 14, 15, 16, 17,
　　187, 189, 190, 191, 193, 235, 236, 237,
　　238, 239, 240, 241, 242, 281, 294, 295,
　　297, 301, 307, 308, 309, 310, 311, 314,
　　315, 325, 326, 327, 328, 329, 330, 331,
　　333, 336, 337, 338, 339, 340, 341, 342, 343
複合契約取引……………………………281, 282
複合契約論………16, 17, 191, 192, 193, 235, 236,
　　237, 238, 240, 242, 278, 281, 284, 294,
　　295, 301, 305, 309, 311, 314, 325, 326,
　　327, 329, 330, 331, 336, 337, 338, 339
複合取引…………2, 5, 6, 7, 8, 10, 11, 14, 16, 21,
　　177, 185, 189, 332, 333, 336, 340, 341,
　　342, 343
複合取引の法的構造……………………16, 340, 343
付随的義務………………………………4
付随的な契約上の債務……………135, 141, 180
付随的な契約上のフォート………………149
不動産信用………………………………200, 201
不動産の関連貸付………………204, 205, 208
不動産のローン提携販売………267, 269, 270,
　　274, 277, 279
不法行為責任構成……………59, 64, 67, 71, 334
不法行為責任の拡大……………………88, 89, 98
不法行為フォート……77, 78, 86, 87, 88, 89, 91,
　　92, 93, 94, 99, 108, 110, 111, 112, 113,
　　114, 115, 116, 117, 126, 129, 130, 131,
　　132, 136, 138, 139, 141, 149, 150, 174
フランス製造物責任法……………………82

# ヘ

平成 11 年の割賦販売法改正………………260
弁済の直接訴権………120, 121, 123, 124, 151

# ホ

法条競合説………………………………33, 34, 74
保護義務………45, 46, 52, 53, 54, 55, 56, 57, 58,
　　61, 63, 64, 67, 68, 69, 70, 72, 73, 178,
　　181, 334
保護義務違反構成………………………68
保証委託契約……………………………248

保証責任説……………………………62, 63
ポチエ…………………………………153, 155

**マ**

マンスリークリア……………………253, 259

**ム**

無生物責任……………………………79, 81

**モ**

物自体の損害…………………………70, 71, 73

**ヨ**

与信契約………15, 240, 250, 251, 252, 257, 263, 267, 273, 279, 282, 285, 286, 292, 310, 327
預託金会員制ゴルフクラブの会員権の
ローン提携販売取引…………………269

**リ**

履行確保義務…………………………276, 279
履行の直接訴権…………123, 124, 150, 167, 182
リボルビング…………………………253

**レ**

レジオン………………………………317, 321, 322

**ロ**

ローマ法………………………………153, 154
ローン提携販売………253, 256, 259, 265, 266, 269, 270, 271, 273, 274, 277, 278, 279, 293, 307

**ワ**

枠契約…………………………………307

〈著者紹介〉

**都筑満雄**（つづき・みつお）

1974 年　愛知県に生まれる
1998 年　早稲田大学法学部卒業
2006 年　早稲田大学大学院博士後期課程修了
　　　　博士（法学、早稲田大学）
　　　　早稲田大学法学部助手、三重大学人文学部専
　　　　任講師をへて、
現　在　三重大学人文学部准教授


## 複合取引の法的構造

2007 年 9 月 12 日　初　版第 1 刷発行

著　者　都　筑　満　雄
発行者　阿　部　耕　一

〒162-0041　東京都新宿区早稲田鶴巻町514番地
発 行 所　株式会社 成 文 堂
電話 03（3203）9201（代）　FAX 03（3203）9206
http://www.seibundoh.co.jp

製版・印刷　三報社印刷　　　　　製本　弘伸製本
　　　© 2007 M. Tsuzuki　　Printed in Japan
☆乱丁・落丁本はおとりかえいたします☆　検印省略
　　　ISBN 978-4-7923-2527-5　C 3032

定価（本体 6000 円＋税）